ATLÂNTICO

SIMON WINCHESTER

Atlântico
Grandes batalhas navais, descobrimentos heroicos, tempestades colossais e um vasto oceano com um milhão de histórias

Tradução
Donaldson M. Garschagen

Copyright © 2010 by Simon Winchester
Todos os direitos mundiais reservados ao proprietário

Grafia atualizada segundo o Acordo Ortográfico da Língua Portuguesa de 1990,
que entrou em vigor no Brasil em 2009.

Título original
Atlantic — Great sea battles, heroic discoveries, titanic storms, and a vast ocean of a million stories

Capa
Kiko Farkas e Mateus Valadares/ Máquina Estúdio

Imagens de capa
© AIA/TBAL/Glow Images

Preparação
Cacilda Guerra

Índice remissivo
Luciano Marchiori

Revisão
Valquíria Della Pozza
Renata Del Nero

Dados Internacionais de Catalogação na Publicação (CIP)
(Câmara Brasileira do Livro, SP, Brasil)

Winchester, Simon
    Atlântico : grandes batalhas navais, descobrimentos heroicos,
tempestades colossais e um vasto oceano com um milhão de histórias / Simon Winchester ; tradução Donaldson M. Garschagen. —
1ª ed. — São Paulo : Companhia das Letras, 2012.

    Título original : Atlantic : great sea battles, heroic discoveries,
                titanic storms, and a vast ocean of a million
                stories
    ISBN 978-85-359-2075-8

    1. Oceano Atlântico - Descrição e viagens 2. Oceano Atlântico -
Folclore 3. Oceano Atlântico - Geografia 4. Oceano Atlântico -
História 5. Oceano e civilização 6. Winchester, Simon - Viagens I.
Título.

12-02416	CDD-551.46

Índice para catálogo sistemático:
1. Oceano Atlântico : História : Oceanografia   551.46

[2012]
Todos os direitos desta edição reservados à
EDITORA SCHWARCZ S.A.
Rua Bandeira Paulista, 702, cj. 32
04532-002 — São Paulo — SP
Telefone (11) 3707-3500
Fax (11) 3707-3501
www.companhiadasletras.com.br
www.blogdacompanhia.com.br

Este livro é para Setsuko e em memória de Angus Campbell Macintyre, imediato do rebocador sul-africano Sir Charles Elliott, *que morreu em 1942, tentando salvar vidas, e cujo corpo jaz em algum ponto do oceano Atlântico*

Mais valeria a humanidade projetar uma viagem à Lua que tentar empregar o barco a vapor para vencer o tempestuoso Atlântico Norte.
Dionysius Lardner, autor irlandês de livros de divulgação científica e conferencista, 1838

Oceano Atlântico: Mapa Político

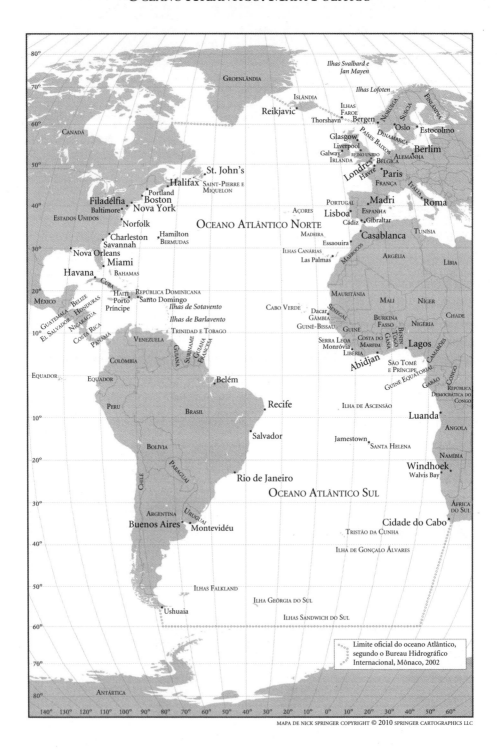

Oceano Atlântico: Mapa Físico

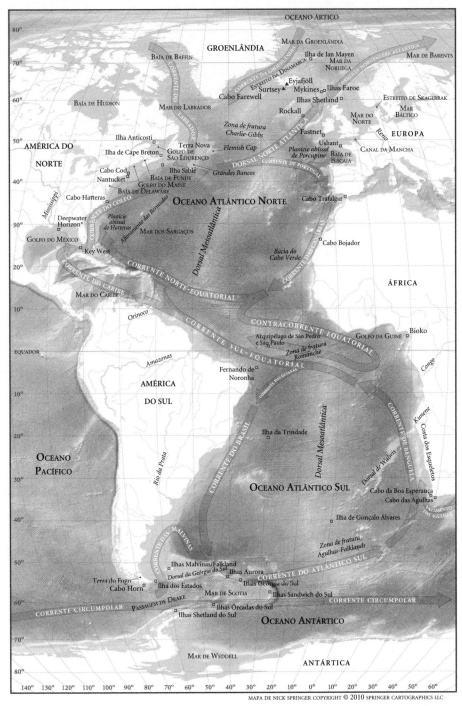

* Plataforma da British Petroleum que explodiu em 20 de abril de 2010, derramando óleo no golfo do México e causando um dos maiores desastres ecológicos já registrados. Afundou em 22 de abril de 2010. (N. T.)

Sumário

Prefácio — A partida de Liverpool	13
Prólogo — Os começos de sua vida	37
1. Mogador, as ilhas da púrpura	55
2. Todos os baixios, todos os abismos	93
3. Ah! Quanta beleza, quanto poder!	134
4. O mar das lágrimas e da compaixão	182
5. Os que descem ao mar em navios, mercadejando nas grandes águas	235
6. Mudanças e degradação em todos os mares	280
7. A maré ciclônica tudo leva de roldão	333
Epílogo — A sombra cai, esvai-se o mar	371
Agradecimentos	387
Glossário de termos talvez pouco conhecidos	393
Lista de mapas e ilustrações	399
Bibliografia	401
Créditos das ilustrações	410
Índice remissivo	411

Prefácio

A partida de Liverpool

A paixão oceânica que constitui a essência deste livro foi despertada em mim por um pequeno incidente, imprevisto mas inesquecível. A madrugada do domingo, 5 de maio de 1963, nascera clara e fria, e eu tinha dezoito anos. Estava só, viajando a bordo de um grande transatlântico, o *Empress of Britain*, que tinha parado de repente num ponto longínquo dos mares do norte, a leste dos Grandes Bancos da Terra Nova. Flutuávamos serenamente sobre um pequeno planalto submarino, a alguns quilômetros dos primeiros promontórios da América, numa área conhecida por oceanógrafos e pescadores como Flemish Cap.

Foi nesse lugar que aconteceu um incidente meio curioso.

Fazia cinco dias que tínhamos saído de Liverpool. A viagem começara na tarde de terça-feira, um dia de tempestade de vento que de uma hora para outra havia encrespado as águas do rio Mersey em filigranas de espuma. Foi então que divisei o navio em que ia fazer minha primeira travessia do oceano Atlântico.

O que mais chamava a atenção eram seus costados, enormes e de um branco ofuscante — os três navios da Canadian Pacific eram conhecidos como White Empresses, as imperatrizes brancas —, no fim das ruas que desciam para o cais de Liverpool. Estava firmemente amarrado no Pier Head, o embarcadouro ao lado do velho Cais do Príncipe, com uma dúzia de cabos de cânhamo, grossos como um braço de homem, que o mantinham imóvel apesar do mau tempo. Mas, pela azáfama de última hora em torno do navio e pela fumaça que saía de sua chaminé amarela, ficava claro que ele já estava impaciente para largar. Com suas 25 mil toneladas de aço de Clydeside firmemente rebitadas, o *Empress* se preparava para navegar 4800 quilômetros para oeste, cruzando o oceano Atlântico, e eu tinha um bilhete para embarcar.

Eu levara seis meses para poupar o necessário para a passagem. Devia ganhar um salário de fome, já que uma passagem para o Canadá não custava muito mais de cem dólares, desde que eu me dispusesse a ocupar um dos quatro beliches de um camarote sem vigia numa coberta tão abaixo da linha-d'água que quase se ouvia a água chacoalhando no fundo do porão. Entretanto, ainda que se tratasse de uma viagem econômica, com alojamento um degrau acima da terceira classe, mesmo a mais modesta das transações se fazia com dignidade e circunspecção na agência da Canadian Pacific, perto de Trafalgar Square. Aliás, a agência mais parecia uma catedral, toda em teca, mármore e silêncio, tendo nas janelas, iluminados, modelos em escala de famosos transatlânticos do passado.

Talvez o tempo e a memória de colegial tenham distorcido um pouco as coisas, mas gosto de fantasiar que o funcionário que recebeu minhas economias, vestindo casaca e de pincenê, usando um emblema em relevo da empresa, com pinheiros, ursos-polares e castores, preencheu o bilhete à mão, metendo a pena num tinteiro e secando a tinta com um mata-borrão de papel cor-de-rosa. O bilhete dizia "Liverpool a Montreal, viagem nº 115", e me lembro bem de ter passado um bom tempo revirando esse precioso talismã de cá para lá, examinando-lhe os relevos, os entalhes, as marcas-d'água. Vinha dentro de uma capa de papelão grosso, branca e escarlate, com uma divisória contendo etiquetas de bagagem com barbantes encerados, além de adesivos com os dizeres "Desnecessário durante a viagem", formulários de imigração, orientações sobre alfândega e vagas instruções a respeito da rotina de bordo. A que ficou gravada com mais nitidez em minha mente foi "11h00: *Consommé* no convés".

Acho que criei um apego meio doentio a esse bilhete, carregado de tanto simbolismo — liberdade, o Novo Mundo, aventura, o oceano Atlântico —, e naquela tarde de primavera, quando o entreguei a um comissário, no alto da prancha do portaló, vendo a estudada indiferença com que ele o recebia, devo ter aparentado tristeza, porque ele sorriu e o devolveu para mim. "Primeira

Este transatlântico de 26 mil toneladas, o terceiro a levar o nome Empress of Britain, *foi inaugurado no rio Clyde pela rainha Elizabeth em 1955. Uma das três veteranas "Imperatrizes Brancas" que transportavam passageiros entre Liverpool e Montreal, deixou de operar em 1963, devido à concorrência das empresas aéreas.*

vez?", perguntou, gentilmente. "Fique com ele, então. Este é um oceano enorme, e você está num navio da White Empress, pronto para atravessá-lo. Nada mau! Guarde esse bilhete como a primeira lembrança da travessia."

No momento da partida, um solzinho aguado tinha surgido e já descaía no horizonte. *Para terra quem vai para terra!*, ouviu-se o anúncio de praxe, ao chegar a hora. O alto-falante Tannoy irradiou a ordem de "aliviar espringues" (que na língua dos marinheiros significa "soltar as amarras"); ouviam-se gritos que vinham de terra, a estática de rádios na asa do passadiço e na coberta de proa — e, um por um, os pesados nós corrediços das espias manilhadas mergulharam no espaço oleoso entre o casco e o cais, o espaço oleoso começou a se alargar, e os cabos, gotejantes, foram puxados lentamente por cabrestantes que rangiam com o esforço. Surgiu um par de velhos rebocadores, gemendo e ofegando, para nos embicar a favor da maré, e depois nos fizeram girar, virando a proa para noroeste.

O famoso relógio George, do edifício Royal Liver, deu cinco horas. Vi meu pai lá embaixo, no cais, conferindo o relógio de pulso. Ele e minha mãe apontavam para cima, com alívio: finalmente tinham me visto, entre a multidão de passageiros que se comprimiam junto da grinalda de popa. Assim que acenaram, soaram os três apitos de partida de nossa buzina, ecoando ao longo do cais cheio de navios. As cobertas começaram a vibrar e emitir um ruído surdo assim que as máquinas entraram em funcionamento, e as hélices passaram a agitar a água a ré.

Olhei para meu próprio relógio: eram 5h09 quando a viagem teve início oficialmente. Os rebocadores nos deixaram. O *Empress of Britain* finalmente estava entregue a sua própria força, livre de suas amarras, dos cabeços e dos rebocadores, livre da terra firme e da Inglaterra, começando a navegar firme e irrefreavelmente, avançando para o oceano profundo e para a promessa do amanhã. Alguns passageiros, provavelmente emigrantes a caminho do Canadá, pareciam um tanto emocionados ao acenar, ainda em lágrimas. Eu estava empolgado, apreensivo, nervoso. Vi meus pais se encaminhando, cabisbaixos, de volta a nosso minúsculo Ford Prefect marrom.

A noite começou a cair rapidamente, e em pouco tempo as luzes de Liverpool e Birkenhead se transformaram numa massa alaranjada, como uma fogueira se extinguindo atrás de nós. À altura do famoso navio-farol conhecido como o Bar Light Vessel, que ficava num ponto do litoral de Crosby, a lancha da praticagem apareceu ao nosso lado e um homem de meia-idade, de pulôver marrom e quepe branco manchado, desceu agilmente para seu convés de ré. Acenou para nós e, se acaso murmurou algo como "Cuidem-se! Tenham uma boa viagem!", suas palavras foram levadas pela brisa. Em uma hora, pensei, ele e sua mulher estariam cochilando diante da televisão, com o gato dormindo ao pé da lareira.

O piloto aumentou a força dos motores assim que a lancha saiu de nossa esteira, e em pouco tempo as turbinas nos faziam avançar a uma boa velocidade, vinte nós, talvez mais, criando um chuvisco que me fustigava o rosto como se fossem agulhas. Logo mais avançávamos depressa, ignorando as ondas provocadas por uma tempestade que, a julgar pelo último lampejo do crepúsculo, agora se extinguia. Fiquei no convés de proa, observando outras embarcações:

traineiras voltavam para casa, um ou dois cargueiros chegavam, e julguei ver a silhueta de algo parecido com um navio de guerra, talvez um contratorpedeiro, que navegava para o norte, como nós, embora mais rápido e silencioso.

O *Ocean passages for the world*, a bíblia da navegação de longo curso, às vezes parece bem excêntrico em suas sugestões de plano de viagem. Um mapa mostraria o óbvio: Montreal fica a 8° de latitude sul em relação a Liverpool, o que levaria a pensar que o melhor caminho para ir de navio de Merseyside àquela cidade canadense seria aproar para sul logo depois da costa do País de Gales, descer até o canal de Saint George e, mantendo Cork e o farol de Fastnet Rock* sempre a boreste, entrar no Atlântico na direção do estuário do São Lourenço. Mas a bíblia de capa azul diz outra coisa: para os navios que saem de Liverpool na primavera em direção a portos canadenses, como era o nosso caso, seria mais prudente, do ponto de vista da navegação, aproar não para o sul da Irlanda, mas para o norte, e só depois de se afastar da costa de Donegal, perto de Bloody Foreland, fazer uma volta muito mais longa pelo sul para chegar ao Canadá. "Embora o tempo carregado seja frequente", aconselha em detalhe o *Ocean passages* aos barcos a vela, "os ventos são em geral mais favoráveis e as correntes do Ártico ajudam no último trecho da viagem."

Nosso navio era grande, moderníssimo, tinha casco de aço e estava muito bem aparelhado, em condições de ignorar ninharias como ventos, tempestades e correntes do Ártico. Nosso plano de viagem previa o embarque de novos passageiros e carga em Greenock, no rio Clyde — de modo que naquela noite aproamos não para o sul, mas para o norte, rumo à desembocadura do rio Mersey, no mar da Irlanda. Por volta da meia-noite, vimos o brilho do farol ao largo do ilhéu Calf of Man e, ainda mais tarde, divisamos um jorro de luzes sobre Galloway, a boreste, e as perigosas falésias de basalto do condado de Antrim a bombordo.

Ao romper a aurora — chovia e ventava de novo — passamos diante de Ailsa Craig, uma minúscula ilhota de granito, de granulação muito fina, do qual são feitas as melhores pedras usadas no esporte de inverno conhecido como *curling*. Passamos a leste da ilha de Arran — uma neve tardia ainda cobria o

---

* Pessoas propensas ao sentimentalismo chamam esse farol sobre um afloramento rochoso, hoje mais conhecido como uma das balizas de uma perigosa regata anual disputada no sul da Inglaterra, de "Lágrima da Irlanda", já que era o último fragmento da terra natal avistado pelos emigrantes a caminho de Ellis Island.

Emigrantes a caminho de portos americanos fitavam com melancolia o farol de Fastnet Rock, no extremo sudeste da Irlanda, vendo desvanecer-se a última imagem de sua terra natal. Vem dessa tristeza o apelido da ilhota: lágrima da Irlanda.

pico Goat Fell — e por volta das onze, a prometida hora do *consommé* (que não foi oferecido naquele dia), estávamos fundeados ao largo de Greenock. Pequenas embarcações trouxeram alguns poucos passageiros — dois deles eram crianças com sarampo, e houve um pequeno atraso relacionado à quarentena até que nosso capitão, um homem evidentemente compassivo, chamado Thorburn, decidiu levá-los. Na hora do almoço estávamos a caminho, descendo o Clyde em direção ao mar. Assim que voltamos à água salgada, mudamos nossa rota para boreste e tomamos o rumo oeste, de modo a contornar em segurança as águas sabidamente revoltas ao norte da ilha Rathlin.

Agora, sim, estávamos avançando para mar aberto, e os vagalhões do Atlântico puseram-se a crescer contínua e vertiginosamente. Rolos começaram a vergastar a proa, ondas monstruosas e retumbantes, impulsionadas pelos fortes ventos de oeste que sopravam sem parar durante a primavera nas proximidades das Ilhas Britânicas.

Como era de esperar pelo balanço do navio, o jantar não foi muito concorrido. Os poucos que estavam por ali naquela noite chuvosa puderam ver a pequenina ilha de Inishtrahull por trás das nuvens, a cerca de três quilômetros a bombordo, do porto, e entre ela e nós o minúsculo arquipélago de Tor Rocks, o ponto mais setentrional da Irlanda. Inishtrahull — a Ilha da Praia Vazia — é um dos marcos do começo, ou do fim, da travessia do Atlântico Norte. Usando binóculos, podíamos divisar, aqui e ali, casas em ruínas e velhas paredes de pedra em filas irregulares, e depois o fino feixe luminoso de seu famoso farol, que já faiscava em meio à penumbra, após quase dois séculos piscando boas-vindas e adeuses a milhares de navios que atravessavam o Atlântico.

Dali em diante, o mar se abriu, imenso e informe, e em pouco tempo assumiu a característica habitual de todos os grandes oceanos — não ter marcas, nem dono, ser parcialmente incognoscível e em grande parte desconhecido. Nossa rota previa uma curva grande e demorada, de quase 3 mil quilômetros, até um determinado ponto que nos permitiria o primeiro assomo do Novo Mundo que estava à nossa espera — as famigeradas Virgin Rocks, nas águas rasas ao largo da Terra Nova. Eu me lembrava das Virgin Rocks por causa das aulas de literatura: Kipling escreveu sobre suas pescarias no local em *Marujos intrépidos*: bacalhaus "em legiões", escreveu, "passando pelas coriáceas algas marrons", todos facilmente visíveis nos bancos de areia.

Se tudo corresse de acordo com o programado, e se pudéssemos manter a velocidade de cruzeiro de vinte nós que nossos motores podiam desenvolver com facilidade, estaríamos nas Virgin Rocks na segunda-feira à noite. Pouco depois, avistaríamos o farol do cabo Race, no extremo sul da Terra Nova, e depois de serpentear pelo rio São Lourenço desembarcaríamos sãos e salvos no Canadá na terça-feira, a tempo de jantar em terra firme.

E assim foi. Para os homens que estavam lá em cima no passadiço, a viagem nº 115 era apenas mais uma travessia de rotina. Para mim, novato absoluto no oceano, foi memorável, em primeiro lugar simplesmente por ser uma travessia daquele grande oceano. Vivemos o que para mim foram momentos de nervosismo extremo, de grandes espetáculos e tempestades; estivemos quase que o tempo todo sozinhos no mar — encontramos apenas um ou outro navio em viagem, apesar de estarmos numa rota movimentada — e achei aquela sensação de solidão um tanto quanto assustadora. Quando passamos pelas Virgin Rocks, estava tão escuro que eu jamais poderia avistar um bacalhau. Mas não houve nada de extremamente incomum — até a interrupção a que me referi, um momento que recordo com mais clareza do que ele talvez mereça, ocorrido quando paramos nas águas rasas do Atlântico ao largo do Flemish Cap.

Acabava de amanhecer e fazia um frio de rachar. Como era ainda o começo da primavera, e sendo aquelas as águas do *Titanic,* com as banquisas do Ártico perigosamente próximas, nossa tripulação estava alerta contra icebergs grandes e pequenos, e demais ameaças desse tipo. Ainda não se avistara nenhum: a viagem, no que dizia respeito aos membros da tripulação, estava sendo completamente tranquila. Nem sequer havia o nevoeiro pelo qual aquele trecho do oceano era famoso: perto dali, a corrente do Labrador e a corrente do Golfo se encontram, suavemente e dissimuladas, mas a súbita mistura das águas tropicais e árticas pode fazer o ar virar uma espessa sopa de ervilhas por dias a fio. Mas não naquele dia, e muita gente tinha boas razões para estar satisfeita com isso.

Eu tinha me levantado cedo e, agasalhado até as orelhas, saí antes do café da manhã para caminhar pelo convés. Tudo estava normal: viajávamos depressa, com o amanhecer atrás de nós e a escuridão pela frente. De repente, os sinos começaram a tocar, a tripulação se pôs a correr para cima e para baixo pelas escadas e pelo convés, os motores pararam de agitar a água, o navio perdeu velocidade e depois se fez silêncio. Estávamos parando, com o suave avanço para oeste substituído por balanços pesados e sem graça. Não havia nem rastro da ventania da noite anterior, mas uma forte brisa oeste ainda silvava nas antenas e dos pórticos. Achei que em pouco tempo passaríamos a ser empurrados para trás.

Aquele ponto do oceano, bem no limite externo da plataforma continental americana, estava bastante deserto, sem uma ave ou animal marinho à vista. O mar se mostrava muito revolto e, embora o próprio navio tivesse sido tomado por um desânimo mortal e opressivo, as águas estavam sem dúvida muito vivas, com as ondas e vagalhões esmurrando furiosamente o casco.

Depois de alguns instantes, ouviu-se um ruído inesperado vindo de mais adiante. De início era apenas um murmúrio em baixa frequência, depois um zumbido e finalmente pôde ser reconhecido como um débil barulho de motor. O motor de um avião. Pude ver que lá em cima, no passadiço, os oficiais de quarto agiam como uma só pessoa, voltando os binóculos para oeste, na direção do ruído, perscrutando, ansiosos, o céu ainda meio escuro. Em breve ouviu-se um grito: o avião tinha sido localizado. Poucos minutos depois, todos nós podíamos vê-lo: primeiro um simples ponto de luz, depois dois, finalmente a silhueta de um avião a pistão, com o nariz cintilando ao sol ainda fraco. À medida que se aproximava, o grande bimotor ia ficando mais baixo e mais rápido, roncando e soltando fumaça ao dar a volta sobre nós, balançando as asas, com os símbolos da Royal Canadian Air Force claramente visíveis na fuselagem.

As coisas começaram a acontecer com rapidez. Do lado da popa, veio um ranger de eixos e alavancas enferrujadas, depois o baque surdo da lancha sendo lançada à água. Ela disparou pelo mar e parou a cerca de um quilômetro e meio de onde estávamos. Quando a lancha acabou de se posicionar, o avião desceu a pique, deu meia-volta, abriu as portas do compartimento de carga, reduziu a velocidade para passar bem acima da minúscula embarcação e deixou cair um objeto que veio caindo, preso a um pequeno paraquedas laranja. Um dos marinheiros na lancha alcançou-o com um croque, e o timoneiro, erguendo o polegar, virou a lancha para retornar. O avião subiu, balançou outra vez as asas em sinal de despedida e se encaminhou para sua base longínqua, tornando-se um pontinho com um rastro de fumaça até desaparecer, instantes depois.

A lancha foi içada, e o pacote — medicamentos de emergência para uma passageira idosa que estava passando mal no hospital de bordo —, devidamente entregue. E daí a pouco nossos motores vibravam, devolvidos à vida, e estávamos de novo em nossa rota original.

Foi um incidente marítimo banal, que causou um atraso insignificante em nossa chegada a Montreal, dois dias depois. Mas fiquei com ele na lembrança para sempre. Havia algo de sobrenatural no silêncio repentino, no vazio, na consciência de profundezas imensas abaixo de nós e das alturas sem limite acima, no monocromatismo cinzento da cena, no mais que óbvio e aterrorizante poder dos mares e dos ventos bravios, e no fato de que, apesar da impotência e da pequenez humana, ondas de rádio invisíveis e sinais em código Morse tinham convocado ajuda em algum lugar distante, uma ajuda prestada de imediato. Foi uma espécie de augúrio, cheguei a pensar nos anos seguintes, que todo esse pequeno espetáculo tivesse ocorrido em minha primeira viagem por mar.

O registro do comandante no diário de bordo sobre os momentos finais da Viagem nº 115 é absolutamente lacônico, quase indiferente: "Troca de pilotos em Three Rivers. O tempo continuou bom em toda a subida do São Lourenço. Passagem pela torre do relógio às 18h13. Manobra de atracação com ajuda dois rebocadores. Atracado cais nº 8 às 18h53. Motores desligados". Tínhamos cruzado o oceano em sete dias, seis horas e sete minutos, e, apesar de nossa parada em alto-mar, nos atrasamos apenas 54 minutos. Os trens britânicos da época raramente tinham desempenho melhor.

Sem que ninguém a bordo naquela semana soubesse, e por simples acaso, forças invisíveis e indesejáveis estavam atuando com vigor. Eram as forças ocultas da economia. Como se viu depois, o *Empress of Britain* estava destinado a fazer apenas mais oito travessias regulares do Atlântico no que restava de sua vida. Seis meses mais tarde, em outubro, um anúncio lacônico informou que o navio, que mal fizera sete anos — tinha sido inaugurado com grande pompa pela rainha Elizabeth em 1955 —, seria retirado da rota atlântica e vendido. Seus novos donos, gregos do Pireu, queriam levar turistas em passeios pelas ilhas do Caribe, agora sem nenhuma pressa.

De uma hora para outra, os grandes navios de passageiros não faziam mais sentido. Cinco anos antes, em 1958, a BOAC e a Pan American tinham aberto linhas aéreas entre o aeroporto de Heathrow, em Londres, e o de Idlewild (mais tarde John F. Kennedy), em Nova York. Os primeiros voos tinham de fazer uma escala obrigatória de abastecimento em Gander, na Terra Nova, mas, à medida que os aviões iam ganhando maior autonomia de voo, as duas empresas aéreas começaram a cruzar o oceano sem escalas, e em pouco tempo dezenas de outras companhias faziam o mesmo. Uma a uma, as grandes empresas de transporte marítimo de passageiros desapareceram, e os navios sobreviventes passaram a fazer cruzeiros, contribuindo para criar uma modalidade de transporte marítimo totalmente diferente.*

Assim, foi bastante significativo que seis meses depois eu estivesse voltan-

---

* Meu primeiro transatlântico viveu muitas outras aventuras. Foi rebatizado, por diferentes donos e para diferentes fins, com os nomes de *Queen Anna Maria, Carnivale, Fiesta Marina, Olympic* e *Topaz.* Seus donos japoneses usaram-no como emissário de paz flutuante antes de finalmente rebocá-lo para perto de Mumbai, onde, em 2008, foi sucateado, 53 anos depois de ser batizado pela rainha no rio Clyde.

do da América de avião, exatamente na mesma semana em que a tripulação do *Empress*, atordoada, fazia sua derradeira viagem no amado transatlântico. Se eu tivesse sabido dessa curiosa coincidência, é muito provável que tivesse olhado para baixo e visto a esteira branca que ele deixava em sua última volta para casa. Mas meu voo também teve seus momentos de perturbação: viajei num Lockheed Constellation, quadrimotor de tripla empenagem, projetado originalmente para ser um bombardeiro de longo alcance e depois usado como transporte de tropas. No caso de meu voo, era operado por uma empresa de charter de reputação meio duvidosa, conhecida pelo nome de Capitol Airways, com sede em Nashville, Tennessee. Decolamos em Nova York, em quatro horas pousamos em Gander, depois em Shannon, no oeste da Irlanda (por um triz, já que o piloto confessaria mais tarde que o combustível estava baixíssimo), mas em seguida descobrimos que, por algum motivo técnico e legal, não teríamos autorização para pousar em Londres, de modo que fomos desviados para Bruxelas. Finalmente, encontrei um voo para Manchester e fiz o resto do percurso de trem.

Quase meio século se passou desde essas minhas duas travessias — mais ou menos cinquenta anos, durante os quais devo ter atravessado aquele mesmo oceano pelo menos quinhentas vezes. E, embora tenha partido dos mais variados portos, tanto no Atlântico Norte quanto no Atlântico Sul, para atravessá-lo em outras direções, em linha reta ou em diagonal, acompanhando os paralelos ou descrevendo curvas pronunciadas, ou em expedições às diversas ilhas espalhadas pelo mar, parece-me que aquela rota simples e mais familiar, que leva dos principais portos britânicos a seus congêneres do leste do Canadá ou dos Estados Unidos, sintetiza um aspecto do tema deste livro — a transformação da atitude da humanidade em relação a esse enorme oceano e sua relação com ele.

E mesmo durante a minha vida essa relação já mudou, e profundamente.

No começo da década de 1960, ainda era raro que alguém cruzasse o Atlântico de navio, ou, aliás, por qualquer meio. Um punhado de gente pobre fazia a viagem de leste para oeste, sem volta, como emigrantes; um número bem maior de pessoas ricas e com tempo de sobra viajava de um lado para outro nos grandes vapores, sem preocupação com a demora ou com o custo. Alguns homens de negócios, não poucos políticos e grupos seletos de diplomatas também viajavam, a maioria deles em aviões a pistão e não em navios, já que tinham mais pressa. Para os que faziam a viagem, era ainda uma aventura que podia ser assustadora, emocionante, inesquecível, colorida de romantismo ou atormentada pelo incômodo dos enjoos. Mas com toda certeza não era coisa de rotina.

Não se pode, de modo algum, dizer isso hoje em dia. Durante algum tempo, sem dúvida, foi emocionante cruzar o oceano pelos ares, no entanto isso durou pouco. Deve ter sido uma emoção considerável, por exemplo, voar num Clipper da Pan Am, um hidroavião, do Solent até o Hudson, com escalas nos portos de estações litorâneas intermediárias com nomes estranhos e há tanto tempo esquecidas, como Foynes, Botwood e Shediac. Devia ser o máximo da elegância espichar-se na cama de um Stratocruiser de dois andares, enquanto o mar se esparramava em silêncio lá embaixo. Certamente seria memorável — e temerário, em vista da sofrível crônica de segurança da aeronave — estar a bordo de um dos primeiros voos do Comet da BOAC, e até mesmo do velho e fumacento Boeing 707, quando a Pan Am e a TWA iniciaram os voos sem escalas. Lembro-me bem de ter tomado um dos primeiros voos de teste do antigo Concorde, espantado como um bobo com a *rapidez* do aparelho: tinha lido pela metade o caderno de Artes do *New York Times* quando disseram que estávamos desacelerando, sobre o canal de Bristol, e em instantes estaríamos em Londres e por isso eu deveria fechar minha mesa e devolver o encosto de minha poltrona à posição em que estava quando me acomodei para voar, momentos antes. Cruzar o grande oceano pelos ares foi, durante algum tempo, quase tão romântico e memorável quanto viajar por mar. Mas isso logo mudou.

Para mim, a mudança foi demarcada por uma pequena variação semântica. Começou em algum momento da década de 1980, quando os comandantes das aeronaves que circulavam entre Heathrow e Kennedy deixavam escapar, como que por distração, na saudação de boas-vindas, que "hoje nossa rota nos fará passar sobre a Islândia" — com uma leve ênfase na palavra *hoje*, como se o voo da véspera só não tivesse sido exatamente igual porque o avião passara sobre a Groenlândia ou as ilhas Faroe. Ou então diziam aos passageiros que "o 177", ou qualquer que fosse o número do voo, e isso com estudada displicência, "passaria um pouco mais a norte que de costume, devido aos fortes ventos contrários, e faremos contato visual com o continente sobre o Labrador e começaremos o procedimento de aterrissagem sobre o estado do Maine".

Isso me parecia vergonhoso. Era como se a cabine de comando estivesse dizendo aos passageiros que não havia mais razão para se sentirem emocionados: a travessia de hoje era quase igual à de ontem, ou a da semana passada, e a travessia daquilo que passou a ser chamado de "a lagoa"* (termo que reduz o imenso oceano a um espelho d'água quase insignificante) seria invariavelmente o que se esperava para aquela época do ano. Em outras palavras, uma chatice.

Nós, passageiros, mal nos dávamos conta. Depois de ajeitar nossos livros e mantas, trocar meia dúzia de palavras simpáticas com o estranho no assento ao lado, passar os olhos pelo cardápio e ponderar com preguiça se não seria cedo demais para pedir uma bebida, nos acomodávamos e mal notávamos a decolagem que provavelmente nos teria maravilhado vinte anos antes. O mesmo acontecia quando chegava o momento do pouso, seis ou sete horas mais tarde. Talvez houvesse um pouco mais de curiosidade, já que o destino estava próximo e queríamos sentir e talvez vislumbrar algum sinal dele. Mas, de modo geral, fazia pouca diferença se o que víamos nove quilômetros embaixo eram as florestas do Labrador ou as da ilha Anticosti, ou se o primeiro contato visual com um pedaço sólido da América do Norte era com a ilha de Cape Breton ou com as restingas de Sandy Hook ou Cape Cod: tudo o que queríamos mesmo era chegar na hora, que as formalidades de desembarque não fossem muito irritantes e que pudéssemos pisar terra firme e nos dedicar de uma vez por todas ao que tinha nos levado ali. A vastidão verde-acinzentada do oceano uniforme sobre a qual tínhamos sido obrigados a viajar não tinha importância alguma.

Foi assim que basicamente me senti e me comportei durante anos, até uma recente tarde de verão, quando estava indo para Nova York num 777 da British Airways, desacompanhado, sem ter com quem conversar, entediado, espremido com desconforto numa poltrona de janela a boreste. Tinha almoçado havia tempo. Acabara de ler o jornal e meu único livro. O filme exibido pela empresa me parecia enfadonho. Tínhamos ainda três horas de viagem, e eu devaneava. Olhei distraidamente pela janela de acrílico. O céu estava sem nuvens, e lá embaixo se via o mar, de um azul tão profundo quanto o céu, não calmo, mas

---

* Embora a expressão pareça um modismo recente, na verdade foi usada pela primeira vez em 1612. Era frequente também que marinheiros vitorianos dissessem, em tom de modéstia, que tinham "atravessado a lagoa".

um pouquinho picado, como uma folha de papel-alumínio opaco, ou de estanho, ou aço escovado, que dava a impressão de se arrastar para trás por baixo da asa.

Fiquei uns quinze minutos olhando para o mar azul que se desdobrava sob os flapes cinzentos. Azul, azul, azul… e então, olhando para baixo, imaginei ter visto, na superfície, uma repentina e sutil mudança de cor, que primeiro ficou mais pálida e, num intervalo que pode ter durado alguns instantes, ou alguns quilômetros, transformou-se numa tonalidade verde-clara brilhante. Poucas vezes eu vira uma coisa assim daquela altitude: imaginei que, se aquilo fosse real e não produto da minha imaginação, deveria ter a ver com o ângulo do sol, que, pelo fato de termos decolado por volta do meio-dia, estava mais alto no céu do que de hábito.

Dei uma olhada no mapa da revista de bordo, que estava no encosto da poltrona à minha frente. Era simples e pouco detalhado, mas indicava o motivo inequívoco da alteração: tínhamos transposto o limite da plataforma continental. As profundezas abissais mesoceânicas que vínhamos sobrevoando desde o banco de Porcupine, que delimita a borda ocidental da plataforma europeia e à qual normalmente se chega com meia hora de voo a partir da costa da Irlanda, agora finalmente davam lugar a tênues insinuações submarinas da América do Norte.

Só que momentos depois, de maneira ainda mais inusitada, a água ficou azul-escura de novo, mas desta vez por muito pouco tempo, antes de clarear outra vez. Era como se o avião estivesse passando sobre um rio profundo dentro do oceano, uma falha entre dois altos platôs submarinos. Espiei por baixo da asa até onde a vista podia alcançar: no ponto em que o platô ressurgia, era como se ele se estendesse para oeste, ininterruptamente. E então me lembrei, pelo que sabia sobre a geografia submarina daquela parte do Atlântico Norte: fazia muito tempo que a geografia da corrente do Golfo me fascinava, e de acordo com minhas lembranças, ela corria por ali. O que eu recordava me levava a crer que o planalto contínuo que eu via agora marcava o começo dos Grandes Bancos da Terra Nova. O canal azul-escuro submarino era conhecido como Flemish Pass. E a primeira mancha verde que eu notara era, acabei entendendo, o lugar exato onde tínhamos parado tantos anos antes para esperar o avião canadense de socorro: as inesquecíveis águas rasas do Flemish Cap.

Em agosto de 1941, Roosevelt e Churchill se reuniram a bordo do encouraçado HMS Prince of Wales *para debater o mundo no pós-guerra. Ao fim do encontro, assinaram a Carta do Atlântico, que determinava uma troca de guarda: os Estados Unidos assumiam, em lugar da Grã-Bretanha, a liderança do mundo ocidental.*

Quase meio século tinha se passado desde que eu vira pela primeira vez o Flemish Cap e observara, maravilhado, o mergulho do avião da Força Aérea Canadense. Naquela época — eu ainda era muito jovem e, com certeza, muito mais impressionável do que hoje — saboreara cada detalhe do que me pareceu um momento fascinante. Horas depois de nosso navio dar partida e começar a se deslocar para oeste, fiquei sabendo de outros detalhes interessantes da saga: um simpático oficial de convés do *Empress* contou-me que os sinais de emergência enviados por nós na noite anterior tinham sido captados pela guarda costeira americana num lugar chamado Argentia, na Terra Nova. E tínhamos aprendido na escola que fora em Argentia, em 1941, que Winston Churchill e Franklin Roosevelt, reunidos a bordo do encouraçado *Prince of Wales*, proclamaram a famosa Carta do Atlântico, que orientaria o mundo do pós-guerra. E eu tinha parado ali, distante de qualquer núcleo humano, à mercê do oceano — e, no entanto, ligado pelo rádio ao palco de um fragmento tão importante da história. Isso tornou o momento ainda mais especial e me ajudou a gravar aquele pedaço de mar de forma ainda mais indelével em minha memória.

Agora, esse mesmo trecho da geografia marinha, vislumbrado rapidamente de um avião, não tinha sido mais do que uma remota mancha descolorida e inconveniente, pois me impedira de chegar na hora certa a meu destino. Era triste, pensei, que um lugar tão nitidamente recordado tivesse se transformado tão depressa em pouco mais do que algo que se encara em termos de *distância*.

Um momento — mas não era assim que o mundo inteiro tinha passado a pensar no oceano como um todo? O oceano não era agora apenas distância, para a maior parte das pessoas? E não víamos como coisa corriqueira essa massa d'água que, no máximo havia quinhentos anos, os marinheiros ainda não ousavam atravessar e encaravam com respeito, terror e assombro? Um mar que no passado fora uma barreira intransponível para algum lugar — para o Japão, as Índias, as ilhas Molucas, o Oriente — se convertera rapidamente numa mera ponte de acesso à riqueza e aos milagres do Novo Mundo? No passado, diante desse oceano o homem sentia medo do desconhecido e do assustador. E agora, como o víamos? Com a indiferença que dedicamos às coisas do dia a dia?

E, no entanto, essa mudança não teria ocorrido numa espécie de relação inversa com o crescimento da importância do oceano? Não era verdade que, ao longo dos séculos, o Atlântico se tornara muito mais do que uma simples ponte? Era evidente que ele se tornara também um ponto de convergência, um eixo, um fulcro em torno do qual o poder e a influência do mundo moderno há muito vêm sendo distribuídos. Se o Mediterrâneo foi outrora o mar interior da civilização clássica, o oceano Atlântico substituiu-o, mais tarde, como o mar interior da civilização ocidental. D. W. Meinig, especialista em geografia histórica, escreveu em 1986 sobre essa nova percepção do Atlântico: esse oceano, diz ele, era singular pelo fato de ter "os antigos focos de cultura a leste, uma grande fronteira para expansão a oeste e uma prolongada e integral costa africana". O Atlântico existiu promovendo o equilíbrio entre os blocos de poder e de influência cultural que moldaram o mundo moderno. É a entidade que os conecta, os une e, de alguma maneira inexplicável, também os define.

Foi Walter Lippmann, em 1917, quem primeiro acenou com a ideia de uma Comunidade Atlântica. Num famoso ensaio publicado na revista *New Republic*, referiu-se a ela como o núcleo da "intrincada rede de interesses que mantém a unidade do mundo ocidental". E, embora hoje em dia saibamos o que é essa comunidade e quem ela engloba plenamente (mesmo não a compreendendo de todo), fica claro que, apesar das pretensões da Índia, da China e do Japão, ela é um conjunto de países e civilizações, que, pelo menos atualmente, ainda controlam as principais realizações do planeta.

Trata-se de uma comunidade *sui generis*, uma espécie de civilização pan-atlântica, vamos dizer, que no início englobava apenas os países do norte das costas atlânticas, com as nações da Europa Ocidental, de um lado, e os Estados Unidos e o Canadá, de outro. Mais recentemente, tanto a América Latina quanto as nações da África Central foram incorporadas ao bloco. Brasil e Senegal, Guiana e Libéria, Uruguai e Mauritânia agora fazem parte da Comunidade Atlântica exatamente como, durante dezenas de anos, ocorreu com os povos de nações mais obviamente atlânticas, como Islândia e Groenlândia, Nigéria, Portugal, Irlanda, França e Grã-Bretanha. Claro está que a comunidade é muito maior e mais abrangente do que isso, como se verá a seguir.

E, ainda assim, essa massa d'água que une milhões de pessoas e uma miríade de culturas e civilizações — a massa d'água em forma de S que cobre uma superfície de 85,5 milhões de quilômetros quadrados, chamada no hemisfério ocidental oceano Atlântico e, do lado oriental do mundo, conhecida como Grande Mar do Ocidente — sofre o destino dos excluídos. É um oceano do qual se poderia dizer que é invisível, embora esteja à vista — algo que evidentemente está ali, mas que de muitas maneiras não é nada evidente.

Ele é, inegavelmente, muito visível. "Mesmo que penduremos uma estação espacial no espaço", disse o historiador americano Leonard Outhwaite em 1957, quando foi lançado o Sputnik 1, "ou que se chegue à Lua, o oceano Atlântico continuará sendo o centro do mundo para os seres humanos."

Nem todas as massas d'água são tão obviamente vivas quanto o Atlântico. Alguns mares interiores extensos, topograficamente importantes, complexos do ponto da vista da navegação e historicamente cruciais conseguem, de alguma forma, ter um aspecto estranhamente calmo, destituído de qualquer vitalidade perceptível à primeira vista. O mar Negro, para citar um deles, dá mais a sensação de uma massa d'água moribunda, sem vida. Também o mar Vermelho, envolto em sua nuvem ocre de areia desértica, mostra-se eternamente meio morto; até mesmo o mar de Coral e o mar do Japão, por mais belos e serenos que sejam, são de certa forma desprovidos de qualquer espécie verdadeira de vida oceânica e parecem estranhamente inertes.

Mas o oceano Atlântico é com certeza uma coisa viva — furiosa e comprovadamente viva. É um oceano que se mexe, de modo impressionante e ininterrupto. Produz todo tipo de som — está permanentemente rugindo, trovejando, fervendo, arrebentando, crescendo, encrespando. É fácil imaginá-lo querendo respirar — talvez não em alto-mar, mas onde ele encontra a terra, com suas águas escorrendo para cima e baixo numa praia pedregosa, imitando à perfeição as inspirações e expirações de um ser vivente. Nele abundam também existências simbióticas: quantidades inimagináveis de monstros, tanto diminutos quanto enormes, pululam em suas profundezas numa espécie de harmonia marítima, dando às águas uma sensação de vibração, uma espécie de pulso suboceânico. Ele tem também uma psicologia. Tem seus estados de espírito: por vezes melancólico e sombrio, em raras ocasiões astucioso e alegre; sempre meditativo e poderoso.

Sua vida tem também uma duração previsível. Os geólogos acreditam que no fim dos tempos o oceano Atlântico terá vivido um total de 370 milhões de anos. Ele se diferenciou e se encheu de água, ganhando dimensões propriamente oceânicas, há cerca de 190 milhões de anos. Atualmente, desfruta de uma meia-idade serena e mais estável, tornando-se ano a ano um pouquinho maior, com um ou outro vulcão cuspindo fogo em sua região mediana, mas em geral não é submetido a convulsões geológicas particularmente penosas. A seu devido tempo, porém, elas virão.

Um dia o Atlântico vai começar a se transformar radicalmente em aspecto e em tamanho. Finalmente, à medida que os continentes ao seu redor comecem a se mexer e a deslizar em diferentes direções, ele passará a mudar de forma. Suas costas (segundo o cenário atualmente mais aceito) se aproximarão e ficarão unidas novamente, e o mar acabará secando e desaparecendo. Segundo as previsões planetárias, isso ocorrerá daqui a cerca de 180 milhões de anos.

Não é exatamente uma vida curta. Consideremos que a existência total do mundo, desde o éon hadeano pós-consolidação do planeta ao atual Holoceno com suas frescas pradarias, compreenda cerca de 4,6 bilhões de anos. Tudo computado, os 370 milhões de anos de existência do Atlântico como uma massa d'água separada representarão algo como 8% da vida inteira do planeta. A maior parte dos outros oceanos que já existiram durou menos tempo: no que diz respeito às reivindicações de longevidade de seus concorrentes, o Atlântico provavelmente acabará sendo o oceano mais longevo do mundo, um veterano potencial, um recordista altamente respeitável.

Portanto, é possível e aceitável contar a história do oceano Atlântico como uma biografia. Ele é uma coisa viva; tem uma histórica geológica de nascimento, expansão e evolução até chegar à forma e ao tamanho que tem agora, na meia-idade; daqui em diante, tem uma história previsível de contração, decadência e morte. Reduzida a sua essência, é uma história fácil de contar: a biografia de uma entidade viva com um começo determinado, um meio evidente e um fim provável.

Mas essa biografia não se esgota aí. Porque não podemos esquecer o aspecto humano da história.

Homens viveram na periferia do Atlântico, em suas ilhas, e se dedicaram a atravessá-lo de lá para cá e de cá para lá, a saqueá-lo, a travar lutas sobre ele, a sequestrá-lo e vigiá-lo, a espoliá-lo, e com isso ele se tornou fundamental para os desdobramentos de nossa própria vida. Essa é também uma história — bem diferente e muito mais breve do que a da formação e desconstrução do próprio oceano, mas muito mais importante para nós, como seres humanos.

Não existiam seres humanos quando o oceano se formou. Nem estaremos aqui quando ele deixar de existir. Mas, durante um período determinado, situado quase na metade da vida do oceano, nós chegamos, evoluímos e mudamos tudo, ou assim preferimos pensar. Só por meio desta segunda história, o caroço que está dentro da casca da primeira, poderemos contar a história completa da vida do oceano Atlântico. A história do oceano como entidade física, a história do nascimento e da morte do oceano, torna-se assim o contexto, o marco para a história do íntimo envolvimento humano nele e com ele.

Essa história humana começa quando o homem se instalou nas margens do Atlântico. A humanidade se espalhou em direção ao mar supostamente no sul da África, e isso aconteceu, com muita probabilidade (e de forma acidental para efeitos deste relato), bem perto da costa atlântica do sul do continente. O que ocorreu a partir daí é tão complicado e multidimensional quanto se possa imaginar: a história do envolvimento humano com o oceano confundiu-se com a saga de uma mixórdia de povos e latitudes, de línguas e costumes divergentes, de uma balbúrdia de atos e eventos, conquistas e descobertas, confusões e conflitos. É uma história difícil de contar. A simples exposição cronológica pode servir muito bem para a história da formação do oceano como entidade física, mas os detalhes da experiência humana não são, de modo algum, tão maleáveis.

Como seria possível, por exemplo, entrelaçar a experiência de um pescador da Libéria com a de um tripulante de submarino atômico em patrulha nas águas territoriais da Islândia? Ou ligar a vida de um trabalhador das minas de ametista do litoral da Namíbia à do diretor americano do filme *Os pescadores de Aran*? Ou escrever sobre o comandante de um Boeing da British Airways e sobre um navio da patrulha do gelo diante da costa da Geórgia do Sul; ou conectar o pintor de marinhas Winslow Homer, há muito falecido, ao chinês de olhos arregalados e preso em Guantánamo, nadando pela primeira vez no oceano Atlântico, ao largo das Bermudas? Qual é a melhor maneira de criar uma estrutura lógica a partir de toda essa estranha variedade multicolorida?

Durante bastante tempo isso foi um mistério. Eu queria muito escrever a história do oceano. Mas qual seria sua estrutura, e onde encontrá-la? Eu estava, como se diz, num *mar de dúvidas*.

Só que um dia, olhando o movimento das águas, pensei: se o oceano tem uma vida, por acaso a relação da humanidade com ele não pode também ter uma espécie de vida? Afinal, fósseis e objetos desencavados em sítios arqueológicos mostram que essa relação teve um começo. Deverá ter também, provavelmente, seu momento de morte — mesmo o mais ferrenho otimista tem de admitir que o fim da existência do ser humano está à vista, que em alguns milhares, ou talvez dezenas de milhares de anos, a humanidade terá desaparecido e esse aspecto da história também estará encerrado.

Assim sendo, compreender a vida dessa relação humana com o mar e situá-la no contexto da vida muito mais longa do próprio oceano deveria ser possível também como biografia. Mas havia os detalhes, perturbadores, desanimadores, demoníacos. A maré da história humana estava tão cheia de fatos, incidentes, personagens e nuances sutis que seria quase impossível nadar contra ela.

Mas no fim, de uma hora para outra, chegou até mim uma tábua de salvação lançada pelo menos marítimo dos socorristas: William Shakespeare.

Durante muitos anos, levei comigo nas entediantes viagens de avião (e, com efeito, eu o tinha comigo quando passamos sobre as águas do Flemish Cap daquela vez) um exemplar bastante surrado de *Seven ages* [Sete idades], uma antologia de poesia organizada no começo da década de 1990 por um ex-ministro do Exterior britânico, David Owen. Ele organizou os poemas escolhidos em sete partes que representavam as sete fases da vida de um homem descritas na famosa fala "O mundo todo é um palco [...]", da comédia *Como gostais*, de Shakespeare. Um dia, lendo o livro de Owen, percebi que essa estrutura me oferecia exatamente o que eu precisava para o aspecto humano da história do Atlântico: um arcabouço adequado para o livro que eu pretendia escrever, um cenário que transformaria todos os temas da vida do oceano em intérpretes, indo da infância à senectude, de modo que todos esses intérpretes pudessem desempenhar seus papéis em sequência.

As idades são as mesmas que recordamos da infância, ainda que vagamente, mencionadas no famosíssimo e soturno monólogo de Jacques:

Primeiro é um bebê,
Choramingando e regurgitando nos braços da ama.
Depois é um colegial, resmungão, com sua pasta,
Brilho matinal na carinha, rastejando feito lesma,
Relutante, para a escola. Depois é o apaixonado,
Suspirando feito uma fornalha, com uma cantiga triste
Em homenagem às sobrancelhas da amada. Depois é um soldado,
Cheio de juras ousadas, barbudo como um leão,
Cioso de sua honra, pronto e rápido no combate,
Buscando a glória efêmera,
Até na boca do canhão. Depois é o juiz,
Com um belo capão na enorme pança,
Olhar severo, cabelo e barba bem formais,
Cheio de adágios sábios e histórias cediças,
Assim ele faz o seu papel. Na sexta idade vira
Agora Pantaleão, magro, de chinelas,
Óculos no nariz, carteira ao lado,
O traje da juventude guardado, o mundo grande
Para as pernas débeis; sua voz, antes varonil,
Volta a ser um som agudo e infantil,
Com chiados e assobios. Na última das cenas,
A que fecha esta história movimentada e rica,

Vem a segunda infância e o simples esquecimento,
Sem dentes, sem visão, sem gosto, sem nada.

Criança, Colegial, Apaixonado, Soldado, Juiz, Pantaleão de Chinelas e Segunda Infância. A solução me pareceu, de uma hora para outra, nada menos que perfeita. Amarradas dentro dessas sete categorias, as etapas de nossa relação com o oceano poderiam ser facilmente tratadas.

Na primeira idade, por exemplo, eu percebia os primeiros interesses da humanidade, meio infantis, pelo mar. Na segunda, poderia examinar como a curiosidade inicial se transformou em disciplinas científicas sobre a exploração, a educação e o aprendizado — e nesta, como nas outras idades, eu poderia explorar a história desse aprendizado, de modo que cada idade se tornaria uma cronologia em si mesma e de si mesma. Na terceira, a idade do apaixonado, eu me debruçaria sobre a história dos casos de amor da humanidade, por meio da arte, da poesia, da arquitetura ou da prosa que o Atlântico inspirou ao longo dos séculos.

Na quarta idade, a do soldado, eu analisaria as discussões e os conflitos que com tanta frequência perturbaram o oceano, explicaria como a força das armas ao longo dos anos obrigou à emigração ou estimulou a criminalidade marítima, como as marinhas das nações reagiram, como batalhas foram travadas e como nasceram os heróis do Atlântico.

Na quinta idade, a do juiz glutão, eu poderia descrever de que forma o mar finalmente se tornou um espaço de leis e comércio, com cargueiros sem linha regular e de carreira, cabos submarinos e aviões a jato cruzando-o em todas as direções, num mosaico infinito visando ao lucro e ao conforto. Na sexta idade, dominada pela fadiga e pelo tédio de Pantaleão, eu refletiria sobre os modos como o homem recentemente exauriu o grande mar, abusou dele como se fosse inesgotável, a ponto de se descuidar de suas necessidades especiais e tratá-lo com imprevidência. E, na sétima idade, a última — que termina com o consagrado verso de Shakespeare *sem dentes, sem visão, sem gosto, sem nada* —, eu poderia imaginar o modo pelo qual o oceano, tão desprezado e quiçá vingativo, poderia um dia revidar, reverter ao estado primitivo, à natureza primeva daquilo que ele sempre foi.

Por mais atraente que isso tudo parecesse, restava uma coisa. Primeiro eu tinha de fazer a moldura, construir o arco do proscênio, tentar situar o prolongado drama humano dentro do contexto físico muito maior. Só quando isso fosse conseguido, e com permissão das enormes forças naturais que formaram o oceano, eu poderia tentar começar a revelação e a narrativa da história humana. Só então poderia tentar dizer alguma coisa sobre as centenas de milhões de anos de vida do oceano, e sobre as dezenas de milhares de anos de sua maturidade, durante a qual homens e mulheres que construíram a comunidade desse oceano finalmente entram em cena e, por sua própria conta, cada qual desempenha seu papel específico e especificamente atlântico.

Primeiro: como se formou o oceano? Como tudo isso começou?

Prólogo

Os começos de sua vida

O mundo todo é um palco,
E todos os homens e mulheres, apenas atores:
Eles saem de cena ou entram em cena,
E cada qual, em seu momento, faz vários papéis.
Em sete atos, suas sete idades.

Um grande oceano — e o Atlântico é mesmo um oceano enorme — transmite a sensação de existência eterna. Coloque-se em qualquer ponto junto dele e fite o horizonte distante, além dos vagalhões, e você logo se convencerá de que ele esteve ali eternamente. Todos que amam o mar — e decerto serão pouquíssimos os que não se enquadram nessa categoria — têm um lugar predileto de onde observá-lo. No meu caso, esse lugar é, há muito tempo, as ilhas Faroe no extremo do Atlântico Norte, onde reinam o frio, a umidade e a desolação. A seu modo desafiante, é um lugar belíssimo.

Dezoito ilhas, cada qual um pedaço de basalto negro coberto de gramíneas agitadas pelos ventos e inclinadas alarmantemente de leste para oeste, formam esse posto avançado do reino da Dinamarca no oceano Atlântico. Cerca de 50 mil pescadores e ovinocultores faroenses resistem ali num isolamento antigo e resoluto, como os vikings dos quais descendem, falando vestígios da língua

Mykines, a mais ocidental das dezoito ilhas Faroe, ergue-se abruptamente do meio do oceano Atlântico, açoitada pelo vento e pelas ondas ou envolta numa espessa névoa durante a maior parte do ano. Papagaios-do-mar, baleias e carneiros — faroe significa "carneiro" em nórdico antigo — sustentam uma população de menos de 50 mil habitantes, quase todos cidadãos dinamarqueses.

deles. Chuva, vento e nevoeiro caracterizam os dias desses ilhéus — ainda que, de tempos em tempos e em quase todas as tardes do alto verão, as névoas rapidamente se dissipem e cedam lugar a um céu de uma claridade e um fulgor azul que parecem só ocorrer nas altas latitudes do planeta.

Foi exatamente num dia assim que decidi velejar, num mar encapelado e caprichoso, até a ilha Mykines, a mais ocidental do arquipélago. É um lugar muito apreciado por pintores, atraídos por sua solidão selvagem e por sua completa subordinação às imposições da natureza. E ir àquele lugar deixou em mim uma impressão profunda: em todas as minhas deambulações pelo Atlântico, não imagino um lugar que me tenha dado uma impressão tão forte de estar *no fim do mundo*, nem de haver lugar melhor para absorver e começar a compreender a tremenda majestade desse imenso oceano.

O desembarque em Mykines foi de excepcional complexidade. O barco entrou no porto minúsculo surfando na crista verde de um vagalhão, e o capitão só se deteve ali durante o tempo suficiente para que eu saltasse num cais de cimento tornado letal pela presença de escorregadias fitas-do-mar. Uma escadaria de pedras irregulares ascendia para o céu, e por ela eu subi, não deixando de pensar por um segundo no abismo lá embaixo, onde as ondas quebravam com fragor. Mas consegui chegar. Lá em cima havia casas dispersas, uma igreja, uma loja e uma hospedaria mínima, cuja sala recendia a fumo de cachimbo e a lã molhada. Uma rajada de vento, repentina e furiosa, havia afugentado o nevoeiro da manhã, e o sol deixava ver uma longa e íngreme vertente de gramíneas que subia até o ponto culminante da ilha, claramente visível contra o céu a oeste.

Uma trilha relvada conduzia a esse horizonte elevado, e um grupo de ilhéus subia por ela vagarosamente, como formigas em fila. Levado pela curiosidade, juntei-me a eles. Para minha surpresa, a maioria das pessoas vestia os trajes domingueiros faroenses — os homens com casacos azuis-escuros e escarlates, com golas altas e fileiras de botões prateados, calções até os joelhos e túnicas azuis presas com uma complicada cama de gato feita com correntes e ainda xales franjados. E, embora alguns homens usassem anoraques, com barbicachos de feltro, nenhum levava chapéu, pois o vento incessante os teria arrancado. As crianças, vestidas como os pais, faziam algazarra, gritavam e escorregavam na grama molhada, com os pais a adverti-los para que não sujassem as botinas e tivessem cuidado para não cair.

A subida levou trinta minutos, e nenhum dos ilhéus dava mostras de transpirar. Reuniram-se num ponto, junto do penhasco, onde a vegetação era baixa. Havia ali um monumento de pedra, uma cruz de basalto. Nela, disseram-me, estavam gravados os nomes de pescadores que haviam perdido a vida nos pesqueiros islandeses a oeste. O grupo, que congregava umas cem pessoas, dispôs-se junto de um *cairn* de matacões de basalto, à espera.

Passados alguns minutos, surgiu no fim da trilha um homem de cabelo branco, de seus sessenta anos, ofegando um pouco pelo esforço. Sua longa sobrepeliz com colarinho alto e franzido o fazia lembrar alguém saído das páginas de um folheto popular medieval. Era um pastor luterano, vindo de Thorshavn, capital das ilhas Faroe. Passou a presidir um culto, ajudado por dois diáconos que tocavam acordeões e um jovem ilhéu com um violão. Uma dupla de belas crianças louras distribuiu folhas úmidas com letras de hinos, e as vozes agudas dos aldeões entoaram velhos hinos nórdicos, cuja melodia o vento carregava no mesmo instante para o mar, como de fato eles queriam que acontecesse.

Os ilhéus me disseram que o breve culto religioso não tinha precedentes. No passado fora sempre um pastor vindo da Dinamarca, a 1500 quilômetros ao sul, que ia ali para abençoar os marujos mortos da ilha. Mas aquele dia era histórico, explicaram, porque pela primeira vez o pastor era faroense. O culto simples e respeitoso, na língua local, constituía um sinal do quanto aquelas remotas ilhas no meio do oceano haviam se afastado continuamente da vigilância benigna de sua metrópole europeia. Finalmente eles tinham imposto sua marca. Uma marca *insular*, comentou um dos presentes. *Uma marca atlântica.*

Findo enfim o culto, saí caminhando atrás do grupo que se dispersava — e sem aviso cheguei, de repente, com horror, à beira do despenhadeiro. A grama acabava ali, como que aparada por uma lâmina, e em seu lugar só havia um gigantesco abismo vazio de vento e espaço, as paredes negras e molhadas de um precipício apavorante de penhascos de basalto, do qual se divisavam, a quase oitocentos metros lá embaixo, as ondas, as correntezas e a espuma do mar aberto. Centenas de papagaios-do-mar descansavam em desvãos do penhasco, alguns a um braço de distância, e todos inteiramente alheios à minha presença. Eram criaturas atarracadas, ridículas, com aquela máscara facial, a cabeça bochechuda e o bico multicor em geral entupido de peixinhos minúsculos. De vez em quando, porém, um deles se lançava ao espaço e ascendia para o céu com uma graça e dignidade que nada tinham de ridículo.

Devo ter ficado ali por muito, muito tempo, fitando, contemplando, hipnotizado. Enfim o rugido da ventania tinha cessado, o sol saíra e descambava para a tarde. Eu estava sentado na beirada do penhasco, com as pernas pendentes sobre oitocentos metros de vazio, olhando diretamente para oeste. Um pouco abaixo de mim havia nuvens de aves marinhas, atobás-pardos e fulmares, gaivotas-de-bico-de-cana e procelárias, e a meu lado estavam as congregações tagarelas de papagaios-do-mar. À minha frente, simplesmente nada — apenas um oceano interminável, martelado como cobre no sol quente e que se perdia na distância, oitenta quilômetros, 150... Daquela altura eu tinha a impressão de poder estar enxergando a oitocentos quilômetros de distância ou mais. Existia um vazio infindo que naquela latitude, 62 graus norte, ou mais ou menos isso, eu sabia que só seria interrompido pelos penhascos de basalto da Groenlândia, a mais de 1600 quilômetros. Não havia esteiras de navios no mar, nem trilhas de condensação de aviões no céu, apenas o vento incessante e frio, os pios das aves e a beirada imaginária do mundo conhecido traçado em algum lugar, muito além de minha capacidade visual.

Essa sensação é quase igual em qualquer cabo ou promontório do Atlântico, seja na África, seja nas Américas, no Ártico ou em dúzias de outras ilhas oceânicas como essas, locais de onde os panoramas são ilimitados, os horizontes primorosamente recurvados pela distância. O panorama basta para obrigar o observador a uma pausa, tamanha é sua capacidade de aturdir, de assombrar, as impressões se superpondo, uma após outra.

Que eterno parece o oceano, que imenso! Pasmar-se com a dimensão colossal e incalculável que parece ter o Atlântico é tudo menos banal. Os grandes mares são tão descomunais que basta uma breve contemplação desse oceano para entendermos a justeza de uma observação de Arthur C. Clarke, pessoa que sabia alguma coisa a respeito de imensidões: "Como é impróprio chamar a este planeta Terra, se evidentemente ele é Mar".

Por outro lado, acima de tudo a cor dominante desse oceano é o cinzento. Ele é cinzento, ele é lerdo, ele é pesadão, com um ondulamento contínuo. Em quase toda a sua extensão, o oceano Atlântico não é nada parecido com o Pacífico ou o Índico — não é dominado pelo azul, tampouco é quase universalmente orlado de palmeiras inclinadas e recifes de coral. É um mar cinzento e ondeante, não raramente sujeito a tempestades, engrossado por encrespamentos, um mar em que, na imaginação popular, abundam traineiras que elevam bem alto a proa, para depois se estatelar nas águas em meio a enormes cortinas de espuma, petroleiros que se atiram contra vagalhões, um mar com frequência sacudido por vendavais, e cujas águas se movimentam constantemente, com um ar resoluto, exibindo um poder imensurável, e ao mesmo tempo inspirando, com essa exibição, sentimentos perpétuos de respeito, cautela e temor.

O Atlântico é o oceano clássico de nossas fantasias, um oceano industrial de frio, de ferro e de sal, um oceano resoluto de rotas marítimas, áreas portuárias e pesqueiros. Se na superfície é um oceano animado por esquadrões de navios em constante movimento, sob ela suas águas ocultam quantidades inimagináveis de misteriosa abundância marinha. É também uma entidade que parece *interminável*. Ano após ano, à noite e de dia, no calor ou no frio, século vai, século vem, o oceano está sempre lá, presença eterna na mente coletiva daqueles que vivem a seu lado. Derek Walcott, poeta laureado com o Nobel, escreveu em sua famosa epopeia *Omeros* que seu herói-pescador Aquiles finalmente subia, fatigado, o aclive de cascalho de uma praia do Atlântico. Ele por fim dá as costas ao mar, mas sabe que, mesmo que não o veja, o mar está continuamente atrás dele e continua — sem ambiguidade, cerimonioso, superior e pressago — a ser o mar. O Oceano, em outras palavras, continua "levando a vida".

Há 3 mil anos Homero criou a ideia poética de Oceano — o filho de Urano e Gaia, marido de Tétis e pai de uma vintena de deuses fluviais. O sentido original da palavra remetia a um vasto rio que circundava o globo, tendo como margens os Campos Elísios e o Hades. Para Homero, o oceano era um rio que nascia lá muito longe, onde o sol se põe. Era algo absolutamente assustador para os marujos mediterrâneos, que contemplavam suas magníficas águas cinzentas a estrondear e se convulsionar além das Colunas de Hércules, no estreito de Gibraltar. Conhecido como o Grande Mar Exterior, era algo a ser intensamente temido, um mundo de águas ribombantes habitado por monstros tétricos como as Górgonas e os Hecatonquiros, ou por seres humanos bizarros como os cimérios, os etíopes e os pigmeus. E, eternamente, *sempre levando a vida*.

Essa ideia poética da atividade incessante do mar é, a um tempo, familiar, confortadora e de certa forma perturbante. Tem-se a sensação de que o mar, não importa o que mais possa ser, por mais cinzento, incomensurável, imoderado ou poderoso que seja, é uma presença permanente no mundo, esteja ele retumbante ou calmo, borrascoso ou plácido. Pensamos nele como um ser vivo imutável, sempre ocupado em sua atividade infindável de marulhar e esperar.

A rigor, porém, isso não é de modo algum verdadeiro. Os oceanos também têm começo e fim. Na imaginação humana, talvez não, mas, num sentido físico, com certeza sim. Os oceanos nascem, e os oceanos morrem. E o Atlântico, o outrora temido Grande Mar Exterior, o mais cuidadosamente estudado e analisado de todos os oceanos, nem sempre existiu, nem há de permanecer para sempre onde está ou ser como é.

Para um oceano surgir, um planeta deve ter dois elementos indispensáveis. O primeiro é água. O segundo, terra. A imensa massa d'água* que existe atualmente nem sempre existiu, é claro, mas pesquisas recentes indicam que ela passou a existir não muito tempo depois que a Terra se formou, pela coalescência de nuvens de planetesimais presentes no espaço, há quase 5 bilhões de anos. Estudos de cristais de zircão encontrados nas proximidades de uma jazida de minério de ferro na Austrália Ocidental demonstram que já existia água em

---

* A água existente na Terra tem uma massa de mais ou menos 1,3 setilhão de toneladas; já a massa total do planeta é estimada em 6 setilhões de toneladas.

estado líquido na Terra apenas algumas centenas de milhões de anos após a formação do planeta. Era uma água extremamente quente, que encerrava todo tipo de gases venenosos e corrosivos em dissolução. Mas era líquida, corria de um lado para outro, era capaz de erodir (e erodia) coisas que ela cobria e, o mais importante, foi o inegável antepassado aquoso de todos os nossos mares atuais.

O oceano que contemplei dos penhascos cheios de pagagaios-do-mar em Mykines é, em essência, feito da mesmíssima água criada há tanto tempo. A principal diferença é que, enquanto a água do éon hadeano era quente, ácida e incapaz de sustentar qualquer coisa além das cianobactérias termofílicas mais primitivas, o mar Faroense era frio e limpo, havia sido purificado e salinizado por milhões de anos de evaporação, condensação e reciclagem, era rico em íons químicos provenientes de toda parte e vibrava com uma biodiversidade muito complexa e bela. Em todos os demais aspectos, as águas gélidas que rodeiam as ilhas do Atlântico Norte e as águas ácidas e fumegantes de nosso planeta incipiente, territorialmente indiferenciado, eram mais ou menos as mesmas.

Embora aquele planeta jovem fosse territorialmente indiferenciado, não permaneceria assim por muito tempo. Mais ou menos na mesma época, terra sólida e habitável estava sendo produzida também.

De início, essa terra sólida era constituída quase que só por inumeráveis e gigantescos supervulcões, cada qual separado do outro, de modo que, do ar, seus grupamentos talvez se assemelhassem a chaminés de um complexo industrial de dimensões planetárias. Essas colossais montanhas marinhas vomitavam nuvens sufocantes de fumaça e cuspiam poças de espessa lava negra com milhares de quilômetros de extensão. Por fim, esses vulcões isolados expeliram tal quantidade de rochas novas que elas começaram a se aglutinar, e algumas dessas massas coalescentes tornaram-se mais ou menos estáveis, a ponto de poderem ser descritas, em seu conjunto, como *massas terrestres*. Tempos depois, essas massas terrestres formaram massas de terra ainda maiores que poderiam ser denominadas *protocontinentes*. E esses foram os primórdios da atual característica que define nosso planeta: uma entidade formada por continentes e mares, ainda que o processo pelo qual se chegou a uma configuração minimamente parecida com o mundo de hoje tenha sido infinitamente lento e de fantástica complexidade. Só agora a ciência começa a compreender a construção e a desconstrução de uma topografia multidimensional.

O mundo em seus primórdios podia ser feito de terra e água, mas era um lugar abrasador e atroz. Girava em torno de seu eixo muito mais depressa do que hoje: a cada cinco horas o sol nascia, ainda que, se o planeta já tivesse habitantes, provavelmente não o veriam, por causa das vastas nuvens de cinzas, fumaça, fogo e gases venenosos. Se o céu se limpasse, o planeta teria sido açoitado por radiações ultravioleta e raios gama, o que tornaria a superfície hostil a quase tudo. E a Lua, recém-criada, ainda estava tão próxima que a cada vez que girava em torno da Terra levantava elevadas marés ácidas, que inundavam e corroíam ainda mais os continentes porventura existentes.

Entretanto, é bem provável que existissem alguns continentes. Os registros geológicos atuais contêm restos de mais ou menos meia dúzia de massas antigas identificáveis e grandes o suficiente para serem chamados de continentes. Essas formações remanescentes foram dispersadas ao longo de bilhões de anos de perturbação planetária: atualmente, nenhuma dessas massas primevas se acha intacta. Tudo o que ficou foi uma coleção de fragmentos estratiformes, aos quais se pode atribuir uma idade de pelo menos 3 bilhões de anos, que se acham hoje espalhados por locais tão dissociados entre si como a atual Austrália (onde podem ser achados pedaços desses primitivos continentes), Madagascar, Sri Lanka, África do Sul, Antártica e Índia.

O trabalho de detetive necessário para juntar os pedaços dos continentes originais é dificílimo. Contudo, mediante o exame atento da idade e da estrutura dessas rochas, tem sido possível propor pelo menos uma sequência aproximada dos eventos que levaram à formação do atual oceano Atlântico e dos continentes que o circundam.

Trata-se de uma sequência que envolve os continentes e mares, em número de mais ou menos doze, que existiram, brevemente ou durante éons, na vida do planeta. A linhagem se inicia com o surgimento da primeira massa continental da Terra: uma imponente massa terrestre, com cerca de 3200 quilômetros de extensão, muito semelhante à silhueta de um imenso albatroz, que se formou e se elevou sobre os mares ferventes há cerca de 3 bilhões de anos. A comunidade geológica deu-lhe um nome apropriadamente sonoro e marcante: em homenagem à terra natal de Abraão, na Caldeia, ele é chamado supercontinente de Ur.

Depois da localização de Ur, foram encontrados os restos de outros continentes antigos, que receberam nomes que refletem o orgulho nacional das pessoas que vivem em suas imediações, a educação clássica dos exploradores que os acharam ou as realidades da moderna política internacional. São, em geral, nomes nada familiares fora das sociedades geológicas: Vaalbara, Kenorlândia, Árctica, Nena, Báltica, Rodínia, Pannotia, Laurentia. São nomes que definem massas terrestres pequenas, como a atual Groenlândia, ou imensas, como a Ásia de hoje. São corpos em contínuo movimento, que mudam constantemente de forma, topografia e posição.

Ao longo de enormes períodos, durante fases de calor estorricante e forças físicas descomunais, todos eles se movimentaram lenta e majestosamente em torno da superfície do planeta. Por vezes colidiram entre si, criando o que são hoje cordilheiras antigas e muito aplainadas. No mais das vezes, partiram-se numa série de explosões em câmera lenta, eventos que se desenrolaram ao longo de milhões de anos. Os cacos de sua fragmentação voaram longe e ricochetearam, dando a volta ao mundo, reordenando-se e, vez por outra, recombinando-se, como se as peças de um enorme quebra-cabeça, montado por um gigante invisível e pouco habilidoso, cobrissem a superfície do planeta. E, durante todo esse processo, os espaços entre as massas continentais eram preenchidos pelos mares — mares que continuamente mudavam de forma, dividiam-se, redividiam-se e se configuravam em massas aquáticas, cada uma das quais poderia ser reconhecida, a partir de cerca de 1 bilhão de anos atrás, como um verdadeiro oceano, como um oceano propriamente dito.

No período cambriano, há cerca de 540 milhões de anos, um desses oceanos começava a ganhar um aspecto conhecido. Quando surgiu, sua forma não tinha importância — ele era somente muito grande. No entanto, no período ordoviciano, começou a se tornar bastante estreito, vagamente sinuoso, com não mais de 1500 quilômetros de largura, como um grande rio que atravessasse o mundo de nordeste para sudoeste. Ou seja, *seu aspecto não era inteiramente diferente do futuro Atlântico Norte.*

E, como banhava as costas dos territórios que viriam a ser o leste da América do Norte e o noroeste da Europa, esse suposto mar ordoviciano recebeu o nome que deveria ser seu por pleno direito. Foi chamado Jápeto, a figura mitológica tida pelos antigos gregos como o pai de Atlas. O oceano Jápeto foi o precursor, o pai ou a mãe, do verdadeiro e futuro oceano Atlântico. O que teve de melhor é hoje visto nos arenitos e calcários cinzentos das águas profundas do norte da Terra Nova, que registram sua existência.

O mundo moderno e reconhecível começou a surgir cerca de 250 milhões de anos mais tarde — com efeito, 250 milhões de anos atrás —, no fim das eras permiana e triássica. O processo teve início quando quatro das peças do quebra-cabeça protocontinental colidiram e formaram no supercontinente que depois veio a conquistar muita popularidade: a grande massa conhecida como Pangeia. Essa vasta entidade continha a totalidade do território permiano então existente no globo. Basta seu nome para indicar que se tratava de uma massa terrestre que compreendia todas as terras do planeta e era rodeada por um único mar — o Pantalassa —, que constituía toda a massa oceânica da Terra.

Desses dois corpos — um de água e outro de terra — surgiria o atual oceano Atlântico. O processo teve início com uma longa era de espetacular atividade vulcânica, um dos episódios mais violentos em toda a sua história recente. Pouco tempo depois ocorreu uma extinção em massa de formas de vida, tanto no mar quanto em terra. Depois disso, a Pangeia começou finalmente a se desintegrar e teve início a formação do novo oceano. Tem-se discutido à exaustão em que medida esses três eventos estiveram ligados — sobretudo se a forte atividade vulcânica causou tanto a extinção de seres vivos quanto a desintegração do continente —, mas o certo é que tais eventos realmente ocorreram, e num período relativamente breve.

O período vulcânico foi de uma violência tão aterradora, teve uma extensão tão ampla e consequências tão profundas que decerto daria a um observador a impressão de que o planeta estava a se esfacelar. Uma série ciclópica de explosões começou a ocorrer em torno do núcleo central da Pangeia. Milhares de vulcões poderosos, primeiro milhares de Heklas, mais tarde milhares de Etnas, Krakatoas, Strombolis ou Popocatepetls se soergueram e puseram-se a cuspir fogo e magma a grandes altitudes. Uma sequência incessante de terremotos de indizível potência passou a sacudir e despedaçar o planeta, seguindo uma linha irregular que se estendia por milhares de quilômetros para norte e sul, bem como a lascar e arrebentar a crosta do globo numa extensão de dezenas de quilômetros.

Mesmo que o imenso supercontinente que era a Pangeia não houvesse ainda se fragmentado, certamente tinha começado a se debilitar e gemer sob o peso e o cansaço de sua longa existência. O mundo assistia ao início de uma breve e impiedosa série de espasmos tectônicos que passaram a quebrar em pedaços, de alto a baixo, o único território do globo.

E a água começou a infiltrar-se pela abertura, cada vez maior, entre as duas

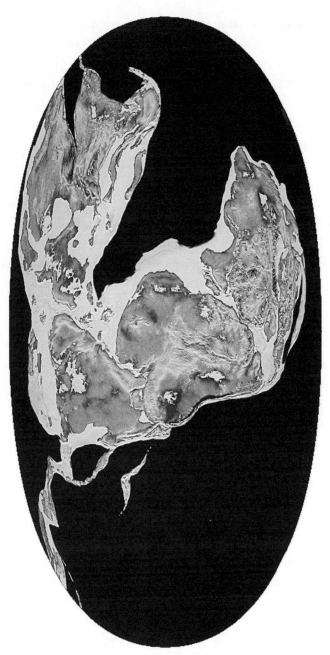

Há cerca de 195 milhões de anos, a Pangeia começou a se separar. A primeira língua do oceano Pantalassa (centro) começou a vazar para a faixa estreita que se abria entre a América do Norte e a Europa, e, mais tarde, também entre a África e a América do Sul. Nascia o oceano Atlântico, que existirá durante 440 milhões de anos.

metades da Pangeia, que começavam a se afastar uma da outra. A minúscula língua de água que depôs sedimentos encontrados na Grécia de hoje transformou-se numa torneira poderosa: trilhões e trilhões de toneladas de água do mar começaram a vir dela e do oceano Pantalassa para o interior do supercontinente. Ao assim proceder — ao dar início ao processo de arrombamento, do emprego de um pé de cabra tectônico —, essa pujante combinação de vulcões, terremotos e imensa quantidade de água começou a produzir um novo oceano. Abriu somente uma fresta, como uma porta cuidadosamente entreaberta: mas foi um processo que prosseguiria, depois se aceleraria e iria adiante sem pausa, durante milhões e milhões de anos, até os nossos dias. O oceano resultante fora prefigurado paternalmente por Jápeto 200 milhões de anos antes. Esse minúsculo fio de água do mar, que se elevava rapidamente entre os recém-produzidos penhascos vulcânicos do que é hoje a Nova Escócia e o Marrocos, foi o primeiro indício em pequena escala do nascimento do Atlântico.

Os vulcões duraram apenas algumas dezenas de milhares de anos (embora alguns digam 2 milhões), mas suas erupções foram tão violentas — e o volume de magma que vomitaram, tão prodigioso — que os rochedos e as cordilheiras que hoje atestam essas erupções são de dimensões impressionantes.

Minha família e eu tiramos férias em 1975 na ilha canadense de Grand Manan, em New Brunswick, a pouca distância de Campobello, onde Roosevelt veraneava. Passamos tardes felizes pesquisando as poças residuais deixadas pela maré em Southwest Head, um cabo alto do qual só se avistava o Atlântico, frio e brumoso, a se estender interminavelmente para o sul. Depois, voltando para casa, íamos contemplar as altíssimas marés da baía de Fundy, em Seal Cove, e no caminho passávamos por um curioso grupamento de matacões branquíssimos, encarapitados em desarmonia no alto de um penedo constituído por colunas de uma rocha marrom-escura. Os matacões, depositados por geleiras, eram chamados de Rebanho de Carneiros. Mas era a rocha marrom sob eles, um basalto colunar, que mais intrigava os geólogos desde que, na década de 1980, percebeu-se que era muito semelhante, em aspecto e em idade provável, a outra gigantesca pilha de basaltos existente numa cadeia de montanhas no Marrocos.

Visitei essas montanhas, o Alto Atlas, quando pesquisava outro assunto tratado neste livro. Eu não fazia ideia, na época, da ligação delas com as rochas de

Grand Manan, e só vim a saber quando comecei a perguntar. Isso porque, embora os fósseis paleozoicos — bem como jurássicos e cretáceos — do Marrocos sejam famosos, os montes Atlas têm também grandes afloramentos de basalto — camadas de rocha vulcânica ensanduichadas entre as rochas sedimentares que, como pesquisadores concluíram em 1988, tinham exatamente a mesma idade das rochas encontradas em lugares como Grand Manan, no leste do Canadá. Essa descoberta, da qual tomei conhecimento enquanto pegava sol num bar na cobertura de um hotel da cidade costeira de Essaouira, induziu geólogos a empreender uma gigantesca caçada de ovos de Páscoa em outros países da costa do Atlântico, em busca de basaltos de antiguidade equivalente. Na década de 1990, várias expedições localizaram dezenas de afloramentos — soleiras, diques, sequências aluviais de basaltos —, todos muito abundantes, o que demonstra, com quase certeza, o que estava acontecendo há pouco mais de 200 milhões de anos.

Os afloramentos estavam em toda parte — 10,5 milhões de quilômetros quadrados de lavas, cobrindo partes de territórios que se espalhariam por quatro continentes: na América do Norte, estendiam-se ao longo dos Apalaches, do Alabama ao Maine, e daí adentravam o Canadá, acompanhando as costas da baía de Fundy; na América do Sul, eram encontrados na Guiana, no Suriname, na Guiana Francesa e, chamando mais a atenção, em toda a bacia amazônica brasileira; na Europa meridional, foram detectados na França; e na África havia uma abundância de soleiras e diques não só no Marrocos, como também na Argélia, na Mauritânia, na Guiné e na Libéria. E todas essas peças de quebra-cabeça apresentavam alinhamentos, idades e proximidades que proclamavam, sem sombra de dúvida, íntimas conexões geológicas e uma provável origem comum.

A idade média desses afloramentos acabou sendo determinada com certa precisão: a maioria deles tinha sido objeto de deposição, extrusão ou erupção há 201,27 milhões de anos, número com uma margem de erro, para mais ou para menos, de talvez apenas 300 mil anos. Existe certa discrepância entre a idade dos basaltos na área que viria a ser o lado leste da região — principalmente no norte da África — e a da área que viria a ser os Estados Unidos: os basaltos americanos parecem mais antigos. Essa discrepância levou a um acalorado debate quanto à possibilidade de terem os vulcões provocado a extinção de tão grande número de espécies da fauna e da flora, uma vez que esse extermínio em grande escala — quando desapareceram muitíssimas espécies de anfíbios, deixando nichos ambientais perfeitamente adequados para o advento de dezenas de tipos de dinossauros jurássicos — ocorreu por volta de 199,6 milhões de anos atrás. Teriam os vulcões, por mais poderosos que fossem, exercido seu principal efeito biológico quase *2 milhões* de anos depois? Isso parece um tanto improvável, mas alguns centros de pesquisa ainda estão tentando vincular os dois fenômenos, quando mais não seja porque essa vinculação propicia um quadro mais surpreendente, que acaba incluindo o homem.

O grande continente se abriu, mas não como um zíper. Foi um processo nada elegante, espasmódico, mais ou menos como ver um camelo se pondo de pé, com uma parte do oceano se abrindo, depois o mesmo acontecendo com outra parte muito distante, e a seguir uma terceira entre as duas. As primeiras ondas oceânicas quebraram nas praias do leste do Canadá e do noroeste da África quando se separaram e se distanciaram, quase no preciso começo do Jurássico, há 195 milhões de anos. Esse foi o primeiro momento da vida do oceano Atlântico.

Passados 20 milhões de anos, o processo de expansão do leito marinho passou a atuar para valer no meio do oceano — como dois tapetes que se desenrolassem ou duas esteiras rolantes que funcionassem em sentidos contrários a partir de um vago ponto submarino mediano. O fundo do mar começou a se abrir e suas duas metades passaram a afastar-se uma da outra, com os continentes, um de cada lado, se separando cada vez mais. O oeste da África afastou-se cerca de quinhentos quilômetros da Carolina do Sul; o Mali distanciou-se uns trezentos quilômetros da Flórida; havia um vasto espaço de oceano aberto em torno do ponto onde mais tarde se localizariam as ilhas de Barlavento, e depois abriu-se um vazio de cerca de 1500 quilômetros entre a Libéria e a Venezuela. Nessa parte central criou-se uma massa oceânica do tamanho do atual mar Mediterrâneo, mas, ao contrário deste, mais ou menos estável, essa massa oceânica só fazia crescer.

Há 150 milhões de anos, para continuarmos essa contagem regressiva, a Groenlândia* tinha principiado a se separar da Noruega, e a Islândia começou

---

* Em 1965 participei de uma expedição organizada para determinar, através da medição do magnetismo de fósseis em basaltos coletados em nunataks na calota glacial do leste da Groenlândia, quanto a ilha tinha se movido nos 50 milhões de anos desde a deposição das rochas. Concluímos que a Groenlândia tinha se deslocado quinze graus para oeste — um exemplo perfeito do tipo de movimento que confirmava a teoria da tectônica de placas que estava sendo proposta na época.

a se elevar do fundo do mar. (No primeiro semestre de 2010, a erupção espetacular do vulcão Eyjafjoll, que estivera calmo durante dois séculos, perturbou o tráfego aéreo no norte da Europa com o enorme volume de cinzas vulcânicas lançadas na atmosfera. Essa erupção faz parte do processo de formação da Islândia. Surtsey, uma ilha nascida a poucos quilômetros de distância, em 1963, pode ter proporcionado uma comprovação um pouco mais clara do contínuo soerguimento da Islândia, mas o Eyjafjoll produziu muito mais lava, embora a maior parte dela tenha sido lançada a alta altitude no céu.)

Na mesma época, as águas rasas ao largo das áreas setentrionais das Ilhas Britânicas tinham se tornado mais profundas, e amplos espaços oceânicos separavam agora a Irlanda do Labrador. Dez milhões de anos depois, Guiné, Gâmbia, Senegal e Serra Leoa tinham se afastado das costas dos territórios hoje ocupados por Guiana, Suriname e Guiana Francesa, que ocupariam uma posição dependente semelhante na América do Sul. Até então tinham estado no mesmo lugar: agora oitocentos quilômetros de oceano os separavam.

No começo do período cretáceo, há 120 milhões de anos, o mecanismo de esteiras rolantes, que agora evidentemente impulsionava todo o processo — pois não havia mais um intenso vulcanismo para complicar a situação —, tinha uma fonte visível: formara-se a Dorsal Mesoatlântica. Essa protuberância linear no leito oceânico, uma verdadeira cordilheira cujo centro apresenta fissuras e falhas, além de vulcões submarinos, desempenharia um papel vital no resto da história do oceano. Era o lugar de onde novos materiais da crosta seriam expelidos do interior da Terra, a partir do qual o leito oceânico a leste e oeste se expandiria e onde uma longa série de ilhas vez por outra erguia picos acima do nível das águas, somente para serem empurradas para longe, acabando isoladas e na maioria dos casos desabitadas, nas regiões mais distantes do novo oceano. Essa série de ilhas forma uma linha denteada que se estende da ilha de Jan Mayen, no extremo norte, à ilha de Bouvet, a 9200 milhas marítimas ao sul,* e

---

* Essas duas ilhas são possessões norueguesas, o que dá à Noruega uma perspectiva ímpar da dorsal, uma vez que controla suas duas extremidades. Jan Mayen, envolta em névoas e com poucos recursos, conta com um campo de pouso e uma estação meteorológica. A desabitada Bouvet, um amontoado de penhascos e gelos do oceano Glacial Antártico, teve sua estação meteorológica destruída por uma avalanche e é considerada a ilha mais remota do mundo.

nela se destacam os Açores, as Canárias, Santa Helena, Fernando de Noronha e Tristão da Cunha.

E prosseguia a separação. Passados outros 50 milhões de anos, a porção norte e a mediana começaram a criar e a separar as costas meridionais da África e da América do Sul. De início houve outro surto repentino de atividade vulcânica, quando planícies aluviais de basalto jorraram de inumeráveis aberturas. Mas então teve início o processo de separação também ali, embora ainda não esteja claro se isso decorreu do espasmo vulcânico. E aqui o processo assemelhou-se realmente à abertura de um zíper, e se fez com uma rapidez análoga. Foi uma abertura que se realizou em direção ao sul, com uma costa seguindo-se logo após a outra. A Nigéria apartou-se do Brasil. Separaram-se os vales pelos quais correriam um dia o rio Congo, de um lado, e o Amazonas, de outro. Os basaltos aluviais da borda sul da Pangeia dividiram-se em dois: de um lado as gigantescas trapas de Etendeka, que viriam a formar-se no sul da África — por cuja borda hoje se despejam as cataratas Vitória —, e de outro os basaltos da bacia do Paraná, na Argentina, onde hoje se situam as enormes cataratas do Iguaçu, ou "águas grandes", em guarani.

E, num furor final e prolongado, todo o leste da Patagônia libertou-se de Angola, e as planícies que se encontravam então ao largo do cabo Horn livraram-se do amplexo geológico que as prendia à atual Namíbia e ao cabo da Boa Esperança, afastando-se para formar os contrafortes da porção sul dos Andes.

Tudo isso se realizou com notável rapidez, pois, embora no norte as coisas se desenrolassem um pouco mais devagar, no sul se precipitaram em ritmo intenso. As costas atlânticas, que no passado tinham estado soldadas entre o bojo do Brasil e a reentrância da África, haviam conseguido, no curto espaço de 40 milhões de anos, se distanciar 8 mil quilômetros uma da outra. (A propósito, cabe lembrar que foi aquela junção evidente que levou cientistas do século XIX, como Alfred Wegener, a teorizar que os continentes poderiam ter se separado no passado, condenando-se a enfrentar, pelo resto da vida, uma zombaria quase universal e quase perpétua.) O mar nessas áreas do planeta deve ter se formado a uma razão de mais de dez centímetros por ano — um ritmo muito mais rápido do que a separação ocorrida nas águas revoltas do Atlântico Norte e mais de três vezes superior à velocidade com que o oceano continua hoje a se expandir.

E esse movimento nunca terminou. É possível que os contornos do oceano Atlântico que conhecemos hoje tenham se fixado há 10 milhões de anos, e, ainda que para nós e nossos cartógrafos ele pareça ter mantido seus limites, suas costas e seu "jeitão" desde o tempo de Colombo, de Vespúcio e do esplêndido mapa alemão de Martin Waldseemüller, o primeiro a defini-lo, essa configuração muda, de forma sutil, sem cessar. As costas no leste continuam a avançar, e as do oeste a recuar. *As coisas se desmancham; o centro não pode resistir.* A Dorsal Mesoatlântica continua a vomitar um número indizível de toneladas de novo leito marinho. Partes da dorsal afloram acima da superfície das águas, criando novas ilhas e recifes. E as ilhas que já existiam continuam a se mover lentamente, afastando-se do centro do mar.

Mas há 10 milhões de anos a grande cisão já terminara e o Atlântico tinha passado a existir. Em algum momento no futuro distante — mas não no futuro ignoto, como veremos —, as rochas que se abriram voltarão a fechar-se e o mar será obrigado a ir para outro lugar, encontrar outro abrigo. O movimento dos continentes obrigará o vasto oceano, com seu volume essencialmente constante de águas, a se reconfigurar, e com o tempo os mares que o constituem formarão outras massas de água, de forma e tamanho diferentes. O Atlântico, que um dia nasceu, no devido tempo há de também morrer.

Mas isso só acontecerá daqui a muito tempo. Entrementes, o oceano Atlântico, o *Mare Atlanticus*, o Grande Mar Ocidental, assemelha-se a um imenso cenário teatral. Era, há 10 milhões de anos, exatamente como é hoje: um oceano que lembra um rio sinuoso, que se estende por milhares de quilômetros, desde os nevoeiros estigiais do norte até a zona dos chamados "Quarenta Rugidores"* no sul, um oceano de profundezas abissais em sua parte oeste e de baixios perigosos nas planícies de leste, um oceano de bacalhaus e peixes-voadores, de tubarões e atuns, de giros oceânicos de sargaços e de giros de furacões em gestação, um oceano de icebergs e marés, de redemoinhos e bancos de areia, de cânions submarinos e fumarolas negras em grandes profundidades, de dorsais e montes submarinos, de cabos, soleiras e zonas de fraturamento, de correntes quentes e frias, torrenciais e langorosas, de vulcões submarinos e terremotos, de estromatólitos, cianobactérias e límulos (caranguejos-ferraduras), de colônias de aves marinhas, de pinguins, ursos-polares e jamantas, de lulas gigantes e águas-vivas, e também dos majestosos reis do sul, os magníficos e gloriosos albatrozes-errantes.

* Ventos fortes que sopram do oeste, entre quarenta e cinquenta graus de latitude sul. (N. T.)

O palco, já montado com todos esses elementos mágicos e misteriosos, está preparado há muito tempo. A grande maioria dos atores coadjuvantes, todos os animais e plantas, já entrou em cena. O oceano Atlântico está aberto de par em par, sua constituição física definida, tudo está pronto para a entrada em cena da criatura que dará pleno sentido à ideia humana do grande mar.

O protagonista está para entrar em cena, e sua participação promete ou ameaça durar, em tempo relativo, apenas um momento brevíssimo. A humanidade está enfim prestes a confrontar a realidade ondulante e cinzenta dessas águas poderosas. Prestes a ver, enfim, como é mesmo a vida que esse mar está levando.

1. Mogador, as ilhas da púrpura

Primeiro é um bebê,
Choramingando e regurgitando nos braços da ama.

SEDUÇÕES

A nota de dirrã mais usada no reino de Marrocos tem em seu reverso não um camelo, um minarete ou um tuaregue de manto azul no deserto, mas a concha de um enorme caracol. A concha desse molusco marinho que vive nas praias — um carnívoro que com a língua abre buracos nas conchas de outros animais e suga seu delicioso conteúdo — é marrom avermelhada, fina e espinhosa, com uma ponta longa e uma abertura em formato de orelha. É, em todos os aspectos, muito bonita, o tipo da concha que quem tem a sorte de achá-la não joga fora.

No entanto, não foi a elegância curvilínea dessa concha que, há muitos anos, persuadiu os diretores do Banco Central do Marrocos, em Rabat, a pôr sua imagem no reverso da nota de duzentos dirrãs. O motivo da escolha da imagem, adequada a uma cédula, teve tudo a ver com dinheiro e lucro. Isso

A concha do Murex brandaris *na cédula de duzentos dirrãs marroquinos destaca a importância desse molusco para a economia do norte da África há 3 mil anos. Mercadores fenícios coletavam esse molusco na costa atlântica e de sua glândula hipobranquial extraíam um corante conhecido como púrpura de Tiro, vendido a peso de ouro nos portos mediterrâneos.*

porque foi esse curioso gastrópode marinho que constituiu o esteio da prosperidade do lugar, muito antes que o Marrocos se tornasse um Estado.

Os berberes do deserto não eram marinheiros, nem estavam especialmente interessados em coletar esses caracóis e fazer bom uso deles. Em vez disso, coube a navegantes vindos de muito longe, que percorreram milhares de quilômetros desde a costa do Levante, no leste do Mediterrâneo, perceber as possibilidades de utilização desses gastrópodes para acumular uma fortuna. O grande problema viria a ser coletá-los.

Isso porque o mar em que abundavam esses moluscos de tão bela concha era bem diferente das águas plácidas do Mediterrâneo. Devido a complexas razões biológicas e à magia evolucionária, em geral esses gastrópodes eram encontrados obstinadamente agarrados a rochas e recifes no ambiente desconhecido e aterrador do oceano Atlântico, bastante fora do mundo marítimo conhecido, num lugar onde a perícia náutica tradicional, desenvolvida no

Mediterrâneo, provavelmente não seria de muito valor. Para coletar esses moluscos, marujos ousados e temerários seriam obrigados a rilhar os dentes e aventurar-se nas águas profundas da maior massa oceânica que na época se podia imaginar.

Mas eles assim fizeram, no século VII a.C. Fizeram-no indo corajosamente além das Colunas de Hércules, a porta de saída de seu próprio mar, o confortável Mediterrâneo, e adentrando a imensidão cinzenta do desconhecido sem limites. Os marinheiros que realizaram esse feito notável, e com tamanho destemor, eram fenícios. Usavam veleiros que tinham sido construídos para resistir apenas às ondas de seu conhecido mar, pequeno e fechado, mas que agora teriam de fazer frente às águas muito mais assustadoras de um imenso mar aberto. Devia haver, realmente, alguma coisa de notável nessa marujada; no entanto, devia haver alguma coisa ainda mais notável nesses caracóis do norte da África para que valessem tantos riscos.

E, com efeito, havia. Antes, entretanto, convém deixar de lado os caracóis e examinar a jornada humana, longa e necessariamente complexa, que levara os fenícios ao Marrocos.

ORIGENS

A relação do homem primitivo com o oceano teve início numa época extraordinariamente distante. O que o impeliu a ir tão longe e tão depressa — curiosidade, talvez, ou uma necessidade de espaço vital — ainda é um enigma. Mas o fato é que, apenas 30 mil anos depois que os registros fósseis mostram o homem nos campos da Etiópia e do Quênia — caçando elefantes e hipopótamos, gazelas e hienas, construindo abrigos e capturando o fogo criado por raios —, ele começou a descer a África em direção ao sul, empreendendo um vagaroso avanço para a orla do continente, rumando para as costas meridionais e para um conjunto de fenômenos topográficos de cuja existência ele não fazia ideia.

O clima se tornava mais frio à proporção que sua jornada prosseguia: o mundo estava entrando num importante período de glaciação, e até a região equatorial da África gozou, durante um breve período (antes que o continente se tornasse realmente muito frio), de um clima mais uniforme e moderado, com mais campos e menos selvas. Por isso, seguir para o sul pelo vale do Rift

(Grande Fossa Africana) talvez tenha sido a menos complicada das explorações do homem primitivo, pois as cadeias de montanhas de ambos os lados lhe proporcionavam uma espécie de proteção, o interior de campos ondulantes era mais benigno que as selvas de antes, os rios menos ferozes e mais fáceis de atravessar. E assim, no devido tempo, depois de longos séculos de uma contínua migração para o sul, o homem chegou aos penhascos terminais e, enfim, encontrou o mar.

Esse homem deve ter ficado atônito ao alcançar o que, sem dúvida, parecia ser o limite de seu mundo, ao tomar consciência repentina de um abismo entre o que ele conhecia e aquilo de que nada sabia. Ao mesmo tempo, e da segurança de seu alto rochedo relvado, viu lá embaixo uma massa d'água espumante e aparentemente sem fim que se sacudia, bramia e estrondeava num ataque incessante contra os rochedos que demarcavam a margem de seu habitat. É muito provável que tenha ficado profundamente abalado, espavorido pela visão de algo tão imenso e totalmente diverso de tudo quanto já vira antes.

Entretanto, ele não voltou aos gritos para a segurança da savana. Todos os indícios recém-descobertos levam a crer que ele e seus companheiros ficaram onde estavam e se abrigaram na praia. Primeiro, numa ampla caverna cuja localização, bem acima do nível da maré alta, a protegia das ondas. Depois — jamais saberemos se com timidez, ousadia ou apreensão — desceu enfim da caverna e se abrigou na praia propriamente dita. Mais adiante, mesmo se mantendo bem distante do trovejar dos vagalhões, ajoelhou-se, como faz uma criança ainda hoje, para investigar os mistérios mágicos das poças deixadas pela maré.

Entre as penedias continentais de um lado e a violência das águas que estrugiam de outro, logo se deixou cativar pelo mundo inteiramente novo dessas poças. Examinava a água, de cristalina limpidez, só quebrada por folhas verdes e movimentos fugazes e furtivos. Mergulhou o dedo na água, tirou-o, levou-o à boca — o gosto era muito diferente de tudo que ele já provara antes, não azedo e repulsivo como o da água dos piores poços do deserto, mas nem doce e agradável, provavelmente ruim para beber.

Entretanto, aquela água sustentava algumas espécies de vida. Examinada mais detidamente, a poça era um furor de vida — caranguejos, peixinhos, moluscos com conchas, algas, anêmonas-do-mar. E assim, mediante o mesmo processo de tentativa e erro com que formara seus hábitos alimentares e de coleta em terra, durante os milênios anteriores, ele por fim descobriu nas poças alimento abundante para si e sua família. Além do mais, era um alimento saboroso e nutritivo, de um tipo que ele podia caçar sem ter de correr, comer sem cozinhar, coletar sem arriscar a vida. E mais: de modo inexplicável, era um alimento magicamente renovado duas vezes por dia, sempre que o pequeno mundo aquático diante dele voltava a se encher.

Era inevitável que a fascinação do homem por esse estranho e novo universo aquático fizesse com que ele se instalasse à beira-mar. Ele havia chegado, finalmente, a Pinnacle Point.

BEIRA-MAR

No Cabo Ocidental, a província mais meridional da África do Sul, as águas do oceano Índico misturam-se com as vagas gélidas do Atlântico Sul. É uma costa extremamente perigosa, pontilhada de sinais de naufrágios. Petroleiros grandes demais para utilizar o canal de Suez passam pelo cabo das Agulhas, navegando perto da costa, rumo aos campos petrolíferos ou deles retornando. Ao que parece, as colisões entre eles ocorrem com lamentável frequência, provocando o derrame de grandes quantidades de sua carga nada atraente e a morte de dezenas de pinguins africanos.

Já naveguei nessas águas e sei os riscos que elas apresentam. Quase todos os barcos preferem manter-se perto da costa para evitar o mar alto, sempre grosso, e são poucos os portos capazes de oferecer refúgio no caso de más condições meteorológicas. A combinação de rotas congestionadas (todas elas também cheias de barcos de pesca locais), águas frias e revoltas e uma costa intimidante e hostil, rodeada de penhascos, não é nada convidativa, mesmo para marujos experientes, quanto mais para novatos como eu era.

Ainda conservo meu velho *South Africa pilot*, o livro de instruções de navegação, de capa azul, que usei no iate. A simpática baía Vlees, que ele indica como um marco terrestre, fica entre dois promontórios rochosos: Vlees Point no sul e, catorze quilômetros ao norte, Pinnacle Point. Quando o *Pilot* foi escrito, seus autores, hidrógrafos, destacaram a presença, perto de Pinnacle Point, de "um conjunto de bangalôs brancos de veraneio". Não terão incluído essa nota por motivos estéticos, e sim porque as casinhas constituíam marcos visíveis para os navios que avançavam pela costa.

Nos trinta anos que transcorreram desde a elaboração do *Pilot*, esse grupo de casas de veraneio transformou-se num luxuoso centro turístico — o Pinnacle Point Beach and Golf Resort —, dedicado ao hedonismo praiano. A publicidade do parque afirma que o ar marinho, o clima mediterrâneo, a água branca e a peculiar formação vegetal da região, o *fynbos*, que dá à pedregosa paisagem litorânea uma inesperada beleza, combinam-se para transformar o local em "um novo Jardim do Éden".

Mal sabem eles o quanto esse slogan é apropriado. Pinnacle Point pode estar prestes a ganhar fama entre golfistas profissionais e ricaços aposentados, mas já há muito tempo o local é conhecido por arqueólogos que se dedicam a pesquisar a história do homem primitivo. Por uma razão simples: tudo indica que Pinnacle Point é o lugar onde o homem primitivo pela primeira vez se instalou à beira-mar. Especificamente, há uma caverna, que os arqueólogos chamam de PP13B, situada algumas dezenas de metros acima da linha das ondas (mas não de todo fora do alcance da voz no campo de golfe), na qual foram encontrados indícios de que os primeiros homens que ali se abrigaram comiam mariscos, afiavam lâminas e decoravam seus corpos e seu ambiente com desenhos feitos com ocre. E, ademais, faziam essas coisas quase exatamente há 164 mil anos.

Um pesquisador americano, Curtis Marean, professor da Escola de Evolução Humana e Mudança Social, da Universidade Estadual do Arizona, foi um dos primeiros a se dar conta da importância da caverna, em 1999. Há muito ele suspeitava, pelo que sabia sobre o clima gélido e inóspito da África durante a última grande glaciação, que a população humana então existente devia ter migrado para a costa sul, para onde as correntes oceânicas traziam águas mais quentes da área próxima a Madagascar e onde havia disponibilidade de alimentos na terra e no mar. Marean concluiu que esses homens provavelmente se abrigavam em cavernas — e por isso investigou a costa em busca de cavernas que ficassem próximas o bastante do nível do mar na época,* de modo a permitir-lhes chegar à praia, mas também elevadas o suficiente para não ser inunda-

---

* O nível do mar era mais baixo do que hoje, porque a glaciação havia aprisionado grande parte das águas oceânicas nos polos.

Esta grande gruta na costa sul-africana pode ter sido um dos primeiros lugares em que o homem se instalou à beira-mar. Pesquisadores encontraram indícios de que ali, pela primeira vez, os seres humanos se alimentaram de frutos do mar: fragmentos de conchas de ostras, mexilhões e lapas.

das por tempestades ou marés altas. Por fim, encontrou a PP13B e pediu a um criador de avestruzes da área que construísse para ele uma complicada escadaria de madeira, para que seus alunos não caíssem e morressem ao subir para a entrada da caverna, e deu início à sua meticulosa pesquisa. O estudo de Marean, publicado na revista *Nature* oito anos depois, registrou secamente uma descoberta deveras extraordinária.

Havia cinzas, mostrando que os habitantes acendiam fogueiras para se aquecer. Além disso, o grupo de Marean encontrou 64 pedaços de rocha, talhados em forma de lâminas, e 57 blocos de ocre vermelho, dos quais doze mostravam sinais de terem sido usados para riscar linhas vermelhas em alguma coisa — paredes, rostos ou corpos. E havia conchas de quinze espécies de invertebrados marinhos, todas encontradas, certamente, em poças de maré — cracas-das-pedras, mexilhões, lesmas-do-mar, quítons, lapas, uma litorina gigante e uma única craca-de-baleia, que Marean acredita ter vindo presa ao couro de uma baleia que a maré trouxe para a praia.

A maneira pela qual a comunidade decidiu alimentar-se de mariscos permanece aberta a conjecturas. Provavelmente as pessoas viam aves marinhas apanhando as várias conchas, quebrando-as nos ressaltos de pedra e fartando-se com a carne de seu interior. Sem fazer caso da afirmação,* até hoje sem atribuição fidedigna, segundo a qual "o primeiro homem que comeu uma ostra era um valente", os cavernícolas acorreram em massa à praia e logo devoraram quantos moluscos podiam encontrar — e repetiram essa experiência gastronômica, que só pode ter sido bem acolhida, em todas as ocasiões em que as marés lhes ofereciam essa oportunidade.

A experiência teve um efeito marcante sobre essa pequena colônia e sobre a humanidade em geral, o que torna ainda mais notável que os financiadores do resort tenham escolhido "Jardim do Éden" como slogan do empreendimento. O efeito teve repercussões muito maiores do que seria de esperar de uma simples mudança de dieta, de búfalos para crustáceos, de leões para lapas. A abundância sem fim de alimento nutritivo fez com que os migrantes pudessem agora fazer o que nunca antes lhes ocorrera: *podiam deixar de ser nômades.*

Podiam, por fim, começar a pensar nas regras do sedentarismo, que incluíam a consequente prática da agricultura e da pecuária e, com o passar do tempo, a civilização.

De mais a mais, os corantes ocre indicam que, pela primeira vez, esses cavernícolas começaram a utilizar símbolos — talvez sinais de advertência ou saudação, de informação ou sugestão, de prazer ou de dor, formas simples de comunicação que teriam as mais duradouras consequências. Um caiçara primitivo podia descer até uma poça de maré rica em caranguejos, esperando ou prevendo que outros caiçaras o seguissem. No entanto, podia resolver criar um sinal, usar seu recém-descoberto bastão de colorir para marcar essa poça com um indelével sinal ocre, assegurando com isso que, a partir de então, todos os seus companheiros seriam capazes de identificar a poça em qualquer ocasião subsequente, estivesse lá seu descobridor ou não. Assim surgiu a comunicação — e dessa produção simbólica de mensagens por fim nasceria a linguagem —, uma das muitas espécies de sofisticação mental que distinguem o homem moderno.

* Atribuída ora a Jonathan Swift, ora a H. G. Wells, ou então a G. K. Chesterton.

PARTIDAS

Em seus primórdios, o Atlântico era um oceano muito unilateral, com muitos povos espalhados por suas costas orientais, mas, durante muitos milhares de anos, ninguém — humano ou humanoide — do lado ocidental. Além disso, suas costas povoadas foram colonizadas de início por recém-chegados das áreas centrais dos continentes, que tinham pouca experiência das coisas do mar ou pouco pendor para elas. Não surpreende que tenha transcorrido muito tempo para que esses homens se aventurassem mar adentro. Foi preciso que se passassem milhares de anos para que as ilhas do Atlântico fossem exploradas; e levou um tempo enorme para que alguém cruzasse o oceano. Ele permaneceria como uma barreira de água, aterrorizante e intransponível, durante dezenas de milhares de anos.

A pesquisa atual, que permite esse tipo de certeza, é muitíssimo diferente das escavações e sondagens arqueológicas que se realizavam antes do período vitoriano. O sequenciamento do genoma humano, no ano 2000, possibilitou dizer qual grupo, na antiguidade, migrou para este ou aquele lugar (e quando), simplesmente examinando em minúcias o DNA dos habitantes atuais do local. É claro que os arqueólogos ainda procuram cacos de cerâmica e peças de arte decorativa, mas para mapear rapidamente os caminhos da difusão da humanidade não existe meio melhor do que a análise computadorizada de dados genéticos.

No lado leste do Atlântico já se formavam comunidades, enquanto, na parte oeste, retardatários nativos ainda abriam caminho, nervosamente, pelas florestas. Os primeiros povos neolíticos do Levante já haviam criado a primeira cidade de seu mundo, Jericó. A essa altura, todos os povos do mundo eram *Homo sapiens* (nenhuma outra espécie humana havia conseguido ultrapassar o fim do período paleolítico), e seus progressos, observados da perspectiva de hoje, parecem ter ocorrido num ritmo rapidíssimo. Por ocasião da primeira fundação de Jericó — e isso quando a margem ocidental do Atlântico ainda era basicamente despovoada —, seus habitantes estavam ocupados em talhar pedras e plantar painço, sorgo e trigo einkorn. Apenas alguns milhares de anos mais tarde, quando os primitivos ojibwes, crees e esquimós, vestidos de peles e trêmulos de frio, criavam a duras penas os primeiros núcleos humanos na América do Norte, homens no Crescente Fértil e mais além, em lugares remotos como a Irlanda, já fabricavam objetos de cerâmica, criavam cães, porcos e carneiros, faziam enxós e foices de pedra, construíam túmulos e henges (monumentos megalíticos), usavam o sal para conservar alimentos e estavam na iminência de fundir metais.

E mais: esses homens do leste tinham também construído seus primeiros barcos. Dez mil anos antes, habitantes de lugares onde hoje ficam a Holanda e a França tinham escavado troncos de árvores caídas, com ferramentas ou com fogo, produzindo pirogas que usavam para navegar em rios e pântanos ou para cruzar alguns estuários menos temíveis. Na verdade, essas embarcações não passavam de canoas, a um tempo instáveis e desajeitadas, sem quilha, velas, leme ou o tipo de borda livre necessária para até mesmo uma modesta incursão pelo mar. Seria no Crescente, outra vez, que se daria o primeiro avanço importante: 2 mil anos depois, surgiu no Kuwait um verdadeiro barco a vela, feito de canáceas ou juncos e revestido de betume, capaz de transpor ao menos as águas traiçoeiras e imprevisíveis do mar Vermelho e, talvez, ir ainda mais longe.

Em Omã também havia um barco desse tipo, e em 2005 um impulsivo sultão omani patrocinou uma guarnição de meia dúzia de homens para conduzir uma réplica de um desses barcos de Mascate à costa indiana de Guzerate. A travessia seria de 580 quilômetros, mas o betume deve ter vazado, pois os juncos do casco ficaram saturados de água a cinco quilômetros da costa da Arábia. A pequena embarcação logo afundou e os tripulantes tiveram que ser resgatados por um navio da Real Marinha de Omã.

NAVEGAÇÕES

Os fenícios foram os primeiros a construir verdadeiros navios e a afrontar as águas encapeladas do Atlântico.

Na verdade, antes deles, os minoicos mantinham um ativo comércio e defendiam suas rotas comerciais no Mediterrâneo com uma força naval rápida e de selvagem eficiência. Seus navios, elegantes e resistentes, construídos com afiadas ferramentas de bronze, eram feitos de troncos de ciprestes serrados ao meio e parcialmente superpostos, revestidos de panos de linho pintado de branco e impermeabilizados. Os remos suplementavam a vela, presa a um mastro de carvalho. Mas os minoicos só navegavam de dia e apenas entre as ilhas que ficavam a poucos dias de distância de Creta. Nunca um deles se aventurou além das Colunas de Hércules, pelas vagas ensurdecedoras do *Mare Tenebrosum*, o Mar Tenebroso.

Os cretenses, como a maioria dos povos marítimos rivais, aceitavam sem objeção as lendas referentes ao Atlântico, as histórias e as sagas que conspiravam para manter longe até mesmo os mais temerários. As águas além das Colunas de Hércules, além do mundo conhecido, além daquilo que os gregos chamavam de *oikuménē*, o ecúmeno ou a terra habitada, eram demasiado fantásticas e apavorantes para que alguém sequer pensasse em enfrentá-las. Talvez houvesse naquele mar algumas maravilhas sedutoras: os Jardins das Hespérides e, um pouco mais além, a mais esplêndida de todas as terras maravilhosas da filosofia grega — a Atlântida. Afora isso, porém, o oceano era um lugar envolto em terror: "Não acho meio algum de sair dessas vagas cinzentas", Ulisses poderia ter se queixado, "nenhuma saída desse mar cinzento". Os ventos eram por demais furiosos, as tormentas se levantavam sem aviso, as ondas tinham uma escala e uma ferocidade jamais vistas no Mediterrâneo.

Ainda assim, esse mar interior do mundo clássico, relativamente plácido, viria a ser um campo de treinamento, uma escola para aqueles marujos que, com o tempo, e como uma parte inevitável do progresso humano, se mostrariam bem mais ousados e ambiciosos que os minoicos. Mais ou menos na mesma época em que o Santorini entrou em erupção e, como muitos acreditam, vibrou o golpe fatal nas ambições de Creta, os levantinos mais empreendedores despertaram. Partindo de sua pequena faixa de costa — uma faixa que, com o tempo, se transformaria em Líbano, Palestina e Israel, e pode ser descrita como uma terra com tendência inata para a ambição —, os grandes navios fenícios içaram velas e rumaram para oeste, comerciando, guerreando, dominando.

Ao chegarem às Colunas de Hércules, em alguma data por volta do século VII a.C., os fenícios, ao contrário de todos os seus predecessores, decidiram não parar. Seus capitães, sem dúvida homens audazes e vigorosos, decidiram ir avante, arrostar as ondas e as tempestades coléricas, para ver antes de todos os outros o que havia além dali.

Acredita-se que homens provenientes do porto de Tiro tenham sido os primeiros a assim proceder. Usavam barcos largos, em forma de foice, "navios redondos" ou *galloi*, assim chamados por causa das curvas bojudas de seus cascos, em geral com duas velas presas a mastros robustos, um a meia-nau e outro perto do pico de vante. Eram feitos com tábuas de cedro, de cultivo local e habilmente trabalhadas, fixadas com ensambladuras, com ou sem espiga, e calafetadas com alcatrão. A maioria dos navios oceânicos de Tiro, Biblos e Sídon levava também remadores — sete de cada lado, no caso de barcos mercantes menores, e duas ordens de treze remadores de cada lado nas embarcações de maior porte, o que lhes conferia grande vantagem em termos de aceleração. Ostentavam adornos imponentes e propositadamente intimidadores — enormes olhos pintados na proa, dragões de dentadura arreganhada e tigres terminados em aríetes de metal, em contraste com as figuras femininas de seios exuberantes a que os posteriores marujos ocidentais deram preferência.

Os navios fenícios eram construídos tendo em mente o comércio. O navio da Idade do Bronze que um mergulhador em busca de esponjas descobriu em Uluburun, no sul da Turquia, em 1982 (que, embora não fosse realmente fenício, era sem dúvida típico do período), revelou tanto o magnífico leque de mercadorias disponíveis no Mediterrâneo quanto as amplas rotas por ele navegadas. Ficou evidente que a tripulação dessa malfadada viagem havia levado a embarcação ao Egito, a Chipre, à Grécia continental e, talvez, até a Espanha. Quando o *galloi* de 13,70 metros naufragou, presumivelmente devido ao deslocamento da carga, seus porões continham uma espantosa carga de artigos suntuários, muito mais do que John Masefield poderia jamais ter imaginado.* Havia lingotes de cobre e estanho, vidros azuis e ébano, ovos de avestruz, uma espada italiana, um machado búlgaro, figos, romãs, um escaravelho de ouro com a imagem de Nefertiti, um conjunto de ferramentas de bronze, provavelmente do carpinteiro de bordo, uma tonelada de resina de terebintina, grande número de cântaros e jarros e grandes vasos gregos de armazenamento (*pithoi*), brincos de ouro e prata, inúmeras lâmpadas e um grande carregamento de marfim de hipopótamo.

A possibilidade de que o navio de Uluburun viajasse até a Espanha indica as ambições náuticas dos comerciantes. Os quarenta lingotes de estanho incluídos na carga apontam seus objetivos mercantis. O estanho era um compo-

---

* A famosa e imaginária quinquerreme de Masefield, que no poema "Cargas" seguia para a Palestina, transportava marfim, macacos, pavões, vinho branco doce e sândalo, além de muitas peças de cedro, talvez usadas como calços para firmar cargas.

nente essencial do bronze, e a partir da adoção das moedas metálicas, no século VII a.C., a demanda desse metal crescera muitíssimo. Os levantinos tinham como certo que estanho aluvial era encontrado em vários rios que se precipitavam dos montes no centro-sul da Espanha — sobretudo o Guadalquivir e o Guadalete, mas também o Tinto, o Odiel e o Guadiana —, de modo que os fenícios, por volta dessa época, decidiram agir e desconsiderar as advertências lendárias. Para esses homens, com o conhecimento limitado de que dispunham e as admoestações feitas diariamente por videntes e sacerdotes, uma expedição como essa exigia tanta audácia quanto tentar viajar pelo espaço sideral: os riscos eram enormes, e as recompensas, incertas.

E assim, viajando em comboios com vistas à segurança e ao conforto, esses primeiros marinheiros destemidos passaram entre os dois rochedos horríficos — Gibraltar, ao norte, e Djebel Musa, no sul — e avançaram, fazendo escalas, pela costa ibérica sem incidentes óbvios, e achando as coisas mais fáceis do que tinham imaginado, pois se mantinham sempre à vista de terra e não se aventuravam por mares mais altos, fundando os entrepostos oceânicos que haveriam de ocupar durante os quatro séculos seguintes. O primeiro foi Gades, hoje Cádiz; o segundo, Tartessus, há muito desaparecido, possivelmente mencionado na Bíblia como Társis,* e citado também por Aristófanes pela qualidade das lampreias do lugar. Acredita-se que ficasse um pouco mais ao norte do que Gades, na costa atlântica da Espanha, na altura de Huelva.

Foi a partir desses dois entrepostos que os marinheiros mercantes fenícios começaram a aprimorar suas técnicas náuticas oceânicas. Foi dali que partiram nas longas e perigosas expedições que serviram de modelo para os 2 mil anos de exploração oceânica dessas áreas.

Primeiro, buscavam estanho. Mas, embora esse comércio florescesse, induzindo os marujos a ir até a Bretanha e a Cornualha, e talvez ainda mais longe, o que os levou a lugares muito mais remotos do que poderiam imaginar foi a descoberta dos belos caracóis *Murex brandaris*,** da família dos muricídeos.

A magia do *M. brandaris* havia sido descoberta setecentos anos antes, pelos

---

* Em Reis I 10:22: "Porque o rei tinha no mar as naus de Társis, com as naus de Hirão; uma vez em três anos tornavam as naus de Társis, e traziam ouro e prata, marfim e bugios, e pavões".
** *Murex brandaris* (nomenclatura de Lineu) tem diversos outros nomes científicos, entre eles *Haustellum brandaris*, usado pelo autor, e *Bolinis brandaris*. (N. T.)

minoicos, que verificaram que com tempo e trabalho podiam fazer os moluscos secretarem grandes quantidades de um magnífico e indelével corante entre o púrpura e o carmesim — de uma cor tão suntuosa que a aristocracia cretense não tardou a resolver vestir-se com roupas tingidas com ele. O corante era caro e havia leis que vedavam seu uso pelas classes inferiores. O corante do *M. brandaris* logo se tornou — para os minoicos, os fenícios e, principalmente, para os romanos — o mais valorizado símbolo da autoridade imperial. Dizia-se de certas pessoas que tinham "nascido em berço de púrpura": trajes assim pigmentados só podiam indicar que quem os usava fazia parte da vasta engrenagem do poder romano, ou, segundo o verbete do *Oxford English Dictionary*, dos "imperadores, altos magistrados, senadores e membros da classe equestre da Roma Antiga".

No século VII a.C., os fenícios já se metiam mar adentro, saindo de seus dois entrepostos espanhóis, em busca dos moluscos que excretavam esses corantes. Encontraram poucos sinais deles em suas buscas no norte, ao longo da costa espanhola. Mas, assim que se dirigiram para o sul, costeando os baixos penedos arenosos da ponta norte da África, e à medida que as águas se aqueciam, localizaram colônias abundantes de *M. brandaris*. Nessas explorações, fundeavam seus navios em enseadas promissoras que iam encontrando — primeiro numa cidade que fundaram e à qual deram o nome de Lixus, perto de Tânger e nos contrafortes do Rif. Ainda se vê ali um mosaico malconservado do deus Oceano, ao que parece feito por gregos.

A seguir os fenícios continuaram avançando para o sul e encontraram bens comercializáveis num estuário perto de onde hoje fica Rabat. Deixando soldados e acampamentos em cidades litorâneas que existem até hoje, como Azemmour, aventuraram-se cada vez mais longe da pátria, em barcos com proas e popas altas e exageradas, decorados com cabeças de cavalos e chamados *hippoi*, chegando por fim às ilhas que viriam a ser chamadas Mogador. Ali os gastrópodes eram encontrados em vastas quantidades. E essas duas ilhas, que protegiam o estuário do Ued Ksob, provavelmente assinalam o ponto extremo a que eles chegaram,* e foi ali que o comércio de *M. brandaris* dos fenícios começou com toda a sua força.

---

* Com uma ressalva: Heródoto diz que por volta de 600 a.C. e por ordem do faraó egípcio Necho II, um grupo de marinheiros fenícios efetuou uma circum-navegação da África que durou três anos. Necho, líder ambicioso e imaginativo, construiu uma primeira versão do canal de Suez e pode ter ordenado tal expedição, embora haja muitas dúvidas sobre isso.

As ilhas que hoje conhecemos como Les Îles Purpuraires, presas num vórtice espumante de águas turbulentas, situam-se no meio do porto da joia marroquina que é Essaouira. A cidade é hoje mais conhecida por suas gigantescas muralhas do século XVIII à beira-mar, bem fortificadas com parapeitos e seteiras, baluartes cheios de esporões e fileiras de canhões negros. Essas muralhas cercam a elegante almedina com abóbadas de claustro. Os passadiços no alto das paredes externas são um lugar ideal de onde contemplar a arrebentação das vagas do Atlântico, sobretudo quando o sol descamba no horizonte. Os fenícios descobriram que os caracóis se juntavam ali aos milhares, em frestas nas pedras, e os capturavam em cestos com pesos e iscas. Extrair a tintura — seu nome químico é 6,6'-dibromoindigo, e os animais a liberam como mecanismo de defesa — era bem menos fácil, e o processo sempre foi mantido em segredo. A glândula que continha a secreção tinha de ser removida e fervida em cubas de chumbo, e eram necessários milhares de caracóis para produzir púrpura suficiente para tingir uma única peça de roupa. O comércio do corante, cercado de rígidos controles, se fazia a partir do porto de origem dos marujos que haviam capturado os moluscos: Tiro. Durante mil anos, a genuína púrpura de Tiro valeu nada menos que vinte vezes o preço do ouro.

A capacidade dos fenícios para navegar pela costa do Atlântico Norte viria a ser a chave que abriu o oceano Atlântico para todo o sempre. O medo inspirado pelos grandes mares desconhecidos além das Colunas de Hércules logo se dissipou. Não demorou muito para que, do alto dos penedos calcários de Gibraltar e Djebel Musa, um observador avistasse embarcações de outras nações, europeias, norte-africanas ou levantinas, trocando as águas azuis do Mediterrâneo pelas ondas cinzentas do Atlântico — de início timidamente, talvez, mas logo resolutas e intrépidas, tal como ocorrera com os fenícios.

"*Multi pertransibunt, et augebitur scientia.*"* Esta foi uma frase do Livro de Daniel que viria a ser inscrita sob uma ilustração fantasiosa impressa na página de rosto de um livro de sir Francis Bacon. O desenho mostrava um galeão que transpunha as Colunas de Hércules, deixando para trás o conforto e a segurança do passado. Realmente, foi graças aos gastrópodes secretores de púrpura e aos fenícios

---

* "Muitos correrão de uma parte para outra, e a ciência se multiplicará." (N. T.)

que tiverem coragem de ir buscá-los que tal ideia, com a implicação de que o saber só advém para quem se dispõe a correr riscos, se tornaria cada vez mais verdadeira. Foi uma ideia que nasceu quando o homem penetrou no oceano Atlântico.

PARA OESTE

Por fim os fenícios sumiram de cena, no século IV a.C., derrotados em batalha, sendo seu país absorvido por vizinhos e saqueadores. E, com o fim de seu poder, outros navegadores, em diferentes partes do mundo, começaram a arrostar o desafio do recém-descoberto Atlântico com disposição cada vez maior. Entre eles, cabe citar o cartaginês Himilco (que perdeu a segunda guerra púnica para os romanos, apesar de sua frota de quarenta quinquerremes) e também Píteas, de Marselha (que navegou para o norte, circum-navegou a Grã--Bretanha, dando-lhe esse nome, e depois seguiu para a Noruega, encontrou campos de gelo, criou o nome Thule e descobriu o Báltico).

Depois vieram os romanos, povo belicoso cujo espírito nunca foi muito marítimo e que talvez por isso mesmo, de início, deu marinheiros um tanto apreensivos. Segundo o historiador romano Dião Cássio, alguns dos legionários que participaram da invasão da Grã-Bretanha empreendida por Cláudio no ano 43 ficaram tão apavorados com a perspectiva de atravessar o estreito de Dover, de apenas 33 quilômetros de largura, que se rebelaram, sentaram-se sobre as lanças e se recusaram a marchar, alegando que cruzar o mar era "como ter de lutar fora da terra habitada". Por fim, embarcaram em suas naves, deixaram-se transportar às praias de Kent e o império se expandiu — mas, mesmo por ocasião de sua máxima abrangência, no ano 117, era um império firmemente delimitado pela costa atlântica, desde o fiorde de Solway, no norte, à antiga cidade fenícia de Lixus, no Marrocos, no sul. Os romanos podem ter levantado ferros e se conservado à vista de terra para o comércio costeiro, mas sempre se mantiveram a uma distância respeitável do verdadeiro Atlântico, jamais mostrando o destemor de seus predecessores.

Tampouco o de seus sucessores. Isso porque, depois de um prolongado e enigmático período de inatividade oceânica, os árabes — partindo, no século VIII, de seu recém-adquirido feudo na Andaluzia — e, mais tarde, os genoveses, do norte da Itália, começaram a praticar o comércio na costa atlântica do norte da África. Dados comprovam que, para o sul, chegaram até a costa de Wadi Nun, perto da antiga possessão espanhola de Ifni (muito prezada pelos filatelistas), onde os marinheiros encontravam caravanas provenientes da Nigéria e do Senegal, carregadas com toda sorte de produtos africanos exóticos a serem levados com pressa a clientes em Barcelona e nas cidades da Ligúria.

No entanto, os marujos mediterrâneos não teriam o monopólio do progresso náutico ou do desassombro. Bem antes das viagens dos árabes e dos genoveses — mas muito depois das expedições dos fenícios, cujas realizações superaram as de todos os demais —, os nórdicos haviam levado seus barcos às águas do Atlântico Norte, muito mais frias e revoltas. Suas motivações eram diferentes: a curiosidade, e não o comércio, tendia a impelir os nórdicos para o oceano. A curiosidade e, em menor grau, o império e Deus. Dois grupos de navegantes predominaram, ao menos no primeiro século: os vikings, mais famosos, mas antes, muitas vezes esquecidos na bruma da história, os irlandeses.

Dificilmente haveria barcos mais diversos do que os feitos nos estaleiros escandinavos e irlandeses no primeiro milênio. Os vikings, que até hoje são tidos como os criadores da tradição de pirataria violenta e de modo geral preferiam limitar-se à costa, dedicando-se a pilhagens e ao saque, usavam seus famosos *drakkars*. Outros nórdicos, termo genérico que engloba os comerciantes e exploradores antigos do Atlântico, utilizavam barcos mais largos e mais simples chamados, no plural, *knarrer*.

Tanto aqueles como estes eram embarcações construídas com fiadas de tábuas de carvalho trincadas e proas altas. Os *drakkars*, barcos mais intimidantes, mediam mais de trinta metros de proa a popa, e ostentavam uma figura de proa. Os dois tipos de barcos contavam com uma enorme vela redonda, de talvez nove metros de lado, e exigiam uma tripulação de pelo menos 25 homens. Com vento de popa e mar chão, podiam alcançar quinze nós.

Os irlandeses, em contraste, enfrentavam as águas turbulentas de seus mares ocidentais em barcos que ainda insistem em chamar, com a típica autodepreciação céltica, de canoas. O *curragh*, nome gaélico correto para designar seu descendente ainda hoje usado, é um barco curto e largo, arredondado ou mais ou menos quadrado, ao passo que o *drakkar* e o *knarr* eram esguios e rápidos. Exigia poucos tripulantes, tinha uma só vela e um leme de esparrela, e era feito com uma treliça de sarrafos de freixo, coberta com pedaços de couro de boi previamente mergulhados numa solução de casca de carvalho e amacia-

71

Mal-afamados por causa da prática de saques e pilhagens na Europa, os vikings normalmente usavam um barco longo chamado drakkar; *já estes escandinavos, que navegavam com fins mais pacíficos para a Islândia, a Groenlândia e a América do Norte, preferiam barcos menores, como este* knarr.

dos com lanolina. Todo o conjunto era firmado com fio de linho e tiras de couro. Tim Severin, o conhecido marinheiro-explorador irlandês que mais tarde construiu um desses barcos, perguntou a um construtor de *curraghs* do condado de Cork se uma embarcação tão pequena e de aspecto tão frágil seria capaz de chegar aos Estados Unidos.

"Bem", respondeu o homem, "o barco chega, desde que a tripulação seja competente."

Segundo a tradição, são Brandão, o abade errante irlandês, foi o primeiro a fazer uma longa viagem pelo Atlântico Norte. Se foi guiado nessa expedição por algo mais do que uma fé inquebrantável numa divindade para ele misericordiosa, não sabemos. Dizem comumente que ele levou consigo a única carta do Atlântico então conhecida, e que não seria de muita utilidade, já que não passava de uma ilustração. Esse mapa fora desenhado no século I, no Egito, com base numa obra de Ptolomeu, *Geographica*, respeitada na época como uma bíblia científica. Em cópias posteriores desse livro, o Atlântico aparece como uma mera faixa na borda esquerda da folha, sendo chamado de *Oceanus Occidentalis* ou, de maneira mais sinistra em sua porção norte, *Mare Glaciale.*

Conhecemos com certa precisão a data em que se iniciaram as grandes expedições missionárias de irlandeses e escoceses, feitas para levar o cristianismo aos confins do mundo nórdico. Teriam começado no ano 563, quando são Columba levou o conhecimento da Trindade à ilha de Iona, nas Hébridas Interiores. De acordo com as histórias galhofeiras da obra medieval *Navigatio Sancti Brendanis Abbatis,* a viagem de são Brandão realizou-se um pouco antes dessa data. Juntamente com cerca de sessenta confrades, ele partiu de um esteiro na península de Dingle, no extremo do sudoeste da Irlanda, dirigiu-se primeiro para as Hébridas e seguiu depois para as ilhas Faroe e a Islândia. Por fim guinou para oeste, tendo talvez chegado à Terra Nova, a Terra Prometida dos Santos.

Não se sabe quem levou o cristianismo às ilhas Faroe, mas a religião ainda está viva ali e goza de excelente saúde. Quando são Brandão e seus confrades chegaram ao lugar, depois de vencer trezentos quilômetros de águas batidas por vendavais, a partir de Barra Head, a ponta norte das Hébridas, mostraram-se impressionados com o sem-fim de carneiros, a incrível quantidade e variedade de aves marinhas e a igual diversidade de peixes, para não falar da chuva, dos rochedos íngremes eternamente molhados e do verde profundo das onipresentes touceiras de grama.

Pouco mudou em quase 1500 anos. Foi num dia ventoso de primavera que naveguei pela primeira vez nas Faroe e, como se imagina que são Brandão tenha feito, cruzei o estreito que separa as duas ilhas mais ocidentais do arquipélago, Vagar e Mykines. Estava num barquinho que atravessava as ondas alegremente, passando sob penhascos de basalto verticais e negros, tão altos que literalmente sumiam entre as nuvens rodopiantes.

Examinados com mais atenção, porém, os penhascos não eram de todo negros. Manchas verdes de gramíneas se destacavam, delimitadas por cascatas violentas depois de cada um dos muitos pés-d'água. E em todas as manchas de gramíneas, cada qual num ângulo de setenta ou oitenta graus, havia carneiros. Um homem não ficaria de pé ali, por medo de despencar algumas centenas de metros num mar sem fundo do mais puro anil, mas rapazes das ilhas tinham colocado os animais ali, ainda filhotes, no começo da primavera.

Os pastores se preparavam para escalar os rochedos — viam-se cordas fixas, estendidas entre uma rede de pitões e mosquetões que cintilavam contra as rochas quando o sol incidia em certos ângulos — e homens em botes a remo lhes entregavam os assustados cordeirinhos, um a um. Cada montanhista punha um deles nos ombros e depois subia, pela corda, com as botas deslizando na face molhada da rocha, para o pasto minúsculo e escarpado. Com uma das mãos ele se agarrava à corda, e com a outra puxava o animal apavorado pelo pescoço e o depunha, o mais firmemente possível, na mancha sólida. Trezentos metros lá embaixo, o bote parecia minúsculo e seus ocupantes quase invisíveis, e só se viam rostos virados para o alto para se certificarem de que tudo marchava bem. Os bichinhos cambaleavam um momento, depois cheiravam o ar e olhavam, assombrados, o abismo. Por fim, percebiam qual era a melhor forma de se manter ali, firmes, a fim de sobreviver. Agora mais calmo, o animal metia o focinho na grama substanciosa, fertilizada durante muito tempo pelo guano dos papagaios-do-mar, e permanecia ali, nervoso porém satisfeito, o resto do ano.

Lá de baixo eu os via, centenas de pontinhos de lã branca, mexendo-se devagar atrás dos focinhos e a todo instante prestes a cair, mas sem que nunca isso acontecesse, mesmo durante vendavais e quando as chuvas tornavam a grama escorregadia como óleo ou gordura.

Se são Brandão de fato viajou para as ilhas Faroe, deve ter navegado quase diretamente para o norte a partir das Hébridas. Mas, depois de sua visita (sobre a qual escreveu o *Navigatio*, em que relata encontros com outros viajantes, dando a entender que não foi o primeiro irlandês a chegar lá), a perspectiva de continuar rumo ao norte era bastante desanimadora: fazê-lo significava frio, depois frio intenso, e então gelo. Seguir para leste também não era um mar de rosas: a expedição teria acabado na conhecida e pedregosa costa da Noruega. Assim, o oeste era único rumo a tomar, mas o barquinho teria de enfrentar mares revoltos, tempestades, ventos e correntes possivelmente além da competência dos elementos de maior experiência náutica naquele grupo de frades de Clonfert, ingênuos e, com toda probabilidade, descalços.

Quando Tim Severin atravessou o Atlântico com a réplica de um *curragh* nos verões de 1976 e 1977 (argumentando que, como são Brandão levara sete anos para cruzar o oceano, ele tinha o direito de levar dois), fez escalas nas ilhas Faroe, na Islândia e, por fim, depois de enfrentar tempestades atrozes no estreito da Dinamarca, na Terra Nova. Sua expedição comprovou que era perfeitamente possível atravessar o Atlântico num barco de couro, se a tripulação fosse competente (como o construtor irlandês de *curraghs* lhe dissera). Mas o que ele provou foi que a travessia podia ser feita, e não que *tinha sido* feita, ou que monges irlandeses um dia houvessem empreendido tal viagem, ou ido a qualquer um desses três lugares na data mencionada pelas histórias. Nunca foram apresentados indícios convincentes de que os irlandeses tenham visitado ou colonizado algum ponto da América do Norte, nem sequer que tenham completado uma travessia do Atlântico. Nunca se encontrou um artefato irlandês na América do Norte.

Por conseguinte, quase com certeza os irlandeses não foram antecessores de Cristóvão Colombo. Além disso, ainda que muitos italianos afirmem até hoje que Colombo não teve predecessor algum e que o ano de 1492 foi nada menos que um divisor de águas histórico no contato transoceânico, uma descoberta feita em meados do século xx mudou nossa visão da história. Em 1961, um achado arqueológico no norte da Terra Nova provou que a primeira travessia oceânica fora feita quatro séculos *depois* da suposta missão evangelizadora dos monges irlandeses e quatro séculos *antes* da expedição comercial de Colombo, mas não por um irlandês ou um genovês.

O primeiro europeu a cruzar o Atlântico e chegar ao Novo Mundo foi um escandinavo, um viking, provavelmente de uma família que vivia nos fiordes ao sul das cidades litorâneas de Bergen e Stavanger, na Noruega.

CHEGADAS

Quatro anos antes que esses arqueólogos anunciassem sua descoberta, um grupo de antiquários despertou o interesse público para a possibilidade de que Colombo perdesse seu lugar como o descobridor da América.

Em 1957, Laurence Witten, vendedor de livros antigos de New Haven, Connecticut, procurou a Universidade Yale com uma oferta extraordinária: havia comprado, através de um intermediário na Itália, o que parecia ser um mapa do século xv que mostrava o mundo então conhecido, mas com um elemento essencial nunca visto antes: a presença, à esquerda do documento, a oeste da Groenlândia, de uma grande ilha, com duas reentrâncias alongadas na costa oriental. Essa ilha era identificada no mapa como *Vinlanda*, e a legenda sobre ela, em latim, dizia que fora visitada no século XI, primeiro pelos "companheiros Bjarni e Leif Eriksson" e depois por um legado da Sé Apostólica.

A existência desse mapa só foi dada a público oito anos depois, sobretudo porque Paul Mellon, o banqueiro milionário que o havia comprado de Witten para presenteá-lo a Yale, onde estudara, decidiu que a doação só se efetivaria depois que o documento fosse autenticado. Após oito anos de exames, especialistas do Museu Britânico finalmente declararam-no genuíno e Mellon permitiu que Yale divulgasse a notícia, que causou sensação — como se o mapa fosse um braço da Vera Cruz, uma nova revelação a respeito do Sudário de Turim ou o leme da Arca de Noé. Aquela foi "a mais empolgante descoberta cartográfica do século", disse o curador de mapas da universidade, "a mais empolgante aquisição isolada nos tempos modernos", declarou o diretor da Biblioteca Beinecke, "que supera em importância até a Bíblia de Gutenberg". O mapa foi manchete em toda parte.

O que emocionou o mundo — ou aos menos a maioria dos americanos (mas não os ítalo-americanos) e todos os noruegueses — foi o fato de que aparentemente o mapa era a confirmação cartográfica de que a famosa "Vinlândia", mencionada em duas das mais conhecidas sagas islandesas do século XIII, ficava na América do Norte. Ele parecia provar de uma vez por todas que Leif Eriksson — o andarilho filho islandês de Erik, o Ruivo — havia realmente desembarcado em algum ponto do continente americano no ano 1001.

Ali estava a confirmação documental de algo que todos os italianos de boa cepa temiam: Colombo não fora o primeiro a cruzar o Atlântico. Essa honra cabia a um nórdico do século XI. E a Universidade Yale ainda jogou sal na ferida aberta no orgulho genovês: exibiu com evidente desfaçatez seu tesouro viking num banquete no qual o salão estava decorado com um *drakkar* esculpido em gelo e em que o bibliotecário da universidade, homem normalmente sisudo, ostentava um capacete de aço mandado pelo rei da Noruega. E, ainda por cima, a festa foi realizada no dia 12 de outubro, dia da descoberta da América, comemorado nos Estados Unidos como o Dia de Colombo. Essa não era de modo algum a data mais apropriada para afirmar que um norueguês tinha sido o primeiro europeu a desembarcar na América, e o episódio causou muita celeuma. "Esse colossal insulto ofende 21 milhões de americanos", disse o então presidente da Sociedade Histórica Ítalo-Americana.

O único problema foi que o pequeno pergaminho, frágil e amarelado, com 28 por 30,5 centímetros, acabou por se tornar um documento cercado de toda espécie de incertezas e debates encarniçados. O livreiro havia mentido com relação ao local e ao modo como o mapa chegara às suas mãos. Soube-se depois que o italiano (uma ironia que não passou despercebida) que lhe vendera o mapa (por 3500 dólares), e que antes tentara em vão vendê-lo ao Museu Britânico, fora não só fascista como um ladrão condenado. Testes realizados na tinta usada nele mostraram altos níveis de substâncias químicas ainda não inventadas na época em que o mapa teria sido elaborado, e, embora o pergaminho propriamente dito datasse, como ficou provado, do século XV, parecia ter sido revestido de um óleo fabricado na década de 1950. Verificou-se que a dobra no meio do mapa não era na verdade uma dobra, e sim uma união, com sinais de curiosos produtos químicos nas bordas do corte. E a legenda em latim estava cheia de ligaduras æ, uma forma léxica raramente utilizada na época da suposta criação do mapa.

Tudo isso foi demais para Yale, e em 1974 o exasperado bibliotecário declarou que o dispendioso tesouro era falso. Mas isso não foi o fim da história. Novos testes, efetuados na década de 1980, indicaram que os testes da década anterior tinham sido malfeitos. Em 1987, mais uma vez a universidade mudou de ideia, declarando que agora confiava no documento e que por precaução o segurara em 25 milhões de dólares. Enquanto eu escrevia este livro, os céticos e os crentes ainda discutiam acaloradamente. Novos testes — químicos, espectroscópicos e subatômicos — levantaram dúvidas cada vez mais intrincadas, e veio à luz o nome de um curioso falsário antinazista,* que teria um motivo forte, mas complicado, para forjar esse mapa, mesmo que o mais experiente dos curadores dinamarqueses insistisse, ainda em 2009, em sua autenticidade.

---

* Algumas pessoas consideram que um padre jesuíta germano-austríaco, Josef Fischer, especialista em cartografia medieval, teria tido a excepcional combinação de oportunidade, motivo e tempo livre suficiente para criar o mapa — com a intenção de pôr em ridículo os nazistas, que apregoavam a supremacia mundial dos nórdicos. Sua referência, na legenda do mapa, a uma visita do legado papal à Vinlândia teria o objetivo de corroborar a convicção de que a Igreja Católica estava envolvida na missão transatlântica, coisa incompatível com a ideologia nazista. Fischer morreu em 1944, muito antes que começasse a controvérsia.

Em todo caso, há mais uma ironia, mais um enigma. A tinta com que o mapa foi desenhado está descorando a ponto de tornar-se quase invisível, apesar dos esforços de Yale para sua conservação. A razão pela qual essa deterioração se aceleraria de repente, novecentos anos após a suposta elaboração do documento, não foi explicada. Se o mapa não passa de uma fraude, a história ganhou, com esse descoramento, um desfecho irônico: tal como o sorriso do gato de Cheshire, o mapa da Vinlândia parece estar desvanecendo no ar, rumo à desaparição.

Entretanto, malgrado toda a confusão em torno do documento de Yale, a descoberta em bibliotecas escandinavas de uma série de outros mapas (esses indubitavelmente genuínos) e outro descobrimento, em 1960, possibilitado pelo que esses mapas mostravam, finalmente eliminou qualquer reivindicação em prol da primazia de Colombo. Os outros mapas eram todos boas cópias de um documento muito menos sensacional, mas no final das contas muito mais útil, que hoje é conhecido como o Mapa de Skálholt. Foi feito na Islândia, em 1570, por um mestre-escola chamado Sigurd Stefansson, apenas como uma forma de mostrar, por suas leituras de vários textos islandeses, onde exploradores e comerciantes nórdicos tinham desembarcado em diversos pontos do Atlântico Norte.

O original desapareceu há muito tempo, mas todas as cópias existentes mostram a mesma coisa: um Atlântico, aqui chamado *Mare Glaciale*, com ilhas como as Faroe, a Islândia, as Shetland e as Órcadas mostradas mais ou menos corretamente em suas posições. O Atlântico aparece cercado por uma série de massas terrestres quase contíguas. Lá está a Noruega, é claro, a seguir a Groenlândia e depois Helleland, Markland e Skralingeland (respectivamente "Terra de pedras de pavimentação", "Terra de florestas" e "Terra dos selvagens", que letrados nórdicos afirmam ser partes do Labrador); e, por fim, projetando-se da base do mapa, uma península estreita e voltada para o norte — assinalada como *Promontorium Vinlandiae*, a península da Vinlândia.

Essa foi a pista que encerrou uma busca que durou décadas. Desde que as sagas islandesas haviam feito menção à Vinlândia, americanos e canadenses, principalmente os do nordeste da América do Norte, vinham vasculhando suas propriedades e as áreas vizinhas à procura de qualquer coisa que apontasse para um antigo núcleo escandinavo, pois quem não gostaria de poder dizer que pés europeus haviam pisado seu jardim ou que marinheiros nórdicos tinham sido os primeiros a caminhar na praia de sua cidadezinha? Pedras rúnicas, todas falsas, pipocaram em lugares como Minnesota e Oklahoma; descobriu-se uma estátua nórdica perto do rio Merrimack, sobre o qual Thoreau escreveu; espalhou-se que os índios Narragansett, de Rhode Island, tinham cor e altura inusitadas porque os escandinavos haviam fundado uma colônia nas proximidades de Providence; e um abastado professor de química de Harvard, chamado Eben Horsford,* alegou ter descoberto o local da casa de Leif Eriksson em Cambridge, ao lado de um sinal de trânsito perto do hospital Mount Auburn. Ele e um violinista chamado Ole Bull arrecadaram recursos para que se erguesse uma estátua do colonizador nórdico na avenida Commonwealth, em Boston. Está lá até hoje.

Apesar de todas essas bobagens, em meados da década de 1950, o norueguês Helge Ingstad, professor de história dos vikings, persuadiu-se, com base em seus estudos sobre o Mapa de Skálholt, que sabia onde ficava a Vinlândia de Leif Eriksson. Ela se localizava, afirmou, na província canadense da Terra Nova, e em algum ponto de uma grande península orientada para o norte, sob as montanhas de uma serra, situada no lado ocidental da ilha. Armado com esse palpite verossímil, passou a realizar excursões anuais ao Canadá, fazendo perguntas a aldeões e fazendeiros nos portos entre a cidade de Stephenville Crossing e as angras quase quinhentos quilômetros ao norte, nas praias do estreito de Belle Isle.

Um dia, em 1960, ele e a filha Benedicte zarparam em seu pequeno iate para a vila de L'Anse aux Meadows, no extremo norte da ilha. Ali Ingstad conheceu um pescador do lugar, George Decker, a quem fez a pergunta que ele achava já ter feito mil vezes. Havia, por acaso, algumas ruínas nas proximidades, que pudessem ser de um povoado de escandinavos?

Com uma calma estudada, Decker respondeu: "Tem, sim. Eu sei onde existem umas ruínas velhas. Venha comigo". Levou o aturdido Ingstad por um campo de amoras silvestres, íris e pinheiros mirrados, até onde havia quase uma dúzia de enormes montes de terra, cobertos de grama, todos eles situados num ligeiro declive que descia para a baía de Epaves. Decker notou que o visitante parecia extasiado. Sentiu-se feliz por ver o norueguês tão atônito, disse depois, mas com frequência se perguntava por que as pessoas de fora tinham demorado tanto tempo para começar a fazer perguntas.

---

* Horsford ficou rico por ter inventado o fermento em pó.

Naquele instante, o mundo — pelo menos o mundo da arqueologia — estremeceu em seu eixo. Quando as escavações tiveram início, a história passou a ser reescrita, no mesmo momento e em nível profundo. L'Anse aux Meadows — o nome é uma deturpação do francês "L'Anse-aux-Méduses", ou "Baía das águas-vivas" — tornou-se em questão de dias o mais famoso sítio arqueológico na América do Norte. Sem sombra de dúvida, o local é hoje reconhecido como a base de operações dos escandinavos que se instalaram, viveram e construíram lares no outro lado do oceano. É possível — na verdade, é bem provável — que L'Anse aux Meadows seja a própria colônia da Vinlândia. Por fim, Leif Eriksson, seus parentes e amigos tinham, de forma comprovada, se juntado àquele limitado grupo de homens e mulheres que foram os primeiros a atravessar o oceano Atlântico. As escavações continuaram. Foram realizadas por Ingstad e sua mulher durante os sete anos seguintes, e o casal voltava a soterrar o sítio a cada inverno para protegê-lo não só das terríveis tempestades de neve como da abrasão destrutiva de icebergs encalhados na praia.

O anúncio público formal da descoberta foi feito nas páginas da revista *National Geographic* em novembro de 1964. A reportagem revelava que os escandinavos tinham construído três grandes casas de pedra cobertas de grama e cinco oficinas, uma das quais era claramente uma ferraria. Haviam sido encontrados pregos de ferro e fusos de roca de fiar, além de um alfinete de cobre usado para fins decorativos. Trabalhando com o principal acelerador de partículas subatômicas da Universidade de Toronto e no Laboratório de Datação Radiológica em Trondheim, especialistas aplicaram as mais recentes tecnologias disponíveis às diversas amostras — principalmente carvão da fornalha da ferraria — e foram unânimes em afirmar que tudo em L'Anse aux Meadows tinha sido criado entre os anos 975 e 1020. A depender de como as sagas eram lidas, o ano que davam para a fundação da colônia da Vinlândia era 1001. Foi como se a última peça do quebra-cabeça saltasse sozinha e se encaixasse no lugar.

As escavações prosseguiram até 1976, depois que o Serviço Canadense de Parques assumiu o trabalho que vinha sendo feito pelos Ingstad, já então bem idosos. O serviço encontrou fogos de chão, salas de banho e um curral para gado. Acharam-se restos putrefatos de nozes-pecãs — e, como os climatologistas agrícolas têm certeza de que no primeiro milênio nenhuma nogueira-pecã poderia vingar ao norte de New Brunswick, supõe-se que os visitantes tenham usado seus *knarrer* para descer mais para sul. Crê-se também que tenham nave-

No extremo norte da Terra Nova, estas choças cobertas de capim, descobertas em 1960, mas provavelmente construídas no começo do século XI, constituíram o primeiro indício material de um assentamento escandinavo na América antes de Colombo.

gado no sentido sudoeste a partir da colônia, cruzado as águas sabidamente turbulentas do estuário do São Lourenço para o continente americano, acabando por desembarcar em Gaspé, em Québec, ou na ilha de Cape Breton, na Nova Escócia, e depois seguido rio acima ou até mesmo por terra em busca de melhores pastagens ou plantas mais saborosas. (Como New Brunswick é também o limite setentrional para o aparecimento de uvas silvestres, proporciona novo motivo de crédito para o nome dado pelos escandinavos à colônia — Vinlândia, ou Terra do Vinho.)

Um segundo sítio, menor do que L'Anse aux Meadows, pode ter sido achado mais recentemente. No ano 2000, arqueólogos que trabalhavam na extremidade sul da ilha de Baffin afirmaram que alguns de seus achados, como paredes de pedra cobertas de grama, uma pá feita de osso de baleia e um sistema rudimentar de esgoto doméstico, seriam obra de escandinavos. Estudiosos rivais os desmentiram, insistindo que tais objetos seriam apenas indício do desenvolvimento dos antigos inuítes da cultura Dorset, que, como se sabe, ocuparam essa área do subártico canadense. Os defensores da presença dos nórdicos afirmam que seus *knarrer* de inspiração viking transitaram entre sítios na Terra Nova--Labrador e as ilhas da baía de Hudson durante muito mais tempo do que se imaginava e que a ideia de que todos os europeus tenham voltado correndo para a Groenlândia ou a Noruega, abandonando o Canadá durante séculos, é míope e equivocada.

No entanto, resta ainda um detalhe histórico interessante. Em 1004 nasceu na Vinlândia um menino, chamado Snorri, filho de Gudrid e Thorfin Karlsefni. De acordo com o costume islandês ainda em vigor, a criança recebeu um sobrenome derivado do prenome do pai, chamando-se, pois, Snorri Thorfinsson. Esse menino foi, sem dúvida, a primeira criança europeia a nascer no continente americano. Como voltou com os pais para a Groenlândia, se e quando o posto avançado de L'Anse aux Meadows acabou sendo fechado, por volta de 1008, o mais provável é que tenha morrido lá, ou na Europa — sem saber jamais que um dia viria a ser lembrado como o primeiro canadense nato.

REPUTAÇÕES

Como deve a história encarar todo esse episódio atlântico nórdico em relação à travessia oceânica muito mais famosa empreendida por Cristóvão Colombo cinco séculos depois?

Pode-se afirmar com certeza, como indicam a literatura e a arqueologia, que nenhum outro navegador atravessou o oceano com êxito* durante os quase cinco séculos que separam as façanhas dos Eriksson no mar do Labrador, em 1001, e a viagem de seis semanas do autoproclamado Almirante do Mar Oceano, da Andaluzia à ilha de San Salvador no fim de 1492. Mas, ainda que essas

---

* São muitas as afirmações não comprovadas de que outros navegadores foram os primeiros a cruzar o oceano. Baseiam-se nas supostas descobertas de, entre outras coisas, ossos de pescadores portugueses no Canadá, ânforas gregas no Brasil, moedas romanas em Indiana, uma inscrição em hebraico num montículo fúnebre no Tennessee e arcaísmos do galês no inglês falado em Mobile Bay, no Alabama, graças a um viajante conhecido como príncipe Madoc. Viajantes que seguiam na direção oposta também têm sua oportunidade: leves vestígios de nicotina e coca teriam sido encontrados em algumas antigas múmias egípcias.

duas expedições tivessem precisamente o mesmo resultado inicial, desembarcar europeus em praias americanas, há várias diferenças entre as duas viagens.

Entre Bergen e a Terra Nova medeiam 7200 quilômetros, mas Leif Eriksson não teve de viajar tanto, porque para chegar à Terra Nova saiu da Groenlândia, a cerca de 1500 quilômetros de distância. Essa viagem mais curta, porém, nada tinha de fácil. No inverno, embora o mar não congele, as condições meteorológicas são medonhas, o mar se enche de gelo, banquisas e icebergs, para não falar dos pequenos icebergs semissubmersos, bem mais perigosos, chamados *bergy bits*. Os ventos que Eriksson encontrou foram de excepcional violência e quase sempre sopravam de oeste, ou noroeste, a direção oposta à desejada pelos escandinavos. Essas ventanias eram tão furiosas que os pequenos *knarrer* eram obrigados a capear durante horas, às vezes dias a fio. Mastros quebravam-se, velas rasgavam-se, todos a bordo ficavam ensopados, tiritavam e sentiam-se muito mal. Mesmo no verão a situação não era muito melhor: os nevoeiros úmidos e a interminável luz do dia das altas latitudes — que não deixa a pessoa dormir — contribuíam para uma navegação difícil.

Quando o grupo enfim alcançou terra — uma área pontilhada de povoados do povo Dorset —, construíram bases, pacificamente e com um reconhecido verniz de comportamento civilizado (lembremos que os viajantes eram escandinavos, mas não vikings). Tinham levado consigo mulheres na travessia relativamente curta do mar do Labrador; adotaram uma vida simples, de cordial domesticidade; e, até onde se sabe, se deram razoavelmente bem com os povos locais, embora os chamassem de *skraelinger*, ou bárbaros (sobretudo porque os nativos se vestiam com peles de animais, e não com roupas de lã tecida, como os europeus). Os escandinavos se recusavam a dar aos *skraelinger* quaisquer armas: narram as sagas que praticavam o escambo com eles, empregando como moeda de troca não contas ou quinquilharias sem valor, e sim leite, que os esquimós pareciam apreciar.

Em resumo, tudo indica que a breve estada dos escandinavos na América foi motivada por curiosidade, marcada por intrepidez marítima e caracterizada por certo grau de evidente civilidade. Em contraste, a viagem de Colombo, muito mais conhecida, teve como motivo uma combinação de cobiça comercial, da crescente exasperação espanhola com o bloqueio imposto pelos turcos otomanos às rotas para o Oriente (e pela ideia de que esse Oriente pudesse ser alcançado navegando para oeste e rodeando o planeta) e dos anseios evangelizadores da

Igreja. A expedição realizou-se com relativo conforto náutico e nunca chegou realmente ao continente americano. Até morrer, Colombo acreditou que havia desembarcado no Oriente — as Índias — e, quase certamente, no Japão.

Suas três pequenas carracas, *Niña*, *Pinta* e *Santa María*, foram habilmente direcionadas para o sul das Canárias (ninguém contesta que Colombo fosse um navegador de excepcional argúcia). Depois ele virou para a direita, rumando diretamente para oeste — pois supunha que a China e o Japão, as cidades que Marco Polo conhecia e as ilhas onde cresciam as especiarias ficavam na mesma latitude das Canárias —, e conduziu a flotilha e seus noventa tripulantes numa travessia relativamente agradável por mares ensolarados, impelido apenas pelos alísios suaves de leste, que empurraram os barcos para seu destino sem grandes incidentes. Aquela travessia oceânica sem escalas seria muito mais longa do que qualquer outra já realizada — e, como nenhum navegador conhecia a extensão do mar que pretendia atravessar, a viagem deve ter sido assustadora: porventura eles cairiam na borda do mundo, chegariam a uma região de tempestades hediondas, encontrariam monstros marinhos, turbilhões, deuses irados?

Mas por sorte os três naviozinhos deslizaram sobre as ondas com muita facilidade, e os diários de bordo por vezes registram terem eles percorrido mais de 240 quilômetros em um só dia, a uma velocidade de até oito nós. E assim foi até aquele momento enluarado, aquele comovente instante antes da aurora do dia inesquecível — 12 de outubro de 1492 — em que o vigia da *Pinta*, Rodrigo de Triana, avistou uma linha de penhascos brancos bem à frente. Foi a visão repentina de um novo mundo — do Novo Mundo, como logo ele seria chamado.

Esse primeiro pedaço de território avistado foi decerto uma das ilhotas das atuais Bahamas, provavelmente aquela baixa e arenosa, a barlavento, hoje chamada San Salvador, ou Watling. Colombo fez com que o escaler de sua nau capitânia o levasse à praia sob a bandeira de Castela, beijou o chão, derramou lágrimas de gratidão, anexou a ilha — como Isabel lhe dera o direito contratual de fazer — e batizou-a de San Salvador. Rodrigo de Triana recebeu 5 mil maravedis* por ser um vigia tão atento.

---

* Soma menos importante do que parece: um maravedi, ou "dinar dos almorávidas", e portanto um sutil lembrete de influências costeiras atlânticas, valia apenas 1/34 de real, que representava um oitavo (donde "peças de oito") do peso espanhol. Moedas de maravedi foram as primeiras a ser cunhadas no Novo Mundo, na ilha de São Domingos, ou Hispaniola, desde o começo do século XVI.

Se essa viagem tivesse sido a única, a reputação e o mérito de Colombo talvez não sofressem dano. Mas é claro que suas suposições estavam erradas: que vergonha que as ilhas das especiarias não estivessem tão próximas! Que pena que uma massa terrestre coberta de selva — mas mesmo assim uma parte das Índias, insistia o Almirante — tivesse se posto ali de modo tão inconveniente, bloqueando uma passagem fácil!

Colombo, contudo, não se satisfez com essa primeira viagem — haveria três outras, todas voltadas para a aquisição de terras para a Espanha, e períodos de anexação e governo marcados por crueldade, tirania, cobiça, espírito vingativo e racismo. Colombo defendia a escravidão. Tinha um longo histórico de crueldade para com os povos nativos; e condenava seus próprios subordinados por diversas infrações, fazendo com que tivessem a língua cortada, o nariz e as orelhas decepadas e submetendo mulheres às mais ignominiosas humilhações públicas. Na segunda viagem, levou uma carga de porcos, que se multiplicaram à solta e proporcionaram carne aos marinheiros-exploradores posteriores (mas que também podem ter trazido algumas das doenças que ajudaram a dizimar as populações nativas). Sua terceira viagem, em 1498, levou-o à América do Sul, mais exatamente à Venezuela, onde ele descobriu o Orinoco, que presumiu ser um dos rios citados no Gênesis. Na quarta, em 1502 — quando ainda se obstinava em crer que tudo o que havia descoberto eram partes desconhecidas das Índias, de modo que nessa viagem ele bem poderia encontrar o estreito de Malaca —, desembarcou em Honduras. E foi ali que ouviu falar de um istmo, e de uma curta passagem para outro oceano misterioso.

Mas nunca lhe ocorreu que a América fosse um continente e que a massa d'água que separava a Europa das terras que ele vinha conquistando fosse um oceano, separado dos mares do Oriente. O oceano que ele havia cruzado chamava-se Atlântico, certo. Porém, na mente de Colombo, o Atlântico era um oceano convenientemente ligado ao Pacífico, sem emenda, como se os dois tivessem sido um só por muito tempo.

Cristóvão Colombo foi um navegador destemido e de enorme capacidade, mas não foi o primeiro a atravessar o Atlântico. Embora suas expedições tenham feito a Europa tomar conhecimento da existência de todo um novo mundo além dos mares, ele próprio jamais pisou na América do Norte. E, no cumprimento de seus objetivos e deveres, com frequência se comportou como tirano e valentão, como um escravizador, um imperialista impenitente e um homem de imensa ganância e vaidade.

Apesar disso, porém, os americanos adotaram o nome Colombo e o alardeiam como central à sua identidade: no Distrito de Columbia; no rio Columbia; em Columbia, Carolina do Sul; na Universidade Columbia; em Columbus, Ohio — e no Dia de Colombo. Para os Estados Unidos, a reputação de Colombo permanece incólume, malgrado os esforços de professores esclarecidos. Os pormenores perturbadores de sua biografia, se conhecidos, parecem incomodar muito pouca gente.

O calendário ainda se curva ante sua espada. Desde 1792, quando os nova-iorquinos comemoraram o tricentésimo aniversário de seu primeiro desembarque; desde 1869, quando os italianos, na recém-fundada San Francisco, realizaram uma celebração semelhante; desde 1892, quando o presidente Benjamin Harrison instou os americanos a festejarem o quadricentésimo aniversário; desde que Franklin D. Roosevelt decretou o feriado de Doze de Outubro; e desde 1972, quando o presidente Nixon transferiu a efeméride para a segunda segunda-feira de outubro, os americanos vêm homenageando Cristóvão Colombo com um feriado nacional em sua honra. E, mesmo tendo sido mais violento e cúpido do que talvez fosse necessário, de modo geral a história o trata bem.

Já Leif Eriksson, que, é quase certo, foi o primeiro homem a cruzar o oceano, provavelmente desembarcou no continente, foi um homem cujos motivos parecem ter sido dirigidos para o bem comum e não deixou nenhum legado de injustiça, é quase esquecido, pouco lembrado. É verdade que desde 1964 existe um Dia de Leif Eriksson, proclamado pelo presidente para homenagear as contribuições dos nórdicos aos Estados Unidos. Os estados de Minnesota e Wisconsin foram os primeiros a observá-lo: algumas repartições públicas fechavam e alguns comerciantes ofereciam descontos nesse dia. Mas, fora isso, os americanos em geral se esquecem dos escandinavos. Como disse alguém, a maioria dos americanos prefere pizza a *lutefisk*.

Isso parece ser uma leitura peculiar e equivocada da história, um deslize que comete uma pequena e incômoda injustiça à longa história do oceano Atlântico. As coisas estão mudando, ainda que devagar. Com o tempo, talvez algum político se dê conta da injustiça e proponha publicamente alguma medida de desagravo que limite os excessos de uma homenagem e eleve na medida conveniente a outra. Mas é improvável que isso aconteça.

É possível que a razão dessa assimetria esteja menos no chauvinismo italiano e na modéstia nórdica do que numa realidade inegável: embora Leif Eriksson tenha chegado à América do Norte primeiro, nunca entendeu cabalmente que estava lá. Tampouco imaginou que estivesse em algum lugar de especial importância. Pode-se dizer simplesmente que a ficha não caiu. Certa vez assim se expressou Daniel Boorstin, historiador e bibliotecário do Congresso: "O extraordinário não é que os vikings tenham realmente chegado à América, mas que tenham chegado à América e até criado uma colônia temporária aqui sem verdadeiramente descobrirem a América". E por isso a reputação deles foi prejudicada, desde então, pela desambição de suas andanças, *por sua falta de visão*.

E há sempre outra perguntinha que atormenta os críticos da aventura colonial e da hegemonia branca. Será admissível que povos pré-colombianos, os habitantes originais das Américas, tenham algum dia tentado atravessar o oceano para leste, rumo à Europa? Poderia algum desses povos — os caraíbas, digamos, ou os terra-novenses nativos, ou os mexicanos — ter feito a travessia que Eriksson e Colombo acabaram por fazer, mas em sentido contrário?

Dados circunstanciais decerto deixam entrever essa possibilidade. Folhas de fumo e vestígios de coca em sarcófagos egípcios. Uma cabeça de bronze no Louvre, tida como romana do século II, mas com traços muito semelhantes aos de ameríndios. Mosaicos da região de Pompeia com imagens de objetos parecidos com abacaxis, pimentas e limões. E as insinuações, feitas com variados graus de entusiasmo por um pequeno exército de tradutores em desconcerto, de que Cristóvão Colombo encontrou um casal vindo das Américas, em Galway, na Irlanda, em 1477. Se ele os conheceu socialmente, se os viu mortos ou se simplesmente soube de sua existência são perguntas tantalizantes que não têm resposta.

"Pessoas de Catai vieram ao Oriente", escreveu um dos tradutores das notas que Colombo rabiscou na margem de um texto de história que se sabe que ele leu. "Já vimos muitas coisas notáveis, e sobretudo em Galway, na Irlanda, um homem e uma mulher, de formas admiráveis, em um lenho trazido pela borrasca."

Mas poderia um casal ter sobrevivido usando uma piroga — pois esse era o tipo de embarcação que a maioria dos caraíbas aparentemente utilizou na época em que os europeus os viram pela primeira vez — para atravessar todo o oceano Atlântico, das Américas à Irlanda? A corrente do Golfo poderia tê-los levado, pois carrega toda espécie de restos flutuantes. Porém numa piroga esse casal não faria mais do que três nós — um total de cinquenta dias de navegação para chegar à costa irlandesa, sem alimento ou água doce para mantê-los. Parece muitíssimo duvidoso que eles tenham alcançado a Irlanda por acidente. E, se a travessia foi intencional e planejada, que é a única maneira possível de se empreender qualquer viagem transatlântica, então cabe suspeitar que outras pessoas teriam tentado fazer o mesmo, e nesse caso teriam sido encontrados mais artefatos usados em suas viagens, mais indícios que comprovassem sua realização.

Mas nada disso apareceu. Os defensores da teoria de que americanos nativos chegaram à Europa por mar são veementes e passionais, mas até agora os argumentos são ralos. O saldo das probabilidades leva a crer que foram europeus, do norte ou do sul, que primeiro cruzaram o Atlântico.

COMPREENSÕES

Poucos meses após a morte de Cristóvão Colombo, em 1506, três homens — um toscano de Chianti que, numa época ou outra, foi navegante-explorador, proxeneta e feiticeiro; e os outros dois apenas sérios cartógrafos alemães de Freiburg — somaram dois e dois e deram um atestado formal de nascimento tanto a um continente, que seria chamado América, quanto a um oceano sabidamente autônomo chamado Atlântico.

Colombo havia achado somente vaguíssimos delineamentos de uma massa terrestre de dimensões continentais. Havia descoberto, mapeado e colonizado centenas de ilhas tropicais, bem como um litoral subequatorial que ostentava rios grandes o suficiente para indicar que banhavam alguma coisa bem grande. Mas em todas as suas viagens não encontrara nenhuma evidência real de um território grande o bastante para bloquear a passagem para oeste em todas as latitudes onde a navegação fosse possível.

Entretanto, por volta da virada do século, começaram a pingar notícias, vindas de outros exploradores, segundo as quais tal território podia existir. João Caboto, por exemplo, quase com certeza havia tocado na Terra Nova em 1497, relatando a seus patrocinadores em Bristol a existência de uma grande massa terrestre. Depois disso, dois irmãos portugueses, Miguel e Gaspar Corte-Real, desembarcaram em vários pontos também na costa norte e, ao regressarem a Lisboa, no outono de 1501, tornaram-se os primeiros a levantar a hipótese de que a terra que tinham acabado de descobrir, no território onde ficam hoje as províncias marítimas canadenses, poderia estar ligada fisicamente às massas terrestres já descobertas no sul — os territórios que hoje chamamos de Honduras e Venezuela.

Um mapinha meio tosco também havia começado a confirmar as crescentes suspeitas de um público europeu educado. Foi feito em 1500 por Juan de la Cosa, um piloto cantábrico que por duas vezes acompanhara Colombo e que faria mais cinco viagens ao Novo Mundo, acabando por ser morto em 1509 por flechas envenenadas disparadas por nativos na costa atlântica da Colômbia, perto de Cartagena. Mas seu mapa, conservado atualmente no museu naval de Madri, sobreviveu. Foi o primeiro a mostrar uma representação do Novo Mundo — no mapa, um território situado bem a oeste da Europa. O Novo Mundo apresenta uma vasta reentrância côncava, com as terras descobertas por Caboto no norte, e as descobertas por Colombo e companhia no sul (sendo a totalidade do território, graças ao Tratado de Tordesilhas,* considerado espanhol). Mas o mapa não apresenta nomes, quer para a massa terrestre, quer para o mar.

Isso aconteceria sete anos depois, em 1507. Coube ao cartógrafo alemão Martin Waldseemüller juntar o nome América ao território que agora, ainda mais claramente, era visto como um continente. Waldseemüller e seu colega Matthias Ringmann, homem com veleidades poéticas, assim procederam apesar de uma enxurrada de confusões, fraudes e falsidades que chamam a atenção de estudiosos e ocupam escritores há séculos, devido a um livreto popularíssimo que tinham visto. Esse livrinho, mais bem descrito como um folheto, chamava-se *Mundus novus* e, juntamente com um breve documento posterior conhecido como a Carta Soderini, teria sido escrito por Américo Vespúcio (Amerigo Vespucci), o pitoresco explorador e feiticeiro italiano (e mais tarde

---

* Esse acordo, celebrado em 1494, dava à Espanha soberania sobre quaisquer novas terras situadas a oeste de um meridiano traçado a 370 léguas das ilhas de Cabo Verde, ficando Portugal com o restante.

O novo continente foi batizado em homenagem a Américo Vespúcio. O navegador florentino foi o primeiro a entender que a América constituía um continente situado entre a Europa e a Ásia — e que, portanto, o Atlântico era um oceano independente.

proxeneta), que parece ter sido o primeiro a anunciar, com base em suas próprias navegações, que a grande massa terrestre no oeste era na realidade um continente separado, *a quarta parte do mundo*.

O *Mundus novus* é uma obra prolixa, exagerada e absolutamente indigna de confiança, com 32 páginas escritas por Vespúcio em latim. Dirigida de início a Lorenzo di Pierfrancesco de' Medici, seu patrocinador, foi publicada simultaneamente, em 1503, em muitas cidades da Europa, como no lançamento de um filme moderno. Impressores em Paris, Veneza e Antuérpia cuidaram para que as vívidas descrições feitas por Vespúcio de suas navegações pelas costas da Guiana, do Brasil (foi o primeiro europeu a entrar na foz do Amazonas) e talvez até da Patagônia tivessem ampla circulação.

O livrinho tornou-se mesmo populariíssimo, e para isso contribuíram bastante, sem dúvida, as minuciosas descrições, feitas por Vespúcio, de mutilações cosméticas, hábitos de limpeza anal e práticas sexuais dos povos que ele ia encontrando no caminho. A obra não só lhe deu imortalidade pessoal, como também levou a uma explosão de interesse dos europeus pelo Novo Mundo e ao início de uma maré de exploração e imigração que, pode-se dizer com segurança, não diminuiu desde então.

O trecho mais importante do folheto de Vespúcio declarava simplesmente que "nessa última minha navegação [...] encontrei naquelas partes meridionais um continente habitado por mais numerosos povos e animais do que na nossa Europa, ou Ásia ou África. Ademais [encontrei] um ar mais temperado e ameno do que em qualquer outra região por nós conhecida [...]". Ele descobrira um novo continente — ou, mais precisamente, percebera que a terra que havia descoberto era um novo continente, coisa que Colombo, anos antes, se mostrara inteiramente avesso a fazer. Para Colombo aquelas terras eram, erroneamente, um continente já conhecido: a Ásia. Para Vespúcio, eram, corretamente, um continente totalmente novo, e um continente sem nome.

Coube aos cartógrafos de Freiburg dar-lhe esse nome. Na época, a dupla estava trabalhando numa comunidade acadêmica na cordilheira dos Vosges, no leste da França — e foi ali que finalmente batizaram esse imenso território e lhe conferiram uma identidade que ele teria para sempre. Ambos haviam lido o *Mundus novus*; ambos haviam lido e sido ludibriados pela Carta Soderini, uma fraude mais evidente. Ambos concordaram que na elaboração de um enorme e novo mapa-múndi que lhes tinha sido encomendado, dariam um nome, ao menos à sinuosa parte sul do novo continente que seria traçado em sua obra-prima. Esse nome teria a forma feminina da versão latinizada do nome de batismo de Amerigo Vespucci: aos topônimos femininos África, Ásia e Europa se juntaria agora uma entidade novíssima a que dariam o nome de *América*.

E assim, em 1507, quando o novo mapa foi publicado, com efígies dos dois gigantes, Ptolomeu e Vespúcio, presidindo, de perfil, uma representação cartográfica inteiramente nova do planeta (mas sem que aparecessem em parte alguma efígies de Leif Eriksson ou Cristóvão Colombo), lá estava, em letras grandes sobre a metade meridional do recém-descoberto continente meridional, exatamente onde hoje se situa o Uruguai, aquela única palavra. *América*. Vinha grafada em maiúsculas, um tantinho inclinadas, curiosamente fora de escala e mais parecendo uma tímida proposta de último minuto. Mas, não obstante, inapelavelmente, *estava lá*.

O nome pegou. Num globo terrestre lançado em Paris em 1515 o nome está escrito nas duas partes do continente, no norte e no sul. Foi publicado num livro espanhol em 1520; outro livro, que saiu em Estrasburgo cinco anos depois, listou "América" como uma das regiões do mundo. E finalmente, em 1538, Mercator, o novo árbitro da geografia do planeta, inseriu os nomes "América do Norte" e "América do Sul" sobre as duas metades do quarto continente. Com isso, o nome estava plenamente fixado, e nunca seria modificado.

E, com a existência de um novo continente, o mar que se interpunha entre ele e os continentes da Europa e da África, o mar que até então tivera vários nomes, como Mar Oceano, Oceano Etíope,* *Oceanus Occidentalis*, Grande Mar Ocidental, Oceano Ocidental, *Mare Glaciale* e *Atlântico*, este dado por Heródoto em sua *História*, tornou-se, por fim e com certeza, também um oceano separado e com fronteiras.

O Atlântico não estava mais anexado a nenhum outro mar. Não era mais parte de uma massa d'água maior e mais amorfa. Era uma entidade — uma entidade vasta e, na época, quase inimaginável, é verdade, mas ainda assim uma entidade —, com fronteiras, bordas, costas, uma beira, uma margem, uma orla, um contorno — e limites a norte, sul, leste e oeste.

Ao longo da história, o grande oceano deixara de ser, primeiro, uma imensidão verde-acinzentada simplesmente inexplicável que se estendia sem interrupção visível a partir das poças de maré de Pinnacle Point; passara a ser visto, então, além das Colunas de Hércules, como um vórtice ainda mais assustador de ondas e ventos; depois, como um mar quente manchado de tintura de púrpura ou um mar frio atulhado de gelo; a seguir, foi encarado como uma massa d'água de pouca importância, supostamente ligado a outros mares muito mais distantes. Agora, por fim, a partir do momento em que recebeu o imprimátur de Mercator no começo do século XVI, o Atlântico tinha uma identidade própria, só sua.

Restava agora descobrir qual era essa identidade e pôr esse oceano recém-descoberto no lugar que lhe cabia no palco do mundo.

O Atlântico tinha sido descoberto. Agora ele exigia ser *conhecido*.

---

* *Okeanos Aethiopikos* foi o nome dado pelos gregos àquela parte do Atlântico ao sul de sua estreita garganta entre o Brasil e a Libéria, e ainda era empregado em alguns mapas publicados na era vitoriana. A Etiópia propriamente dita não fica à beira do Atlântico, mas no passado esse nome era dado a toda a África — em parte, talvez, pela importância da região como berço da humanidade. Seu nome aplicado ao Atlântico Sul torna-se então um meio de chamá-lo "Oceano Africano".

2. Todos os baixios, todos os abismos

Depois é um colegial, resmungão, com sua pasta,
Brilho matinal na carinha, rastejando
Feito lesma, relutante, para a escola.

A AUTORIDADE DEFINIDORA

O principado de Mônaco, paraíso ensolarado de dinheiro suspeito situado na Riviera Francesa, não foi abençoado por uma história grandiosa para estar hoje abarrotado de estátuas públicas de heróis. Os parques e praças têm, naturalmente, muitas representações em mármore de membros da família Grimaldi, os notáveis genoveses que dirigem o principado desde o século XIII. Há um busto de Hector Berlioz, lembrado por ter levado uma queda perto da Ópera, e uma estátua em bronze do piloto argentino Juan Manuel Fangio, de pé ao lado do carro de Fórmula 1 da Mercedes com o qual ganhou muitas corridas ali.

Mas, excetuados esses monumentos, são poucas as estátuas que despertam interesse — e entre elas se destaca a que se encontra na entrada de um moderno edifício de escritórios, sem nada de especial, no Quai Antoine 1er, junto do porto sempre congestionado com grandes iates de recreio, amurada contra amurada. Nesse lugar, chama a atenção uma magnífica estátua de Posêidon, o deus grego do mar, esculpida em teca polida. De barba cheia, com o recato que lhe permite sua nudez, ele empunha o tridente, como um guardião, diante do escritório da pouco conhecida organização intergovernamental que, desde 1921, define e delimita todos os numerosos oceanos e mares, baías e angras na superfície do planeta, além de aprovar seus nomes oficiais.

A Organização Hidrográfica Internacional (OHI) está desde 1921 em Mônaco, um ambiente inesperado,* onde o órgão se instalou a convite do governante de então, o príncipe Albert I, homem que colecionava cartas náuticas e portulanos, possuía uma frota de navios de pesquisa, além de admirar e estudar seriamente os peixes de alto-mar e os mamíferos marinhos. A organização que ele ajudou a criar tem como membros quase todos os Estados marítimos do mundo, da Argélia à Venezuela, passando por Jamaica, Tonga e Ucrânia, e todos os grandes países à beira-mar são membros fundadores.

Uma de suas principais missões consiste em definir — mais num sentido de fato que de direito — os limites dos oceanos e mares do mundo. Isso provoca muitas controvérsias e litígios. Desde o começo houve muita discussão. "O limite ocidental do Mediterrâneo proposto pela organização", bufou de raiva um delegado marroquino na década de 1920, quando foram solicitados comentários sobre os primeiros limites propostos, "faz de Tânger um porto mediterrâneo, o que, com toda certeza, ele não é."

Os criadores da organização tinham julgado adequado fazer com que o limite do Atlântico Norte passasse fora da entrada do estreito de Gibraltar, uma decisão que parecia enfrentar a objeção de todos. Por isso, instruído pelas autoridades superiores, o secretário prontamente apagou a primeira linha que tinha riscado e traçou uma segunda, um quilômetro e meio a leste de Tânger, com o que, de uma penada, elevou-a de mero porto mediterrâneo à condição de cidade atlântica. Segundo se diz, todos ficaram felizes.

Outra responsabilidade prática e importante da OHI consiste em fazer com

---

* Os hidrógrafos são, em geral, homens interessados em ciência e navegadores, e não têm nada a ver com o *high-society*. Mas em Mônaco, graças à generosidade do príncipe Albert, eles trabalham lado a lado com gente que pertence ou quer pertencer a esse mundo. Na universidade local, por exemplo, professores ministram cursos como Gestão de Patrimônio, Engenharia Financeira, Fundos Hedge e Ciência de Bens e Serviços Suntuários, enquanto os hidrógrafos lidam com faróis, boias e dragagem.

que todas as cartas náuticas do mundo sejam mais ou menos padronizadas. Isso não é de modo algum enfadonho como pode parecer. Esse trabalho nasceu de uma conferência realizada em Washington, D. C., em 1889, na qual foram relatados casos lamentáveis de capitães de navios obrigados a usar cartas elaboradas por países mal preparados para a cartografia e que de repente se viram em apuros em baixios não assinalados ou na aproximação de portos mal desenhados. A única forma de evitar essas desventuras marítimas, declararam os participantes do conclave, era fazer com que todas as cartas náuticas e todos os instrumentos que ajudam na navegação fossem os mesmos, e que todos os mapas náuticos, fossem eles feitos na Inglaterra ou na Birmânia, nos Estados Unidos ou no Uruguai, adotassem as mesmas normas.

Numa conferência sobre navegação que teve lugar em São Petersburgo, pouco antes da Grande Guerra, as forças navais e as marinhas mercantes do mundo recomendaram a criação, com urgência, de uma comissão internacional para estudar tais problemas. Finalmente, em 1921, assim que assentou a poeira do conflito, o benquisto príncipe de Mônaco, Sua Alteza Sereníssima, ofereceu espaço e manutenção, além de um grupo de datilógrafas (juntamente com um rapaz que tinha o charmoso título de "comissário"), para ajudar a concretizar a OHI, que foi formalmente constituída e passou a ser guardada por Posêidon no edifício onde até hoje ela se abriga em paz, embora meio obscuramente.

Sua publicação mais importante saiu em 1928. Na época, quando custava 35 centavos de dólar, era um bonito folheto de capa verde, impresso em tipografia pela Imprimerie Monégasque de Monte Carlo, intitulado Publicação Especial da OHI nº S.23, "Limites dos Oceanos e Mares". Nas 24 páginas dessa simpática publicação, o consulente encontrava pronunciamentos oficiais como a descrição formal dos limites do canal da Mancha:

A oeste: Da costa da Bretanha para oeste ao longo do paralelo do extremo E. de Ushant (Lédènes), dessa ilha a seu extremo W. (Le Kainec), daí até Bishop Rock, o extremo SW das ilhas Scilly, e prosseguindo por uma linha que passa a oeste dessas ilhas até o extremo N. (Lion Rock) e daí para este até os Longships Rocks, e continuando até Lands End.

O mundo pode não ter se expandido nos anos seguintes, mas as definições e os nomes de seus mares, e os debates entre os países situados ao lado deles, com certeza aumentaram, e muito. Como resultado disso, o folheto cresceu em tamanho, primeiro timidamente, depois de modo prodigioso. As 24 páginas da primeira edição tornaram-se 26 na segunda e 38 na terceira. Mas quando foi lançada a quarta edição, em 2002, a publicação inchara e tinha agora 244 páginas. Mares tão obscuros que só quem vive junto deles sabe de sua existência agora existem oficialmente: há, por exemplo, um mar de Ceram, um mar dos Cosmonautas, um mar de Alboran, um mar de Lincoln, um mar do Estreito (nome ligeiramente tautológico),* e várias dezenas de outros.

Três altos oficiais da Marinha dos Estados membros são eleitos para presidir a Organização Hidrográfica Internacional, em geral para um período de cinco anos. Antes de viajar a Mônaco para estar com eles, eu imaginava esse trio: os três muito garbosos em impecáveis fardas azuis com galões dourados, baixando regras definitivas quanto a relevantes questões ligadas à navegação mundial — a melhor forma de definir os novos limites do Kattegat, a necessidade de mapear a área onde o mar de Arafura confina com o golfo de Carpentária, a conveniência de determinar se a localidade de L'Anse aux Meadows é realmente banhada pelo mar do Labrador ou pelo golfo de São Lourenço. Decidiam essas pendências enquanto entornavam *pink gins*, cachimbavam e entalhavam *scrimshaws*.

Dois dos oficiais, um grego e o outro chileno, estavam viajando no dia em que fui à OHI, numa bela manhã de inverno, e o único marinheiro "no convés", como os oficiais de Marinha que exercem funções burocráticas gostam de dizer, era o representante da Austrália. Vim a saber que era um bretão de meia-idade, de barbas longas e vestido à paisana, um homem que havia muito tempo deixara a Royal Navy pela australiana e agora normalmente estava baseado em Melbourne. Sua paixão não eram navios e navegação — isso era seu trabalho —, e sim construir ferrovias em miniatura, na escala HO, em seu modesto apartamento em Villefranche.

Profissionalmente, no entanto, ele e seus dois colegas passam muito tempo refletindo sobre questões marítimas, desancando erros e tentando corrigir o que consideram ser uma ignorância geral em relação aos oceanos. Os mares do mundo podem ter agora mais nomes do que uma pessoa comum se interes-

---

* Existem também alguns cabos e promontórios quase desconhecidos, usados para delimitar alguns desses mares. Entre eles, o cabo Vagina, na Rússia, que provoca em muitos marinheiros um frisson especial.

sa em conhecer — isso pode ser verdade, mas a culpa cabe aos políticos e é uma consequência do orgulho nacional. O que aborrece a OHI, que, como já foi dito, tem como missão a criação de cartas que ajudem os navios a navegar com segurança pelo mundo, é o perigoso desconhecimento, por parte da maioria dos não marinheiros, do que se passa sob a superfície dessas massas de água. Para ilustrar a questão, eles mencionam com frequência um dado surpreendente: embora saibamos agora a altitude exata de toda a superfície da Lua e de Marte em pontos separados por pouco mais de um metro e meio, só conhecemos a profundidade do mar em pontos que, em muitos casos, estão separados por *oito quilômetros.*

Apesar de todos os levantamentos hidrográficos efetuados ao longo do tempo, de todas as sondagens feitas, dos recifes plotados e dos pontais mapeados, os almirantes se queixam de que os atuais habitantes da Terra sabem pouquíssimo sobre seus mares, ainda que estes cubram sete décimos do planeta. Mas não porque não queiram saber. Os europeus, principalmente, vêm tentando conhecer os detalhes de seu oceano há quinhentos anos. Desde que Colombo e Vespúcio voltaram para casa e ficou claro que, inevitavelmente, os europeus iriam abrir caminho à força para cruzar o Atlântico e todos os outros oceanos, houve grandes esforços nacionais — na Grã-Bretanha, em Portugal, na Espanha e, mais tarde, também nos Estados Unidos, no Canadá, no Brasil e na África do Sul — para explorar e mapear as águas, para descobrir os baixios e abismos dos mares, suas marés e correntes, suas correntezas e turbilhões e a medida precisa de suas costas, ilhas, recifes e todos os demais elementos que as caracterizam de modo tão peculiar. Educar o mundo com relação ao oceano — com o conhecimento do Atlântico como elemento principal da iniciativa — foi um esforço que teve início já no século XV, e desde então não se interrompeu um só momento.

A exploração da totalidade de um oceano exigia acesso a todos os seus limites mais remotos — um acesso que no caso do Atlântico durante muito tempo foi frustrado por não poucos desafios de navegação. O mais severo limite era a existência de uma ponta de arenito muito inconveniente chamada cabo Bojador — um cabo na costa ocidental da África que os marujos árabes temiam havia séculos e ao qual se referiam como *Abu khater,* ou "o pai do perigo".

A BARREIRA NAS ÁGUAS

A estrada que penetra no Saara, seguindo para sul a partir de Essaouira, a velha cidade fortificada à beira-mar, é também a principal rodovia que atravessa a África Ocidental — leva à Mauritânia e, depois, ao Senegal, a Gâmbia, à Guiné-Bissau... Com cuidadoso planejamento, boa sorte, uma suspensão nova no carro e bastante tempo à disposição, um motorista resoluto pode ir até a Cidade do Cabo, chegando a tempo para o chá sob os jacarandás no hotel Mount Nelson.

Na maior parte de seu trecho inicial, a viagem é um tédio só. Depois do espetáculo dos montes Atlas mergulhando no oceano ao qual deram seu nome, o motorista passa pela minúscula possessão espanhola de Ifni. E após admirar os magníficos faróis construídos pelos franceses e os surfistas que deslizam, tranquilos, nas vagas que trovejam em direção à praia, dirige mais alguns quilômetros e a estrada se torna plana. Em breve as plantações de arganeiros e os arbustos raquíticos cedem lugar às planícies desérticas pedregosas da hamada, e aparece uma vila tristonha chamada Guelmime, onde começa o deserto propriamente dito.

Deixando para trás a poeira e o alarido de sua almedina — onde ainda se veem tuaregues de mantos azuis, além de cameleiros recém-chegados do deserto com mercadorias para os *souqs* — a rodovia de duas pistas, que negreja contra as areias da hamada, serpenteia vazia rumo ao horizonte, com apenas um ou outro caminhão-tanque passando como um raio e frotas de sacolejantes táxis Mercedes correndo um pouco além do que deveriam. Se a oeste o mar estrondeia sem cessar, a leste cintilam os altos ergs do Saara. A lestada sibila, infinda, deixando uma areia grossa no cabelo e nos dentes das pessoas. Até há pouco tempo, essa era a entrada para território espanhol, o que é perceptível na paisagem e na atmosfera do lugar. O norte do Marrocos tem uma certa plenitude sedosa; já esse recanto mais meridional do país é marcado pela aridez: seco, poeirento, manchado de óleo.

As cidades são muito distantes entre si, e de modo geral só merecem que o viajante pare em uma delas para reabastecimento — embora uma delas tenha um monumento a Antoine de Saint-Exupéry, em lembrança do tempo em que ele trabalhou, na década de 1930, como piloto da mala postal aérea entre Toulouse e Dacar; e são muitos os barracos de pescadores onde se pode comprar garoupas, peixes-espadas e sardinhas, tirados do mar e grelhados em fogueiras feitas com madeira trazida pelas ondas. A própria costa também se torna mais interessante. Antes de Tarfaya, a estrada dá uma guinada abrupta para o mar, projetando-se no sentido oeste, rumo à costa contra a qual, em todos os tempos, se estatelaram dezenas de barcos cujos capitães dormiam, por estupidez ou bebedeira: veem-se nas rochas, encalhados e majestosos, restos de barcos de pesca que a água do mar vai digerindo devagar, ininterruptamente, até consumi-los.

Os mares aqui têm uma particular fama de perigosos. Do alto dos morros no ponto final dessa saliência, o cabo Juby, pode-se divisar Fuerteventura, a mais próxima das ilhas Canárias. Até os mares insaciáveis terminarem a execução de seu trabalho, viam-se também ali os restos de um famoso naufrágio: a estrela dos mares na década de 1950, o grande transatlântico ss *America*, construído na Virgínia. Em 1994, ele se soltou da toa, durante uma tempestade, quando estava sendo rebocado para a Tailândia, onde seria convertido em hotel flutuante. Hoje está quase todo coberto pelo mar, a cerca de cem metros de Fuerteventura, um decrépito monumento à efêmera grandeza da Marinha mercante americana.

Com efeito, o perigo está sempre presente na mente dos navegantes nesse trecho da costa africana. Na latitude 27° N, a cerca de 250 quilômetros dos naufrágios do cabo Juby, estende-se um promontório longo e baixo, sem nada de especial. No entanto, esse é um acidente geográfico que se destaca por sua imensa importância na história da navegação no Atlântico, ainda que decepcione por ser tão diferente de outros cabos famosos desse oceano — o Finisterre, o Horn, o Boa Esperança, o Farewell, o St. Vincent, o Race —, que já inspiraram poemas de peso ou deram ensejo a muitas lendas. Esse cabo, de majestade e carantonha mais modestas, é o Bojador.

Embora a palavra portuguesa *bojador* remeta a "protuberância", a terra que forma essa barreira baixa de penedias nada tem de saliente, tampouco oferece senão uma inconveniência mínima a uma embarcação que siga para o sul pela costa africana. Mas durante muitos séculos nenhum veleiro se atreveu a ultrapassar esse cabo. "Quem quer passar além do Bojador/ Tem que passar além da dor", escreveu Fernando Pessoa. Além dele, estendia-se um mar inteiramente desconhecido — um ermo aterrorizante, povoado de monstros, conhecido em todos os portos como o *Mar Verde Tenebroso*.

Até o século xv, nenhum marinheiro — fosse ele espanhol, português ou veneziano, dinamarquês ou fenício, e, a julgar por todos os relatos existentes, africano — jamais havia conseguido ultrapassar o cabo Bojador. Todas as academias náuticas da Europa consideravam intransitável o mar além dele. Sua própria existência foi uma das razões pelas quais o Atlântico central, apesar de ter, quase com certeza, algumas das costas mais populosas do mundo, foi o último dos grandes oceanos a ser navegado de forma adequada. Navegadores polinésios haviam, muito antes, esquadrinhado o Pacífico; marujos persas e árabes haviam levado seus barcos de juncos, protegidos com creosoto, às áreas setentrionais do oceano Índico; marinheiros chineses conheciam as sutilezas do Índico oriental e de seus vários mares locais; e os vikings dominavam as complexidades do extremo norte. No entanto, no Atlântico a navegação tradicional parecia não dar muito certo, ou ter a mesma rapidez que em outras regiões, e o cabo Bojador, pelo que registram os textos, era um dos motivos disso.

O problema do Bojador decorreu de uma combinação singular de circunstâncias topográficas, climáticas e marítimas. Um marujo que navegasse para o sul não veria sinal algum de dificuldade iminente. Tendo, provavelmente, zarpado de um porto ibérico, ele transporia o estreito de Gibraltar com ventos frescos ainda favoráveis na alheta de boreste, e desceria pela costa africana a animadores cinco ou seis nós. A cada dia, marcava seu avanço pela vista de três óbvios cabos marroquinos: Rhir, Draa e Juby. Via as fogueiras cintilantes nos povoados de Casablanca, Essaouira e El Ayoun, sentindo-se encorajado com a proximidade desses acidentes do relevo — pois, como a maioria dos marinheiros naquela época, provavelmente navegava com medo e sempre relutava em perder a terra de vista, encontrando certa segurança em seu progresso agarrado à costa.

E então ele toparia com o Bojador — e num instante sua ilusão de segurança se evaporava. Um banco de areia invisível, que se estendia por trinta quilômetros a partir desse cabo baixo, reduzindo a profundidade sob sua quilha a apenas duas braças, primeiro faria com que ele fosse levado a guinar para boreste e, indo contra a voz da razão, aproar para mar alto. Ao mesmo tempo, a veleta presa ao mastro grande mostrava que os ventos fracos da costa do Marrocos tinham mudado de repente para um vento de leste constante que podia se tornar muito forte. (Durante a maior parte do ano, o vento muda de direção bem nesse ponto e passa a vir do leste, e atualmente as fotos de satélites mostram trilhas de areia do deserto, levadas pelo vento, sobre o Atlântico.)* Em terceiro lugar, ao deixar de ser submersa, a corrente Equatorial Norte agarrava o barco em sua bocarra poderosa e o empurrava por quase mil quilômetros para oeste.

Na verdade, os perigos do cabo são ainda mais graves. Durante a maior parte de uma viagem pela costa, uma persistente corrente superficial para o sul, que os antigos navegadores portugueses chamavam de corrente da Guiné (os de hoje dão-lhe o nome de corrente das Canárias), ajudava os marinheiros da época a avançar rapidamente pela costa, bastando para isso manterem-se próximos da terra. Isso era importante, porque a corrente da Guiné enfraquecia progressivamente com o afastamento da costa. Assim o navegante se via diante de duas opções igualmente desagradáveis: uma, permanecer grudado à terra e arriscar-se a ser puxado para os braços fortes da corrente equatorial rumo ao oeste; outra, afastar-se bastante da costa e encontrar apenas uma corrente em desvanecimento e ventos débeis, com o que ficaria imóvel no mar, com as reservas de água e comida minguando e o barco aprisionado na calmaria.

Não surpreende, pois, que nenhum navegante conseguisse ir além do cabo Bojador até um momento memorável, setenta anos antes de Vespúcio, em 1434. Foi o conhecimento crescente e inteligente das complexidades do mar que por fim permitiu que o problema do cabo fosse solucionado. Isso aconteceu à medida que a primeira fase de exploração do Atlântico passou a dar lugar a um período de rigorosa formação a respeito do oceano. *Conhecer o mar* tornou-se uma expressão cristalizada, pois só conhecendo-o era possível evitar seus perigos e explorar seus tesouros. A história do cabo Bojador é um exemplo clássico dessa mudança de atitude.

Costuma-se creditar a um jovem navegador português, Gil Eanes, o mérito de ter tido a inteligência marítima e a *percepção do mar* tão necessárias para abrir uma rota para o sul. Embora a maioria dos documentos relativos a sua viagem tenham sido perdidos no terremoto que arrasou Lisboa três séculos depois, subsistem dados suficientes para termos uma ideia do que ele fez. Foi tudo uma questão de inteligência: usar técnicas intelectuais como observação, premeditação, senso de oportunidade, planejamento e cálculo.

---

* O vento carrega areia da hamada em torno do cabo Bojador até o Brasil, onde ela se deposita e contribui para fertilizar os solos aluviais da Amazônia. Os plantadores de soja da região não sabem o quanto devem às dunas do Marrocos.

Antes de Eanes, os navegantes simplesmente fixavam para si uma meta (ou aceitavam a fixada por seus financiadores), aprovisionavam seu navio e zarpavam — e, no caso das expedições na costa ocidental da África, todos eram obrigados a dar meia-volta depois de pouco mais de 1500 quilômetros. Esses marujos cumpriam os rituais do passado — seguiam as correntes, navegavam com vento de popa, seguiam as rotas das aves. Mas o que Gil Eanes fez envolveu um enorme planejamento e invocou a então incipiente ciência da navegação celeste, já conhecida pelos comerciantes árabes depois de propagar-se lentamente a partir do Oriente, onde fora aprimorada pelos chineses.

Eanes acreditou que seria possível agora singrar o Atlântico e chegar a lugares onde ventos, correntes e aves migratórias se faziam pouco presentes, desde que o nauta empregasse os novos recursos que rapidamente se disseminavam: a astronomia, a medição do tempo, um avançado conhecimento de meteorologia, de história climática e de geografia do mar. Passar o cabo Bojador, especificamente, ou *dobrá-lo*, no jargão náutico, envolvia a mensuração rigorosa das velocidades e direções da água, bem como a medição minuciosa das direções e forças médias dos ventos. Envolvia o desenvolvimento de uma técnica hoje conhecida como *navegação por correntes*. Eanes também desenhou *triângulos de correntes* em suas cartas rudimentares, mas cada vez melhores, e utilizou vetores, bordadas inteligentes e uma cuidadosa medição do tempo, hora a hora. Uma vez fixadas a direção das correntes e a velocidade dos ventos, foi questão de simples trigonometria definir um rumo que tirasse partido dos dois fenômenos. No entanto, seu planejamento incluiu também a escolha de uma estação em que soprassem os ventos de um tipo, mas não os de outro.

Só depois que todos esses dados foram digeridos, calculados e fatorados, Eanes pôde ajustar as velas e apontar o gurupés numa direção que teria parecido excêntrica a seus malogrados antecessores — mas excêntrica como as modernas rotas de círculo máximo parecem estranhamente anti-intuitivas, quando comparadas com a aparente simplicidade direcional de uma viagem feita numa linha reta de ângulo de direção constante: em outras palavras, numa linha loxodrômica.

Os detalhes exatos da famosa viagem de Eanes não são conhecidos — não sobrevive um diário, o livro de bordo, nem mesmo se sabe o nome do navio. Tudo que sabemos é que Eanes partiu para o sul sob as ordens explícitas do infante dom Henrique, o arquiteto das ambições imperiais portuguesas. Henrique havia comentado secamente que catorze tentativas anteriores de dobrar o cabo tinham fracassado. Eanes, um dos escudeiros de sua corte, também podia fazer uma tentativa.

Eanes fez exatamente o que lhe tinha sido ordenado. Navegou para sudoeste, no rumo da ilha da Madeira e das Canárias, e depois efetuou todos os seus complicados cálculos aritméticos. Começou uma viagem oceânica de guinadas e rodeios que desde há muito é chamada de *volta portuguesa*, e com isso conseguiu finalmente ultrapassar o temido cabo. Depois disso, o harmatão o impeliu para a costa desértica da África, a cerca de cinquenta quilômetros ao sul do Bojador, onde Eanes colheu uma muda da planta lenhosa do deserto, conhecida como rosa-de-jericó ou rediviva, para levar como prova. Não adiantou. Nada disso convenceu o cético Henrique, que ordenou que ele repetisse a viagem.

Eanes fez isso no ano seguinte, 1435, dessa vez com um companheiro, outro cortesão, também navegador nas horas vagas, e juntos, numa pequena barca de pesca, seguiram quase exatamente a mesma rota, com seu amplo desvio para oeste ao sul das Canárias. Os dois desembarcaram quase no mesmo ponto da costa africana a que tinham chegado no ano anterior, deram nome a um rio, viram as pegadas de homens e as marcas de cascos de camelos, com o que ficaram sabendo que a Zona Tórrida era povoada. Voltaram para dar a notícia a Henrique, que enfim a aceitou como verdadeira. Eanes gozou de um breve período de fama na corte, seguido de um longo período de obscuridade.*

As duas viagens resolveram o problema. Daí a poucos meses outras expedições zarpavam dos portos lusitanos e se espalhavam pela costa da África, finalmente acessível, para explorá-la, rodeá-la e, mais tarde, avançar para leste, para os tesouros das Índias.

As embarcações cresceram continuamente em dimensão — das pequenas barcas, como a utilizada por Eanes, para as caravelas de três ou quatro mastros e, depois, para as grandes naus empregadas nas expedições de compra de especiarias do século XVI. O equipamento levado no passadiço dos navios sofisticou-se: o astrolábio em breve seria inventado, a bússola passou a ser usada, as linhas de prumo tornaram-se longas o suficiente para serem utilizadas em águas de grande profundidade e foram publicadas tábuas de marés e também tábuas para navegação astronômica.

---

* No entanto, há uma estátua de Eanes no cais de Lagos, a antiga cidade do Algarve onde morou o infante dom Henrique e de onde partiam as expedições para o Bojador.

OCEANO ATLÂNTICO: ROTAS DOS EXPLORADORES E COLONIZADORES

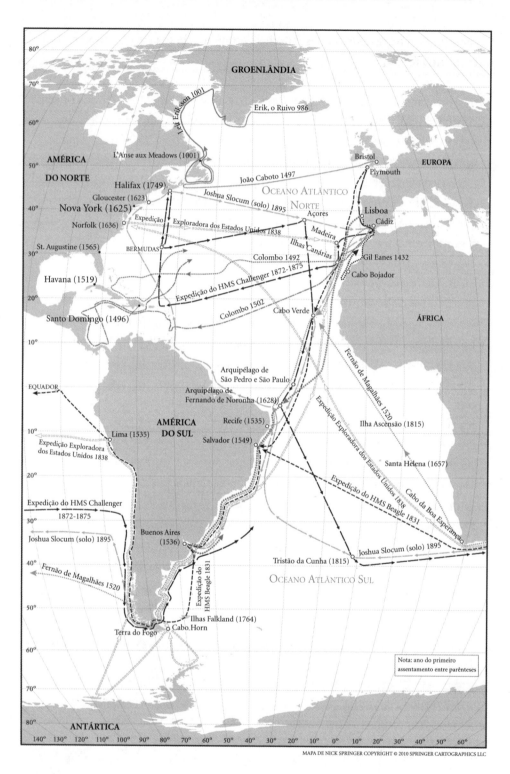

Os navegantes se tornaram mais afoitos e seus nomes enchem os livros de história: Bartolomeu Dias, o primeiro a dobrar o cabo das Tormentas; Vasco da Gama, o primeiro a chegar à Índia; Pedro Álvares Cabral, o primeiro a pisar no Brasil; Afonso de Albuquerque, o primeiro a desembarcar em Malabar, Ceilão e Malaca; e todos os outros navegadores cujos nomes — Fernando Pó, Tristão da Cunha, Luís Vaz de Torres — estão imortalizados em ilhas ou estreitos (ou, como esses três, em uma colônia de escravos ao largo da África, um perigoso vulcão no extremo meridional da América do Sul e uma estreita passagem entre a Nova Guiné e a extremidade norte da Austrália). Talvez o maior de todos, embora esse título seja reivindicado por outros, tenha sido Fernão de Maga-lhães, o circum-navegador que, nascido em Portugal, navegou para a Espanha e morreu como Hernando de Magallanes, nas Filipinas, em 1521. Quase todos esses incansáveis navegantes e uma vintena mais nasceram em Portugal, país do qual se disse: "Por isso nos deu Deus tão pouca terra para o nascimento, e tantas terras para a sepultura".* Esses navegantes tornaram-se legatários das técnicas náuticas pioneiras de Gil Eanes. Navegaram em sua esteira, literalmente e em sentido figurado, para começar a aquisição organizada de conhecimento sobre o Atlântico e de todos os demais oceanos.

O MOVIMENTO DAS ÁGUAS

Cumpre recordar que antes de Américo Vespúcio não se sabia — não havia nem mesmo uma suspeita ou insinuação — que o Atlântico era um mar inde-pendente. Culturalmente, era um oceano cuja existência foi ignorada até o fim do século XV. De um momento para o outro, com a viagem de Vespúcio, o oceano Atlântico nasceu. De repente, estava *lá*.

Com essa conscientização de um mar novo em folha, levantaram-se ferros, içaram-se velas, deu-se corda em relógios de latão e puxaram-se as espias de amarração. Contrataram-se cientistas, fizeram-se encomendas a cartógrafos, e

* O autor alude a um trecho de um sermão do padre Antônio Vieira: "Por isso nos deu Deus tão pouca terra para o nascimento, e tantas terras para a sepultura. Para nascer, pouca terra: para morrer, toda a terra; para nascer, Portugal: para morrer, o mundo" ("Sermão de Santo Antônio", na igreja de Santo Antônio dos Portugueses, em Roma, 22 de maio de 1670). (N. T.)

capitães ousados e destemidos conduziram seus pequenos navios para fora dos portos e partiram para medir e sondar essa nova massa d'água.

Nas bordas de um mar, as marés diárias constituem os fenômenos mais óbvios a serem medidos e registrados. Em alto-mar, fora das influências das marés, o navegante deve procurar outras coisas: o tamanho e a direção das ondas, a intensidade das tempestades, o número de peixes e aves, as profundidades sob a quilha. E o mais importante: as formas inesperadas e, de início, misteriosas como as águas parecem mover-se.

Uma vez que estão entre os elementos que afetam mais diretamente o avanço de qualquer embarcação, os movimentos das águas foram notados logo no início da exploração do Atlântico. Gil Eanes experimentou-os e depois valeu-se deles no cabo Bojador. Pareciam grandes rios submarinos. Dentre os muitos fenômenos invisíveis do oceano, as correntes foram os primeiros a ser conhecidos. E talvez nenhuma corrente fosse mais famosa do que a imensa extensão da corrente Equatorial Norte, conhecida como corrente do Golfo, que começa na Flórida e termina no oeste da Escócia (com palmeiras crescendo junto das águas que ela aquece).

Como muitos navegantes em todo o mundo, Colombo notou as correntes, sobretudo as correntes de excepcional intensidade que lhe pareceram tão comuns nas águas do Caribe. "Verifiquei que o mar corria tanto para o Poente", escreveu no diário de navegação de sua terceira viagem, ao descrever a passagem pela temida Boca do Dragão, entre Trinidad e a Venezuela continental, "que depois da hora da Missa, quando saí a navegar, percorri até a hora de Completas 65 léguas de quatro milhas cada uma, e o vento não era forte, mas mui suave..." Há também relatos de Pedro Mártir, o historiador da corte espanhola que, por coincidência, foi um dos primeiros a perceber o potencial da corrente do Golfo, a respeito da tentativa de Colombo de fazer uma sondagem ao largo de Honduras. A "violência contrária das águas" empurrava o prumo para cima e em nenhum momento permitiu que ele chegasse ao fundo.

Entretanto, Colombo estava demasiado ao sul para experimentar a força da corrente do Golfo. Essa feliz descoberta coube a seu sucessor, Ponce de León,* que a descobriu em 1513, quando buscava a fonte da juventude — uma

---

* Há leves indícios de que o valente naviozinho de João Caboto, o *Matthew*, foi impelido pela corrente do Golfo entre a Irlanda e a Terra Nova, mas Caboto não parece ter se dado conta disso. Apenas aceitou os empurrões que a corrente lhe dava para o norte como parte da misericórdia eterna de Deus.

investigação que por fim lhe valeu um título dúbio: foi o primeiro europeu a pisar na Flórida. Estava mapeando a topografia dessa nova costa, julgando que fosse uma grande ilha, que ele batizou de Isla Florida.

Ponce encontrou dois outros navios que, partindo de Porto Rico, seguiam para o norte, e os três passaram a navegar para o sul, mantendo a Flórida mais ou menos à vista pelo costado de boreste. Certa tarde, quando estavam a mais ou menos cinquenta quilômetros de terra, Ponce de León e sua tripulação viram-se de repente apanhados por "uma corrente tal que, embora tivessem um vento forte, não conseguiam ir para a frente, e sim para trás, e, ao que parecia, seguiam bem. Por fim, viu-se que a corrente era mais forte do que o vento". Fosse qual fosse a causa, esse largo rio oceânico — que, como ele logo descobriu, corria para norte e mais tarde virava para leste — tinha uma força colossal e invencível. Os espanhóis não tardaram a perceber as implicações comerciais dessa corrente: por mais difícil que fosse para os navios navegar para oeste nas regiões médias do Atlântico, o poder desse rio submarino garantia que qualquer barco que entrasse nele fosse levado de volta à pátria, em segurança e com considerável rapidez. Galeões vazios podiam considerar penosa a viagem de ida para a América, mas, carregados de tesouros, voltavam para a Europa, saindo do istmo do Panamá, impelidos velozmente por essa corrente recém-descoberta.

Voltar à pátria depressa, com o impulso da corrente do Golfo, logo se tornou uma espécie de esporte náutico. O meio tradicional de retornar à Espanha — ainda que talvez não se deva falar em tradição, pois a rota só fora aberta duas décadas antes — consistia em aproveitar apenas os ventos de oeste que sopravam durante a maioria das estações nas latitudes médias do oceano. Mas esse método encerrava um risco: numa viagem a partir da América do Norte era tentador guinar para leste, para casa, cedo demais, e com isso arriscar-se a ficar preso na calmaria das brisas do Anticiclone das Bermudas (ou dos Açores). Agora que se conhecia a corrente do Golfo, a solução era simples — ainda que, como no caso da forte guinada para alto-mar feita por Gil Eanes para dobrar o cabo Bojador, a manobra também fosse anti-intuitiva. Eanes aproara para oeste a fim de ir para o sul; os capitães que, partindo da América, queriam voltar para a Europa tinham de aproar para norte a fim de ir para o leste.

Partindo do istmo, eles não pegavam o começo da corrente do Golfo no Caribe, mas buscavam as águas rasas da área do cabo Hatteras. Achada a corrente, um navegante de volta à Europa tentava colocar seu barco no meio da

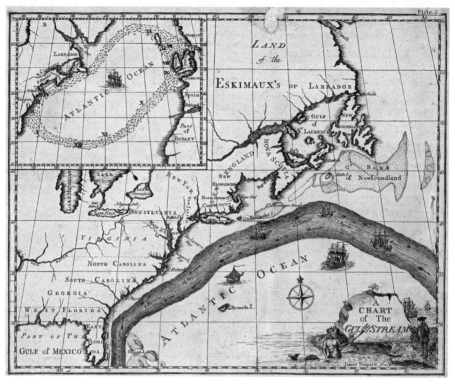

Quando era diretor-geral dos correios dos Estados Unidos (foi o primeiro a ocupar o cargo), o cultíssimo Benjamin Franklin ouviu falar da força e da extensão da corrente do Golfo, comentadas por capitães de paquetes transatlânticos, e desenhou um mapa. Por mais tosco que possa parecer, o mapa é notável pela concepção de modo geral precisa do tamanho, forma e direção da corrente.

faixa de cem quilômetros de largura de águas quentes e velozes, deixava que a corrente o levasse para o norte a quase dez quilômetros por hora, e depois, quando ela virava, era levado por ela para leste, acompanhando a cálida faixa azul na maior parte de seu percurso curvo de 3200 quilômetros.

Descoberta essa maravilha, e depois que sua extensão foi mapeada e sua velocidade, medida, a corrente do Golfo se tornou objeto de fascinação. Seu mais determinado paladino na época foi talvez o mais improvável: Benjamin Franklin, o estadista e pai da pátria americano. Numa notável carta escrita a bordo de um paquete de Falmouth que seguia para a Inglaterra no verão de 1785, ele refletiu com correção e sabedoria sobre a corrente. Essa carta, divulgada com o título de "Sundry circumstances relating to the Gulph stream" [Particularidades diversas relativas à corrente do Golfo], é um documento de tamanha riqueza intelectual que fica fácil entender por que esse homem extraordinário viria a inventar prodígios como o para-raios, as lentes bifocais, as bibliotecas de empréstimo, um tipo melhor de lareira* e o princípio básico da harmônica de vidro.

A carta, dirigida ao acadêmico francês Alphonsus le Roy, amigo de Franklin, é assombrosa, pois cada uma de suas linhas é fascinante. A corrente do Golfo só aparece mais ou menos na metade do texto, e, quando começa a expor suas ideias sobre ela, Franklin já tinha feito para o amigo uma pachorrenta e sinuosa dissertação sobre o projeto de cascos de navios, sobre a possibilidade de se usar hélices para a propulsão de balões, sobre as causas mais comuns de acidentes marítimos e sobre os alimentos mais apropriados para armazenamento em longas viagens oceânicas (com destaque, entre eles, para amêndoas, torradas, limões e "espíritos jamaicanos").

Mas então entra em cena a corrente do Golfo, quando Franklin lembra a Le Roy que uma década antes ele fora diretor-geral dos correios, depois de ter exercido a mesma função nos tempos coloniais, e que foi nessa época que tomou plena consciência do mais inusitado fenômeno do Atlântico Norte no período:

> Por volta do ano de 1769 ou 70, a diretoria da alfândega em Boston dirigiu um ofício aos lordes do Tesouro em Londres, queixando-se de que os paquetes entre Falmouth e Nova York em geral tardavam uma quinzena mais, em suas viagens, que os navios mercantes que vinham de Londres para Rhode Island. [...] Por acaso achava-se em Londres um conhecido meu, capitão de navio, de Nantucket, a quem expus a questão. Disse-me ele que a diferença estava em que os capitães de Rhode Island conheciam a corrente do Golfo, o que não acontecia com os capitães dos paquetes ingleses. Todos nós a conhecemos bem, disse ele, devido à nossa caça de baleias, que se mantêm perto das bordas da corrente, mas nunca são encontra-

---

* A estufa de Franklin, durante muito tempo popular nas casas americanas pós-coloniais, mantinha o fogo no interior de uma caixa de ferro ventilada. Sua rival era a lareira Rumford, rasa e revestida de tijolos, inventada por um conde anglo-alemão que também criou a máquina de café, uma sopa nutritiva para alimentar os pobres, deu a Munique sua maior cervejaria ao ar livre e, fascinado pela física complexa do calor e do frio, inventou a sobremesa conhecida hoje como Baked Alaska.

das dentro dela. [...] Comentei então ser lamentável que a corrente não fosse assinalada nas cartas náuticas e pedi-lhe que a desenhasse para mim numa carta, o que ele fez prontamente, acrescentando instruções para que os capitães a evitassem na rota da Europa para a América do Norte. Dei ordens para que se produzissem cartas com essas indicações.

Essa corrente é gerada, provavelmente, pelo forte acúmulo de água na costa oriental da América, entre os trópicos, devido aos ventos alísios, que ali são constantes. Sabe-se do caso de um grande bloco de água, com dez milhas [dezesseis quilômetros] de largura e cerca de apenas três pés [noventa centímetros] de profundidade, que, exposto a um vento forte teve suas águas empurradas para um lado e assim mantidas, ganhando uma profundidade de seis pés [1,80 metro], ao passo que o lado de barlavento ficou seco. Tendo desde então cruzado tal corrente várias vezes em viagens entre a América e a Europa, fiquei atento a várias particularidades, relativas a ela, pelas quais saber quando se está nela; e além das algas do golfo, com que a corrente está entremeada, constato que ela é sempre mais quente do que o mar a cada lado dela, e que não cintila à noite.

Franklin então teve a gentileza de desenhar um mapa, ao qual faltam exatidão e elegância, mas que prenunciou um novo campo de cartografia oceânica e, por extensão, contribuiu para inaugurar uma ciência inteiramente nova, a oceanografia.

DESCRIÇÃO DO MAR

Essa atividade, como seu nome indica — *oceanografia, a descrição do mar* —, foi, ao menos em seus primórdios, uma ciência um tanto esquiva: pois como seria possível escrever a respeito de uma massa d'água, principalmente de águas profundas longe da terra, uma entidade sem costas visíveis como ponto de referência e sem nenhum leito detectável embaixo? Era como tentar descrever a massa de ar invisível numa sala — uma tarefa de certa forma além da capacidade imaginativa e descritiva da época.

Não admira que, dentre as ciências descritivas, a oceanografia demorasse tanto a surgir. A geografia e a hidrografia, as análises descritivas das massas de terra e de água, foram disciplinas criadas no século XVI. Só em meados do século XVIII, duzentos anos depois, a comunidade científica sentiu-se confiante o bastante para dar nome a uma disciplina análoga, que veio a ser chamada de *oceanografia*. As coisas poderiam ter sido mais simples se a ciência tivesse sido batizada com o nome de *oceanologia*. Mas não foi, e hoje só os russos usam esse termo.

Em certos níveis, o estudo do mar apresentava aspectos óbvios dignos de exame. Havia os elementos zoológicos — os peixes, os mamíferos aquáticos e as aves marinhas, assim como outros animais, a um tempo extremamente estranhos e demasiado pequenos para serem capturados, analisados e classificados. Havia questões botânicas: a existência de plantas flutuantes e submersas — enormes quantidades de sargaços no centro do giro do Atlântico Norte, bancos de *kelp* em torno de ilhas no sul e mil outras formas botânicas pelágicas e bênticas. Havia também uma singular meteorologia marítima: em particular, ventos oceânicos a registrar, com relação a sua variedade e persistência — alísios que sopravam continuamente de nordeste, ventos fortes de oeste que provocavam as violentas efervescências climáticas do norte, e ainda as desconcertantes aragens, intermitentes e inconstantes, em torno do equador, que receberam o nome da antítese literal das efervescências: *calmarias*. Havia também as perigosas circulações de vento — furacões, trombas-d'água, tufões, ciclones. Havia água e neve, campos de gelo e icebergs tabulares. E havia as curiosidades marítimas — o fogo de santelmo, as sereias, o Triângulo das Bermudas, as serpentes marinhas, as lulas gigantes.

Havia tudo isso — mas, como se constatou, cada um desses fenômenos era periférico ao oceano em si, tal como a descoberta de um novo mamífero terrestre seria considerada periférica à geografia, e como a percepção da força do harmatão seria vista como secundária ao estudo da formação de oásis no Saara. Os oceanos têm seus próprios atributos físicos, peculiaríssimos — uma lista de inerências e fundamentos que incluiria, no mínimo dos mínimos, questões como a topografia da parte inferior, invisível, do mar, a temperatura e a composição química da água e o movimento das correntes e marés. E os primeiros cientistas realmente observaram e pesquisaram: só no século XVII, Robert Boyle escrevia sobre a salinidade do mar, Isaac Newton propunha seus conceitos sobre a causa das marés, e Robert Hooke — o famoso polígrafo e filósofo mal-humorado, mais conhecido por ter fixado os princípios da elasticidade, inventado a janela de guilhotina, defendido a microscopia, criado um mecanismo de escapo simples e eficiente para os relógios e por ter sido o primeiro a ver a Grande Mancha Vermelha de Júpiter — projetava uma série de dispositivos e métodos a serem usados para pesquisar as profundezas dos mares.

Assim, os cientistas passaram a concentrar sua atenção, a sondar o insondável, e começaram realmente a enfrentar o imenso desafio representado por uma vastidão como o Atlântico. Isso aconteceu principalmente na época vitoriana e na eduardiana, período da história britânica e americana em que o arquidifícil com frequência parecia de uma facilidade surpreendente. Foi uma época em que o deslindamento da imensidão do oceano parecia apenas um pouquinho mais difícil do que, digamos, catalogar todos os seres vivos, reunir entre as capas de um livro todas as palavras da língua inglesa, construir uma ferrovia transcontinental ou abrir um canal entre o Atlântico e o Pacífico.

Nos primeiros tempos, o renome ficava para os exploradores, aqueles que caçavam terras, territórios e aquisições tangíveis, e não para os que estudavam o próprio oceano. Aventureiros audazes como James Cook, sir John Ross, o conde de La Pérouse, Robert Fitzroy e o conde de Bougainville ainda são lembrados e dão nome a cabos, estreitos e ilhas em todo o mundo, ao passo que de modo geral os mais antigos oceanógrafos verdadeiros foram esquecidos. Quem se lembra hoje, por exemplo, de James Rennell, um jovem marinheiro de Devon, que teve contato com o Atlântico propriamente dito durante um período em que esteve licenciado de suas funções militares em Bengala? Hoje só restam seu túmulo, um punhado de livros há muito esquecidos e o nome de uma sala de conferências no Centro Nacional de Oceanografia da Grã-Bretanha, em Southampton. Todavia, ele foi uma figura heroica, do mesmo nível de Cook e La Pérouse, o tipo de navegante que faria tudo o que fosse necessário no exercício de sua profissão. Dirigindo uma equipe por ocasião do levantamento topográfico de Bengala, teve quase todo o braço decepado na altura do ombro durante um ataque de nativos armados de sabres; depois, seus mapas originais da Índia foram roubados por piratas ao largo de Calcutá, mas, apesar de tudo, ele insistiu na aquisição de novos conhecimentos sobre o mar.

As realizações oceânicas de Rennell tiveram início em 1777, quando ele regressou à Inglaterra por mar — sua filha nasceu na ilha de Santa Helena, onde Napoleão morreria exilado —, e nessa viagem ele caiu sob o fascínio das correntes atlânticas que seu navio era obrigado a cruzar. Depois, apaixonou-se pela circulação oceânica de modo geral. Posteriormente, ajudou a fazer o levantamento de trechos de alto-mar e escreveu estudos sobre a corrente do Golfo, a Deriva do Atlântico Norte e sobre a corrente, na época misteriosa, que obrigava os navios que se dirigiam para o canal da Mancha a seguir para o norte da Cornualha e para o canal de Bristol. E, ao mesmo tempo, pesquisava incansavelmente curiosidades históricas: a velocidade média dos camelos saarianos, o provável local em que Júlio César desembarcou nas Ilhas Britânicas e o local provável do naufrágio de são Paulo. Rennell viveu e trabalhou até quase os noventa anos e, embora fosse ilustre o bastante para ser sepultado junto de outros heróis nacionais sob a nave da abadia de Westminster, de modo geral acha-se esquecido.

A SONDAGEM DAS PROFUNDEZAS

Comparar o interesse de James Rennell pelo oceano com o de Benjamin Franklin alguns anos antes nos permite perceber, em certa medida, as divergentes motivações europeias e americanas que estão por trás da ciência que examinaria o mundo estranho e sinistro das profundezas. A paixão de Rennell tinha origens acadêmicas e conceituais; Franklin, cujo interesse pela corrente do Golfo brotara de informes de que os paquetes postais estavam se atrasando misteriosamente, encarava o assunto por um lado mais comercial. E essa assimetria prosseguiu por muitos anos: os ingleses viam o mar como algo de muito interesse teórico, bem como uma porta de entrada para seu império em contínua expansão; para os Estados Unidos, o oceano era um obstáculo que só poderia ser dominado por meios práticos — tornando cada vez mais eficientes as linhas de navegação, lançando cabos submarinos, ampliando seu uso e aperfeiçoando os meios de coleta de peixes e frutos do mar, além de outros produtos.

Foi a ação de lobby por parte de comerciantes poderosos na Costa Leste que por fim convenceu o Congresso dos Estados Unidos a criar um órgão incumbido de fazer levantamentos topográficos da costa, porém na mesma época cientistas da Grã-Bretanha, França, Alemanha e países escandinavos viam o oceano como uma fonte importante, não de comércio, de recursos ou de fortuna, mas de um desfile interminável e interessante de animais e plantas desconhecidos. Para os europeus — a generalização pode ser injusta, como de costume, no entanto contém uma boa dose de verdade —, conhecer melhor o Atlântico era conhecer melhor o mundo; para os que estavam do outro lado do oceano no século XIX, conhecer melhor o Atlântico era estar mais bem equipado para ganhar dinheiro.

Charles Darwin foi um desses britânicos do começo do século XIX que se lançaram ao Atlântico apenas pelo prazer do estudo. Tinha 22 anos, e era recém-formado por Cambridge quando foi convidado, em 1831, para viajar "à Terra do Fogo e depois voltar pelas Índias Orientais", num brigue de noventa pés [27 metros], armado com dez bocas de fogo, o HMS *Beagle*. A expedição durou cinco anos, o que não estava previsto, e foi, em essência, uma missão de levantamento — havia a bordo toda sorte de novos aparelhos e instrumentos, como cronômetros precisos, para-raios e anemômetros calibrados especialmente para medir a recém-criada escala Beaufort da força dos ventos. A caminho do sul, Darwin coletou espécimes nas ilhas de Cabo Verde, nas ilhas de São Pedro e São Paulo, no Brasil, em Montevidéu e Buenos Aires e nas ilhas Falkland, e na volta para a Inglaterra, três anos depois, visitou também as ilhas de Santa Helena e Ascensão. Mas seu interesse se voltava basicamente para a geologia e a vida silvestre dos vários locais onde parou. Os aspectos marítimos da missão ficaram, em geral, a cargo do capitão do navio, Robert Fitzroy.

É possível que para Darwin o evento mais notável da viagem tenha ocorrido quando ele estava para deixar o Atlântico e rodear o cabo Horn e penetrar no Pacífico. Fitzroy tinha a bordo três fueguinos bastante corpulentos, capturados dois anos antes como espécimes* e levados para Londres a fim de aprender inglês, os rudimentos do cristianismo, a se vestir e, de modo geral "civilizar-se". Agora estavam sendo levados de volta para casa. Apesar das roupas londrinas, das boas maneiras e do razoável domínio do inglês, eram considerados por Darwin pouco melhores que animais. O cientista não ficou muito surpreso quando um deles, Jemmy Burton (os outros eram uma mulher, Fuegia Basket, e um homem, York Minster; um quarto, chamado Boat Memory, morrera de

---

* Os fueguinos eram, em certo sentido, semelhantes a Omai, o menino taitiano levado para Londres no HMS *Adventure* sessenta anos antes. Importado como exemplo do "nobre selvagem", o rapaz, gentil e afável, tornou-se o xodó da sociedade londrina e seu retrato foi pintado por Joshua Reynolds. Ao voltar para o Pacífico, teve cada vez mais dificuldade em se ajustar à sociedade ilhoa, e morreu infeliz, talvez violentamente.

varíola), reverteu à sua condição de aborígine dias depois de ser deixado perto do cabo Horn. Foi reencontrado quando o navio, devido a uma borrasca, teve de se refugiar num porto, e, para surpresa de todos a bordo, apareceu tão desgrenhado e quase nu como ao ser achado dois anos antes. Apesar dos rogos de Darwin, não pôde ser convencido a retornar ao navio e viajar para Londres de novo. Embora os tentilhões das ilhas Galápagos viessem a revelar a Darwin muito mais coisas, esses infelizes patagões lhe proporcionaram ensinamentos para suas reflexões sobre a evolução: pôde dizer com alguma segurança, com base em seu conhecimento de Jemmy Burton, que a narrativa bíblica da criação do homem era, na melhor das hipóteses, duvidosa — pois algumas espécies de homens vestidos sempre podiam reverter à nudez, não importa o que o Gênesis dissesse que ocorrera no Jardim do Éden.

Duas expedições foram fundamentais para a aquisição de conhecimento sobre o Atlântico: a primeira foi realizada por uma flotilha de barcos americanos que partiram de Norfolk, na Virgínia, no verão de 1838; a segunda coube a um só barco da Royal Navy, que zarpou de Portsmouth no inverno de 1872. A primeira ficou conhecida um tanto solenemente como a Expedição Exploradora dos Estados Unidos, e em termos de história do Atlântico tornou-se ainda mais famosa devido à ausência de um participante convidado, que desistiu pouco antes da partida. A segunda expedição veio a ser chamada, de modo mais lacônico, como a viagem do HMS *Challenger*. A confusão em que a primeira expedição se transformou provoca debates ainda hoje, mas, com relação à da segunda, basta dizer que em tempos mais recentes uma das cinco lançadeiras espaciais americanas foi batizada em homenagem a esse navio britânico, o que atesta o sucesso dessa viagem oceânica pioneira, feita quase exatamente um século antes.*

A iniciativa americana — chamada na época, mais informalmente, de Ex-Ex — foi uma tentativa do Congresso, inoportuna, mal organizada e mal exe-

---

* Todas as cinco lançadeiras espaciais receberam nomes de navios pioneiros, dois americanos e três britânicos. A *Columbia* homenageou o primeiro navio americano a circum-navegar o mundo; a *Atlantis*, um robusto navio de pesquisas do Woods Hole Oceanographic Institute, em Massachusetts (atualmente, com outro nome, está incorporado à guarda costeira argentina); tanto a *Discovery* quanto a *Endeavour*, este último nome grafado à inglesa, levam os nomes dos dois navios usados por James Cook em suas navegações de circum-navegação no século XVIII; e a *Challenger* foi assim batizada em honra ao navio das viagens de 1872-6.

cutada, de deslindar os mistérios dos dois oceanos que banham os Estados Unidos, principalmente do Pacífico. O comércio foi a razão que estava por trás da decisão do Capitólio: a indústria americana de caça a baleias e focas, em rápido crescimento, precisava explorar novas áreas de caça, enquanto os comerciantes precisavam de novos territórios onde fazer negócios. O Congresso ofereceu recursos, e logo se viu enredado numa terrível confusão ao tentar conciliar os interesses antagônicos dos cientistas e dos oficiais navais entre os quais tinha de escolher os responsáveis por conduzir a expedição ao mar. O homem que por causa das brigas infindáveis preferiu não ir — mas que mesmo assim se tornaria o mais renomado oceanógrafo americano do século XIX — era um jovem tenente da Marinha chamado Matthew Fontaine Maury. Fora convidado para exercer o posto de astrônomo oficial, porém concluiu que o servidor público civil incumbido de organizar a expedição era um "imbecil". Sua decisão de desistir da expedição acabou por beneficiá-lo: poucos membros da expedição receberiam elogios.

Isso porque quando o mal-arranjado grupo de seis navios partiu para a Madeira, no fim do verão de 1838, ficou evidente que a maior parte das funções mais importantes de coleta de informações havia sido entregue a oficiais da Marinha sem conhecimento científico para isso. Não que esses oficiais, por outro lado, fossem especialmente competentes em matéria náutica. Um dos navios afundou no estuário de um rio, e seus tripulantes foram salvos por um membro afro-americano da tripulação de outro navio, que os tirou da água com uma canoa. Um marinheiro do *Vincennes*, um certo George Porter, prendeu-se num cabo de laborar e foi suspenso pelo pescoço para a vela do joanete grande. Pendurado trinta metros acima do mar, ia sendo estrangulado aos poucos. (O rapaz conseguiu sobreviver, sem quebrar o pescoço, mas com o rosto completamente negro pela falta de oxigênio. A primeira coisa que pediu ao abrir os olhos foi um copo de grogue.)

Seguiu-se um rebuliço dos grandes em Fiji, quando os americanos insultaram alguém e dois tripulantes dos navios foram mortos por ilhéus furiosos. Depois disso, num presságio de políticas vindouras, os visitantes retaliaram incendiando uma aldeia e matando oitenta ilhéus. Para completar a balbúrdia, um segundo navio se perdeu, dessa vez com todos os tripulantes, durante uma violenta tempestade ao largo da Isla de los Estados — a ilha escarpada e desabitada perto da extremidade sudeste da Terra do Fogo, o último pedaço da cordilheira dos Andes antes que ela mergulhe no mar.*

No fim das contas, a Ex-Ex foi uma iniciativa profundamente infeliz, e, quando os barcos restantes voltaram, se arrastando, para o porto de Nova York, quase quatro anos depois de partir de Norfolk, o oficial comandante, um homem chamado Charles Wilkes (que usava, pomposamente, uma farda de capitão, embora fosse tenente), foi desligado da Marinha e condenado por uma corte marcial por haver punido seus homens com dureza excessiva — sobretudo por submeter alguns arruaceiros a um castigo especialmente cruel que consistia em dar ao contramestre de cada navio a oportunidade de açoitar o infeliz até ele ficar quase à morte. Houve tentativas posteriores de reabilitar Wilkes. Mas seu legado como comandante ardiloso e obcecado pela hierarquia, aliado à forma negligente como providenciou a publicação dos relatórios da expedição — o último volume saiu 32 anos depois do regresso dos navios —, projetou uma longa sombra sobre aquilo que poderia ter sido uma entrada espetacular dos Estados Unidos no mundo da oceanografia.

No entanto, o homem que se destacou nessa expedição por sua ausência, Matthew Fontaine Maury, viria, sem delongas, a restabelecer o equilíbrio e restaurar a reputação oceânica dos Estados Unidos.

Quando foi oferecido a Maury o posto de astrônomo na Ex-Ex, ele estava licenciado da Marinha, com meio-soldo, e trabalhava como superintendente de uma periclitante mina de ouro no oeste da Virgínia, perto de onde morava. E logo depois que declinou do convite, e com os seis navios da Ex-Ex batalhando, de desastre em desastre, para cumprir sua missão transoceânica, ele foi vitimado por um acidente de diligência em que quebrou o quadril e as pernas. O acidente pôs fim à sua carreira de oficial da Marinha, aos 33 anos de idade. Esse imprevisto poderia tê-lo dissuadido de sequer pensar em voltar ao mar. Mas na verdade aconteceu o oposto.

Nove anos antes, Maury fora um oficial subalterno a bordo do primeiro

---

* No século XIX, a Argentina construiu um pequeno farol na Isla de los Estados para ajudar os marinheiros a superar os perigos do cabo Horn, e Júlio Verne escreveu um romance de ação pouco conhecido, *O farol no fim do mundo*. O farol foi desativado, mas encontrou um defensor na pessoa de um parisiense rico, que fez construir uma réplica que ainda está de pé, alimentada pelo sol intermitente.

Após um acidente de diligência, Matthew Fontaine Maury, oficial da Marinha americana, dedicou-se à oceanografia e à cartografia marítima. Seu livro The physical geography of the sea and its meteorology *[A geografia física do mar e sua meteorologia] tornou-se um clássico. Todas as cartas náuticas americanas devem sua forma e sua precisão aos métodos de levantamento e de organização criados por Maury.*

navio da Marinha americana a dar a volta ao mundo, a corveta *Vincennes*, de setecentas toneladas. Partira de Nova York num navio novíssimo e muito maior, o *Brandywine*; recebera ordens de transferência para o *Vincennes*, que estava fundeado no Chile, depois de ter dobrado o cabo Horn e feito anotações extensas sobre a melhor forma de fazê-lo. A viagem de volta para casa foi nada menos que inesquecível para o filho de um fazendeiro da Virgínia, criado numa fazendola improdutiva do Tennessee. Para regressar, o barco dirigiu-se primeiro ao Taiti, ao Havaí, a Macau, às Filipinas, a Bornéu e às Índias Orientais Holandesas. A seguir, cruzou o oceano Índico, dobrou o cabo das Agulhas e contornou o cabo da Boa Esperança para se aprovisionar em Table Bay, antes de finalmente avançar pelo Atlântico até Santa Helena e, seguindo os ventos constantes de sul — "uma corrente do Golfo aérea", como escreveu Maury, arrebatado —, voltar a Sandy Hook. O *Vincennes* lançou ferro no Brooklyn quatro anos completos desde que Maury partira no *Brandywine*.

Ao fim dessa viagem ele era outro homem, um homem com uma missão que nenhum grau de rejeição ou injustiça parecia capaz de deter. Na longa circum-navegação ele aprendera os aspectos mais complexos da matemática, e em sua mente se consolidara um fascínio imperecível por mapas, correntes, marés e ventos. Ainda que nove anos depois ele veria sua carreira como oficial de convés chegar subitamente ao fim, estava agora tão obcecado pelo mar e por seus mistérios físicos que deu um jeito de persuadir seus superiores a lhe dar um posto burocrático — primeiro como diretor do Depósito de Cartas e Instrumentos e, a partir de 1844, como diretor do recém-criado Observatório Naval dos Estados Unidos. Nessa função, dirigiria durante os trinta anos seguintes o mapeamento dos mares e de todos os fenômenos dignos de nota neles encontrados.

Os triunfos mais duradouros de Maury envolveram o oceano que estava a sua porta, o Atlântico. A expressão mais conhecida desses triunfos foi o grande mapa que ele publicou em 1854: "Uma carta batimétrica da bacia do Atlântico Norte com curvas de nível traçadas a mil, 2 mil, 3 mil e 4 mil braças". Esse trabalho, realizado com base nas sondagens que ele encomendara a quantos navios conseguiu encontrar — e que na verdade não eram muitos, tornando o mapeamento menos preciso e abrangente do que o título indica —, deixou dois legados importantes.

O primeiro foram as provas incontestáveis, trazidas pelas sondagens dos navios, de que as grandes profundidades do oceano se reduziam bastante ao longo de uma linha que parecia se estender mais ou menos no sentido norte-sul a meio caminho entre as costas da Europa e das Américas. Maury deu a esse acidente do relevo submarino o nome Soleira Golfinho (Dolphin Rise), o mesmo de um de seus navios: esse foi o primeiro indício daquela que é hoje considerada a mais longa e espetacular cordilheira submarina: a Dorsal Mesoatlântica.

Em segundo lugar, as revelações contidas no mapeamento de Maury despertaram o apetite de um industrial milionário de Massachusetts, chamado

Cyrus W. Field, que fizera fortuna com papel. Field vinha alimentando havia muitos anos a ideia de estender o princípio do telégrafo elétrico para o outro lado do Atlântico. Ao ver a extensão do planalto oceânico no mapa de Maury, enviou-lhe uma consulta. A resposta foi tudo o que ele queria ouvir, pois Maury respondeu:

> Da Terra Nova à Irlanda, a distância entre os pontos mais próximos é de aproximadamente 2500 quilômetros; e o fundo do oceano entre os dois pontos é um platô, que parece ter sido colocado ali especialmente para receber os cabos de um telégrafo submarino e mantê-los afastados de danos. Esse platô não é nem demasiado profundo nem demasiado raso; por outro lado, é profundo o bastante para que os cabos, uma vez lançados, permaneçam para sempre fora do alcance de âncoras de navios, icebergs e objetos diversos; e raso o bastante para que os cabos possam ser instalados com facilidade no fundo.

Mal sabiam Maury e Field como era exatamente o "platô" — um dédalo anárquico de picos e vales, imensos cânions e agulhas de basalto que enredariam e partiriam qualquer cabo que nele fosse assentado. O desconhecimento do que se ocultava sob as ondas ainda era enorme. Naquele tempo, encorajados pelo arroubo de seus investidores, igualmente desinformados, os assentadores de cabos — em primeiro lugar os marujos a bordo do uss *Niagara* ou do hms *Agamemnon* — comportavam-se como cegos que atirassem cabos, de um avião a jato, sobre o Himalaia ou os Andes. Imaginavam que os cabos desceriam como fios de gaze mar abaixo até se depositar em intermináveis planícies submarinas, sem imaginar nunca os cumes aguçados e os precipícios rochosos que realmente existiam lá embaixo. Os primeiros cabos, alguns dos quais evidentemente pendiam no meio do oceano entre cumes de espigões que se elevavam a mais de 3 mil metros de altura a partir das planuras abissais, esfolavam-se, esticavam-se e partiam-se com desalentadora frequência. Só em 1866 conseguiu-se assentar a primeira ligação permanente, e durante décadas os navios lançadores de cabos tiveram de ficar de sobreaviso para consertar os defeitos a que mesmo esses cabos mais bem lançados estavam sujeitos.

Havia também na época outros receios em relação aos cabos. Um acionista da Atlantic Telegraph Company escreveu a um amigo para falar de sua convicção de que as vozes das pessoas que usassem a linha, "submetida a uma compressão tão invulgar, só poderão chegar ao outro lado como chiados de ratos". Essa foi somente uma ideia errada entre muitas outras: no período vitoriano abundavam as mais incríveis fantasias a respeito do oceano. Uma delas, durante muito tempo disseminada, dizia que, como a densidade da água aumenta com a pressão (isso não acontece, pois a água é praticamente incompressível), há zonas no fundo do mar além das quais os objetos não afundam. Um navio de ferro que fosse a pique, por exemplo, afundaria até atingir o nível em que a água tivesse uma viscosidade que o impedisse de ir além, e o navio permaneceria ali, suspenso na água, por toda a eternidade.

A gradação na densidade da água significava níveis diferentes para coisas distintas, continuava a teoria. Baldes cheios de pregos desceriam mais fundo do que botes com furos. Cavalos ficariam abaixo de sapos. Cadáveres de pessoas desceriam até um nível determinado por sua obesidade ou pela grossura de suas roupas (e talvez, diziam os mais piedosos, o peso dos pecados ou da consciência culpada forçaria os menos virtuosos a descer mais que os justos). Por fim, a mixórdia de coisas afundadas e depositadas em camadas relacionadas com o peso — com estratos separados para gado perdido, crianças afogadas, móveis velhos, rebocadores oceânicos naufragados, bandidos executados, revólveres desovados apressadamente, trens descarrilhados, animais de estimação indesejados — teria como sina pairar eternamente nos níveis inferiores do mar, num modelo do mundo terrestre, suspensa para sempre na escuridão fria e salgada.

Demorou um pouco para que essa insânia tivesse fim. Os que se aferravam às crendices — e com certeza não estavam muito longe delas aqueles que detestavam a ideia do planeta como um esferoide achatado nos polos, e não como um disco chato com bordas escarpadas e perigosas — viam também com ceticismo as profundidades oceânicas informadas pelas linhas de sondagem. Como, argumentavam eles, seria possível que bolas de chumbo ou de bronze, atadas na extremidade de cordas para piano, feitas de aço galvanizado número vinte, muito empregadas para esse fim, penetrassem na zona de alta viscosidade? Era evidente que todas as sondagens batiam apenas no limite superior dessa zona, em vez de descer até o leito do mar.

Então o pessoal de Maury criou uma série de dispositivos para trazer à superfície amostras do assoalho marinho, qualquer que fosse a sua profundidade — e quando, com o passar do tempo, foram trazidas boas quantidades de areia, cascalho, conchas moídas e fragmentos de coral, e os partidários da Terra plana e os céticos as viram com seus próprios olhos, a fé naquele princípio esdrúxulo declinou e o bom senso voltou à ordem do dia.

Outras fantasias surgiram e morreram. Uma delas estava também ligada à questão da viscosidade: lá embaixo, naquela região estagnada de intensa pressão, baixas temperaturas e trevas eternas, certamente não havia condições para a vida, diziam alguns: aquela era, na terminologia do tempo, uma zona *azoica*. Mas, logo depois de assentados os primeiros cabos, os pedaços que se haviam partido em grande profundidade tiveram de ser içados à superfície, e quando estendidos sobre o convés via-se que os cabos retorcidos estavam cobertos de cracas, vermes e outros seres marinhos, o que demonstrava a existência de um florescente universo de vida, mesmo nas profundezas tenebrosas.

Outra ideia equivocada que por fim foi desmentida pelos oceanógrafos do século XIX referia-se à presença, sobretudo no Atlântico, de grande número de ilhas-fantasmas que por muito tempo foram tidas como reais. Um mapa do grande cartógrafo flamengo Ortelius, datado de 1570, mostrava muitas delas: a ilha dos Demônios, na foz do rio São Lourenço; a ilha de São Brandão,* ao sul, e a de Frisland, ao norte da Islândia; a ilha de Santana, um pouco a noroeste, e a Antilia (ou ilha das Sete Cidades), a sudeste das Bermudas. Na época da execução do mapa, essas ilhas ainda abrigavam, segundo se dizia, bispos espanhóis que haviam partido oito séculos antes, fugindo dos mouros invasores. Ortelius não mostrou em seu mapa nem a ilha de Buss, que Martin Frobisher alegava ter descoberto durante uma tempestade, e que estaria situada a quase mil quilômetros a oeste de Rockall, nem Mayda, ao largo do sul da Irlanda, nem a Hy-Brasil, que podia ser vista com extraordinária persistência, no mesmo lugar, em dezenas de mapas anteriores e posteriores, a oitenta quilômetros de Connemara.

Nenhuma dessas ilhas jamais existiu: elas foram efêmeras e ilusórias como a Atlântida. Como foi também outra excentricidade a que quero aludir e que dominou a imaginação marítima vitoriana por um breve período: uma suposta forma protoplásmica de vida primitiva, um limo primevo. Esse material foi trazido à superfície pela fragata hidrográfica HMS *Cyclops* e mostrado a T. H. Huxley, que de início não se mostrou muito interessado. O fato de Huxley ter sido o criador das palavras *agnosticismo* e *darwinismo* indica suas decididas

---

* Era na ilha de São Brandão que viviam os bebês d'água e a sra. Doasyouwouldbedoneby, personagens da fábula *The water-babies*, de Charles Kingsley, de 1863.

posições racionalistas. Mas o racionalismo o abandonou quando, dez anos após receber as amostras, ele observou ao microscópio aquele lodo gelatinoso: o material deixou-o numa empolgação irracional, e ele logo deu-lhe um nome (*Bathybius haeckelii* — em homenagem ao evolucionista alemão que cunhou a palavra *ecologia*) e declarou tratar-se de uma forma de vida primordial que certamente atapetava os leitos marinhos em toda parte.

Seis anos depois sobreveio um momento de constrangimento público, quando outro biólogo submeteu as amostras a alguns testes químicos dos mais básicos e viu que o *Bathybius* não era de modo algum uma forma de vida, mas uma simples reação química, no tubo de ensaio, entre a água do mar e o álcool usado como conservante. Talvez, lamuriaram-se mais tarde defensores de Huxley — que, afinal, era um titã em seu campo, um gigante da época —, o material pudesse ter sido produzido também por um surto sazonal de plâncton. A maioria dos cientistas, contudo, tomou o partido dos fatos, de modo que não demorou nada para que o *Bathybius*-que-nunca-existiu fosse oficialmente declarado morto. Com mordaz dignidade, Huxley rebatizou-o *Blunderibus*,* admitiu seu erro e com isso recuperou sua reputação num instante e logo estava novamente dando nome a outros seres, coisa que sabia fazer à maravilha. Primeiro batizou uma espécie de crocodilo mesozoico com o belo e sonoro nome de *Hyperodapedon*, e a seguir passou para uma família de animais pisciformes devonianos, que chamou de crossopterígios.

Com a solução do mistério do *Bathybius*, quando o HMS *Challenger* levantou ferro de Portsmouth, pouco antes do Natal de 1872, seguiu menos numa missão destinada a explicar o inexplicável ou corrigir equívocos antiquíssimos e mais para uma celebração científica como nunca houvera antes e como raramente se viu desde então.

MENSURAÇÕES

O HMS *Challenger* foi de início uma belonave, uma grande corveta de 2600 toneladas, com três mastros e uma alta chaminé para dissipar a fumaça de sua

---

* O termo *Blunderibus*, algo como *Asneiribus*, foi formado a partir do inglês *blunder*, "besteira", "disparate". (N. T.)

máquina a vapor de 1200 HP. Com exceção de dois canhões, todos os demais foram removidos para dar lugar a laboratórios e equipamentos. Seu capitão, pelo menos para os grandes trechos atlânticos da expedição de circum-navegação, seria George Nares, navegante incansável e correto que mais tarde ganharia fama com suas explorações do Ártico (embora essa fama tivesse sido um tanto prejudicada por um posterior relatório oficial que o culpava por um surto de escorbuto numa viagem polar, na qual ele não teria levado a bordo uma quantidade suficiente de cítricos).* O diretor científico era C. Wyville Thomson, professor de história natural em Edimburgo. Duas expedições de hidrografia anteriores haviam-no deixado curioso com relação a um ponto: poderia haver vida nas enormes profundezas do oceano? Thomson fez um enorme esforço, mesmo no período de ajustes, no início da expedição, para descer dragas e mecanismos de sondagem para comprovar suas convicções. Esses equipamentos eram sempre baixados com cabos de cânhamo, e não com as cordas de piano, que tinham a preferência da maioria dos oceanógrafos, porque os muitos quilômetros de linha tidos como necessários para sondar as maiores profundidades esperadas forçariam demais os guindastes do navio. No começo, seus homens não acharam quase nada na argila vermelha que retiravam do fundo da costa africana, porém depois, a quase 6500 metros de profundidade, ao largo das Índias Ocidentais, a draga trouxe à tona dois anelídeos de mísero aspecto. Segundo o casmurro galês, uma profunda emoção tomou conta do convés. Essa era a prova de que a vida realmente florescia sem limites de profundidade, e de que "existem [...] animais em todo o leito oceânico".

O navio fazia trajetos de ida e volta no Atlântico, das Canárias às Bermudas, de Halifax a Cabo Verde, da ilha da Madeira a Fernando de Noronha, de Fernando Pó às Falkland, sempre fazendo sondagens, registrando temperaturas, deixando cair suas dragas e seus trenós epibênticos no leito oceânico e fazendo com que potentes máquinas auxiliares içassem de volta à superfície esses equipamentos e seus conteúdos gotejantes.

---

* Sua probidade vitoriana também o levou a repreender um de seus oficiais por atirar numa foca, importante fonte de vitamina C, durante o culto dominical a bordo de um dos navios árticos, interrompendo com isso o colóquio com o Divino. No entanto, o nome Nares sobrevive num porto das ilhas do Almirantado, ao norte da Nova Guiné, em dois cabos no Canadá, numa cordilheira na Groenlândia, num pico da Antártica, no canal entre a Groenlândia e o Canadá e numa fossa no Atlântico Norte.

Vez por outra, essas operações proporcionavam momentos de emoção. Na plataforma continental da Argentina, as malhas do trenó trouxeram, de uma profundidade de seiscentas braças, pepinos-do-mar e ouriços-do-mar, estrelas-do-mar multicoloridas, cracas, corais, lulas, caracóis, anfípodes e isópodes, além de dezenas dos primitivíssimos cordados hermafroditas classificados como urocordados ou tunicados. De modo geral, porém, e sobretudo em alto-mar, as atividades rotineiras mostravam-se enfadonhas, até para os cientistas, que passaram a temer a chegada de novas amostras de lodo de aspecto repulsivo, principalmente se isso ocorria na hora do jantar. Sessenta e um marinheiros desertaram antes que terminasse a expedição, e alguns morreram — dois enlouqueceram, dois se afogaram, um se envenenou, outro passou o vexame de ficar com o rosto vermelho vivo antes de cair morto, e um infeliz chamado Stokes foi atingido na cabeça por uma talha e teve de ser sepultado no mar (o que levou seus companheiros a perguntar ao capitão Nares se o corpo ficaria mesmo flutuando para todo o sempre na zona viscosa).

Havia também divertimentos, quando a ciência deixava. No Natal havia um baile, com uísque e pudim de passas, a que se seguiam leituras, declamações e concursos de violino, realizados ao lado de uma poncheira sempre cheia. Os aniversários, tanto dos cientistas quanto dos tripulantes, eram comemorados com grande estardalhaço. O chá das cinco, que então se tornava comum na Inglaterra, era servido todos os dias, tanto para permitir uma interrupção nas entediantes atividades de dragagem como também para servir como um lembrete das civilidades da pátria, ainda que o Darjeeling fosse com frequência servido em xícaras de osso durante um furacão ou quando estavam debaixo de um sol indizivelmente abrasador, em algum recanto tropical. Alguém havia levado a bordo uma concertina, e em muitas noites serenas seus sons subiam da coberta inferior, levando às lágrimas os marinheiros saudosos do lar.

Sempre que o *Challenger* arribava a um porto, recebia a bordo curiosos, sobretudo senhoras. Alguns visitantes viam o navio como um iate num cruzeiro de volta ao mundo, e os oficiais faziam questão de não esquecer que o barco atuava como uma embaixada flutuante, e a imprensa sempre descrevia a expedição como um exemplo do arrojo e da determinação britânica, o que atraía multidões de pessoas fascinadas. Mas as senhoras iam também para dançar e se divertir, e os violinistas e o tocador de concertina se mantinham muito ocupados nos portos.

Havia ainda atividades esportivas. Os cientistas de classe média tinham levado consigo suas espingardas e atiravam nas aves marinhas mais comuns com toda desinibição. Os marinheiros tradicionalistas de início ficaram horrorizados com o fato de que, ao chegarem aos Quarenta Rugidores do Atlântico Sul, os desportistas começaram a atirar em albatrozes-errantes, uma ave que sempre foi considerada tabu; mas o navio não sofreu nenhum problema sério, os acidentes foram de pequena monta e as mortes e ferimentos estiveram dentro das margens estatísticas para uma tripulação tão grande numa expedição tão prolongada.

Ao todo, a expedição durou três anos e meio, tempo em que o navio colidiu de leve com um iceberg (provavelmente por conta do espírito do albatroz abatido com precisão); ganhou de presente duas tartarugas de Galápagos, que devoraram todos os abacaxis de bordo; localizou, na altura do equador, ao largo do Brasil, águas profundas cuja temperatura quase chegava ao ponto de congelamento, e com isso deduziu a existência de uma corrente profunda que corria para o norte a partir da Antártica; e descobriu, provocando uma verdadeira festa zoológica, uma lula minúscula e belíssima chamada *Spirula*, que alguns julgaram ser o elo que faltava na recém-apresentada teoria darwiniana da origem das espécies. O barco voltou para Portsmouth, sendo saudado na costa de Portugal por uma frota de belonaves britânicas, numa das quais a banda tocava "Home sweet home" no convés de ré. Quando enfim lançou amarras no cais, o *Challenger* havia percorrido quase 113 mil quilômetros, numa média superior a três quilômetros diários. Um homem andaria mais depressa que isso.

Mas, ah! O que dizer dos espécimes que tinha trazido? Eram centenas e centenas de caixotes com animais, plantas, garrafas de água do mar colhida em vários lugares e várias profundidades, tubos de ensaio, frascos Kilner e placas de Petri com lodos, mixomicetos e animais e plantas gelatinosas. O primeiro volume do Relatório Oficial levou quatro anos para ser publicado, e passaram-se outros quinze para que fosse lançado o último — quase no fim do século. O desafortunado Wyville enlouqueceu e teve um colapso nervoso devido à pressão contínua e intensa dos editores.

No cômputo geral, saíram dezoito volumes. Foi um tremendo trabalho intelectual, que pode ser descrito como o mais abrangente estudo dos oceanos realizado até então, e ainda hoje constitui um marco histórico. As informações coletadas e divulgadas representaram o que era, na época, o somatório do conhecimento humano sobre o mar, e principalmente sobre o oceano Atlântico. Uma vez completado o estudo, a oceanografia estava preparada para se tornar o que é hoje: uma atividade muito mais profissional. Não tardaria muito para que o pessoal da Marinha se retirasse para o passadiço e entrassem em ação os especialistas — químicos, zoólogos, físicos e submarinistas, técnicos em modelagem matemática, paleoclimatologistas e bacteriologistas de altas temperaturas —, mudando para sempre o que a ciência dos oceanos tinha sido até então.

A MODERNIZAÇÃO DAS CARTAS NÁUTICAS

Em parte, como não podia deixar de ser, o romantismo se esvaiu. Graças a uma nova arrancada da oceanografia no século XX e a seu consequente avanço exponencial, e com a criação de grandes instituições, a visão do mar que havia impelido os pioneiros começou a mudar. Essas instituições foram a Scripps, na Califórnia, em 1892; a Woods Hole, em Massachusetts, em 1930; a Lamont-Doherty, em Nova York, em 1949;* o Centro Nacional de Oceanografia, em Southampton; e pequenas estações oceânicas europeias, em lugares como Kiel, Roscoff e Heligoland. Aos poucos, as rotinas do laboratório e do computador substituíram os ritmos do passado. Os horizontes em constante mutação, os ventos cortantes, o cheiro de peixe e de alcatrão, o panejamento das velas, os rolos de corda, o grasnido de gaivotas e os sons surdos dos motores marinhos cederam lugar ao zumbido de máquinas e de condicionadores de ar e ao ruído suave das impressoras a laser.

O príncipe Albert I de Mônaco foi um dos últimos amadores talentosos que se dedicaram plenamente à oceanografia de campo, antes que a atividade fosse dominada pela tecnologia. Seu interesse pelo mar se deu numa época em que a França oitocentista mostrava uma aguda (e um tanto efêmera) paixão pelo mar, e que, por ser uma paixão que mobilizava uma aristocracia que se encontrava meio sem ocupação desde a revolução de 1789, foi levada a cabo em

---

* Foram cientistas da Lamont-Doherty, no *Vema*, iate de pesquisas com casco de aço, antes pertencente ao banqueiro E. F. Hutton, que determinaram, na década de 1950, a verdadeira natureza da longa e importantíssima Dorsal Mesoatlântica, o que conduziu à teoria da tectônica de placas, em 1965.

grande estilo e com vigor. O marquês Léopold de Folin, dono de uma riqueza fabulosa, foi um dos pioneiros. Depois de passar alguns anos pesquisando o leito oceânico da Bretanha numa traineira convertida em iate confortável, conseguiu persuadir a Marinha francesa a lhe ceder o *Travailleur*, um vapor de rodas, e com ele realizou levantamentos do leito marinho na baía de Biscaia e mais além. Esses trabalhos são ainda exemplos clássicos de proficiência e denodo.

Ao marquês seguiu-se em breve o príncipe Albert, que adquiriu um belo e esguio iate próprio, o *Hirondelle*. Seus estudos do Atlântico Norte — sobretudo da corrente do Golfo — granjearam-lhe fama e amplo respeito. Ficou evidente que ele não era o diletante almofadinha que tinham imaginado de início.* Seu trabalho na grande corrente exigiu-lhe três anos de dedicação e várias viagens do *Hirondelle* entre os Açores e os Grandes Bancos, além do lançamento, em vários trechos da corrente, de quase 1700 objetos flutuantes — barris de madeira, garrafas de vidro e esferas de cobre — e da verificação de onde eles iam parar. Muitas pessoas enviaram respostas a seus bilhetes corteses no interior desses objetos, informando onde tinham encontrado mais de duzentos deles. Essas informações ajudaram o jovem príncipe (ele ascendeu ao trono monegasco na época em que esse trabalho chegava ao fim, em 1889) a elaborar cartas muito precisas da direção e da força da corrente do Golfo, de uma ramificação sua, a Deriva do Atlântico Norte, e da orientação no sentido horário do giro do Atlântico Norte.

Albert i deu prosseguimento ao trabalho oceanográfico durante a maior parte de seu reinado. Mandou construir uma escuna de pesquisas com 175 pés [53,30 metros], a *Princesa Alice* — o primeiro de uma longa série de barcos projetados especificamente para pesquisas oceânicas. O príncipe tinha especial interesse pela catalogação de peixes e outros animais de águas de profundidade média situadas entre os continentes e as planícies abissais. Sua vida de lazer e riqueza permitia que, ao contrário da maioria dos cientistas assalariados ou que viviam de bolsas, ele e seus navios permanecessem semanas a fio no mar, com batalhões de atendentes, cozinheiros e camareiros.

---

* O privilégio de classe permitiu a Albert obter do Vaticano permissão para se divorciar, sem sanção por parte da Igreja, de sua primeira mulher, filha do duque de Hamilton, embora tivesse um filho com ela. Essa escocesa não se deixou abater pelo golpe e mais tarde voltou a casar-se, com um nobre húngaro. Um dos bisnetos do casal viria a ser o estilista Egon von Fürstenberg, marido de Diane.

Além disso, podia debruçar-se sobre mistérios da biologia marinha com toda a paciência necessária.

Albert I morreu em 1922, deixando três monumentos duradouros em honra de seus 33 anos de reinado. Dois desses legados mesclaram, de forma deliberada, o estudo acadêmico do mar com o crescente interesse público: ele fez construir um instituto oceanográfico de grandes dimensões e de bom gosto em Paris, e outro semelhante (só que maior) em Monte Carlo, com aquários e exposições de navios e equipamento de exploração. (Esses dois institutos foram financiados, em grande parte, pelos lucros dos elegantes cassinos que fizeram a fama de Mônaco.) O terceiro monumento foi aquele com o qual este capítulo começou: o príncipe Albert providenciou o financiamento e a instalação de um órgão internacional inteiramente novo, de início chamado Birô Hidrográfico Internacional, que teria a missão de, por um lado, regulamentar e padronizar todas as cartas náuticas e os auxílios à navegação do mundo, e por outro, definir os limites de todos os oceanos e mares do planeta.

É possível que a Publicação Especial nº S.23, e sua quarta edição,* preparada pela atual Organização Hidrográfica Internacional, seja o mais famoso e polêmico legado do príncipe Albert. Sepultada no interior de suas páginas estava, e ainda está, a definição formal do que é o oceano Atlântico e quais são os seus limites. Essa definição figurava com muito destaque na delgada edição de 1928, mas no documento atual tem bem menos proeminência em meio à enorme lista de novos nomes marítimos — o mar de Ceram e outros, como já mencionamos.

Vê-se que o Atlântico cresceu de forma considerável nos oitenta anos de sua supervisão pelos almirantes de Mônaco. A rigor, ele sofreu um alargamento físico de 1,80 metro, em virtude da distensão incessante do leito oceânico, o movimento de 2,5 centímetros anuais a partir da Dorsal Mesoatlântica. Mas não é disso que a OHI trata: o crescimento recém-divulgado é mais metafórico que real, e é simplesmente uma questão de onde se considera que os limites do oceano devem ser traçados. Em 1928, esses limites eram definidos em termos relativamente — *relativamente* — simples.

---

* Enquanto escrevia este livro, a publicação continuava no prelo, oito anos após sua conclusão. Continua insolúvel uma disputa entre o Japão e as Coreias com relação ao nome do mar entre esses países (mar do Japão ou mar do Oriente?).

Em 1928, o oceano era dividido imaginariamente em duas partes — o Atlântico Norte e o Atlântico Sul — e os limites de cada suboceano eram determinados de acordo com os pontos cardeais da bússola. Por conseguinte, eram os seguintes os limites do Atlântico Norte, segundo a fórmula elaborada em Mônaco: a oeste, ele chegava à borda oriental do mar do Caribe, à borda meridional do golfo do México e seguia pela costas dos Estados Unidos e do Canadá até as bordas sudeste e nordeste do golfo de São Lourenço; a norte, era limitado pelo começo do oceano Ártico, a seguir por uma linha da costa do Labrador à ponta da Groenlândia, e dali até as ilhas Shetland; a leste, terminava na borda noroeste do mar do Norte, depois nas bordas norte e ocidental dos mares da Escócia, na borda sul do mar da Irlanda, na borda ocidental do canal de Bristol e no canal da Mancha, da baía de Biscaia e do mar Mediterrâneo; e, por fim, no sul o limite do Atlântico Norte era definido pela linha de latitude 4° 25' N, que vai do cabo Palmas, na Libéria, ao cabo Orange, no estado brasileiro do Amapá.

O Atlântico Sul era menos complicado ainda em 1928. O limite ao norte era a linha Libéria-Brasil; o limite ocidental, toda a costa da América do Sul, com exceção do estuário do rio da Prata; a leste, o Atlântico era formalmente limitado pela costa da África abaixo da Libéria, com exceção de uma enorme área marinha no recôncavo continental, conhecida como golfo da Guiné, separada por uma linha reta entre a Libéria e Angola; e, no sul, os desenhistas da OHI traçaram uma linha arbitrária ligando o cabo das Agulhas ao cabo Horn.

Hoje em dia as coisas são muito mais complicadas, e segundo as novas diretrizes o Atlântico ocupa uma porção da superfície planetária muitíssimo maior do que em qualquer época anterior. Um único exemplo, delineando uma parte do limite setentrional do Atlântico Norte, dá uma ideia geral da complexidade atual:

> [...] daí uma linha ligando Kap Edward Holm, no rumo sudeste, a Bjartangar, a extremidade ocidental da Islândia; daí rumo a sudeste, ao longo das costas ocidental e meridional da Islândia, a Stokknes, na costa oriental da Islândia; no rumo sudeste até o extremo setentrional de Fuglöy, no Føroyar, e daí por uma linha que une essa extremidade a Muckle Flugga, o ponto mais setentrional das ilhas Shetland [...].

Basicamente, a expansão resultou da decisão da OHI de incluir, como subdivisões do oceano, muitos mares e baías que no passado eram considerados inteiramente separados dele. O golfo do México, por exemplo, é hoje visto como inteiramente atlântico (de modo que a catástrofe de 2010, causada pela explosão e pelo posterior desabamento de uma plataforma de prospecção de petróleo da BP ao largo de Nova Orleans, é classificado como um problema atlântico); o mar do Caribe também é parte do oceano Atlântico; e o mesmo ocorre com o mar do Norte, o canal da Mancha, a baía de Fundy, a maior parte do estuário do São Lourenço, até a extremidade ocidental da imensa e pouco povoada ilha Anticosti,* o mar Celta, o Skaggerak (mas não o Kattegat) e a baía de Biscaia. E a ideia da separação do golfo da Guiné há muito foi abandonada: atualmente, a divisão entre o Atlântico Norte e o Atlântico Sul é a linha do equador, do lado brasileiro, e o cabo López, na república do Gabão.

(Existe nessa linha de divisa meridional, reta a não ser por isso, o que parece ser uma anomalia excêntrica. O limite dá uma leve guinada de modo a passar bem em cima de uma ilhota coberta de palmeiras, chamada ilhéu das Rolas, que fica a alguns metros da ponta sul da ilha de São Tomé, quase igualmente obscura. Há para isso uma razão cartográfica: Rolas é a única ilha atlântica sobre o equador — ou praticamente sobre ele, se não fossem alguns metros. Usá-la como uma baliza mesoceânica fazia sentido — embora cumpra dizer que os delineadores do oceano, em 1928, não esquentavam a cabeça com essas coisas. Os de hoje, ainda que não haja nenhum motivo óbvio para isso, pelo visto esquentam.)

Assim, pois, é a plena extensão do oceano Atlântico: ao todo, 81705396 quilômetros quadrados de água salgada, ou um quarto da área total de águas no planeta. A profundidade máxima, de 8605 metros, é encontrada ao largo de Porto Rico. O volume total de suas águas alcança 307923430 quilômetros cúbicos.

AINDA MAIOR, CADA VEZ MAIOR

É só quando se acrescenta uma dimensão humana a essa história que ela apresenta outra complicação, embora enriquecedora. Essa complicação só

---

* Que no passado foi propriedade de um fabricante de chocolate francês, quase foi comprada por Hitler e hoje abriga uma minúscula comunidade de faroleiros.

surge quando se começa a levar em conta o número total do vasto conjunto de gente que vive em alguma espécie de comunhão com esse oceano, daqueles que podem com justiça ser vistos como pertencentes a uma comunidade atlântica, ou que devem ser considerados, em algum sentido, gente do Atlântico — se em algum sentido comunitário são beneficiados ou prejudicados por ele ou se vivem de acordo com ele.

O que causa essa complicação são os grandes rios que desembocam no oceano Atlântico.

O número deles é enorme. Muitos mais rios correm para o Atlântico — sobretudo para o novo Atlântico maior, segundo a definição da quarta edição da S.23 — do que para o oceano Pacífico ou o Índico. Temos os grandes rios da Europa: o Sena e o Loire, o Severn e o Shannon, e até, como o mar do Norte agora faz parte oficialmente do Atlântico, o Tâmisa e o Reno. Temos o Níger, o Kunene, o Orange e a quase inacreditavelmente vasta rede de tributários do Congo, que fluem de suas cabeceiras espalhadas por toda a África Central. Temos o Amazonas, com sua nascente no Peru, e que carreia mais água e lama da floresta pluvial para o Atlântico do que fazem juntos os outros oito maiores rios do mundo para seus respectivos mares. Temos o São Lourenço, que nasce nos Grandes Lagos. E a bacia do Mississippi-Missouri, que a cada dia transporta trilhões de galões de água das pradarias e das Montanhas Rochosas para o golfo do México, essa reentrância agora oficialmente integrada ao Atlântico ocidental.

Portanto, e agora falo àqueles que desejam ver a rede de influências do Atlântico chegar até onde for tecnicamente possível: pensem que ele não acaba simplesmente no cabo Race ou na vila de Heart's Content, na Terra Nova; em Montauk, no estado de Nova York; ou nas praias argentinas de Bahía Blanca ou da Isla de los Estados ou no cabo Horn, no Chile. Tampouco começa nos penhascos das ilhas Faroe; nem nas ilhas Aran, na Irlanda; nem na ilha Ushant, no canal da Mancha, em Land's End, no cabo Bojador, na ilha Robben, ou nos rochedos do cabo das Agulhas ou perto das cavernas marinhas em Pinnacle Point.

Na verdade, ele começa e acaba, para sermos um tanto meticulosos, nos lagos de Zâmbia (onde o Congo se avoluma) e nos Alpes suíços (onde uma geleira goteja para formar os afluentes do Reno). Começa também num vale perto do Parque Nacional de Yellowstone, onde um explorador do período vitoriano tardio, chamado Bruce, localizou as cabeceiras do rio Missouri, ao lado das quais um fazendeiro grego, muito distante de suas origens junto do Mediterrâneo, leva hoje sua vida como pecuarista americano, criando carneiros.

E o oceano também começa e termina ao lado de uma montanha de 2400 metros no extremo norte de Montana, chamada Triple Divide Peak. Esse é o ápice hidrológico do subcontinente norte-americano. As chuvas que caem em suas vertentes setentrionais correm para o Canadá e o oceano Ártico. As águas de suas encostas oeste e sudoeste fluem para arroios que as levam para o Oregon e o Pacífico. Toda precipitação que porventura cair na vertente sudeste escorre para um pequeno cânion na base do qual há um córrego ainda menor — e que avança a duras penas para o braço norte de um rio que se torna o rio Marias. Perto de Fort Benton, em Montana, o Marias desemboca no rio Missouri; em St. Louis, o Missouri deságua no Mississippi; e, em Nova Orleans, o Mississippi por fim chega ao golfo do México — vale dizer, ao Atlântico.

Foram muito prescientes os exploradores daquele recanto acidentado e gelado de Montana onde se eleva o Triple Divide Peak ao nomear o riachinho que recebe as águas da montanha. Precisavam dar um nome ao primeiro curso d'água que serpenteia montanha abaixo, desde o ponto onde termina a linha da neve, a 2100 metros de altitude, até o campo, seiscentos metros abaixo, com suas águas escorrendo rápidas e límpidas por um cânion das Montanhas Rochosas. Foi quase como se o riozinho soubesse o que os exploradores sabiam — aonde iam dar aquelas águas. Pois chamaram-no Atlantic Creek — riacho Atlântico. Deram ao regato o nome de um oceano ao qual o estado de Montana está agora ligado inelutavelmente, mas que a maioria de seus habitantes raramente vê ou nunca verá.

3. Ah! Quanta beleza, quanto poder!

A seguir é o apaixonado,
Suspirando feito uma fornalha, com uma cantiga triste
Em homenagem às sobrancelhas da amada.

UMA PEÇA BASEADA NUM NAUFRÁGIO

William Shakespeare escreveu com frequência e familiaridade sobre o oceano — sobre fluxos e refluxos na vida humana, sobre esquadras majestosas, sobre mil naufrágios horrendos, sobre pais afogados a cinco braças de fundura, sobre mudanças no mar, ninfas oceânicas e ventos a dilacerarem velas —, mas não há nenhuma indicação consistente de que haja jamais embarcado num navio nem que tenha algum dia contemplado o Atlântico.

No entanto, em sua época, era tal a importância do Atlântico para toda a Inglaterra que Shakespeare decerto conhecia fatos a seu respeito e teria escutado muitos de seus dramas. Não surpreende que tenha habilmente introduzido uma das mais famosas histórias atlânticas do século XVI em sua última peça, *A tempestade*, talvez a de maior audácia imaginativa. Como alguns antes dele e tantos depois, Shakespeare pegou uma imagem nesse oceano de inumeráveis humores e disposições e transformou-a em arte.

A peça, por ele escrita em 1611, foi montada com grande pompa imperial, em 2009, num teatro de Hamilton, capital do arquipélago das Bermudas, como parte das comemorações do quadricentenário da mais setentrional colônia britânica no Atlântico. Foi encenada ali por uma razão fundamental: em sua maioria, os conhecedores de Shakespeare acreditam que, à diferença de qualquer outra peça escrita anteriormente, *A tempestade* era, antes de mais nada, uma peça ligada ao oceano Atlântico, e que foi a localização acidental das Bermudas, quatro séculos antes, que desempenhou um papel vital na sua criação.

À primeira vista, aparentemente não é nada disso. Afinal de contas, a ilha na qual Próspero e Miranda se veem exilados, na qual vive Caliban, mais parece, a uma leitura atenta do texto, localizar-se no Mediterrâneo. Milão, ao que tudo indica, é bastante próxima ao local da ação; e quando, no fim da peça, o navio naufragado que levara Antônio e Alonso à ilha é reparado e tem permissão para voltar à pátria, faz uma viagem rotineira de volta à Itália, que provavelmente ficava perto.

Mas um exame mais apurado das motivações de Shakespeare revela fatos que, além do próprio texto, corroboram uma ideia um tanto radical — que para escrever *A tempestade* ele se inspirou num naufrágio real, ocorrido em 1609, e que teve lugar não no Mediterrâneo, mas bem no meio do Atlântico ocidental.

Ademais, há uma insinuação no texto: uma referência de passagem às "Bermudas tempestuosas", o que demonstra que Shakespeare tinha algum conhecimento a respeito dessas ilhas.

As circunstâncias dramáticas do naufrágio eram bem conhecidas na Londres de Shakespeare. Tudo começou com um navio, o *Sea Venture*, que fora afretado em Londres pela Companhia da Virgínia e zarpou das docas de Plymouth para atravessar o oceano em junho daquele ano. Seu capitão, sir George Somers, corsário e aventureiro de Dorset, tinha por missão reaprovisionar os pioneiros que, mais ou menos em número de seiscentos, tinham se instalado um ano antes em King James's Town, núcleo colonial britânico situado em um dos estuários do rio Potomac.

Não obstante, o acaso cruel interveio. Somers e seu barco foram vitimados por um violento furacão de verão. O naviozinho foi atirado contra os recifes de um arquipélago pouco conhecido e soçobrou, ainda que sem perda de vidas. Isso aconteceu depois que a tripulação viu e interpretou como sinal de bom augúrio as espetaculares descargas de fogo de santelmo nos mastros e vergas. A perda do *Sea Venture*, encalhado nos recifes, foi total, embora o barco tenha se mantido em posição normal, preso entre dois rochedos, na extremidade nordeste do arquipélago que mais tarde recebeu o nome de Bermudas.

O desastre logo se tornou o assunto do dia nas estalagens londrinas do começo do século XVII, e é quase certo que Shakespeare tomou conhecimento dele. O caso, quando narrado do começo ao fim, tinha todos os elementos de um bom tema teatral, e os relatos lúgubres sobre as estranhas luzes dançantes vistas pouco antes da tragédia podem ter levado o Bardo a imaginar a figura de Ariel, o espírito do ar.

A história teve desdobramentos depois do naufrágio propriamente dito. Entre os sobreviventes havia aristocratas, além de senhoras de certa fidalguia, e Somers logo obrigou que todos trabalhassem, sob a direção de seus carpinteiros, para construir duas embarcações que substituíssem o *Sea Venture*, usando para isso os abundantes cedros das Bermudas. Quase um ano depois, o grupo voltou a partir nesses barcos, o *Patience* e o *Deliverance*, mas descobriu que o assentamento de Jamestown estava praticamente arrasado, com os sessenta colonos restantes quase reduzidos à inanição. O grupo de socorro dedicou algum tempo a recuperá-los, e depois Somers retornou às Bermudas, lugar pelo qual nutria grande afeição. Entretanto, por uma ironia cruel, morreu ali logo depois de sua chegada. Seu corpo foi devolvido a Lyme Regis, a aldeia de Dorset onde nascera — mas seu coração permanece ainda hoje nas Bermudas, sepultado nas ilhas que se tornariam uma das primeiras possessões britânicas no Atlântico.

O arquipélago ainda é uma dependência britânica. O ano de 2009 marcou o quadricentésimo aniversário do desembarque involuntário de Somers, que deu início efetivo à longa relação com a Coroa britânica, e uma vez que é provável que Shakespeare tenha utilizado elementos da história como a base de sua última peça, que forma mais apropriada havia para comemorar os quatrocentos anos das Bermudas senão com uma montagem de *A tempestade* na ilha onde tudo começou?

Assim, a peça foi encenada no Hamilton Town Hall, um prédio de arenito, meio retangular, inspirado num edifício muito maior de Estocolmo, capital da Suécia. Todas as pessoas importantes das ilhas estavam lá, entre elas o governador-geral, que chegou num BMW dirigido por um soldado fardado. Seria um pouco demais dizer que o espetáculo foi grandioso e memorável, embora o papel de Próspero tenha sido desempenhado por um ator inglês conhecido por seu jeito de ídolo da juventude, o que atraiu uma grande plateia de bermudianos de meia-idade, na maioria senhoras agitadas e muito falantes.

Tinham ido assistir a uma peça mágica, mística, concebida a partir de uma aventura atlântica, escrita por um dramaturgo no apogeu de sua capacidade criadora pouco mais de um século depois que o Atlântico foi atravessado por Colombo e em seguida reconhecido por Américo Vespúcio como o oceano independente que hoje todos sabemos que ele é.

OS PRIMEIROS TEXTOS

Muito, muito antes que o Atlântico fosse reconhecido como um oceano, quando não passava ainda de uma amplidão assassina e incompreensível de ondas, de espuma e de horizontes distantes, os artistas tinham plena consciência de sua beleza aterradora. Os poetas estiveram entre os primeiros a se dar conta disso. Fazia muito tempo, é claro, que os poetas clássicos cantavam o mar — mas o único mar que conheciam de verdade era o Mediterrâneo, que em termos de dramaticidade é um grande lago plano, quente, mansarrão e quase pachorrento, carente de uma apropriada majestade. As águas agitadas e cinzentas do Atlântico eram bem diferentes, e ao que tudo indica foram os irlandeses, quando se mostraram bastante bravos ou temerários para lançar seus *curraghs* na arrebentação fervente de suas costas ocidentais, os primeiros a empregar a sensibilidade literária para refletir sobre seu singular ambiente marítimo.

Muito se escreveu sobre a épica viagem de são Columba para o norte, da Irlanda à costa ocidental da Escócia, no século VI, e há imagens empolgantes de frotas de *curraghs* navegando nas águas encrespadas entre Antrim e Galloway. Mas os textos que tratam de Columba — ou, mais corretamente, Colam Cille, como é conhecido — são mais narrativos que contemplativos. A poesia associada às missões do grande apóstolo é tida na conta dos mais antigos versos em língua europeia, porém suas referências ao oceano são simplesmente incidentais, e mais dois séculos ainda passariam antes que começassem a surgir os primeiros sinais de meditação imaginativa sobre o mar.

Rumann, filho de Colman, foi um poeta gaélico do século VIII. Afirma-se que gozou entre os irlandeses de um prestígio análogo ao de Virgílio para os romanos, ou de Homero para os gregos. Seu poema mais conhecido, "Tempestade no mar", escrito por volta do ano 700, é considerado uma das primeiras reflexões artísticas da humanidade sobre o Atlântico. Tem oito estrofes e foi traduzido na década de 1950 pelo grande poeta e romancista irlandês Frank O'Connor:

> *Quando o vento sopra do oeste*
> *Todas as ondas que não sossegam*
> *Para o leste seguem com fragor*
> *Onde a árvore brilhante do sol*
> *Se enraíza no peito do oceano.* *

É evidente que os celtas traziam o mar no sangue, e os primeiros escritores anglo-saxões em toda a Inglaterra antiga logo se viram igualmente dominados por uma vívida imagem mental do mar. Seus primeiros textos datam quase da mesma época que os de seus vizinhos irlandeses. Talvez não surpreenda que um povo tão marítimo como o inglês tenha produzido, no começo de sua história, uma poderosa poesia inspirada em suas águas costeiras. O mais conhecido poema saxão do século VIII sobre o oceano conserva-se hoje numa segura galeria elevada sobre a Casa Episcopal, atrás da catedral de Exeter, em Devon. Desde o ano 1072, quando morreu o grande letrado Leofric, legando à catedral sua biblioteca de 66 volumes manuscritos, um deles, de aspecto pouco notável, destaca-se sobremaneira entre os restantes no que tange à qualidade de seu conteúdo. Trata-se de um códice que, conhecido simplesmente como *Livro de Exeter*, contém, sem dúvida, a maior coletânea de poesia de sua época que ainda existe.

A vida do precioso volumezinho tem sido tão tumultuada quanto longa. Falta sua capa original, e de suas 131 páginas oito se perderam, uma foi evidentemente usada algum dia como descanso para uma taça de vinho, outras foram chamuscadas por fogo e outras ainda estão marcadas de entalhes, levando a crer

---

* "When the wind is from the west/ All the waves that cannot rest/ To the east must thunder on/ Where the bright tree of the sun/ Is rooted in the ocean's breast."

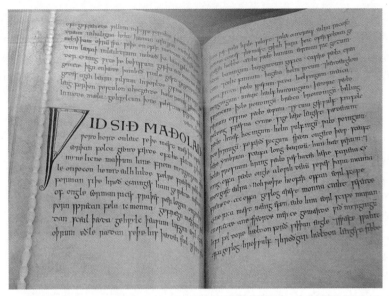

O Livro de Exeter, *antologia poética do século X impressa no alfabeto romano, é um dos maiores tesouros da literatura inglesa. Faz parte dela o poema anglo-saxão "O navegante", talvez o poema inglês mais antigo sobre o oceano Atlântico.*

que foram usadas como tábuas para cortar alimentos. Todavia, para felicidade geral, o *Livro de Exeter* é um sobrevivente e encerra, julga-se, cerca de um sexto de toda a poesia anglo-saxônica que se sabe ter sido escrita. Acredita-se que um único escriba tenha copiado todos os poemas, em algum momento do século x, utilizando tinta marrom sobre pergaminho e manejando a pena com mão impecável, de monástica firmeza. Não há no livro quase nenhuma iluminura ou ornamentação, mas apenas uns poucos desenhos pequenos em algumas margens. Trata-se de uma obra de arte de valor inestimável. Somente outro dos quatro códices anglo-saxônicos conhecidos é mais famoso: o Códice Nowell, que inclui o grande poema épico *Beowulf*.

Entretanto, o *Beowulf* fala mais de batalhas e funerais, ambientados sobretudo em terra, na Dinamarca e no sul da Escandinávia. Já no *Livro de Exeter* há um poema bem mais breve, intitulado "O navegante", que se refere a regiões bem mais distantes. Domina o poema, ao menos em sua primeira metade, uma longa e lamentosa meditação sobre as provações do mar. Trata-se, na verdade, de uma elegia ao Atlântico, na voz de um homem — seu nome é desconhecido

— que passou por muitos dissabores por ganhar a vida em suas águas, mas que, quando distante delas, anseia pela vida marítima mais do que poderia imaginar.

São muitas as traduções de "O navegante" para o inglês moderno. Os versos que se seguem foram traduzidos por Ezra Pound em 1912. Começam com um lamento que todos os marinheiros experientes hão de reconhecer:

> [...] *Para que saiba o homem*
> *Que é em terra seca que melhor vive,*
> *Ouvi como eu, desvalido, no mar gelado,*
> *Suportei o inverno, infeliz proscrito*
> *Privado de minha família;*
> *Coberto de rijo gelo, onde bateu a saraiva,*
> *Ali eu nada ouvia, salvo o duro mar*
> *E a vaga glacial, às vezes o cisne a cantar.*
> *Fiz do clamor do alcatraz minha diversão,*
> *De gritos de aves marinhas os meus risos,*
> *Dos piados das gaivotas todo o meu hidromel.*
> *As tormentas, varrendo os penhascos, caíam na popa*
> *Como plumas geladas; muitas vezes a águia gritava*
> *Com espumas em sua asa* [...] *

Mas a seguir, de uma hora para outra, ainda que em terra o verão se aproxime célere, o ânimo do marujo se transforma, e ei-lo saudoso, num estado de espírito que os lobos do mar também conhecem:

> *A mata ganha flores, chega o esplendor das bagas,*
> *Os campos se iluminam, a terra ganha energia,*
> *Tudo isso adverte o homem desassossegado,*
> *O coração anela por vias, e a mente recorda*

---

* "[...] Lest man know not/ That he on dry land loveliest liveth,/ List how I, care-wretched, on ice-cold sea,/ Weathered the winter, wretched outcast/ Deprived of my kinsmen;/ Hung with hard ice-flakes, where hail-scur flew,/ There I heard naught save the harsh sea/ And ice-cold wave, at whiles the swan cries,/ Did for my games the gannet clamour,/ Sea-fowls' loudness was for me laughter,/ The mews singing all my mead-drink./ Storms, on the stone-cliffs beaten, fell on the stern/ In icy feathers; full oft the eagle screamed/ With spray on his pinion [...]"

Caminhos aquosos, as longas jornadas [...]
E por isso meu coração salta de dentro do peito
E minh'alma já se põe na imensidão
Pela pátria da baleia vagando à vontade. *

Porventura nosso melancólico anônimo via o Atlântico como objeto de amor ou apenas como uma rota de fuga? Faz décadas que os batalhões de tradutores que se aproximaram do poema, ou se engalfinharam com ele, têm quebrado a cabeça com relação a seus significados internos. Alguns concluíram que uma viagem marítima era apenas uma inconveniência necessária, a ser suportada — e Pound provavelmente foi um deles. Outros, porém, de alma mais romântica, preferem crer que as provações da própria jornada de alguma forma mantinham o viajante a ló ou ao largo (para usarmos termos náuticos) das pessoas comuns, tornando-o um tipo superior, um homem com motivos para se vangloriar. O número de termos náuticos que se popularizaram nessas épocas longínquas serve como lembrete de que a Grã-Bretanha estava formando uma cultura marítima, embebida nas tradições do mar.

Mas, fosse qual fosse o misterioso estado de espírito do navegante, o poema criou um padrão ao mesmo tempo que confirmava uma realidade. Num dado nível, era uma alegoria — a ideia, que se repetiria vezes sem conta na poesia posterior, da vida como viagem, e que consome o narrador, mesmo enquanto ele cogita em voltar ao oceano que o tratou tão mal. Entretanto, em outro nível, mais naturalista, o poema parece reconhecer que os ingleses daquela época tinham vindo a entender que habitavam um lugar incrustado firmemente no oceano, cercado por mar, estreitos e canais. Mostrava, inequivocamente, que a identidade que os ingleses vinham desenvolvendo era a de uma raça de ilhéus, um povo destinado e forçado a obter o sustento em suas margens de águas profundas.

Caedmon e Cynewulf, dois dos maiores poetas do inglês antigo, ao que tudo indica viveram e trabalharam em mosteiros próximos ao mar — Caed-

---

* "Bosque taketh blossom, cometh beauty of berries/ Fields to fairness, land fares brisker,/ All this admonisheth man eager of mood,/ The heart turns to travel so he then thinks/ On flood-ways to be far departing [...]/ So that by now my heart burst from my breastlock/ My mood 'mid the mere-flood,/ Over the whale's acre, would wander wide."

mon em Whitby, Cynewulf provavelmente em Lindisfarne —, e nas obras de um e de outro abundam os temas marítimos. A figura imprecisa de Cynewulf, que morreu já no século x, escreve sobre o mar com curiosidade e paixão, como é o caso de suas reflexões sobre "A natureza da sereia":

Coisas estranhas se veem de fato no mundo marinho:
Dizem os homens que as sirenas são semelhantes a donzelas
No peito e no tronco. Mas não embaixo:
Do umbigo para a parte inferior nada parece humano,
Pois elas são peixes, e providas de nadadeiras.
Esses prodígios habitam um perigoso estreito
Onde águas em turbilhão engolem as naus humanas [...]*

Duzentos anos depois vieram os autores de textos sobre mitologia nórdica, assim como as sagas islandesas. O mais provável — a menos que os missionários houvessem trazido manuscritos, ou que as expedições catequistas de são Brandão tivessem também objetivos literários — é que os islandeses não fizessem ideia da poesia dos celtas e dos saxões. Em todo caso, eles teriam repudiado a forma poética em favor de ensaios, na maioria épicos de grande extensão e substância. E essa nova forma de escrita não era em nenhum sentido uma meditação, mas tinha uma forma inteiramente narrativa, histórias de heroísmo e penúria, cheias de ação e aventuras.

Os dois ensaios que melhor relatam as façanhas de exploradores oceânicos islandeses, a *Saga da Groenlândia* e a *Saga de Erik, o Ruivo*, não deixam de se referir, é certo, à força do Atlântico Norte, mas apenas como parte de uma história muito maior — a do oceano como um caminho, ainda que muito árduo, para descobertas. O principal interesse dos marinheiros nórdicos estava em alcançar, explorar e colonizar novos territórios, como demonstra uma passagem nas páginas iniciais da *Saga da Groenlândia*:

---

* "Strange things indeed are seen in the sea world:/ Men say that mermaids are like to maidens/ In breast and body. But not so below:/ From the navel netherward nothing looks human/ For they are fishes, and furnished with fins./ These prodigies dwell in a perilous passage/ Where swirling waters swallow men's vessels [...]"

[...] fizeram-se ao mar assim que se aprontaram e navegaram durante três dias, até a terra se perder de vista abaixo do horizonte. Cessou então o vento fresco e veio o nevoeiro, e por muitos dias não tiveram ideia de qual fosse seu rumo. Depois disso voltaram a ver o sol e puderam orientar-se; içaram a vela e após um dia de navegação avistaram terra. Debateram entre si que região poderia ser aquela. Bjarni disse que julgava não poder ser a Groenlândia [...] "pois dizem haver imensas geleiras na Groenlândia".

Inspecionaram a terra rapidamente e viram que era plana e arborizada. A seguir o vento cessou e toda a tripulação opinou que era aconselhável desembarcar ali, mas Bjarni recusou-se [...] "porque essa região me parece sem valor".

A terra que tinham achado era, quase com certeza, a costa do Labrador. Assim, do ponto de vista de um futuro colonizador, a ríspida avaliação de Bjarni foi sábia.

MONSTROS E TURBILHÕES

As histórias dos escandinavos — e devemos lembrar que ainda hoje a mitologia nórdica, de inacreditável complexidade, goza de enorme popularidade em certos círculos — trouxeram consigo outro afastamento da mera palavra escrita. Estou me referindo ao advento das imagens — esculpidas, entalhadas, desenhadas ou pintadas, embora pouquíssimas delas subsistam. A maior parte da arte figurativa nórdica conhecida hoje, com base nas quais nos familiarizamos com Odin, Thor, as Valquírias e outros personagens desse vasto panteão, foi recriada por artistas do século XIX que se apaixonaram pelas narrativas heroicas que de repente foram divulgadas por uma pequena legião de pesquisadores da história da Escandinávia na Inglaterra vitoriana. Restam da era escandinava algumas vagas imagens entalhadas — de navios, por exemplo, inclusive do gigantesco navio *Skidbladnir* (o nome é dado ainda hoje a navios de cruzeiro e a espaçonaves de ficção científica) e do barco *Naglfar*, feito apenas com as unhas das mãos e dos pés de mortos. Há também tapeçarias, como o exemplar medieval sueco conhecido como tapeçaria Överhogdal, encontrada no depósito de uma igreja no começo do século passado. O desenho mostra *knarrer* vikings, enquanto a tapeçaria de Bayeux, do norte da França, muito mais

143

conhecida, mostra as frotas invasoras no século XI disparando rumo à Inglaterra num mar povoado de criaturas fantásticas.

Há também muitas imagens de monstros marinhos — sendo a Serpente Midgard, a *Jörmundgandr*, de dimensões descomunais e assustadoras, um dos mais conhecidos. E há imagens dos constantes e reais perigos marítimos, de trombas-d'água e turbilhões, além de mitos e lendas marítimas narradas em toda a metade setentrional do oceano, do cabo Farewell, na Groenlândia, até a costa escandinava entre o cabo do Norte e o Skaggerak. Imagens e histórias mostram o *maelstrom*, por exemplo, na extremidade sul das ilhas Lofoten, e também o Corryvreckan, o apavorante fenômeno hídrico conhecido como *bruxa velha*, ou *cailleach*, que ainda ribomba e estrondeia a cada maré entre as ilhas de Scarba e Jura,* na costa ocidental da Escócia; e há um número infindável de outras calamidades e perigos, cujas imagens, executadas sem grande perícia, aterrorizavam quaisquer navegadores do Atlântico até quando já ia avançado o século XV.

A famosa "Carta Marina" foi o primeiro mapa a mostrar e nomear em detalhes os países nórdicos. Desenhado em Roma, no século XVI, pelo clérigo sueco Olaus Magnus, é famoso por mostrar uma representação circular do *maelstrom* na extremidade sul das ilhas Lofoten, além da descrição de um animal do Atlântico. A tradução desse texto tem uma poesia toda própria:

> Todos aqueles que sobem pela costa da Noruega para comerciar ou pescar narram a história extraordinária de uma serpente de tamanho estarrecedor, com duzentos pés [sessenta metros] de comprimento e vinte pés [seis metros] de diâmetro, que reside em fendas e cavernas diante de Bergen. Nas noites claras de verão, essa serpente deixa as grutas para devorar bezerros, carneiros e porcos, ou avança pelo mar e se alimenta de águas-vivas, caranguejos e outros seres marinhos. Tem pelos de uma vara de extensão [1,10 metro], que pendem do pescoço, escamas negras e agudas, além de olhos vermelhos flamejantes. Erguendo-se da água como uma coluna, ataca embarcações, apodera-se de pessoas e as engole.

---

* George Orwell escreveu *1984* numa fazenda na extremidade norte de Jura e, ao que consta, quase se afogou ao se aproximar demais das correntes fortíssimas e das marés turbulentas do turbilhão Corryvreckan.

Até a primeira das travessias do século XVI, em geral as imagens do Atlântico — como nas cártulas desenhadas nas margens de mapas — mostravam medonhas criaturas marinhas como essa, além de dragões e peixes monstruosos. Ainda no século XVII, quando o Atlântico já era mais conhecido, publicavam-se gravuras que exibiam peixes gigantescos e baleias a interferir no avanço de navios. São Brandão, por exemplo, aparece rezando missa no dorso de uma baleia. Na estampa, que consta de um livro publicado em 1621, a criatura imensa arreganha os dentes ao mesmo tempo que lança esguichos duplos de água. No entanto, em seu dorso o sacerdote se mostra sereno, entoando estoicamente a liturgia com o corporal, o cálice e a pátena dispostos sobre o altar como se ele estivesse na paz de Clonfert.

No entanto, no lado ocidental do oceano, o monstruoso e horrífico não tinha tanta proeminência. Os exemplos de representações do mar na arte pré-colombiana são mais tolerantes, mais indulgentes com os caprichos de calma e tormenta do oceano. Os incas — que na verdade não eram um povo atlântico — cultuavam Mamacocha, sua deusa do mar. Aqueles que viviam nas costas do Pacífico viam-na como uma deidade protetora, fornecedora de peixes e baleias que lhes proporcionavam sustento, uma deusa que irradiava uma benevolência que só se alterava, ainda que às vezes com mortífera violência, quando os homens não se mostravam atentos às suas necessidades.

Os maias, mais ao norte e no lado voltado para o Atlântico, talvez estivessem menos envolvidos com o mar no aspecto espiritual. São pouquíssimas as obras de arte que mostram o mar ou qualquer coisa ligada a ele, embora a cor mais usada por eles, o chamado azul maia, fosse ideal para pinturas referentes ao mar. Entretanto, do ponto de vista comercial, o mar era de máxima importância para os maias, que construíam grandes canoas para o transporte de mercadorias e passageiros entre as penínsulas e as ilhas. A maior cidade litorânea dos maias, o porto de Tulum, na extremidade da península do Yucatán, é esplêndida, mas seus edifícios e murais quase nada têm a ver com o mar, e seus símbolos dizem mais respeito à força dos ventos e à beleza do amanhecer. Se Tulum é mais do que apenas um grande porto para a cidade interiorana de Coba e foi edificada como uma espécie de deferência ao oceano — como claramente o são muitas grandes cidades atlânticas de hoje —, sua postura é discretíssima.

Do mesmo modo, o mito maia da criação, tal como se reflete na arte e na literatura, faz pouca referência ao mar. Do oceano emergiram montanhas;

depois, nas florestas de suas encostas, foram criados homens de madeira que, mais tarde se converteram em homens de verdade. Mas o mar não é a fonte e a origem, tem pouco do poder consolador que se nota na lenda inca — é menos fonte de amparo e sustento que um caminho para o lucro e a prosperidade.

Entretanto, ainda hoje existe na África atlântica muito daquela espécie de reverência pelo oceano que havia entre os incas. Espíritos femininos das águas, ora benevolentes, ora eróticos, têm uma enorme importância para as culturas tribais da costa subsaariana — principalmente para os iorubás da Nigéria e para os vários cultos animistas de Benin e Gana, assim como da Libéria, do Gabão e da ilha de Bioko (Fernando Pó). A Mãe-d'Água aparece há centenas de anos na arte popular da África Ocidental. Desde o início da escravatura, ela surge também entre membros da diáspora africana do outro lado do Atlântico, sobretudo no Brasil.

Na África, a Mãe-d'Água em geral se representa com pele muito clara, loura e coberta de joias diversas. Tem barbatanas, como uma sereia, e seios fartos, entre os quais sempre se aninha uma enorme serpente. Segundo os antropólogos, a origem dessa representação é o mamífero marinho equivocadamente chamado de peixe-boi.

Homens de certa disposição de ânimo gostam de dizer que moças urbanas promíscuas, principalmente prostitutas, incorporam o espírito da Mãe-d'Água — convicção que leva alguns deles, mais ousados, a alegar para suas mulheres que suas visitas a bordéis têm, portanto, certa natureza sacramental. A fé das mulheres africanas nos espíritos das águas permanece intensa, mas parece que poucas se deixam iludir por essa argumentação.

UM OCEANO MAIS TRANQUILIZANTE

As travessias do Atlântico no século XV coincidiram com a fermentação intelectual e comercial do Renascimento (alguns diriam que, em parte, essa fermentação as impulsionou). O Renascimento foi um período em que, no tocante às artes plásticas, surgiu toda espécie de novas ideias — sobretudo a técnica da perspectiva, mas também a incorporação do realismo científico na arte e a ânsia de registrar os recém-adquiridos conhecimentos sobre o mundo natural. Essa mudança brusca na direção da arte teve um efeito pronunciado na percepção do mar. À medida que se conhecia cada vez melhor o oceano, que passou a ser menos temido, e à proporção que suas águas, penhascos e criaturas se tornavam mais passíveis de plácida fruição artística, também o desconhecido mundo de fantasia começou a dar lugar a uma representação mais convencional e familiar do grande oceano.

No começo o mar é somente um pano de fundo — ele aparece em alguns desenhos de Dürer, por exemplo, apenas como uma vastidão plana de água, meio escondida como parte da paisagem. Uma das gravuras mais conhecidas de Dürer, *O monstro marinho*, de 1498, mostra no primeiro plano uma figura gigantesca, semelhante a Tritão, com escamas e cornos galhados, segurando uma mulher nua que não parece muito apreensiva, enquanto seus amigos gritam e gesticulam no fundo. Pode-se dizer que essa gravura constitui uma regressão à concepção mais primordial do oceano, mas nessa imagem o próprio mar está calmo e as ondulações não indicam mais que o grau 1 da escala de Beaufort da força dos ventos — mar espelhado. E cinco anos depois, quando Dürer pinta sua *Lamentação de Cristo*, a massa d'água — embora possa ser um grande lago — está muito serena, um lembrete de que, quaisquer que sejam as tribulações da mortalidade, o mar continua, para usarmos mais uma vez a ideia poética de Derek Walcott, a *levar a vida*.

Para Dürer isso pode ter sido secundário, mas foi fundamental para um jovem pintor espanhol chamado Alejo Fernández: trinta anos depois, o Atlântico passa ao mesmo tempo a se impor e a reivindicar um certo prestígio na arte. A tela *A Virgem dos navegadores*, que, conforme se acredita, Fernández pintou em 1531, é a primeira representação conhecida das proezas transatlânticas de Cristóvão Colombo e das implicações do primeiro contato europeu com as Américas. No quadro, a Virgem Maria flutua entre as nuvens, fitando com benevolência tanto os exploradores espanhóis quanto os nativos convertidos. Sob seus pés estende-se o oceano, azul e sossegado, com embarcações de várias formas e épocas.

O quadro, enorme, foi encomendado para decorar a Sala de Audiências da Casa de Contratación, o órgão que, de sua sede no Alcazar de Sevilha, dirigia todas as explorações espanholas oficiais e a expansão imperial. Estava ali para servir de inspiração aos exploradores que partiriam na esteira de Colombo e Vespúcio. Deveria servir como o painel central do retábulo de um altar quando se invocasse a proteção divina para outra difícil expedição ao oeste; ou estava ali para dar graças por um regresso consumado com êxito.

Agora pelo menos os espanhóis consideravam que o Atlântico tinha sido posto sob a vigilância eterna — e eternamente maternal — da mãe de Deus. Era um oceano que Deus criara para ser usado pelos homens, e muitas pinturas que se seguiram prestaram-lhe homenagem e respeito em igual medida. Mapas e cartas, retábulos e panos de altar, assim como tapeçarias para paredes eclesiásticas, em toda a Europa e nas possessões distantes, logo passaram a ser decorados com imagens formais de um oceano que bem poderia ser cognominado o Mar Sagrado.

E então, de repente, o mar estava por toda parte. Ou, antes, navios estavam, com o mar embaixo, ao lado e além deles, numa infindável variedade de humores. Foi um rápido e repentino surto de interesse, a partir de meados do século XVI, e teve muito a ver com orgulho nacional. A visão de um *cog*, de uma carraca ou de um galeão de velas cheias ou, mais tarde, de um navio de linha disparando uma descarga conjunta contra uma embarcação rival, transformada numa confusão de vergas partidas e velas rasgadas, parecia sempre provocar um arrepio de orgulho no espírito nacional. Britânicos, espanhóis e portugueses produziram grande número de pinturas nessa época. No entanto, a partir de meados do século XVI, foram os holandeses, ao que tudo indica, os que detiveram, por um breve período, o monopólio da representação pictórica do oceano.

Se é lícito dizer que algum país inventou a arte atlântica, esse país foi a Holanda, e um trio de temas — o retrato do navio, a vista do porto e a tempestade junto de rochedos — fez a glória de artistas como o pintor e gravador flamengo Pieter Brueghel, o Velho;* os dois Willem van de Velde, pai e filho, que emigraram para a Inglaterra a fim de aperfeiçoar sua arte, depois de ganhar uma encomenda da Royal Navy para pintar grande número de marinhas; e Hendrick Cornelisz Vroom, o gênio da pintura de marinhas de Haarlem, que foi em essência o criador do gênero e ficou famoso por produzir as melhores cenas de batalha, com meticulosa atenção aos mais sangrentos detalhes.

Mesmo hoje, quase cinco séculos depois, nossos olhos não desgrudam dessas telas: invariavelmente mostram o mar faminto, com suas vagas de um verde translúcido coroadas de branco, os profundos e perigosos cavados entre elas, tudo formando um violento contraste com a tranquilidade distante das

---

* Brueghel nasceu em Breda, na Holanda. A cidade ficaria famosa um século depois por causa do tratado que trocou um obscuro forte britânico nas Índias Orientais por uma ilha ocupada pelos holandeses na América: a ilha de Manhattan.

campinas com vacas e das agulhas de igrejas. No primeiro plano, as águas estão inçadas de embarcações miúdas, cabos de amarração e barcas. No centro da tela, muito brancas e iluminadas por um único feixe de um sol aquoso, fulguram as velas de um enorme navio mercante holandês que avança, meio adernado, para um destino longínquo. Com a água já se agitando sob a robusta proa de carvalho, a brisa lhe enfuna as velas e ele começa a deixar o palco, imponente, para logo sumir de vista.

Havia diferenças sutis no modo como os europeus tratavam o mar em seus quadros. Os holandeses primavam por uma precisão absoluta na representação da complexidade das grandes naus, com milhares de detalhes comprimidos no espaço imenso de telas encomendadas a preços elevados, e por composições esmeradas em estuários ou diante de promontórios alterosos. Menos formais, os britânicos gostavam de pintar seus portos, os barcos mais majestosos da Royal Navy e os momentos confusos e triunfantes de complexas batalhas navais. Já os franceses pouco faziam com sua costa atlântica. E não se conhecem muitas marinhas francesas, com exceção dos quadros de Claude Lorrain (que, aliás, trabalhou na Itália) e de Claude Vernet, que realizou treze telas magníficas de portos atlânticos franceses, de Boulogne a Biarritz (além de Marselha, no Mediterrâneo) para uma encomenda real de Luís xv.

Canaletto deixou uma obra famosa, concentrando seu interesse marítimo nos canais de Veneza, enquanto os russos (que não tinham uma verdadeira costa atlântica, além dos portos de Murmansk e Arkhangelsk, no mar Branco) faziam o possível para demonstrar interesse. E, embora Catarina, a Grande tivesse persuadido um artista alemão que vivia em Nápoles a pintar o tipo de marinhas que ela apreciava, quando ele lhe pediu sugestões para produzir cenas de batalhas, repletas de ação, ela enviou uma frota de navios de guerra a Livorno e mandou explodir um deles para que ele tivesse uma ideia geral do que desejava.

A TRANSIÇÃO LÍRICA

No entanto, os poetas demoraram algum tempo para alcançar os pintores.

Os pintores europeus dos séculos xvi e xvii podem ter se conciliado rapidamente com o oceano, encarando suas vastidões mais em termos de comércio do que de terror. Mas os poetas ainda não estavam de todo convencidos. Por exemplo, enquanto os holandeses registravam graficamente o novo glamour da vela e do oceano e sir Walter Raleigh se ocupava em explorar o Novo Mundo (e em compor uma poesia curiosamente quase destituída de referências marítimas), seu bom amigo Edmund Spenser dedicava-se a escrever *The faerie queen* [A rainha das fadas], obra de cunho épico, com lances miraculosos e fantásticos e cheia de minúcias náuticas. A visão que Spenser tinha do oceano nos muitos livros e cantos dessa obra não era em nada semelhante à que se depreendia da pintura holandesa e era tudo menos glamourosa, uma vez que para Spenser o mar estava cheio de

> *Formas as mais horrendas e cataduras medonhas*
> *Que a própria Dama Natureza talvez temesse ver*
> *Ou se envergonhasse de que tão execrandos defeitos*
> *De suas mãos habilíssimas houvessem escapado;*
> *Todas as imagens horripilantes de deformidade:*
> *Hidras com cabeças elásticas, baleias a afrontar o mar;*
> *Grandes turbilhões, dos quais fogem todos os peixes;*
> *Rútilas escolopendras, couraçadas de prateadas escamas;*
> *Monóceros robustos, de imensas caudas.* *

As obras de Shakespeare fazem inúmeras referências ao oceano, ainda que muitas sejam tão revestidas de fantasia que reforçam a ideia de que ele na verdade nunca o viu. Mas nem por isso ele é menos sombrio. No trecho abaixo, extraído de Ricardo III, George, duque de Clarence, aprisionado na Torre por ordem do irmão, que em breve se tornará o rei Ricardo III, de manhã narra ao carcereiro um pesadelo no qual caiu no mar e se afogou:

> *Oh, Deus! Como era doloroso o afogamento!*
> *O som tenebroso das vagas em meus ouvidos!*

---

* "Most ugly shapes, and horrible aspects,/ Such as Dame Nature selfe mote feare to see,/ Or shame, that ever should so fowle defects/ From her most cunning hand escaped bee;/ All dreadfull pourtraits of deformitee:/ Spring-headed Hydraes, and sea-shouldring Whales,/ Great whirpooles, which all fishes make to flee,/ Bright Scolopendraes, arm'd with silver scales,/ Mighty Monoceroses, with immeasured tayles."

A visão da horrenda morte em meus olhos!
Pareceu-me ver mil fatídicos naufrágios,
Mil homens roídos por peixes até os ossos,
Barras de ouro, âncoras, pérolas em pilhas,
Pedrarias preciosas, joias inestimáveis,
Espalhadas todas elas no fundo do mar.
Algumas dentro de crânios de mortos, nas órbitas
Que um dia abrigaram olhos e que ora imitavam,
Como se olhos fossem, pedras faiscantes
Que lisonjeavam a vasa lodosa do abismo
E zombavam dos ossos mortos que ali jaziam. *

Também John Donne considerava o Atlântico um horror, como se vê em "The storm" [A tempestade], escrita em forma de carta em 1597:

O vento sul e o de oeste confluíram, e soprando juntos
Ergueram ondas que lembravam uma vala móvel.
Mais depressa do que você lê este verso, a ventania,
Como balas, não temidas até sentidas, as velas atacou
E o que primeiro era chamado vento, tem agora o nome
De temporal e logo em breve passa a ser tempestade.
Lamento-te, Jonas, e maldigo aqueles homens
Que, quando mais rugia a tormenta, foram te acordar.
O sono é o mais fácil lenitivo da dor, e cumpre
Todas as tarefas da morte, exceto matar. **

---

* "O Lord, methought what pain it was to drown,/ What dreadful noise of waters in my ears,/ What sights of ugly death within my eyes./ Methoughts I saw a thousand fearful wracks,/ A thousand men that fishes gnawed upon,/ Wedges of gold, great anchors, heaps of pearl,/ Inestimable stones, unvalued jewels,/ All scattered in the bottom of the sea:/ Some lay in dead men's skulls, and in the holes/ Where eyes did once inhabit, there were crept/ (As 'twere in scorn of eyes) reflecting gems,/ That wooed the slimy bottom of the deep/ And mocked the dead bones that lay scattered by."
** "The south and west winds join'd, and, as they blew,/ Waves like a rolling trench before them threw./ Sooner than you read this line, did the gale,/ Like shot, not fear'd till felt, our sails assail;/ And what at first was call'd a gust, the same/ Hath now a storm's, anon a tempest's name./ Jonas, I pity thee, and curse those men/ Who, when the storm raged most, did wake thee then./ Sleep is pain's easiest salve, and doth fulfil/ All offices of death, except to kill."

Mas apareceram então prenúncios do Iluminismo, que traria o triunfo da razão, a era de Descartes, Newton e, logo depois, John Milton. E Milton foi também um dos primeiros poetas ingleses que finalmente feriram uma nota enérgica com relação ao mar em geral. No sétimo livro do *Paraíso perdido*, por exemplo, ele demonstra sua admiração — talvez ainda não inteiramente racional, pois cumpre lembrar que por aquilo que ele considerava ser as profundezas criadas por Deus:

Pela face da terra o grande oceano
Escorreu, não inerte, mas com tépido e prolífico
Fluido a suavizar todo o globo,
Predispondo a grande mãe a conceber,
Saciada com a fecundante umidade, e disse Deus:
"Águas, que subjazeis ao firmamento,
Num só local vos congregai" [...]
[...] *ao grande receptáculo*
De águas congregadas Ele chamou Mares.*

Algum tempo se passaria ainda antes que o mar se tornasse, como é hoje, uma fonte de muito romantismo — o arquétipo do sublime, aquela qualidade filosófica das criações naturais que logra reunir, ao mesmo tempo, o magnificente e o horrífico. As grandes cordilheiras, com seus picos alcantilados, penhascos, avalanches e tormentas, são protótipos clássicos do sublime, ao oferecer uma estética que inspira temor e reverência. O mar veio a ser visto mais ou menos da mesma forma — um ente possuído de um poderio assustador, uma beleza letal, capaz de provocar, num mesmo instante, medo, respeito e fascínio. No fim do século XVIII, o mar — e o mar, para a maioria dos europeus era o oceano Atlântico, que banhava suas costas — deixou de ser uma mera inconveniência que se devia pôr de lado na vida, na arte, na literatura, em qualquer atividade criativa. Era algo a ser reverenciado e até amado, embo-

---

* "Over all the face of Earth/ Main Ocean flow'd, not idle, but with warme/ Prolific humour soft'ning all her Globe,/ Fermented the great Mother to conceave,/ Satiate with genial moisture, when God Said/ Be gather'd now ye Waters under Heav'n/ Into one place, [...]/ the great receptacle/ Of congregated Waters he call'd Seas."

ra sempre com cautela, pois sempre podia revidar, e com uma força e poder irresistíveis.

CRIATIVIDADE COM PEDRA

Ao mesmo tempo que os holandeses pintavam o Atlântico como algo de inescapável esplendor, os construtores dos impérios europeus começavam a criar e expandir, na periferia daquele oceano, cidades de apropriada imponência. E, embora não se possa dizer que as pessoas que projetaram as cidades ou seus edifícios estivessem deliberadamente prestando algum tipo de homenagem ao oceano, hoje em dia muitas delas contam com um legado arquitetônico que mostra certa singularidade esplêndida. Não resta dúvida de que devido à história da colonização e do intercâmbio de riquezas entre a Europa, a África e as Américas, nenhum dos outros oceanos e mares do mundo possui atualmente tal concentração de magnificência urbana: cinco séculos de criatividade com pedra deixaram uma marca indelével no Atlântico, um registro tão valioso das interações do homem com a vastidão desse oceano quanto a arte e a literatura que ele inspirou.

O mero número de cidades à beira do Atlântico poderia fazer com que qualquer exposição mais pareça um catálogo. De Hammerfast, na Noruega, à Cidade do Cabo, no lado oriental, e de St. John's, no Canadá, a Comodoro Rivadavia no ocidental, e afora as metrópoles óbvias como Nova York e Roterdam, Liverpool e Rio de Janeiro, há lugares como Esbjerg, Vigo, Tokoradi, Walvis Bay, Puerto Madryn, Wilmington e Halifax — uma simples amostra das dezenas de portos e cidades que vieram a existir unicamente devido a sua proximidade do oceano. Qualquer seleção baseada na impressão de homenagem que cada uma delas parece prestar, ou de um legado que pareça especial, será certamente controversa, forçada ou falsa.

No entanto, podemos citar algumas das cidades mais especiais, aos pares, fazendo com que àquela do lado oriental, mais antigo, corresponda de alguma maneira lógica uma parceira do lado ocidental, mais jovem. Não para fins de comparação direta, talvez, nem necessariamente porque tenham algum tipo de vínculo histórico formal — como acontece com a cidade inglesa de Merseyside e os portos açucareiros do Caribe, por exemplo, ou com os centros europeus de emigração e os cais de Ellis Island. Os pares oferecem apenas uma certa indicação da ambição urbana que o oceano Atlântico estimulou. Algumas cidades atlânticas são dignas de nota por sua antiguidade, algumas por sua beleza ou pelo impacto que causam, ou ainda por sua desbotada magnificência; umas se destacam pela energia, outras pela importância econômica ou política. E felizmente parece haver, por sorte, uma cidade com tais qualidades em cada costa. Há também, além disso, pelo menos uma cidade ou talvez duas que não se localizam numa costa continental, mas no próprio centro do oceano, e que também apresentam aquele mesmo atributo — aquela marca de peculiar atlanticidade — que é ímpar e inesquecível.

Por muitos critérios, Atenas é a mais antiga cidade da Europa; Cádiz, na Espanha, está entre as mais velhas cidades na costa atlântica do continente. Há quem afirme que Cádiz foi fundada em 1104 a.C., data que importante historiador romano anotou num diário. Mas mesmo o mais bairrista dos gaditanos atuais considera isso improvável e se satisfaz em apontar o século IX a.C. como a data do surgimento da cidade, numa época em que os fenícios a usavam como entreposto para suas expedições ao sudoeste da Grã-Bretanha e ao noroeste da África.

E, embora nunca se tenha descoberto um Pártenon ou uma Acrópole em Cádiz, por acaso uma ruína romana que logo viria a ser apontada como a mais antiga construção sobrevivente na cidade foi descoberta exatamente numa ocasião em que eu estava lá, em minha primeira visita, no começo da década de 1980.

Eu estava realizando um trabalho jornalístico, percorrendo a pé cerca de oitenta quilômetros desde a costa atlântica da Espanha até o Mediterrâneo, pelos sobreirais e pelos despenhadeiros do sul da Andaluzia. Parti de Cádiz e meu destino era o posto avançado britânico de Gibraltar.

Antes de deixar Londres, eu havia imaginado que o ponto alto dessa modesta expedição seria a parada em Tarifa, a cidade mais meridional da Europa, de onde poderia ver os cumes nevados das montanhas Atlas no Marrocos. Parecia-me pouco crível — eu estava com trinta e poucos anos, e minhas perambulações ainda me deixavam de olhos arregalados — que do cais de uma cidadezinha no sul da Europa alguém pudesse avistar a *África*, aquele continente de leões, girafas, mouros, bosquímanos e do monte Kilimanjaro, um continente indizivelmente diferente e que ficava a uma distância inimaginável.

Mas a verdade é que tudo estava mesmo lá, imenso, avultado e meio cor-de-rosa por causa da poeira do deserto marroquino, e o espetáculo era bem o que eu tinha imaginado, cheio de simbolismo e impacto. No entanto, aquela vista não chegava à altura da emoção que reinava em Cádiz quando de lá saí, alguns dias antes. Isso porque ocorrera um fato curioso: um incêndio numa parte antiga da cidade, que já era antiquíssima, tinha tornado necessárias algumas demolições, e, na primeira manhã azul à beira-mar que passei na cidade, o maître do Hotel Atlántico mal conseguia conter sua emoção diante das notícias daquela manhã: "Acharam as ruínas de um teatro romano!", ele sussurrou, enquanto me servia ovos quentes. "Pode ser o maior do mundo!"

Como se soube depois, é o segundo em tamanho.* Mas a descoberta de uma edificação construída por um dos prepostos de Júlio César no século I a.C. deu forma concreta à ideia que aquela cidade, em tudo o mais modesta e reticente, fazia de si mesma como um lugar antiquíssimo que no passado tivera grande importância. Os romanos haviam utilizado Cádiz como uma base naval, e ali estava a prova de que haviam contado com os meios para entreter seus marujos. Os cartagineses tinham feito mais ou menos a mesma coisa, como antes deles os fenícios — que batizaram o lugar com o nome de Gadir, "lugar amuralhado". A cidade já era desenvolvida antes mesmo que se soubesse que o Atlântico era um oceano.

O centro histórico de Cádiz localiza-se numa estreita faixa de terra entre o oceano e a baía. Na extremidade voltada para o mar há uma fortaleza com muralhas largas, canhões e barbacãs com janelas estreitas, pelas quais sentinelas podiam vigiar o mar. O interior do forte é um dédalo de construções antigas, na maioria dos séculos XVII e XVIII. Mais adiante veem-se mansões, palácios e grandes praças, tudo fruto da riqueza acumulada nesses dois séculos, quando Cádiz era o principal entreposto ibérico do comércio com as Américas.

Escolhi como ponto de partida de minha longa marcha para leste a placa sob as palmeiras na plaza de Candelaria que assinalava a casa de Bernardo O'Higgins, o prócer irlando-chileno que no começo do século XIX libertou o Chile do domínio espanhol. Saí caminhando sob um pequeno conjunto de

---

* O teatro de Pompeia ainda é o maior que se conhece.

Ao longo dos séculos, a arquitetura vem deixando nas cidades litorâneas marcas que traduzem o respeito humano pelo mar. Cádiz mostra aqui e ali resquícios das culturas fenícia e romana. A Nova York e Liverpool, a arquitetura conferiu um robusto aspecto comercial, enquanto a ilha de Santa Helena, no meio do oceano, há três séculos oferece um santuário georgiano em miniatura aos comerciantes de passagem.

torres, de onde as mulheres dos mercadores no passado perscrutavam o mar com a esperança de ver navios que regressavam a Cádiz, do mesmo modo que mais tarde as mulheres da Nova Inglaterra faziam das janelas de suas varandas. Passei pelo velho armazém de fumo, pela catedral e pelo convento impecavelmente conservados e finalmente fui parar na grande estrada para o sul, deixando à minha esquerda o teatro romano, coberto de lonas protetoras. Aquela era a estrada que levava à Andaluzia, enquanto o caminho para Gibraltar, abrasador e poeirento, estendia-se à minha frente. Nesse ponto fiquei um pouco desorientado e abordei um espanhol idoso e elegante, pedindo informações. O homem era menos arrogante do que parecia e nada tinha de indelicado. "Mantenha o oceano a sua direita e não terá como errar", disse. "E, no caminho, dê uma olhada na África!"

A esparramada cidade de Santo Domingo, na ilha de Hispaniola, a quase 5 mil quilômetros de Cádiz, do outro lado do oceano, tem poucos encantos óbvios, ao menos à primeira vista. Bem mais de 2 milhões de pessoas se acotovelam nessa cidade feinha e sem nada de especial que é a capital de uma ilha irremediavelmente corrupta e venal, dividida entre a República Dominicana e o Haiti, situada entre Porto Rico e Cuba. Mas na margem direita do rio Ozama há um bairro antigo, o relicário da cidade que Bartolomeu Colombo, irmão do descobridor, fundou em 1496 e que foi reconstruída quatro anos depois, após um furacão devastador. E esse bairro é o tipo da coisa que a gente espera ver.

As construções remanescentes mostram quão grandiosa e parecida com Cádiz essa cidade poderia ser hoje. Há somente um século e meio, a *ciudad colonial* — formalmente chamada Santo Domingo de Guzmán, e na verdade batizada, ao ser fundada, como La Isabella, em homenagem à rainha que patrocinava a expedição — ainda era reconhecida como tipicamente atlântica. Havia um gigantesco quebra-mar, contra o qual as ondas quebravam ruidosamente. Havia docas, um farol e, dentro das muralhas, um quartel, um paiol de pólvora e uma torre de sinalização. Um breve surto de construção colonial, no começo século XVI, teve como resultado um enorme e ornamentado palácio de governo, uma catedral de proporções decorosas, umas tantas mansões de comerciantes, um mosteiro, um hospital e até edificações mais prosaicas porém elegantes — um armazém, um abatedouro. Do lado de terra, um amplo portal furava a muralha com portas de carvalho e duas torres encasteladas, das quais soldados espanhóis saíam em expedições para o interior da ilha.

Santo Domingo foi, em muitos sentidos, o modelo clássico da cidade-fortaleza à beira-mar: ruas estreitas dispostas como um perfeito tabuleiro de xadrez, cercadas por muralhas protetoras feitas de blocos de calcário de quase um metro de largura, com todos os elementos essenciais à vida de expatriados e à expansão colonial comprimidos ao longo delas. O pouco que resta acha-se agora bem protegido: as Nações Unidas cuidam de que o patrimônio histórico da cidade seja garantido e que as magníficas construções — a Primeira Catedral da América, o Primeiro Castelo da América, o Primeiro Palácio da América — fiquem fora das garras dos incorporadores, que tanto desfiguraram a capital com arranha-céus e shopping centers. Há ruas calçadas com pés de moleque e uma agitada Plaza de España; gaivotas vindas do mar, além das muralhas, pairam e guincham na brisa.

Qualquer pessoa que caminhe ao entardecer pelas muralhas, ao lado dos canhões negros, pode sentir-se culturalmente muito próxima de algum caminhante que esteja em Cádiz, a meio mundo dali. Um deles talvez se sinta tentado a sussurrar para o outro, a um oceano de distância: com certeza era esse o aspecto, eram esses os sons das primeiras cidades do Atlântico em seus primeiros tempos. O clangor das botas dos soldados, com proteções de metal, no calçamento de calcário; o pregão insistente dos mercadores; o rangido do madeirame e das amarras dos navios; os guinchos das aves marinhas; o estrondo interminável das ondas; tudo isso banhado pela luz cálida do amanhecer e do ocaso, que pintavam de cor-de-rosa as altas muralhas coralinas. Cádiz e Santo Domingo podiam, em tal momento, ser a mesma cidade, unidas em estilo e em sensações pelos homens que as construíram e, a seguir, pelo oceano junto do qual cresceram.

Por outro lado, temos as grandes metrópoles atlânticas de hoje, entre elas se destacando Nova York mais que todas. A cidade, o "portão banhado pelo mar e dourado pelo sol", como escreveu Emma Lazarus em seu famoso poema afixado no pedestal da Estátua da Liberdade, continua a ser hoje o que tem sido por mais de 150 anos: o portal de esperança e oportunidade para milhões e milhões de pessoas do outro lado do Atlântico. Na verdade, hoje em dia o grosso dos imigrantes chega pelos grandes aeroportos e vindos de terras muito além do Atlântico, mas a história da Nova York atual ainda é, em essência, a do imenso funil que recebe sem cessar montanhas de gente vinda da pompa histórica da velha Europa desde meados do século XIX até a atualidade.

Ainda hoje Nova York se faz sentir fortemente como uma grande cidade portuária. Um pouco abaixo das enormes bases de concreto em que se escora a ponte Verrazano, no Brooklyn, junto às pistas de concreto da Leif Ericson Drive, pela qual trafegam caminhões barulhentos, há um feio terreno baldio, e dele uma pessoa pode se aproximar bastante dos navios que passam. Não fosse uma grade de ferro, quase poderia estender a mão e tocá-los. E que desfile interminável de navios! São graneleiros vindos de portos africanos, muito carregados, a caminho dos cais de Bayonne, em Nova Jersey. São longos porta-contêineres vindos de Gotemburgo, na Suécia, sem dúvida cheios de móveis baratos, destinados ao cais pegado à loja principal da moveleira Ikea em Elizabeth, em Nova Jersey; navios *roll-on-roll-off*, branquíssimos e fechados, vindos de montadoras na Bélgica e na França, rumo ao canal de Newark; petroleiros subindo o canal devagar em direção aos tanques de armazenamento de Kearny; e, às vezes, até um transatlântico de passageiros, talvez um elegante navio da Cunard, ou um de aspecto mais vulgar, da Carnival, com uma superestrutura de peso alarmante, que segue para os molhes do lado oeste de Manhattan ou para o terminal recém-reformado de Red Hook, no Brooklyn, bem ao lado de uma fabriqueta que, dizem algumas pessoas, produz as melhores tortas de limão taiti dos Estados Unidos.

Os navios que deixam Nova York também passam ruidosamente, rumo aos vagalhões do Atlântico, com suas hélices descomunais agitando as águas ao passarem por Sea Gate e por Breeze Point; depois por Sandy Hook e pelos morrotes em Nova Jersey, chamados, com boa dose de generosidade, Atlantic Highlands [Montanhas Atlânticas]; pelos molhes de segurança máxima da Marinha, onde belonaves americanas são carregadas de munição. O cheiro do mar está em toda parte e, a não ser nos dias mais sufocantes de verão, parece soprar sempre uma brisa amena. Dezenas de barquinhos miúdos correm, apressados, entre as embarcações enormes, como os insetos que, quando crianças, chamávamos de barqueiros. Lanchas da polícia e da guarda costeira também se escondem por ali, de sobreaviso, com oficiais fardados ao leme e motores que, embora capazes de lhes imprimir altas velocidades, ali funcionam em marcha lenta.

Lá atrás passa a autoestrada que leva o nome do primeiro norueguês que cruzou o oceano, ainda que grafado de maneira informal. Sobre ela, um fluxo de caminhões, carros particulares e táxis amarelos, quase todos voltando do aeroporto Kennedy pelo caminho mais longo, de modo a evitar os engarrafamentos anunciados na ironicamente chamada "via expressa" Van Wyck.

Poucos táxis se dão ao trabalho de parar, mas, se um deles se dispuser a tanto, serão apenas mais cinco minutos em direção a oeste para passar sob a Brooklyn Esplanade e depois subir o acesso para a ponte do Brooklyn, da qual, de repente, se avista a cintilante muralha de vidro de Manhattan, como uma cortina num teatro espetacular. Uma vez levei uma jovem filipina até ali, depois de um longo voo desde Manila. Era um frio dia de inverno, e pela primeira vez na vida ela via e tocava a neve, com um grito de surpresa e prazer. Mas quando pela primeira vez avistou Manhattan — caía a tarde, e as primeiras luzes começavam a fulgir nas janelas de mil edifícios — seus olhos se arregalaram, ela soltou uma exclamação e rompeu numa torrente de lágrimas.

Manhattan está longe de ser hoje um templo arquitetônico dedicado à história marítima da cidade, uma celebração do mar. Suas legiões de arranha-céus são totens de outros campos de comércio e riqueza. Mas lá embaixo, ao lado dos fortes e baluartes do Battery Park, em Ellis Island, em Governors Island e na Estátua da Liberdade, em seu parque na antiga Bedloe's Island, ainda há sinais das origens cisoceânicas da cidade. O mais notável deles é a suntuosa Beaux Arts Custom House, edifício hoje pouco utilizado, mas que misericordiosamente foi poupado do mesmo destino de outros prédios igualmente nobres, demolidos sem dó nem piedade.

Quatro grandes estátuas de figuras sentadas se dispõem ao longo da fachada desse esplêndido edifício. Foram esculpidas por Daniel Chester French, famoso sobretudo por causa da ciclópica estátua de Lincoln em Washington, D.C. As imagens da Custom House representam, mais que um rapapé ao espírito etnocêntrico da época, os grandes continentes de navegadores.

A Ásia e a África, cujas estátuas ocupam as duas extremidades do edifício, mostram-se sonolentas e imóveis, com pouca presença e inutilmente belas. Já a Europa e a América se acham uma diante da outra, de cada lado da escadaria da entrada principal, e irradiam atitudes nobres e positivas, com uma congelada energia marmórea e uma capacidade aparentemente ilimitada de triunfo e fortuna. Se pudermos dizer que duas estátuas representam a fusão que criou a nova identidade atlântica, elas serão esse par de colossos escultóricos, pouco vistos e em grande medida escondidos nos cânions do extremo sul de Manhattan. É uma pena que ambas as estátuas sejam femininas e não haja, portanto, possibilidade de gerar alguma prole de mármore, com todas as marcas genéticas do novo espírito atlântico.

Jornais de navegação, como o *Journal of Commerce* e o *Lloyd's List*, ainda circulam nessas ruas do sul de Manhattan, entre os que precisam deles com urgência, e uma loja próxima, a New York Nautical, ainda vende cartas náuticas como "Approaches to Pernambuco" e "Estrecho de Magallanes", e possui exemplares do *Admiralty pilot to the West Coast of Scotland*, além de guias para cem outros rincões dos oceanos. Um marinheiro encontra ali o *List of lights: North Atlantic*, um bom estoque de sextantes e cronômetros com caixa de latão, o *Heavy weather sailing*, de Adlard C. Coles, e o *Ashley book of knots*. Se a pessoa passar uma hora na Baixa Broadway e depois pegar um táxi para os cais de Red Hook, pode sentir-se plenamente capacitada para entrar num barco, levantar âncora, passar por baixo da ponte Verrazano, aproar para os vagalhões de Fire Island e passar por Montauk, em direção ao Navio-Farol Nantucket, que assinala o ponto final das águas rasas, e finalmente fixar o rumo para um dos portos clássicos do Velho Mundo, a 3 mil milhas náuticas de distância. Para Bergen, digamos, na Noruega. Ou para Antuérpia, Roterdam, Liverpool, Cherbourg, Vigo, Casablanca e até mesmo, se valente e bem aprovisionada para ir longe no rumo sudeste, a Cidade do Cabo.

Aqui, no extremo da mais longa diagonal do Atlântico, fica o oposto polar de Nova York, seu antípoda intelectual e espiritual. Aqui, a somente uns poucos quilômetros da ponta mais meridional da África, fica uma cidade verdadeiramente nascida do mar, mas que aparentemente presta pouca homenagem a ele, deixando que a natureza o faça. O espetáculo de Manhattan é algo inteiramente entronizado em seus edifícios, que exibem a miríade de capacidades criativas da humanidade. A paisagem natural é ali de todo irrelevante. Em contraste, as graças da Cidade do Cabo residem não nos edifícios da cidade, mas nas montanhas de azul aveludado que a emolduram. E todo esse grandioso cenário serve para mostrar o que o mar já sabe e que é o oposto absoluto da ilusão de Nova York: não o gênio criativo da humanidade, e sim nossa total insignificância.

Cheguei à Cidade do Cabo recentemente num pequeno navio grego. Vínhamos da ilha de Tristão da Cunha, a 2900 quilômetros dali, numa viagem de três dias no sentido leste. Tal como prometera, o timoneiro ucraniano tinha me chamado ao passadiço logo depois das cinco horas, na manhã de nossa chegada. A África, disse ele, estava agora bem diante de nós, visível, e o sol logo nasceria sobre as montanhas.

Fazia uma manhã claríssima, sem nuvens e fresca. Um cargueiro baixo, de registro chinês, navegava a boreste, num mar calmo e, afora ele, vazio. À nossa frente, a aurora iminente avermelhava o céu, e embaixo dessa explosão de cor viam-se, silhuetadas em violeta, montanhas serrilhadas que terminavam num penhasco íngreme — o antigo cabo das Tormentas, agora cabo da Boa Esperança. Ao norte desse cabo, a terra primeiro se elevava, para depois baixar num longo desfiladeiro e depois tornar a subir num aclive meio plano. Foi por detrás desse aclive que apareceu o sol, mudando a cor da terra, que estava agora a trinta quilômetros, de azul para marrom-acinzentado e, onde havia vegetação, para verde.

Logo pudemos ver vestígios de árvores nos cimos das montanhas, e alguns subúrbios litorâneos — Camps Bay, Sea Point e Three Anchor Bay — surgiram devagar, como se não fossem mais que manchas pálidas nas encostas verdes. Simonstown, a velha base da Royal Navy na ponta norte de False Bay, estava obscurecida por um baixo nevoeiro matinal. À medida que nos aproximávamos de terra, o próprio pico dominante ficava mais visível, acabando por se dividir em suas partes constituintes: Signal Hill e Lions Head à direita e, bem em nossa frente, a sanefa plana e imensa da Mesa. Ao nos virarmos para Table Bay, podíamos ver as luzes da iluminação pública da Cidade do Cabo piscando à distância. Já avistávamos o tráfego de veículos nas estradas litorâneas. Sob a borda protetora dos morros, a grande cidade despertava para mais uma fria manhã sul-africana do fim da primavera.

Continuamos a avançar, no interior calmo e protegido da baía, passando por um punhado de navios ancorados, alguns à espera de um lugar nos molhes, outros enferrujados e, com toda probabilidade, obrigados a aguentar a demora e pagando sobrestadia. A bombordo estava a ilha Robben, onde as autoridades coloniais no passado isolavam os leprosos e onde os sul-africanos brancos fizeram o mesmo com Nelson Mandela, ainda que com menor êxito. Antes havia carneiros e coelhos na ilha Robben, os únicos em todo o continente, dizia-se com orgulho. Agora só restam os coelhos, como praga, e aos milhares.

Já estávamos agora bem perto, reduzindo a velocidade. De súbito ouvimos claramente um tantã de marteladas e vimos as súbitas fagulhas de maçaricos de solda, e tudo isso vinha de um novo estádio que estava sendo construído junto do porto. Os motores pararam por um momento e fundeamos ao lado de uma boia até que uma nervosa lanchinha de prático, branca, saiu para nos receber, pilotada por um negro de ar idoso. O prático, jovem e jovial, num uniforme recém-passado, veio a bordo e daí a momentos estava no passadiço, conduzindo-nos a nosso píer na Doca Vitória e Alfred* — a única estrutura de algum destaque que um dia procurou dar à Cidade do Cabo um emblema de importante porto atlântico.

Estava no porto o *Chamarel*, um navio lançador de cabos, construído na

---

* O príncipe Alfred, segundo filho da rainha Vitória, despejou em 1860 a primeira carga de pedras de enrocamento para a construção da primeira doca atlântica da África do Sul. Na qualidade de segundo duque de Edimburgo, já dera seu nome à pequena capital de Tristão da Cunha (a mais isolada ilha habitada do Atlântico e do mundo), sobrevivera a uma tentativa de assassinato durante um piquenique em Sydney (o autor do atentado, irlandês, foi enforcado) e se casara com a filha do tsar russo, Maria, cujo nome foi dado a um biscoito muito conhecido ainda hoje.

França, preparando-se para zarpar, levando enormes rolos de cabos de fibra ótica para instalar na costa da África Ocidental. Anos antes, havia ajudado a instalar a imensa linha SAT-3, que se estende por quase 10 mil quilômetros entre Portugal e a Cidade do Cabo, e como o cabo se partia com bastante frequência o *Chamarel* ficava agora em patrulha quase constante para ajudar a manter a linha operacional. Pequenos países atlânticos como Togo e Benin estavam ligados a esse cabo importantíssimo e dependiam dele para manter-se em contato com o resto do planeta. Engenheiros dedicavam-se agora a conectar os países atlânticos meio esquecidos, como Gabão e Guiné Equatorial, nações pequenas que poderiam ter ficado excluídas ainda durante décadas se os geólogos não tivessem encontrado petróleo em suas águas territoriais. Por isso, questões econômicas exigiam que eles tivessem acesso à internet.

Um navio de pesquisas oceanográficas na Antártica também estava atracado ali perto. Tinha o casco pintado de alaranjado e a proa levemente recurvada, indicando que poderia atuar como quebra-gelo, "se é que ainda sobrou algum gelo", disse seu ranzinza comandante alemão, que morava no Colorado e tinha lido qualquer coisa a respeito do aquecimento global.

Dois rebocadores finalmente nos levaram para o molhe mais interno do porto, ao lado de um pontão cheio de focas que se aqueciam ao sol. Os únicos prédios de certa importância nas proximidades eram o Terminal de Passageiros da Cidade do Cabo, uma estrutura sem nada de especial, levantada pelo departamento de obras públicas na era eduardiana, e um punhado de armazéns vitorianos, além de edifícios de escritórios com grades douradas e sacadas meio enferrujadas, na maioria transformados em restaurantes e hotéis.

A mais antiga edificação na Cidade do Cabo — que se dizia ser a mais velha em toda a África meridional — era o antigo castelo holandês, uma construção em forma de estrela de cinco pontas, com paredes ocre e metida num parque ao lado da principal estação ferroviária. O castelo está quase escondido entre os desenxabidos edifícios de escritórios e condomínios igualmente insossos: os únicos exemplos de arquitetura colonial com algum encanto são as mansões e os hotéis nas partes mais baixas do morro da Mesa, lindas quando os jacarandás estão floridos, em parques afastados da agitação e do tráfego. Na verdade, a impressão mais forte que fica é a do tráfego, das passarelas, dos guindastes e da feia arquitetura da década de 1960. Só quando se chega ao terminal do teleférico e se sobe ao topo da Mesa é que se volta a perceber o espírito da

Cidade do Cabo como uma cidade à beira-mar — e só então fica mais fácil recordar por que ela se encontra onde está, por que há quatro séculos os holandeses a escolheram como ponto de descanso e porto de aprovisionamento, e por que, embora ela seja tão diferente de Nova York, continua a ser, em tudo, uma cidade tão atlântica quanto aquela, a milhares de quilômetros de distância, na extremidade oposta da diagonal oceânica.

Do alto da montanha, o oceano está em tudo e em toda parte. Basta caminhar um momento para nos afastarmos do ruído irritante dos motores do teleférico e do alarido dos feirantes e chegar à paz dos recantos do cume, na companhia das águias, abutres e toutinegras que pairam, esperançosos e constantes, nas correntes térmicas. O Atlântico se estende para o sul, onde se tem um vislumbre de suas vagas fortes batendo no cabo mais meridional do continente, o das Agulhas, e nos rochedos do mais famoso, o da Boa Esperança. Este se localiza um pouco ao norte, numa costa que, depois das penínsulas de Saldhana e da baía de Santa Helena, segue reta até Namaqualand e as dunas de areia da Namíbia e da Costa dos Esqueletos. E o Atlântico se estende ainda diante da cidade lá embaixo, para oeste — um vasto e vazio lençol de oceano de aço escovado, com as marés e correntes turbulentas de Table Bay, os furiosos redemoinhos em torno da ilha Robben e as tênues esteiras brancas de grandes navios que rumam para portos devidamente importantes e em geral belos, do outro lado do mundo atlântico: Buenos Aires, Montevidéu, Rio de Janeiro, Recife, Miami, Fort Lauderdale, Wilmington, Charleston, Baltimore, Filadélfia, Boston, Halifax e St. John's.

Cada um desses portos é encantador, cada um deles é antigo, a maioria de estonteante beleza, e todos estabelecidos, como essa cidade no sul da África, com cais, autoridades portuárias, diques secos, edifícios de ornamentada grandiosidade e enormes terminais ferroviários, cada um deles localizado junto de um oceano que cada qual de alguma forma glorifica, em aspecto, sons, estilo, cheiro e *jeito*. Ou é assim que penso nesses portos ao lançar os olhos, com inveja, para os navios que avançam pelo oceano, rumo a oeste.

O *Chamarel* também está de partida. Vejo-o indo com cuidado entre os molhes, branco e esguio, com suas chaminés gêmeas e sua proa curiosamente bulbosa, com o equipamento lançador de cabos, e os próprios tambores de cabos de fibra ótica amarrados à ré: o barco está indo para Angola, de onde chegou por rádio um aviso de problemas. E talvez dê uma passada pelas ilhas atlânticas do recôncavo da África — as ilhas de Cabo Verde, quem sabe, ou São

Tomé e Príncipe, todas elas carentes de conexões eletrônicas com um mundo que, a não ser por isso, poderia deixá-las de lado.

E então minha atenção se volta para outro navio, pequeno, atarracado, azul e branco, já agora bem além dos molhes, aproado para noroeste. Parece estar numa rota diferente da dos grandes cargueiros, uma rota que me recorda a direção que tomariam os antigos transatlânticos da Union Castle, na época em que esse porto era o destino dos últimos grandes navios de passageiros, que seguiam, pontuais como um relógio, para a Inglaterra, para Southampton. Às 16h00, toda quinta-feira, um desses navios partia de Table Bay, enquanto outro, igual, saía do Solent para o sul. Cruzavam-se, trocando um breve alô, em algum ponto da costa do Senegal. "Dezessete dias!", bradavam os anúncios nos jornais. "Serviço Postal Semanal para a África do Sul. Informações na rua Fenchurch, 3, Londres, EC3."

Mas o que vejo lá de cima não é nenhum grande navio de passageiros — não o *Pendennis Castle*, o *Stirling Castle* ou o *Edinburgh Castle*, com seus cascos cor de lavanda. Ademais, o último desses barcos, o *Windsor Castle*, realizou a última viagem da companhia em 1977, partindo dali precisamente às 16h00 do dia 6 de setembro e chegando de volta a Southampton dezessete dias mais tarde. Depois disso teve muitos outros proprietários, sobretudo gregos; e então partiu para a Índia, a fim de ser sucateado, mas sofreu a ignomínia de um defeito na máquina do leme no mar da Arábia e teve de ser rebocado para um festim de rapinantes no estaleiro do sucateiro, em Bombaim.

Não, aquele navio lá embaixo não era um barco da Union Castle. Quando enfim consegui pegar emprestado um par de binóculos de alcance suficiente, pude identificá-lo, ainda que com dificuldade, quando ele já sumia na bruma da tarde. O nome estava pintado em letras brancas na popa. Seu porto de registro era Jamestown: era o RMS *St. Helena*, um navio de passageiros e carga, de 6 mil toneladas, o único barco sobrevivente a ser designado formalmente como Royal Mail Ship e, como tal, merecedor de certo grau de respeito e precedência por todos os demais, no porto ou em navegação. Seguia para norte e atracaria por fim em Portland, na Inglaterra. Mas a caminho pararia, daí a uma semana, na ilha que lhe dava nome e para a qual era agora a única fonte regular de abastecimento.

Naquela cálida tarde de outono, o RMS *St. Helena* saía para o oceano na rota de seu porto de registro, a cidade que ainda considero o mais belo de todos os núcleos humanos no Atlântico. Jamestown, a capital da colônia para onde os britânicos exilaram o derrotado imperador Napoleão Bonaparte, é um lugar que continua hoje preservado à perfeição graças a seu isolamento, quase total até muito recentemente. A ilha de basalto, com 122 quilômetros quadrados, onde vive uma população quase invariável de 5 mil pessoas, fica a bons quatro dias de navegação da costa de Angola, no meio de um deserto marinho hoje sem linhas regulares.

Hoje sem linhas regulares porque os navios da Union Castle tocavam em Jamestown, mas há muito abandonaram a rota. A última visita foi feita pelo *Windsor Castle* no outono de 1977. O serviço então chegou ao fim, e quando fui lá pela primeira vez a viagem era um pouco mais difícil de organizar: não havia mais "16h00, toda quinta-feira".

Muitos anos antes eu tinha sido enviado à ilha para fazer uma matéria sobre o curioso caso de um homem do lugar — um *Saint*, como ainda são chamados os ilhéus — que fora condenado por um assassinato não premeditado (resultante de uma briga de bar) e que seria levado à Inglaterra para ali cumprir sua sentença.

Eram raros os crimes sérios na ilha, tinham-me dito. Na verdade, os ilhéus em geral se davam tão bem uns com os outros que havia uma abundância alarmante de crianças ilegítimas. Quando davam as caras em casamentos, elas eram chamadas de "excedentes". Disseram-me também que os policiais ali quase nada tinham a fazer, e, como a cadeia de Jamestown era minúscula e ficava sufocante no calor equatorial, os presos eram soltos toda tarde para que fossem nadar no Atlântico.

Numa tarde escura em Londres, resolvi: aquele era exatamente o tipo de lugar que tinha de ser visto — uma possessão colonial no meio do oceano, muito antiga, onde a vida, vista de longe, era levada com menos gravidade que na maioria dos outros lugares. E, depois de muitos esforços, consegui um lugar a bordo da versão da década de 1980 do RMS *St. Helena*, um predecessor — menor, mais atarracado e vermelho vivo — do barco azul que eu tinha visto passar pela ilha Robben. Depois de alguns atrasos e confusões, deixamos os Western Approaches* e seguimos para o sul a não mais que dez nós, passando pelas Canárias e pelas ilhas de Cabo Verde, rumo aos mares tropicais, tépidos e cheios de peixes-voadores.

---

* Retângulo ideal em que estão inscritas a Grã-Bretanha e uma ampla área marítima a oeste. Seus limites norte e sul são a extremidade norte e sul das Ilhas Britânicas; o limite leste, a costa oriental; e o limite oeste, o meridiano de 30° W. Esse retângulo é de especial importância em termos de defesa porque na costa ocidental britânica ficam muitos dos maiores portos do Reino Unido. (N. T.)

Houve um interlúdio, no qual fizemos uma breve escala em outro posto avançado britânico no oceano Atlântico, a ilha de Ascensão, um vulcão extinto, onde existem um campo de pouso e muitos equipamentos de comunicações dispendiosos (alguns para transmissões radiofônicas, outros para espionagem) e uma mancha de grama bem irrigada, no cume, onde pasta um rebanho de vacas que, por motivos complicados, era administrado por uma obscura seção da BBC em Londres. Tínhamos parado ali para pegar um grupo de Saints que trabalhavam para empreiteiros numa ilha que mais parece um monte de escória, ou "inferno com o fogo apagado", como diziam alguns mais descontentes. Mas os salários pagos em Ascensão são bons e há pouca oportunidade de gastar dinheiro, de modo que naquela época não eram poucos os Saints que ficavam felizes por trabalhar ali com contratos de um ano.

Mas felizes de verdade ficavam quando finalmente voltavam para casa, o que aconteceu com nossos passageiros depois de mais dois dias de viagem. A chegada a Jamestown tinha um sabor todo seu, como tantas vezes acontece com quem volta do exterior — como reencontro de cônjuges saudosos, crianças muito crescidas e depois todas as notícias e os mexericos. Mas, embora aquela tarde — atracamos poucas horas antes do poente — fosse dominada pelos prazeres do reencontro, tive uma revelação de natureza bastante diferente. Jamestown, vista a distância e em contato íntimo, mostrou ser uma cidade atlântica bem diferente de qualquer outra, e numa escala, num estilo e num jeito simplesmente requintados. Jamestown é, na realidade, uma obra de arte — e arte atlântica.

A cidade, que em geral tem cerca de 1500 habitantes, mais ou menos um terço da população total da ilha, localiza-se num vale profundo na parte norte da ilha, e, tal como a Cidade do Cabo, é inteiramente cercada de morros. Mas não existe um atracadouro capaz de receber embarcações de maior porte. Os navios têm de lançar ferros na baía James, e a transferência de passageiros e de carga para a ilha é feita por lanchas e escaleres.* Os lendários vagalhões do Atlântico, "nascidos em tempestades longínquas, na Terra Nova", como os ilhéus gostam de

---

* Vez por outra, esse traslado pode ser arriscado. Em meados da década de 1980, quando um membro da família real visitou a ilha, o governador, em uniforme de gala de linho branco e um chapéu de fibra com penas de cisne, saiu descuidadamente de um pontão e mergulhou direto no oceano, sumindo de vista. Embora tenha sobrevivido ao banho e à vergonha, o Foreign Office logo o transferiu para um posto mais seco, mas ainda à beira do Atlântico — a Guiana, onde, ao contrário de Santa Helena, há um aeroporto.

brincar, podem tornar esse traslado perigoso, e a espera, muitas vezes, prolongada. Mas a vista, quando a lancha se aproxima do pequeno píer abarrotado de gente, parece saída de uma estampa do século XVIII, sem nenhuma modificação. Há um pequeno e harmonioso castelo à esquerda, pintado de branco, com pequenos pátios internos e praças calçadas de pés de moleque; uma pequena ponte levadiça de madeira; e uma muralha acastelada com três metros e meio de largura, construída para proteger a cidade de qualquer hostilidade vinda do mar, e essa muralha tem um portão com uma porta corrediça, encimada pelas armas da Honorável Companhia das Índias Orientais entalhadas e pintadas de vermelho, branco e prata. Há uma igreja minúscula (a catedral, dedicada a são Paulo, fica a certa distância, mais no interior da ilha), uma praça com um banco para os anciãos, à sombra de uma figueira-de-bengala trazida da Índia, um pequeno posto policial com a já mencionada cadeiazinha, e então, no começo de uma única rua principal, que sobe suavemente na direção dos morros castanhos, cobertos de linheiros, veem-se duas fileiras de casas em estilo Regência, cada uma delas pintada de cores vivas e com treliças de ferro e janelas do tipo guilhotina que se entreolham pacientemente, como fazem há séculos.

Jamestown é uma cidade, como se diz, coerente. Tem o Consulate Hotel, com uma reluzente placa de latão na fachada. Tem a Escada de Jacó, uma escadaria com 699 degraus de pedra e corrimão de ferro, que sobe num ângulo vertiginoso pela encosta do vale e foi construída para abastecer uma guarnição que montava guarda nos montes, a fim de garantir que qualquer grupo disposto a resgatar Napoleão fosse visto — e despachado. Tem um parque público, com uma trilha em zigue-zague entre os jacarandás e as touceiras de bambu, reservado originalmente às senhoras. Tem um agitado mercado coberto, cujo chão, atulhado de cestos gotejantes de peixes, é lavado pela água do mar. E de vez em quando as pessoas abrem caminho para a passagem de um Jaguar, com uma bandeirinha no capô e uma coroa em vez de placa de licença, transportando Sua Excelência de sua mansão, a Plantation House (cujos jardins ostentam tartarugas gigantescas que já estavam lá no tempo de Napoleão), para seu gabinete no castelo.

O Atlântico se imiscui, insinuante, em todas as conversas, em todos os pensamentos. É ele, naturalmente, que determina o tempo — as névoas matutinas, os ventos vespertinos, as vagas que sacodem e fazem ranger os pontões à beira-mar. Ele define as escalas dos navios — não existe ainda um aeródromo, e muitos ilhéus imaginam que nunca haverá, e a RMS, em suas muitas encarnações, ainda é o único meio de sair da ilha e voltar a ela. O atum de cada dia vem do Atlântico, e a pouca atividade econômica que subsiste na ilha agora depende quase exclusivamente do mar. No passado, os ilhéus cultivavam agrião para a Royal Navy, além de colher e espadelar o linho para a fabricação de cordas e cordéis, mas, quando os correios britânicos decidiram fechar seus malotes com lacres plásticos, toda a produção cessou. A bandeira francesa ainda tremula, orgulhosa, diante da Longwood House, onde o mais detestado visitante atlântico da ilha foi obrigado a passar seus últimos anos, pós-Waterloo, tendo sido levado para ali por um dos mais conhecidos vasos de guerra do oceano, o HMS *Northumberland*.* Até o endereço da ilha comprova um vínculo formal e oficial entre a ilha e o mar, sem igual em todo o mundo: "St. Helena, oceano Atlântico Sul", com um código postal que vale para toda a ilha, STHL 1ZZ. (Segundo se diz, é reconhecido pelos computadores em Londres.)

Evidentemente, existem obras arquitetônicas mais nobres em torno do Atlântico. São muitas as cidades de maior encanto à beira-mar e muitos os lugares de igual irrelevância por todo esse largo oceano, de Thorschaven, nas ilhas Faroe, no norte, a Stanley, nas Falkland, no sul. Não há um farol em Santa Helena — e assim ali não se deu oportunidade a um dos grandes construtores de faróis, como os Stevenson, de Edimburgo (entre os quais Robert Louis), que criaram alguns dos mais esplêndidos, belos e interessantes, do ponto de vista técnico, de todos os faróis atlânticos.** No entanto, pondo-se de lado esse único lapso, é tentador incluir Santa Helena entre os grandes triunfos visuais do mar oceano.

---

* Houve oito vasos de guerra com o nome *Northumberland*, a maioria dos quais terminou seus dias no Atlântico — ao largo de Ushant ou na baía de Biscaia. O primeiro deles afundou por ocasião da Grande Tormenta de 1703. Certa vez topei com o mais recente, um esguio contratorpedeiro Tipo 23, que executava curvas em alta velocidade ao largo da ilha Geórgia do Sul. Por pouco esse barco não encontra seu fim ali, pois num acidente esquisito seu equipamento de sonar foi arrancado, quase rasgando o casco, e o navio teve de se arrastar até o Brasil a fim de sofrer reparos de emergência, sendo depois levado à Inglaterra para um dispendioso reaparelhamento.

** Até os nomes dos mais conhecidos faróis dos Stevenson no Atlântico têm uma poesia toda sua: Bell Rock, Dhu Heartach, Eddystone, Muckle Fugga, Skerryvore! Uma vez visitei o farol no recife de Alguada, na foz do rio Irrawaddy, na Birmânia. O projeto era dos Stevenson, a construção fora entregue a um escocês chamado Fraser, e o faroleiro mantinha todos os metais reluzindo que dava gosto, para o caso, disse, de uma "inspeção súbita". Os governantes do atual Mianmar cometeram muitos crimes: um deles, acho isso há muito tempo, foi ter fechado o velho farol do recife de Alguada.

Como um lugar puro e simples, a ilha talvez deva ser considerada junto com outros recantos singulares e excêntricos do Atlântico, como Puerto Madryn, na Argentina, onde vários cidadãos (descendentes de operários de estradas de ferro de Cardiganshire) ainda falam galês; ou com Axim, em Gana, onde há um espetacular castelo holandês; ou com a Ilha do Diabo, na costa da Guiana Francesa (para onde o capitão Dreyfus foi mandado de Paris, a fim de cumprir sua pena numa solitária). Mas sempre fui de opinião que esse pequeno posto colonial merecia algo mais. Sem fantasiar demais, sempre considerei que, graças à arquitetura que define tanto a ilha quanto sua simpática capital, Santa Helena de alguma forma tornou-se representação, símbolo e essência do oceano. De alguma forma, ela é um período da história humana no Atlântico, inalterado, deixado em paz e preservado para a posteridade com seu magnífico estuque Regência e seus belos gradeamentos ingleses de ferro batido.

OS SONS DAS ÁGUAS

O oceano está também representado, e com o mesmo vigor, em formas mais contemporâneas de literatura, pintura e música. O terror que o grande mar provocava nos primeiros tempos há muito foi aplacado; a formalidade com que era descrito nas primeiras décadas de travessias, nos séculos XVI e XVII, foi há bastante tempo deixada de lado; modernamente, o Atlântico tornou-se uma entidade representada em todos os seus estados de ânimo, em parte pelas razões óbvias de sua dramaticidade, sua beleza, sua violência espetacular. Mas, além disso, ele passou a manter relações muito mais cordiais com a humanidade de hoje — e isso, ao que parece, tem muito a ver com o atual estado da civilização presa à terra, uma condição de existência para a qual o oceano é visto como a própria antítese. Muitas pessoas hoje em dia pensam no oceano com admiração, como um lugar de refúgio das infindáveis preocupações e necessidades de quem mora em terra firme. Devido às dificuldades da vida moderna, o mar passou a ser visto como um refúgio, um lugar sem multidões, sujeira ou necessidades, sem os cortiços de uma megalópole moderna; como um lugar bem distante da roda-viva da indústria, do dinheiro e da ganância.

O Atlântico, naturalmente, é uma massa d'água que ainda precisa ser cruzada e navegada, por motivos comerciais, por curiosidade e, como já veremos, por causa das guerras. Mas é também uma massa d'água que passou a ser vista — e, se tivermos de arriscar uma data, isso começou por volta do início de século XIX — como um espaço para fins prazerosos, entre os quais a recreação e a recriação do espírito humano. Ainda era uma massa d'água imensuravelmente grande e poderosa, é verdade, mas no que dizia respeito à humanidade era agora também algo de puro, algo limpo e não congestionado, com uma certa nobreza dolorosamente ausente dos cortiços das cidades industriais.

O oceano — e o oceano mais conhecido dos cosmopolitas do século XIX ainda era o Atlântico — era assim algo a ser invejado, uma entidade merecedora de respeito e admiração. Isso representou uma importante mudança de ênfase — e a pintura, a literatura e a música de nosso tempo apressaram-se a refleti-la, a passar por algo que, sem trocadilho, pode ser chamado de um verdadeiro e visibilíssimo *oceano de transformações*.

No campo da música, foi o crescimento da orquestra oitocentista que propiciou essa mudança, pois possibilitou ao compositor, pela primeira vez, reproduzir em toda a sua plenitude a complexidade do mar. A música setecentista era marcada por um racionalismo intelectual, limitada pelos tipos de instrumentos disponíveis e pelo número de executantes que podia ser reunido para usá-los. Por outro lado, o romantismo da música vitoriana expandiu enormemente tanto os tipos quanto o número de instrumentos executáveis — e assim o oceano, com suas repentinas e impetuosas mudanças de humor e de cor, pareceu, de uma hora para outra, um tema altamente convidativo para os compositores.

Para darmos um exemplo mais recuado, Beethoven adaptou em 1815 dois poemas breves de Goethe para criar a quase desconhecida cantata *Mar calmo e próspera viagem*, que tem por tema o contraste entre a plácida solenidade de um navio na calmaria e o tumulto feroz dos ventos bravios que mais adiante obrigariam seu capitão a arribar a um porto em busca de abrigo. Essa obra calou fundo em Mendelssohn, que vinte anos depois compôs uma abertura orquestral mais longa com o mesmo título (um dos poemas de Goethe fala do tédio das calmarias; o outro, de vento e prosperidade). A abertura começa com a quietude do mar sossegado, e a seguir um trilo de flauta indica o avistamento de uma nesga de céu azul e a dissipação da névoa sobre o mar. Sobrevém então uma cascata de cordas que cresce com o aumento dos ventos, e por fim um único violoncelo expõe uma das mais langorosas e ternas melodias de Mendelssohn, comemorando a chegada do navio a seu porto, são e salvo. Tal obra não poderia ter sido escrita ou executada cem anos antes, na época em que o oceano não era plenamente conhecido: não existia nem a orquestra nem, talvez, a necessária confiança musical de qualquer compositor então ativo.

Não surpreende que os compositores italianos oitocentistas tendessem a dar preferência ao Mediterrâneo em suas excursões marítimas — como fez Verdi, por exemplo, em *Simão Bocanegra* e em *Otelo*. Já seus colegas do norte se inspiravam no Atlântico: por exemplo, *O navio fantasma*, de Wagner, tinha como tema a lenda do navio espectral do qual se dizia que assombrava a região do cabo da Boa Esperança, enquanto os protagonistas de *Tristão e Isolda* navegam de um lado para o outro num trecho de mar entre a Irlanda e a Cornualha. Gilbert e Sullivan usaram a mística e um lado mais fútil da vida náutica britânica como base de três operetas — *HMS Pinafore, Os piratas de Penzance* e *Ruddigore*. Compositores ainda mais modernos — Edward Elgar, Benjamin Britten, William Walton e Ralph Vaughan Williams — também lançaram mão do oceano e, numa onda de musicalidade marítima, abordaram, respectivamente, a majestade do oceano (*Imagens marinhas*, de Elgar), suas tragédias (*Peter Grimes*, de Britten, e sua adaptação de *Billy Budd*, de Melville), os costumes dissolutos dos marinheiros (*Portsmouth Point*, de Walton) e a infinita capacidade do oceano de provocar melancolia (como a *Sinfonia marinha*, de Vaughan Williams, uma epopeia coral de setenta minutos, com forte ambientação em Long Island, sendo o libreto extraído de *Folhas de relva*, de Walt Whitman).

Frederick Delius, que tinha um certo conhecimento do mar, devido aos tempos que passou gerenciando uma plantação de toranjas no leste da Flórida* e vivendo na Virgínia, caiu também sob o fascínio das praias de Long Island, que visitou em 1903. Tal como Vaughan Williams, Delius se encantava com *Folhas de relva*, principalmente pela parte intitulada "Detritos marinhos". A partir de um poema desse livro, "Do berço infindamente embalando", Delius

---

* Delius diria depois que fora o canto distante dos trabalhadores da plantação, entoando suas canções de trabalho, que despertou seu interesse pelas composições evocativas que o tornaram conhecido. Seu pai, comerciante de lã em Yorkshire, queria que o jovem Frederick se tornasse criador de carneiros ou um magnata dos cítricos. Nada disso aconteceu.

produziu seu próprio *Detritos marinhos*, obra de 25 minutos para barítono e orquestra, ainda hoje uma das mais pungentes peças musicais sobre o oceano, inspirada na história de Whitman que começa com o amor e a separação de um casal de gaivotas do Atlântico.

Claude Debussy, que empregou um estilo igualmente hábil porém ainda mais solene e reflexivo, compôs mais ou menos na mesma época três esboços sinfônicos sobre o Atlântico — o primeiro dedicado ao aspecto do oceano entre a madrugada e o meio-dia, o segundo voltado para o complexo e sutil jogo das ondas, e o último inspirado no que ele chamou de "o diálogo entre o vento e o mar". Juntas, as três peças de Debussy ficaram conhecidas simplesmente como *La mer*, e seu enorme sucesso nas salas de concerto da Europa contribuiu para ligar o termo "impressionismo" a um novo estilo de música centrada no mar. Por alguma razão, seus sons deixavam na plateia uma clara sensação de ter *experimentado* a presença do mar, sem necessidade alguma do tipo de signos e símbolos — como o trilo de flauta de Mendelssohn — exigido para as representações anteriores, mais diretas.

A CAPTAÇÃO DA LUZ

Depois que os pintores dominaram as ideias do impressionismo — a vagueza deliberada, a imprecisão estudada ou, como se expressou um crítico, a transmissão do "sentimento enevoado" —, não tardaram a perceber que seus efeitos eram particularmente apropriados ao mar. Os franceses foram os pioneiros: as estradas de ferro recém-construídas, que levavam turistas parisienses às praias do Atlântico e da Normandia, também conduziam pintores à beira-mar. Monet, Signac e Seurat deixaram marinhas famosas: os rochedos, a costa, a indolência do verão, a fúria do inverno. O próprio termo *impressionismo* saiu de uma tela de Monet, *Impressão, nascer do sol*, feita no porto de Havre em 1872. Quando indagado por seu marchand em Paris que título daria àquela vista, rapidamente executada, de mastros, névoas matutinas e luzes dispersas, que ele contemplara da janela de sua água-furtada, o artista comentou casualmente que, se o quadro não poderia ser chamado de um estudo do Havre, bem poderia ser descrito simplesmente como uma impressão. "Por isso, escreva: *Impressão, nascer do sol*", instruiu.

O pintor romântico inglês J. M. W. Turner, do século XIX, dominava como poucos a arte de pintar marinhas. Em O naufrágio do Minotauro, *captou e eternizou a potência do mar e as emoções suscitadas por ele.*

Certa vez John Ruskin observou que "pintar a água, em toda a sua perfeição, é tão impossível quanto pintar a alma". Muitos tentaram. Dentre todos aqueles artistas vitorianos e do início do século XX que pintaram o oceano — e no presente a artista leto-americana Vija Celmins, gênio do lápis, e também o fotógrafo japonês Hiroshi Sugimoto —, talvez nenhum tenha tido o mesmo êxito que uma dupla impecavelmente transatlântica: um americano, Winslow Homer, ianque de Boston; e, um pouco antes, um londrino, J. M. W. Turner. Juntos, os dois arremeteram um galeão com velas cheias e vento de popa contra a pintura documental do mar e mudaram para sempre a visão do oceano.

Turner, que dedicou a primeira metade da vida à representação de poentes e naufrágios em óleo e aquarela, estava bem à frente de sua época, produzindo, décadas antes de Monet, um enorme número de quadros de cores muito saturadas, de um impressionismo vívido e estilo prontamente reconhecível. Já era sessentão quando Winslow Homer nasceu e já morrera quando Homer fez a primeira das gravuras com que começou a carreira. Jamais veria a força extraordinária de, por exemplo, *Voltando para casa* (*Homeward Bound*), uma xilogravura que Homer fez para a revista *Harper's* em 1867 e que mostra passageiros de um navio tentando manter o equilíbrio no convés de um navio em alto-mar e provoca enjoos em quem a contempla. Nunca tomaria conhecimento dos quadros mais famosos de Homer — *Corrente do Golfo, Vento favorável* (*Breezing Up*) ou *Depois do furacão, Bahamas* —, que mostram com economia magistral, mas também com muito da vagueza marítima de Turner, o poder e a majestade do Atlântico. Homer amava a austeridade e a integridade do mar, sua solidão, suas calmarias — *Remando para casa* é um exemplo perfeito do mar chão ao sol poente —, e ele amava o mar principalmente quando ele se agitava e estrondeava, no auge de uma tormenta.

Escrevo esta página apenas um dia depois de uma tragédia decorrente de uma tempestade — duas dezenas de pessoas foram varridas de uma pedra no Maine, por culpa de uma onda inesperada provocada por um furacão distante. Uma menina se afogou, enquanto o pai era salvo. Eram de Manhattan e contemplavam o espetáculo do mar numa ensolarada tarde de domingo que deveria ser de encanto e prazer.

Foi exatamente num dia assim que Winslow Homer saiu de casa em Prout's Neck, perto de onde isso aconteceu. Deve ter se sentado no alto da pedra, pachorrento, com o bigodão se agitando ao vento, esforçando-se por manter a tela esticada enquanto lhe aplicava as primeiras camadas de tinta. A luta entre o homem e as águas do Atlântico causava nele um fascínio interminável — um quadro que ele chamou de *Correnteza* (*Undertow*), por exemplo, feito em 1886, mostra num dia como esse o resgate de duas moças, com seus robustos salvadores ao lado, todos os quatro lutando para livrar-se do puxão do mar.

Haveria muitos outros quadros como esse. Winslow Homer produziu uma série de imagens particularmente heroicas quando passou dois anos no nordeste da Inglaterra, onde o mar do Norte é bravíssimo, com naufrágios constantes e mortes por afogamento frequentes. Trabalhei ali quando era um jovem repórter e conheci bem a costa. Muitas e muitas vezes tive de dirigir, com um fotógrafo, até o local onde a lancha salva-vidas tinha sido lançada ao mar em Cullercoats, na cidade de Whitley Bay, ou mesmo nas ilhas Farne, para ver um corpo gotejante e enrolado num cobertor ser tirado da arrebentação e levado para uma ambulância que, sem sirene, se afastava devagar. A notícia que chegou ontem do Maine teria afligido Homer, como entristeceria qualquer ser humano, mas lhe lembraria, conhecedor que era do terrível poder do mar, que o oceano sempre ganha em qualquer disputa com pessoas que o desafiam e que essa é a ordem natural das coisas.

PENA, PAPEL E MARESIA

O mar moderno está coalhado de marujos literários, que ao longo dos anos produziram um tesouro de literatura. Dickens, Trollope e Poe fizeram incursões nessa área, para não falar de Melville, Thoreau, Emerson, Virginia Woolf, Beloc, Eliot... Dá para uma pessoa pensar se ainda resta alguma coisa a ser dita, se algum cenário marinho ainda não foi dissecado ou descrito. Os escritores trataram de mares conhecidos e desconhecidos, explorados ou não, singrados por veleiros ou barcos a vapor, de águas tranquilas ou hostis, gelados ou envoltos num calor sufocante, de portos gigantescos ou diminutos e de cargas de todo tipo, volume e valor. (Com uma exceção: ao que parece, foi pequeno o volume de literatura de qualidade que surgiu diretamente dos navios negreiros. Muito se escreveu mais tarde, mas pouco na época. Talvez isso se explique pelas terríveis provações daquela realidade.)

Pode-se separar, da massa bruta da literatura marinha, o material que trata do mar em si e não o usa apenas como pano de fundo de outra narrativa. E com relação a esse ponto acredito que a literatura marítima americana tem uma energia que, de alguma forma, supera a produzida em outras partes — ainda que, de modo geral (e com certeza quando o escritor trata do Atlântico Norte ou Sul), a experiência de qualquer pessoa que escreva sobre o mar seja muito parecida, o mar seja de modo geral semelhante e os naufrágios, os perigos, as tempestades e as calmarias não sejam muito diferentes, não importa o porto do qual a embarcação parta ou em que direção siga.

Mas existe uma diferença perceptível entre a abordagem daqueles que escrevem em inglês nos dois lados do Atlântico. Há quem diga que essa diferença decorre do fato de ser a América do Norte um continente de grandeza comparável à dos mares que o rodeiam, uma massa terrestre que, com suas enormes florestas, desertos e cordilheiras, é tão capaz de criar desafios e impor solidão e privações quanto o próprio mar. Do outro lado do Atlântico, os britânicos vivem num pequeno e abarrotado conjunto de ilhas, e sua atitude em relação ao mar não é de modo algum a mesma — pois, embora os mares que circundam a

Grã-Bretanha sejam vastos, frios e perigosos, são, para um romântico, praticamente o único meio de fuga, à parte os cumes de montanhas, dos estorvos da terra. Portanto, apesar de os britânicos encararem o mar como algo que está sempre ali, à mão, ele não deixa de ser também precioso e especial, mais ou menos um refúgio. Já para os americanos, o mar pode ser, mentalmente, muito mais distante e exótico, mas tem uma envergadura de certa forma equivalente à de seu próprio continente, e por isso eles o veem com maior compreensão e o aceitam com mais naturalidade.

Assim, no mais das vezes, o britânico se faz ao mar como um ato de grande ousadia e regressa à pátria com uma história portentosa. Mas quando um Richard Henry Dana ou um Joshua Slocum zarpa de Nova York e se aventura nos ermos do mar de Sargaços, ou na turbulência do cabo Horn, procede com a mesma fascinação feliz e a inocência maravilhada que teria ao explorar as terras áridas de Dakota do Sul ou os desertos do vale da Morte. Como narrador, parece se interpor com menos frequência; o mar ocupa o primeiro plano e é descrito de modo mais direto.

Joshua Slocum é meu ídolo particular. Sempre me senti ligado a ele: passei meu primeiro verão na América do Norte — o verão que se seguiu à minha chegada a Montreal a bordo do *Empress of Britain*, em 1963 —, numa casinha na baía de Fundy, na Nova Escócia, onde Joshua Slocum era um herói local, ainda que tivesse passado a maior parte de sua vida no mar ou em Massachusetts, estado americano que hoje o tem na conta de filho adotivo e onde moro atualmente. Foi na cidade litorânea de Fairhaven, em Massachusetts — diante da grande cidade baleeira de New Bedford, do outro lado do rio Acushnet —, que Slocum reconstruiu com suas próprias mãos, em 1892, uma velha chalupa de 36 pés [onze metros], o *Spray*, que os exigentes baleeiros do lugar declararam ser de primeira qualidade, predizendo que fora construída tão bem, com carvalho do campo, pinho da Geórgia e um mastro de abeto vermelho de New Hampshire, que o barco "avançaria esmagando o gelo".

A chalupa navegou "como um cisne" em seu primeiro teste de mar, escreveu Slocum, e foi com seu amado *Spray* que ele se decidiu por uma viagem de circum-navegação, sozinho, e escreveu um livro, *Sozinho ao redor do mundo*, que talvez ainda seja o melhor exemplo de moderna literatura marinha. O texto tem uma tranquilidade lacônica cujo efeito é quase hipnótico em sua evocação do oceano. No trecho que se segue ele está bem distante de Boston, atravessando o Atlântico Norte:

Reduzi o pano com rizes nos segundos, e às 8h30 botei fora os rizes. Às 21h40, só avistava o resplendor da luz da ponta oeste da ilha Sable, também chamada ilha das Tragédias. O nevoeiro, que até então não havia baixado, agora caiu sobre o mar como um manto. Eu estava num mundo de névoa, apartado do universo. Não via mais luz alguma. A julgar pelo prumo, que eu deitava com frequência, pouco depois da meia-noite verifiquei que estava passando pela extremidade leste da ilha e devia estar livre dos perigos de terra e de baixios. O vento soprava firme, embora viesse do lado enevoado, sul-sudoeste. Dizem que no espaço de poucos anos a ilha Sable reduziu-se de sessenta para trinta quilômetros de extensão, e que, dos três faróis ali construídos desde 1880, dois foram varridos pelo mar e que o terceiro em breve será tragado.

No anoitecer de 5 de julho, o *Spray*, depois de ter navegado o dia todo num mar encarneirado, meteu na cabeça seguir sem a ajuda do timoneiro. Eu vinha mantendo o rumo sueste quarta a sul, mas, tendo o vento rondado um pouco para diante, o barco assumiu um rumo regular, para sueste, fazendo cerca de oito nós no máximo. Larguei muito pano para passar pela rota dos grandes veleiros sem perda de tempo e alcançar assim que possível a propícia corrente do Golfo. Como o nevoeiro se levantou antes que caísse a noite, tive como ver o sol no momento em que ele tocava o mar. A seguir virei o rosto para este e ali, aparentemente bem na ponta do gurupés, a lua cheia subia, sorridente, do mar. Se Netuno em pessoa surgisse de pé na proa eu não teria ficado mais impressionado. "Boa noite, senhor", bradei. "Prazer em vê-lo." Desde então tenho mantido longas palestras com o homem na lua. Ele foi meu confidente com relação à viagem.

O texto de Slocum é uma espécie de cantochão, honesto e claro, além de conter uma boa dose da simplicidade dos Shakers da Nova Inglaterra. Talvez ele fosse um tanto louco, mas sua perturbação era amena; e o modo como escreve demonstra seu profundo conhecimento do mar, o respeito por seus ânimos e a esperança de que tratasse com cuidado o seu barquinho. E essa foi uma esperança plenamente realizada, pois quase exatamente três anos depois de ter partido o capitão Slocum fez o pequeno *Spray* entrar no atracadouro de Newport, em Rhode Island — causando pouca bulha, pois a Guerra Hispano-

-Americana dominava as atenções —, para logo começar sua carreira literária e seu breve namoro com a fortuna. Uma década depois, quando seus recursos escassearam, ele se fez ao mar de novo, só que desta vez desapareceu, em algum ponto das Índias Ocidentais, sendo de presumir que tenha sido engolido pelo mar, em circunstâncias especificamente desconhecidas, mas de modo geral familiares. Entretanto, sua literatura permanece. "Qualquer criança que não se interesse pelo livro de Slocum", escreveu Arthur Ransome numa recensão da obra, "deve ser afogada imediatamente."

Dar a volta ao mundo sozinho tornou-se desde então rotineiro: houve Francis Chichester e Robin Knox-Johnson, além do triste e misterioso caso de Donald Crowhurst (que cometeu fraude, aos poucos enlouqueceu e se afogou, tudo isso no Atlântico), e desde então cerca de cem outros. No momento em que escrevo — e logo depois da notícia sobre o lamentável fato ocorrido na costa do Maine —, ouço no noticiário que um rapaz com pouco mais de dezessete anos também realizou essa façanha. A Royal Navy mandou um vaso de guerra para saudá-lo quando ele cruzou a linha imaginária entre Ushant e a ponta Lizard, onde essas expedições são hoje cronometradas e medidas. A proeza de Joshua Slocum a bordo do *Spray* — sem um cronômetro e, evidentemente, sem qualquer tipo de GPS — hoje se transformou numa simples demonstração de alta tecnologia, que, aliás, está ao alcance até de crianças. Mas isso parece, ainda que talvez apenas para gente de espírito simples, uma espécie de depreciação.

A escrita econômica, como a de Slocum, é raríssima. Isso em nada surpreende, em vista do esforço que deve atazanar todo escritor atual para dizer sobre o mar alguma coisa que ainda não tenha sido dita. Entretanto, Rachel Carson (sobre quem Carl Safina, do Blue Ocean Institute, certa vez escreveu: "Seu simples nome evoca a luminosidade beatífica dos canonizados") reconheceu sua presença ocasional, e numa fonte improvável. Num capítulo dedicado ao mau tempo e a águas bravias em sua obra clássica, *O mar que nos cerca*, ela cita um excerto de um dos *British Admiralty pilots*, os volumes azuis de descrição de costas que se enfileiram nas anteparas da sala de cartas de todos os navios que já viajaram a terras estrangeiras. Ela escreve:

[...] é improvável que alguma costa seja batida com mais fúria que a das ilhas Shetland e Órcadas, no caminho das tempestades ciclônicas que seguem para leste entre a Islândia e as Ilhas Britânicas. Toda a raiva e a fúria de uma dessas tempestades, vazadas numa prosa quase conradiana, estão presentes no *British Islands pilot*, em geral prosaico:

Nos terríveis vendavais que em geral ocorrem quatro ou cinco vezes em todos os anos, toda distinção entre ar e água se perde, a surriada obscurece os objetos mais próximos e tudo parece envolto numa fumaça espessa; na costa aberta o mar cresce de imediato e, arremetendo nas praias rochosas, ergue-se em espuma a várias centenas de pés e se espalha sobre toda a região.

O mar, porém, nunca é tão duro nos vendavais violentos de breve duração quanto na ocasião em que um vento rijo sopra durante muitos dias; nessas ocasiões, toda a força do Atlântico se abate então contra a costa das Órcadas, rochas de várias toneladas são erguidas de seus leitos e o rugido das vagas se ouve a trinta quilômetros; a arrebentação se eleva a dezoito metros de altura, e o mar revolto no Baixio do Norte, situado dezenove quilômetros a noroeste do promontório da Costa, é visível em Skail e Birsay.

Também Joseph Conrad escreveu sobre mares tormentosos, e em *Tufão* (no qual o oceano era o Pacífico), de forma magistral. Richard Hughes tem uma passagem inesquecível, em *In hazard*, sobre uma tempestade no Atlântico. Charles Tomlinson dedicou um poema curto à análise de uma espetacular vaga atlântica:

Atirada contra um vento contrário, pende
Agarrada debaixo da investida,
E ali ergue-se, enroscando-se em espuma,
Destrava-se, solta-se daquela sujeição
Atacando a costa. A praia a recebe,
Uma linha branquejante, que desaba [...] *

Mas para encerrar com chave de ouro este capítulo — que trata, afinal, do amor romântico pelo oceano — citarei as palavras de um dos mais notáveis navegadores transoceânicos solitários, o francês Bernard Moitessier. A decisão

---

* "Launched into an opposing wind, hangs/ Grappled beneath the onrush,/ And there, lifts, curling in spume/ Unlocks, drops from that hold/ Over and shoreward. The beaches receive it,/ A whitening line, collapsing [...]"

que o levou a um domínio marítimo diferente do de todos que já deram a volta ao mundo levou-o ao extremo sul do Atlântico, durante a corrida de 1968 vencida por Robin Knox-Johnston e na qual Donhald Crowhurst morreu de forma tão trágica.

Moitessier foi localizado ao passar pelas ilhas Falkland, seguindo para norte e depressa. Depressa o suficiente, na verdade, para que todos previssem que ele venceria a prova. Então, de repente, e sem nenhum motivo aparente ligado à competição, ele resolveu que não seguiria para norte, mas direto para leste, deixaria o Atlântico e penetraria no Índico pela segunda vez. Na ocasião oportuna, explicou, numa carta metida numa lata que ele disparou com uma atiradeira para um navio mercante que passava:

> Minha intenção é dar prosseguimento à viagem, ainda sem escalas, rumo às ilhas do Pacífico, onde há muito sol e mais paz que na Europa. Não pensem, por favor, que estou tentando quebrar um recorde. "Recorde" é uma palavra muito estúpida no mar. Estou prosseguindo sem escalas porque me sinto feliz no mar e talvez porque deseje salvar minha alma.

Mais tarde ele escreveria seu testamento, uma ode ao mar como o centro de sua felicidade. Há nesse documento um parágrafo que revela o cerne de suas convicções, as mesmas da maioria dos que amam o oceano Atlântico, e todos os demais mares:

> Sou cidadão da mais bela nação do mundo. Uma nação cujas leis são duras, mas simples, uma nação que nunca trapaceia, que é imensa e sem fronteiras, onde a vida é vivida no presente. Nessa nação ilimitada, nessa nação de vento, luz e paz, não há outro governante senão o mar.

4. O mar das lágrimas e da compaixão

Depois é um soldado,
Cheio de juras ousadas, barbudo como um leão,
Cioso de sua honra, pronto e rápido no combate,
Buscando a glória efêmera,
Até na boca do canhão.

MANHÃ DE LUTO

O míssil atingiu o alvo pouco depois da hora do almoço, num dia frio no começo de maio de 1982. O tempo estava encoberto, com um persistente vento oeste e o mar grosso característico do extremo Atlântico Sul. Quase ninguém viu o míssil chegando. Era uma arma francesa, pequena, esguia e barata, lançada por um caça argentino que voava a dezesseis quilômetros de distância. Atingiu em cheio a parte central do navio, um pouco acima da linha-d'água. Os marinheiros que estavam a bordo só se lembram de uma explosão curiosamente fraca. Tudo levava a crer que o míssil tinha sido lançado de perto e, sem tempo de armar, atingira o navio antes de explodir. Mas em poucos instantes o propelente que restava do foguete inflamou-se e produziu um vulcão de fogo no interior do navio, vomitando torrentes de fumaça negra. O avião que lançara o míssil fez um voo rasante para confirmar se o disparo tinha sido mortal.

Tinha, sim. O contratorpedeiro HMS *Sheffield*, um dos orgulhos da Royal Navy, reluzente e quase novo, tinha sido enviado ao Atlântico Sul para proteger os grandes porta-aviões e outros vasos de guerra que para ali convergiam a fim de dar início à retomada das Falkland. Mas daí a poucas horas estava reduzido a um casco fumegante e foi abandonado, à deriva. Seis dias depois, quando era rebocado para a Grã-Bretanha, afundou. O longínquo ponto no fundo do mar em que ele e mais de uma vintena de marinheiros asfixiados e incinerados agora repousam foi declarado túmulo de guerra, com um pedido oficial de que todos o respeitassem.

O *Sheffield* foi o primeiro navio da Royal Navy destruído por ação inimiga depois da Segunda Guerra Mundial. Não seria o último a naufragar durante o breve mas cruento conflito das Falkland: mais oito navios, cinco deles da Royal Navy e um gigantesco cruzador argentino comprado aos americanos, jazem no fundo do oceano Atlântico. De todos eles ainda vaza um fio de óleo de máquina que ascende à superfície e tinge as águas cinzentas com anéis de Newton, única lembrança visível dos navios abatidos.

Tendo sido o primeiro barco britânico perdido, foi o *Sheffield* que deixou recordações mais dolorosas. Muitos britânicos compungidos lembram com nitidez exatamente onde estavam e o que faziam quando o naufrágio foi anunciado, como ocorre com muitas tragédias recentes. Eu mesmo tinha bons motivos para me lembrar muito bem, porque na ocasião estava trancafiado na cela de uma prisão na sombria cidade subandina de Ushuaia, no sul da Terra do Fogo argentina, acusado de espionagem.

Aquela foi uma noite particularmente fria. Lembro-me de uma repentina agitação na prisão e de um oficial da Marinha argentina correndo para minha cela. Esfuziante e sem fôlego, gritava em espanhol, como se fosse um locutor de futebol. Veio até minha cela, agarrou as grades e, com profundo deleite, gritou para nós três que estávamos presos: "Afundamos um de seus navios! Nós, argentinos, afundamos um navio da Royal Navy! Vocês vão perder esta guerra!".

Mas os britânicos, como se sabe, não perderam aquela guerra; e as ilhas Falkland continuam tão britânicas quanto foram durante quase dois séculos. A guerra que confirmou e garantiu essa curiosa condição colonial — uma guerra que foi comparada, na memorável frase do escritor argentino Jorge Luis Borges, a "dois carecas brigando por um pente"— foi curta, amarga e excepcionalmente sangrenta. Morreram centenas de pessoas de ambos os lados; as Falkland até hoje continuam crivadas de lápides, minas terrestres e monumentos, com batalhões de soldados britânicos sempre em alerta, postados ali para assegurar que nenhuma força invasora tente a sorte outra vez. Fora do Atlântico Sul, no entanto, o conflito é visto como pouco mais que uma ridícula escaramuça; esvaiu-se da memória coletiva, e hoje muito pouca gente, além dos diretamente envolvidos, tem algo a dizer sobre ele.

Não fosse um fato subsequente, eu também poderia tê-lo esquecido. Mas, muitos anos depois do fim da guerra, o mesmo oficial da Marinha argentina que me deu a desalentadora notícia da perda do *Sheffield* naquela terrível noite fria conseguiu, não sei como, localizar-me em Hong Kong, onde eu morava então. Queria me ver, segundo disse. Tinha algo a dizer. Assim, depois de complicadas tratativas, conseguimos nos encontrar, graças sobretudo a mais uma viagem que fiz à cidade de Ushuaia, já muito maior e mais próspera.

Pelo que pude ver, ele mudara muito. Para começar, não usava uniforme: agora era civil, grisalho e de semblante carregado. O machismo rude que caracterizava sua persona militar em 1982 se evaporara completamente. Ele me disse, com tristeza, que tinha deixado a Marinha havia muitos anos, fora preso por confusos motivos políticos — na verdade, tinha ocupado minha antiga cela — e depois passou a vender sabão em pó de porta em porta em Buenos Aires para sustentar a família. Depois disso, mudou de vida: conseguiu matricular-se numa universidade, formou-se em história e agora dava aulas num pequeno campus da Universidade Nacional da Patagônia.

Levou-me para jantar — queria que eu experimentasse a famosa *centolla*, o famoso caranguejo gigante das águas do cabo Horn, e um suflê de *calafate*, uma frutinha que, segundo os patagões, tem o poder mágico de fazer com que aqueles que a comem voltem àquela estranha parte do mundo, eternamente açoitada pelos ventos. E então, depois de abrir uma segunda garrafa de malbec e encher minha taça, disse que queria se explicar.

Pigarreou e parecia bastante nervoso. Antes de suas observações, disse, gostaria de deixar claro que em seu entender as Malvinas — ele não suportaria chamar as ilhas por seu nome britânico, Falkland* — ainda deveriam ser vistas

---

* No entanto, ele não via incoerência alguma em usar o nome Malvinas, dado pelos primeiros colonizadores franceses que saíram do porto bretão de St. Malo.

como território soberano da Argentina. A disputa com a Grã-Bretanha continuaria até que se chegasse a esse acordo. Mas, por outro lado, voltando a 1982, a disputa deveria ter sido resolvida por meio de negociações, disse. A guerra fora um erro; a prisão e os maus-tratos infligidos a nós três — éramos repórteres incumbidos de cobrir o conflito e fomos presos por acusações evidentemente forjadas — tinham sido outro erro. O pior de tudo, porém, e isso tinha pesado em sua consciência durante muitos anos, fora a alegria que ele expressara naquela noite com o naufrágio do *Sheffield*. Isso tinha sido um erro terrível.

Porque ele tinha traído seus princípios de homem da Marinha, disse. Ainda que na época os britânicos fossem seus inimigos, jamais um marinheiro deveria sentir o deleite que o naufrágio de outro navio lhe causara naquela fria noite de maio. Ninguém deveria desejar com tal ardor que um navio de qualquer Marinha, ou, aliás, qualquer barco, afundasse no oceano. Porque ele acreditava piamente que morrer sozinho no mar, num ermo de água gelada, era uma coisa terrível. "Eu sou um bom marinheiro", ele repetia. Fitou sem ver o interior do copo, com os olhos marejados. "Sou um bom marinheiro", reiterou. "Não há como ficar feliz com uma coisa dessas. Existe uma fraternidade do mar."

PEQUENAS DIFICULDADES LOCAIS

Fraternidades à parte, o assoalho do Atlântico está forrado dos restos de milhares de navios e de ossos decompostos de milhões de homens. A guerra é um aspecto permanente da experiência do oceano, e em sua superfície travam-se batalhas desde que existe o ferro com que travá-las. Sem contar alguma refrega litorânea não documentada entre índios caraíbas, entre os beothuks da Terra Nova ou entre maias e astecas, é provável que o primeiro registro do uso de navios de guerra em conflitos atlânticos tenha sido feito há 2 mil anos, quando os romanos transportaram seus exércitos de terra em barcos de madeira através do oceano até a Grã-Bretanha, para uma longa série de invasões.

Birremes e trirremes, impelidos pela força motriz de uma vela mestra e duas ou três ordens de remadores escravos, partiam de portos situados no norte da França — mais provavelmente de Boulogne — ou do rio Reno, e a partir daí avançavam, lenta e perigosamente, através do canal da Mancha. Oitenta dessas embarcações tomaram parte da primeira e célebre invasão de César, em

55 a.C., e muitas outras quando Cláudio fez seus desembarques muito mais bem-sucedidos, quase um século depois.

Mas as lutas que se seguiram, batalhas renhidas que acabariam pondo a Inglaterra sob o jugo formal de Roma pelos três séculos seguintes, foram travadas em terra: os recursos navais dos romanos eram mínimos. Por isso, os primeiros conflitos reais ligados ao oceano Atlântico não foram de modo algum as invasões romanas, e sim os muitos séculos de pilhagens marítimas que se tornariam o flagelo de toda a cristandade do norte, empreendidas sobretudo por um povo completamente diferente: os vikings.

Durante o período em que os vikings se dedicaram a isso — sobretudo em águas costeiras, nas bordas orientais do oceano —, suas invasões constituem um exemplo didático de uma das principais razões pelas quais os homens começaram a se empenhar nessa atividade.

Eles eram um povo de muita mobilidade — os congêneres marítimos dos povos nômades, que no início da civilização preferiam o deslocamento contínuo a se radicar num só lugar, privilegiando o pastoreio, que não exigia cercas ou paredes, à agricultura. O antagonismo entre os que construíam fortalezas e os que conduziam carroças ou embarcações foi parte essencial dos primórdios da vida humana — desde o segundo milênio antes da era cristã, quando hordas nômades indo-europeias desceram das pradarias do mar Cáspio, atravessaram o Danúbio e começaram a povoar o centro e o sul da Europa. Essa série de eventos determinou o começo das guerras terrestres na Europa. Já a atividade bélica no Atlântico teve início quando três *drakkars* de pilhagem vikings aportaram na praia ao lado do promontório Portland Bill, no canal da Mancha, em 789. Quatro anos mais tarde, vikings assassinaram um grupo de monges do famoso mosteiro cristão de Lindisfarne, em Holy Island, no mar do Norte.

Os historiadores divergem sobre o motivo que levou esse povo a dar início a suas andanças e pilhagens. Os que acreditam que foi a necessidade de mais terras cultiváveis para alimentar uma população em crescimento são contestados pelos que argumentam que eles poderiam ter desbastado suas florestas no norte para ali praticar a agricultura. Outros acham que a causa foi a decadência do comércio, ao qual os vikings estavam afeitos havia muito — a expansão do islã no Mediterrâneo teve um impacto inesperado sobre as antigas rotas mercantis, obrigando-os a abrir novos caminhos. Há quem diga que o clima teve seu papel: o período entre os anos 800 e 1300 coincidiu com um aquecimento no hemisfério norte, que elevou a temperatura da água do mar em um grau ou mais, causando o derretimento do gelo em muitos fiordes utilizados pelos vikings, habituando-os a viagens marítimas de mais longo curso. Uma quarta explicação: apontando os túmulos encontrados em diversos pontos na costa europeia, com muitos vikings sepultados ao lado de mulheres inequivocamente autóctones, alguns pesquisadores creem que os navegantes partiram em busca de esposas, para melhorar seu patrimônio genético.

Qualquer que tenha sido o motivo, a essas primeiras expedições seguiram-se três séculos de uma expansão viking que transformou as porções oriental e setentrional do Atlântico numa zona de imprevisível e incessante hostilidade. A partir de então, os *drakkars* começaram a zarpar em grupos de suas colônias atlânticas, singrando os mares até pontos muito distantes, como Archangel, no norte da Rússia; os diversos portos do Báltico; as ilhas da costa ocidental da Irlanda e as costas da França e da Espanha; e chegando, através do Mediterrâneo, à atual Istambul e à Anatólia, ao mar Negro e às cidades do sul da Ucrânia.

Além disso, o pequeno calado dos *drakkars* lhes permitia remontar com facilidade os estuários dos rios europeus. Paris sucumbiu aos ataques dos vikings quando Ragnar Lothbrok subiu o Sena com 120 embarcações e 5 mil homens, declarou que nunca tinha visto terra tão fértil nem povo tão covarde e recusou-se a ir embora até que o rei Carlos, o Calvo, lhe entregasse três toneladas de ouro e prata. Pouco depois, Dublin tornou-se um porto fortificado dos vikings, de onde seus navios partiam para o rio Liffey, e uma base dos escandinavos foi fundada no alto Loire, possibilitando que dali eles atacassem cidades do norte da Espanha. Sevilha sucumbiu a seu jugo cruel, o que ocorreria depois com lugares como Nantes, Utrecht, Hamburgo e Bordéus. Levando em conta que os escandinavos estavam presentes na Islândia, na Groenlândia, no Labrador e na Terra Nova, podemos dizer sem exagero que, em seu auge, os vikings controlaram o Atlântico Norte com o mesmo grau de influência hegemônica exercido hoje pela Marinha dos Estados Unidos.

Mas, como acontece com todos os imperialismos, a influência deles um dia entrou em declínio. Seu apogeu, pelo menos na Inglaterra, foi o reinado do famoso rei Canuto, o Grande, que não só subiu ao trono inglês como unificou-o com o da Dinamarca, mantendo por algum tempo os dois países juntos sob um mesmo governo viking. Mas em 1066, apenas trinta anos depois da morte de Canuto, o controle que exerciam sobre a Grã-Bretanha chegou ao fim.

Os normandos — procedentes de uma porção do norte da França que até pouco antes estivera sob controle viking — invadiram a Inglaterra, cruzando o canal da Mancha para derrotar o rei Harold, que expulsara do país os últimos vikings semanas antes.

O mar parece ter sido um lugar extremamente cruento naquele outono de 1066. Primeiro, uma frota invasora vinda da Noruega teve de ser derrotada no norte da Inglaterra. Depois, uma segunda frota veio da França pelo sul. O rei Harold conseguiu infligir aos vikings uma fragorosa derrota na batalha de Stamford Bridge: dos trezentos *drakkars* provenientes da Noruega para uma invasão que deve ser vista como a última grande incursão dos vikings, só cerca de trinta foram necessárias para levar de volta o número insignificante de sobreviventes e feridos. Mas essa vitória debilitou e exauriu o rei, de modo que quando a frota normanda chegou, um mês depois, Harold já não tinha como resistir. A Inglaterra sucumbiu aos invasores, Harold foi morto por uma flecha que lhe atravessou um olho e a conquista normanda se instaurou formalmente, com consequências políticas, culturais e linguísticas que subsistem até hoje.

O PALCO SE EXPANDE

Durante os quatro séculos que se seguiram às invasões normandas, as atividades marítimas das nações ocidentais se concentraram sobretudo no Mediterrâneo. Graças principalmente às Cruzadas, aquele mar interior tornou-se um dos muitos campos de batalha em que, essencialmente, os cristãos europeus se confrontavam às forças cada vez mais poderosas do Oriente Médio islâmico. Por ironia, porém, o poder crescente do mundo muçulmano — e em especial a obstinada intransigência dos turcos otomanos — proporcionaria o estímulo necessário para imprimir uma mudança radical na condição do Atlântico. Em consequência direta da atuação islâmica no Mediterrâneo, o oceano Atlântico tornou-se o principal caminho para as guerras, as conquistas e as ambições imperialistas dos cristãos nos séculos seguintes.

Tudo isso começou com a Espanha, que no princípio de 1492 engendrou a derrota final dos mouros e a retirada da liderança muçulmana de Granada e da Alhambra. De uma hora para outra, depois de um interlúdio de sete séculos, a Espanha voltava a ser um reino cristão unificado, pronto a assumir seu lugar entre as grandes nações europeias. Em pouco tempo, o país tornou-se profundamente autoritário em seus atos e em suas ambições (exigindo a expulsão ou a conversão dos judeus, por exemplo). Transformou-se num reino cristão no exato começo de um período imperialista.

Houve ainda outro fator, mais geográfico que filosófico. No século XV, a Espanha estava situada, desta vez literalmente, entre os dois mares que, com as mudanças, pode-se dizer que trocaram de repente sua importância relativa. A leste estava o Mediterrâneo — agora bloqueado pelos muçulmanos, em um de seus extremos, e pelos turcos, no outro. A oeste estava o Atlântico — uma massa d'água praticamente livre dos predadores e hostis muçulmanos, na qual os navios espanhóis podiam navegar sem ser ameaçados ou incomodados. Assim, os espanhóis devem ter visto o oceano como um meio de satisfazer as ambições imperiais da Espanha e como meio de superar e esquecer o agora inóspito Mediterrâneo.

Exploradores portugueses já tinham aberto o caminho para a Ásia, achado as especiarias, o marfim, o ouro e outras riquezas das Índias, do Japão, de Java e de Sumatra. Mas com a captura de Bizâncio, o outrora poderoso baluarte cristão, tomada pelos turcos otomanos em 1453, as rotas comerciais terrestres entre o Ocidente cristão e aqueles ricos países do Oriente, exóticos e possivelmente cristãos (certamente não muçulmanos), viram-se seriamente prejudicadas pelos otomanos que estavam de permeio. Se a Ásia pudesse ser atingida por outro caminho, os turcos e seus aliados, que bloqueavam o estreito do Bósforo e o passo de Khyber, poderiam ser evitados.

Para os geógrafos da época, isso não seria muito difícil. Acreditavam que a distância da Espanha à Ásia, no sentido oeste e por mar, fosse pequena. Segundo os cálculos dos cartógrafos, o Japão ficava a pouco mais de 4800 quilômetros a oeste das ilhas Canárias, e a costa chinesa se localizava no ponto onde hoje fica o estado americano do Oregon. Se o mar que banhava a costa ocidental da Espanha pudesse ser facilmente atravessado, e se os navios cristãos pudessem percorrer sem percalços todo o caminho até o Japão, a China e, quem sabe, até a Índia, e se todos esses países amigos e muito prezados pudessem ser alcançados *pelo outro lado*, as vantagens comerciais e políticas seriam óbvias. Poucos meses depois da expulsão dos mouros, a esquadra de Colombo foi oficialmente contratada para zarpar da Espanha pelo oeste em direção ao Japão e às ilhas das Especiarias, nas Índias. Mas no fim do outono de 1492 Colombo bateu na ilha de Hispaniola, inconvenientemente atravessada no caminho. "Minha intenção nesta navegação", escreveria ele mais tarde à Coroa espanhola, "era chegar a Catai e ao extremo oriente da Ásia, e não esperava encontrar um obstáculo como essa nova terra, como encontrei." Daí suas viagens posteriores ao redor do Caribe, e daí a descoberta final, realizada por outros — o mais conhecido dos quais foi Américo Vespúcio —, do verdadeiro continente americano, que ali estava, inadvertido, e que a massa d'água interposta entre a América e a Europa não era apenas um pequeno mar de fácil travessia, mas sim, como vimos, um oceano completamente novo, o Atlântico.

O recém-definido oceano Atlântico em breve se tornaria o principal caminho pelo qual os navios de guerra da Espanha viajariam para lançar seus ataques contra as margens do continente que acabavam de encontrar. O Atlântico seria também a principal rota de abastecimento para a posterior conquista do próprio continente e o único caminho percorrido por todo o butim e todos os tesouros que jorravam sem parar das minas das colônias espanholas na América.

Tudo isso, os primórdios do que se poderia chamar de o empreendimento americano, coincidiu com o alvorecer da Era dos Descobrimentos, que seria um fenômeno mundial. Iniciada no século XV, ela se estenderia pelos quatrocentos anos seguintes, envolvendo exploradores e mercadores que ganharam o mundo em busca de tesouros, comércio e conhecimentos. E com essas duas tendências florescentes o velho mundo do Mediterrâneo — "o pequeno mar interior no qual houve tantos atritos e combates entre povos europeus durante séculos", como disse o historiador Fernand Braudel — desmoronou súbita e rapidamente. O Novo Mundo, banhado por seu novo e imenso oceano, começou a se desenvolver num ritmo vertiginoso, como faz até hoje. Esse foi o verdadeiro começo da primazia do Atlântico, um momento crucial da história universal acompanhado dos tradicionais corolários de comércio, saque e guerra.

Os temidos conquistadores espanhóis seriam os primeiros artífices das inúmeras missões transatlânticas de colonização empreendidas a seguir. O modelo da conduta tirânica desses homens foi definido em 1502, quando um piedoso soldado-administrador de Castela, Nicolás de Ovando, foi nomeado governador e capitão-geral das Índias, das Ilhas e da Terra Firme do Mar Oceano, como diziam seus decretos, e trouxe 2500 colonizadores, em trinta navios, para povoar a ilha de Hispaniola. Nos sete anos seguintes, ele reprimiu a população local com o emprego generalizado de força e violência, reduzindo nesse processo uma população nativa de cerca de meio milhão de pessoas a apenas 60 mil. Importou dezenas de escravos de língua espanhola, que empregou, junto com os nativos dóceis remanescentes que conseguiu encontrar, para erigir os rudimentos das primeiras cidades. Plantou cana-de-açúcar trazida das Canárias, escavou minas de ouro e cobre nos morros, enviou grandes galeões de volta à Espanha com metais e produtos agrícolas e, finalmente, mandou representantes a outras ilhas das Índias Ocidentais situadas nas proximidades para disseminar sem demora e o mais possível os benefícios da administração castelhana.

A única pessoa que Ovando não conseguiu levar consigo nessa primeira viagem foi um parente de sua mulher, pertencente à pequena nobreza da cidade de Medellín, no sudoeste da Espanha. Chamava-se ele Hernán Cortés. A justificativa, provavelmente falsa, foi que na noite da véspera da partida do navio o rapaz de dezoito anos se machucara ao fugir do quarto de uma senhora casada — o tipo de desculpa adequada a Cortés, que viria a se transformar no arquétipo do Don Juan arrogante, espalhafatoso e rude. Cortés acabou indo para as Índias Ocidentais, e, como muitos outros de sua espécie — caudilhos ousados e aventureiros, com recursos pessoais e boas relações na corte espanhola —, serviu-se das ilhas como trampolim para chegar ao continente americano. Uma vez em terra firme, deu início a sua impiedosa campanha de extermínio e crueldade que resultou na derrota do império asteca e na criação de um vice-reino permanente na capital da Nova Espanha, a Cidade do México.

Como todos os conquistadores — solenes, barbados e ambiciosos —, Cortés chegou de navio, com milhares de combatentes espanhóis, um arsenal sem-fim de sofisticada artilharia europeia, espadas bem temperadas e, o que seria mais decisivo, com cães de guerra especialmente treinados e munidos de couraças, além de cavalos. Empregou todos esses recursos contra os astecas perplexos, sem hesitar — embora muitos dos defensores de Cortés e da política colonial espanhola afirmem que o relato de suas crueldades é exagerado. Mas ao fim de 1520, depois de uma expedição de cerco e destruição a partir do litoral — que, em tese, pretendia disseminar o domínio espanhol e os bálsamos benignos da cristandade — e de astuciosas alianças com outros povos indígenas, Tenochtitlán, a capital dos astecas, tinha sido devastada por Cortés e seus exércitos. No começo de 1521, o império asteca, que em alguns aspectos tinha sido tão refinado e adiantado quanto qualquer civilização europeia, estava completamente destruído.

* * *

A tragédia dos astecas e de seu melancólico líder Montezuma (feito refém por Cortés e morto misteriosamente pouco depois — segundo alguns, em mãos de seu próprio povo; outros dizem que por Cortés, que derramou ouro derretido em sua garganta) se repetiria uma e outra vez — com os maias, com os incas, com as várias tribos nativas da América do Norte —, até que o vice--reino da Nova Espanha se tornasse uma vastíssima possessão imperial que ia das brumas do norte da Califórnia às brumas de Lima; do Panamá e de Darién à cidade de Santa Fé e à península da Flórida. Longos trechos da costa ocidental do Atlântico estavam sob domínio castelhano no fim do século XVI, graças sobretudo ao envio sistemático de numerosos navios ultrarrápidos com batalhões de soldados bem armados a bordo.

A seu tempo, portugueses, franceses, holandeses e ingleses também enviariam seus barcos colonizadores pelo Atlântico, e, embora usando a violência com mais moderação, subjugariam os povos indígenas que encontrassem e estabeleceriam suas próprias colônias. As histórias contadas sobre essas colônias litorâneas — a criação e a extinção de algumas e a notável sobrevivência de outras — integraram-se há muito à lenda da formação da América. Narrativas a respeito de Walter Raleigh e Francis Drake, de John Smith e Pocahontas, de peregrinos, puritanos e Peter Stuyvesant são mais que conhecidas — e em quase todas elas o papel do mar é dominante. Mas o mar delas não era um mar de compaixão: era uma barreira a transpor, uma fonte de riqueza a ser saqueada e, finalmente, uma estrada real para os bens do Novo Mundo — fumo, madeira, arroz, anil, peles, ouro — que podiam ser remetidos à Europa.

Na passagem do século XVI para o XVII, quando as colônias da América começaram a se consolidar, dois novos fenômenos trazidos pelo mar passaram a ocorrer, como resultado direto da rápida colonização pela Europa. A seguir, junto com eles e, de certa forma, por causa deles, ocorreu um terceiro fenômeno, de máxima importância. A compaixão foi um componente comum a todos eles.

Em primeiro lugar, uma nova geração de piratas começou a operar nas águas do Atlântico, que de uma hora para outra passaram a ser cada vez mais frequentadas por barcos carregados de tesouros, vergados ao peso das riquezas do Novo Mundo. O mar, principalmente nas águas próximas às Índias Ocidentais, tornou-se um turbilhão de violência sem precedentes, com os comandantes dos galeões que seguiam para a Europa a vigiar atentamente o surgimento de agressores de bandeira preta, com consequências provavelmente tão mortais quanto ruinosas.

Em segundo lugar, começaram a ser trazidos por mar os escravos que seriam postos a trabalhar para os colonos que geriam as grandes propriedades agrícolas da América. O Atlântico do século XVII tornou-se a grande rota pela qual se fazia a chamada Passagem do Meio, uma viagem triangular: navios, que partiam sobretudo da Inglaterra, desciam para a África Ocidental; na costa africana, eram carregados com negros capturados à força e seguiam para os portos negreiros da América, com sua carga humana submetida às mais atrozes condições; na América eram novamente carregados com artigos de valor comercial, que levavam aos portos ingleses, desde que não fossem atacados por piratas.

O terceiro fenômeno, até certo ponto decorrente dos dois primeiros, foi de caráter puramente militar. Ocorreu, até certo ponto, porque tanto o combate à pirataria quanto a abolição da escravatura acabaram se tornando assuntos de Estado nos países europeus que de início tinham alimentado essas práticas. Poderíamos encarar isso como uma ironia — e, no entanto, foi mais que uma consequência do Iluminismo, pois, à medida que os tempos e os costumes se tornavam cada vez mais esclarecidos, as duas atividades passavam a ser vistas da mesma forma que hoje: condenáveis e claramente criminosas. Essa mudança de mentalidade, sobretudo em Londres, trouxe um aumento das atividades marítimas violentas destinadas a pôr fim à criminalidade. Nesse período, as forças navais usadas na erradicação da pirataria e na perseguição aos comerciantes de escravos tornaram-se cada vez mais organizadas e bem equipadas, além de adotarem táticas mais avançadas.

Mas essas forças navais não eram empregadas apenas para combater a criminalidade marítima. Ao mesmo tempo que esses novos navios de guerra eram projetados, construídos, postos em operação e aperfeiçoados, e à medida que as técnicas de navegação se aprimoravam, surgiu uma série de divergências entre os diversos Estados oceânicos. Houve conflitos entre a Inglaterra e a Espanha, por exemplo; entre a França e a Holanda; entre a Inglaterra e a França — todos esses países já detentores de marinhas bem aparelhadas. Em consequência disso, nasceu uma espécie inteiramente nova de combate. As forças navais recém-criadas enfrentavam-se agora entre si, no mar.

A bem da verdade, antes disso já houvera conflitos entre embarcações. Mas os barcos de combate no antigo Mediterrâneo — impulsionados a remo em seus primórdios — empregavam técnicas de abalroamento ou abordagem forçada, com um dos barcos tentando afundar ou subjugar o outro. No novo mundo dos séculos XVI e XVII, com piratas a expulsar e escravagistas a dissuadir de seus propósitos, surgiu uma nova geração de embarcações leves, rápidas e, o mais importante, dotadas de poderosos canhões de bronze. Isso conduziu a uma forma totalmente nova de guerra marítima — o nascimento do confronto naval, no qual um dos navios em luta, ou, mais tarde, uma esquadra inteira, lançava ataques contra o oponente com armas de fogo, granadas e balas encadeadas, sendo toda a batalha travada no oceano até chegar ao fim por captura, retirada ou naufrágio.

Pirataria, escravatura e batalhas navais: os três fenômenos se relacionaram, num frenesi de atividade militar. Os dois primeiros tornaram-se, sem querer, padrinhos do terceiro, e as grandes batalhas navais posteriores — a de Trafalgar, a da Jutlândia, a batalha do Atlântico e, até certo ponto, a já bem anterior derrota da Invencível Armada espanhola para os britânicos — devem muito de sua direção e de suas táticas às lições aprendidas na luta para livrar os mares dos piratas e dos vilões da Passagem do Meio.

OS CARNICEIROS DO MAR

Os piratas — aqueles que, como diz a lei, usurpam a posse ou o controle de um navio em alto-mar aos que detêm legitimamente esses direitos — vinham criando problemas nos mares do mundo desde que a humanidade se dispôs a navegá-los. A pirataria durou tanto tempo que passou para o folclore: a bandeira com a caveira e os ossos cruzados, o tapa-olho, o papagaio no ombro, a cicatriz desfigurante, quem sabe uma perna de pau ou um gancho servindo de mão, além de castigos cruéis, como obrigar um prisioneiro a caminhar sobre uma prancha até cair ao mar — todos esses elementos criaram uma imagem ficcional dos piratas como sujeitos de alguma forma importantes, com uma queda pela bebedeira. Só quando ficamos sabendo que um dos castigos normalmente aplicados pelos piratas era abrir a barriga do prisioneiro vivo, puxar-lhe as tri-

A realidade da pirataria no Atlântico do século XVII foi muitas vezes colorida pela imaginação fantasiosa de artistas, como o criador desta xilogravura do século XIX. A maior parte dos piratas era de uma crueldade extrema, não tinha piedade de suas vítimas e se dava a estrondosas celebrações no mar.

pas, pregá-las ao mastro do navio e obrigar o prisioneiro a se afastar do mastro dançando, estendendo as próprias entranhas como roupas num varal, é que o romantismo começa a acabar.

Ser atacado por um navio pirata era uma experiência aterrorizante. O enredo seguia uma certa rotina: sob a pressão constante do vento oeste, o navio de carga, cheio de tesouros ou mercadorias, navegava pesadamente para leste através dos mares esverdeados e mornos, cumprindo seu destino — quando de repente um velame aparecia no horizonte, e se divisava uma pequena chalupa. Ao longe, sua bandeira poderia ser a de uma nação amiga; mas, quando se chegava mais perto, era hasteada a bandeira toda preta, ou enfeitada com uma caveira e ossos (ou cutelos) cruzados, a inconfundível bandeira dos piratas. A chalupa então se emparelhava com o navio, sua tripulação disparava tiros de advertência na proa e nas velas, reduzindo-as a farrapos, e a seguir mudava de rumo tão de repente que suas próprias velas começavam a panejar loucamente.

A vítima, tendo perdido o velame, era obrigada a recolher os panos esfacelados e parar. Então, os agressores lançavam ganchos, atavam amarras e, assim que uma amurada se chocava contra a outra, dezenas de jovens enfurecidos e fortemente armados escalavam o costado e saltavam por cima da amurada.

Eles brandiam cutelos, sabres e machetes, que usariam contra quem esboçasse o menor sinal de resistência ou desaprovação. Alguns piratas reuniam os tripulantes, começavam a interrogá-los, agredi-los, apunhalá-los, frequentemente destripando-os ou esganando-os — houve o caso famoso em que pregaram os pés de um marinheiro ao convés, açoitaram-no com bambus, fatiaram suas pernas e depois atiraram a carcaça aos tubarões. Outros piratas vasculhavam todas as dependências do navio, procurando qualquer coisa de valor ou de interesse. Talvez houvesse ouro a bordo; com certeza, armas e pólvora; talvez tripulantes competentes que seriam obrigados ou persuadidos a se juntar ao navio pirata. Enfim, lançando um violento ataque final contra os passageiros, todos eles saltavam de volta para sua embarcação, soltando os cabos e se afastando depressa, desaparecendo no horizonte e deixando o que restava da tripulação e dos passageiros a sair em busca de refúgio e reparos.

A idade do ouro dos piratas do Atlântico — neles incluídos os bucaneiros do Caribe e os corsários, bandoleiros que tripulavam frotas patrocinadas pelo Estado e incumbidas de atacar navios inimigos em nome de países cuja própria frota estava ocupada em outro lugar — durou não mais de 75 anos, mais ou menos de 1650 a 1725. Escritores como Robert Louis Stevenson e Daniel Defoe fizeram com que as atividades dos mais famigerados piratas ficassem gravadas na memória popular. Homens como o Barbanegra (ou Edward Teach), que atuou nas águas rasas das Carolinas; o Capitão Kidd e Calico Jack, das Índias Ocidentais; Bartholomew Roberts, o Black Bart, cuja área de atuação era a África Ocidental; e Edward Morgan, que foi perdoado pela vida de pirataria e, na qualidade de estrategista naval britânico de lendária capacidade e clarividência, acabou sendo nomeado governador da Jamaica — todos eles se tornaram figuras conhecidas. Os escritores também narraram as vilanias de um pequeno número de mulheres piratas, principalmente das tristemente famosas Mary Read e Anne Bonny, que se vestiam como homens e, por acaso, se encontraram num mesmo navio pirata e descobriram — decepcionadas, por serem heterossexuais — que eram ambas mulheres.

Mary Read e Anne Bonny escaparam da pena de morte por terem se declarado grávidas. Os homens não tinham esse privilégio. À medida que as patrulhas navais no Atlântico e nas Índias Ocidentais estendiam mais e mais sua atuação, o mundo começava a se fartar das infâmias dos piratas, e a praga da pirataria começava ela mesma a se esgotar, um número cada vez maior de homens era levado à Inglaterra, muitos deles para uma execução especialmente preparada.

Os piratas presos eram julgados em Londres, nas cortes do Almirantado. Se declarados culpados, como ocorria com a maior parte deles, eram enforcados num patíbulo instalado em Wapping, à beira do Tâmisa, num lamaçal situado entre as marcas da maré alta e baixa. O Capitão Kidd foi enforcado em 1701 nesse lugar, o chamado Cais de Execuções; a sentença lida para ele, como era hábito, dizia que seu corpo deveria permanecer dependurado na forca até que três marés tivessem passado sobre ele, e "estivesse morto, morto, morto". Depois disso, o corpo foi retirado, coberto de alcatrão para espantar as aves marinhas e pendurado por correntes no estuário do Tâmisa, em Tilbury, como um aviso a outros marujos sobre as terríveis sanções que esperava quem pretendesse tripular um navio com a bandeira da caveira.

O efeito das sanções levou tempo — afinal, havia muito dinheiro nas rotas marítimas remanescentes. Na virada do século XVIII, porém, uma combinação do policiamento efetuado pela Royal Navy e a rígida determinação dos tribunais do Almirantado se aliaram para começar a pôr fim à força dos piratas. Em 1725 a ameaça estava em declínio e, embora os últimos piratas só tenham sido enforcados no Cais de Execuções em 1830, a história da pirataria no Atlântico no século XVIII tardio tornou-se mais fantasiosa e romântica, e a vida real no oceano transformou-se numa questão de disciplina, regulamentação e império da lei.

Os britânicos, em particular, logo obtiveram êxitos na repressão aos piratas. Havia contudo outro mal, muito mais horrendo, por insidioso, que a pirataria. Por acaso, foi um dos mais famosos julgamentos de piratas, que, aliás, não se realizou no Almirantado de Londres, mas num ponto da África Ocidental, que acabou trazendo à luz esse fenômeno. Era uma maldição do alto-mar que viria a ser reprimida com o maior rigor e, com o tempo, abolida. Ainda assim, foi um fenômeno de transporte marítimo extraordinariamente longevo cuja lembrança ainda envergonha o mundo: o indecente negócio do tráfico transatlântico de escravos.

O Julgamento dos Homens de Black Bart, como o caso ficou conhecido, ocorreu em 1722, no imponente e magnífico edifício de um branco imaculado que ainda está de pé no topo de um penhasco na parte oeste da antiga capital de Gana: o famoso castelo de Cape Coast. Foram aventureiros suecos os primeiros a construir um prédio de madeira no local, perto de um vilarejo litorâneo chamado Oguaa, para servir como posto de comércio de ouro, marfim e madeira. O local passou depois às mãos de outra potência colonial, a Dinamarca; e em 1664 foi capturado pelos britânicos, que tinham fortes interesses coloniais da África Ocidental e ocuparam a Costa do Ouro — antigo nome de Gana — durante os trezentos anos seguintes. No início — e na época do julgamento dos piratas — o castelo servia de quartel-general regional da Royal African Company of England, empresa privada britânica que obtivera de seu governo o monopólio "por mil anos" do tráfico de escravos ao longo dos 4 mil quilômetros da costa atlântica africana, do Saara à Cidade do Cabo.

Embora o monopólio tenha terminado em 1750, a escravidão resistiu durante mais sessenta anos, e o domínio colonial britânico, por mais duzentos. Os britânicos transformaram o castelo no edifício monumental que permanece até hoje — e ele ficou tão conhecido e foi tão bem restaurado que atrai grande número de visitantes, inclusive muitos afro-americanos que, como não podia deixar de ser, têm interesse particular em sua história. O presidente dos Estados Unidos, Barack Obama, visitou-o em 2009 com sua família, para ver e sentir o que resta de uma das mais pungentes ilustrações físicas dos males da escravatura no mundo. A péssima fama do lugar é reforçada por sua aparência: embora o castelo de Cape Coast seja a menor das três fortalezas de escravos que ainda existem na enseada de Benin,* foi projetado para ser de longe a mais austera e ameaçadora. Nela existia a tristemente célebre "porta sem retorno" através da qual dezenas de milhares de infortunados africanos, homens, mulheres e crian-

---

* O forte dinamarquês, que ainda subsiste na capital de Gana, Acra, foi construído e batizado à imagem e semelhança do castelo Christiansborg de Copenhague, onde vive atualmente a família real dinamarquesa, em luxo esplêndido; e o velho forte de Elmina, construído pelos portugueses, tem inúmeros emblemas decorativos e um enorme relógio de sol. Já o castelo de Cape Coast é praticamente destituído de adornos, tem masmorras com paredes de quatro metros de espessura, quatro enormes bastiões, setenta canhões apontados para o mar e jardins para os oficiais residentes — mas até 1820 não contava sequer com uma capela e dava a impressão de ser um lugar em que predomina o mau gosto, proporcionando aos escravos que partiam o mais mísero dos cenários para seu último adeus à África.

O castelo de Cape Coast foi confiscado pelos britânicos e usado como centro de embarque de escravos na África Ocidental. Como outros antigos castelos de escravos, com suas infames masmorras e portas sem retorno, o de Cape Coast tornou-se um ponto de peregrinação para estadistas visitantes, entre eles o presidente Barack Obama, que lá esteve em 2009.

ças, foram conduzidos, acorrentados e agrilhoados, aos navios que percorreriam a infame Passagem do Meio pelo Atlântico, levando os que sobrevivessem aos rigores da viagem para os barracões superlotados da Costa Leste americana e do Caribe.

O julgamento, no qual a pirataria e o tráfico de escravos se sobrepuseram de uma forma que fascinou o distante público britânico, teve como réu um dos mais famosos e bem-sucedidos bandoleiros do Atlântico, Bartholomew Roberts, um galês que ficou mais conhecido, depois de sua morte, como Black Bart. Ele trabalhara como terceiro oficial num navio negreiro, o *Princess*, e em 1719 estava deixando a costa de Gana quando seu navio foi atacado por duas chalupas piratas comandadas por galeses. Estabelecidas as devidas relações, Roberts juntou-se a uma das tripulações piratas e ao longo dos três anos seguintes capturou e pilhou nada menos que 470 navios mercantes — o que fez dele um dos mais bem-sucedidos piratas da história do Atlântico, admirado, ainda que a contragosto, por seus mais implacáveis inimigos.

A sorte o abandonou quando carenava seus navios depois de um exitoso ataque a uma frota negreira, mais uma vez diante do litoral de Gana. Surpreendeu-o uma patrulha antipirataria da Royal Navy, liderada pelo HMS *Swallow*, e Roberts foi metralhado mortalmente no pescoço. Os 268 homens das três chalupas piratas foram embarcados no *Swallow* e em barcos auxiliares, e enviados às masmorras do castelo de Cape Coast para aguardar o sensacional julgamento.

SERES HUMANOS POR ATACADO

Na Inglaterra, o destino daqueles homens suscitou os mais acalorados comentários, já que entre os cativos havia 187 brancos, todos eles acusados de pirataria, e 77 negros africanos que tinham sido tomados como butim dos navios negreiros capturados. Dos brancos, dezenove morreram antes do julgamento, vitimados por ferimentos de batalha; 54 foram declarados culpados de pirataria e enforcados nos canhões que havia nas muralhas do castelo; vinte foram sentenciados a longas penas de prisão em cadeias coloniais e os outros dezessete foram remetidos a prisões em Londres.

Os 77 escravos africanos, vítimas inocentes de toda essa confusão, não receberam tratamento mais condescendente. Foram devolvidos às masmorras do castelo, obrigados uma vez mais a passar, agrilhoados e acorrentados, pela porta sem retorno e postos em outro navio negreiro para cruzar o Atlântico uma vez mais. Dessa vez não encontraram piratas e foram entregues a mercados de escravos nas cidades litorâneas, tornando-se parte da ainda crescente população escrava da América colonial. Uma injustiça poética, se é que um dia existiu alguma.

E, embora muitos pensadores da época reconhecessem essa injustiça, e a maré da opinião pública estivesse começando a mudar, no início do século XVIII ainda havia enorme apoio oficial e intelectual ao tráfico de escravos, na Inglaterra e em outros países. Os traficantes mais letrados lembravam que 2 mil anos antes ninguém menos que Aristóteles escrevera, sobre a humanidade, que "desde a hora de seu nascimento, alguns são destinados a obedecer, outros a comandar". E, embora alguns críticos denunciassem que o tráfico de escravos exigia que "uma pessoa tratasse membros de sua própria tribo como animais", tanto a Igreja quanto o Estado aceitavam a escravatura como integrante do comportamento humano, parte da ordem natural das coisas. Um exemplo:

Surras e tortura eram procedimentos habituais nos navios negreiros da rota dos escravos. A adolescente que se vê pendurada e surrada nesta famosa ilustração morreu em consequência dos ferimentos, mas John Kimber, o famigerado traficante de Bristol acusado do assassinato, escapou da condenação e durante o resto da vida moveu uma campanha contra seu acusador, o abolicionista William Wilberforce.

John Newton, clérigo anglicano de reconhecida fé — e talento, pois compôs, entre outras peças bem conhecidas, o hino "Amazing grace" —, era um traficante de escravos de certa importância e não se constrangia com o fato de, como diz o *Dictionary of National Biography*, "ficar rezando no convés enquanto abaixo dele sua carga humana jazia nas condições mais degradantes". Depurado assim de qualquer ambiguidade moral, o comércio de escravos podia ser um negócio excepcionalmente rentável.

Onze milhões de africanos foram transportados de um lado a outro do Atlântico entre meados do século XV e o fim do século XIX. Três milhões deles chegaram em navios ingleses pertencentes a traficantes de Liverpool, Bristol, Londres e portos menores da costa oeste, como Lancaster e Whitehaven. (Os principais portos franceses de embarque de escravos eram os de Honfleur, Havre e Nantes, o maior deles.) Todas as altas esferas britânicas — da família real à Igreja Anglicana — tiraram proveito desse negócio. E até além do mundo requintado de uma aristocracia que arriscava dinheiro para bancar os traficantes de escravos, qualquer pessoa na Grã-Bretanha que usasse produtos comuns como o açúcar, o fumo e o rum também se beneficiava do comércio de escravos. Este não era apenas um mal medonho, era um mal medonhamente difuso.

O comércio dito triangular estava estruturado de forma que mercadorias fossem levadas da Grã-Bretanha aos portos ou castelos de escravos da África, como o de Cape Coast;* nesses portos, os negros eram embarcados para a infame Passagem do Meio até os depósitos americanos; depois disso, com o navio descarregado e lavado, as cargas do Novo Mundo partiam para a Grã-Bretanha.

Assim, em pequenos navios chamado *snows*, em barcas, brigues ou navios redondos de três mastros, os comandantes das embarcações negreiras partiam totalmente carregados da Inglaterra. Tinham ordens de seguir até os portos da África Ocidental e, usando as cargas embarcadas na Inglaterra como moeda de troca, segundo seus contratantes, "conseguir o maior número que pudessem de escravos vendáveis". Com a maior parte de seus tripulantes recrutados à força por bandos de aliciadores que buscavam marinheiros bêbados e jovens sugestionáveis nas estalagens à beira-mar, os navios zarpavam para a África entupidos de artigos comerciais. Levavam mercadorias como mosquetes, chapéus de feltro, facas de ferro, tonéis de bronze, pólvora, algodão e pederneiras. Num navio, o *Pilgrim*, que zarpou de Bristol em 1790, a carga um tanto quanto mais bizarra incluía "um baú de artigos das Índias Orientais, quatro arcas de cornetas, doze caixas de morim, duas pipas de rum e quinze dúzias de garrafas de vinho". Hugh Crow, um bem-sucedido traficante de escravos (embora caolho) da ilha de Man, sempre fazia uma primeira escala em Roterdam e Jersey para comprar bebidas, mais baratas do que na Inglaterra, a serem usadas como moeda de troca junto aos mercadores de escravos africanos, que apreciavam um trago como ninguém.

A maior parte dos navios tomava *la petite route* para o sul, como os franceses chamavam a rota que passava pelas ilhas Canárias e as de Cabo Verde antes de aproar para o continente pela costa leste, como agora era habitual proceder. Primeiro usavam suas mercadorias para fazer escambo, trocando-as por objetos em geral bastante comuns, como barras de ferro, de bronze, peças de tecidos, que tinham se tornado uma moeda rudimentar para a compra de escravos. Os preços, nessa moeda — as barras de ferro mais pareciam varetas de prender

---

* Dezenas de construções como essa se espalham pela costa africana, do Saara ao Cabo — sessenta delas somente em Gana, tão próximas que de muitas delas é possível ver outra.

tapete nos degraus de uma escada —, permaneceram praticamente constantes durante anos: um escravo comprado no rio Senegal em meados do século XVIII valia setenta barras; uma mulher, um pouco mais cara apesar de anunciada "com dentes ruins", saiu por 63 barras, e outra pelo "preço extorsivo de 86 barras", segundo o famoso diário do reverendo Newton. (Para fins de comparação, uma sacola com novecentos gramas de pólvora custava uma barra.)

Então, munidos de carroças de barras ou amostras, os comandantes britânicos iam aos castelos de escravos, controlados pela Royal African Company, e compravam escravos certificados e de preço tabelado, ou então, deixando de lado as convenções, visitavam mercados de escravos situados rio acima, mais competitivos (e, nos anos seguintes, de maior sucesso comercial), onde compravam um punhado de seres humanos de pele negra, homens, mulheres ou meninos, que pareciam mais adequados para trabalhar do outro lado do oceano.

Viessem esses infelizes dos rios ou através das portas sem retorno dos castelos da Costa do Ouro e de outras feitorias de escravos, eram primeiro acomodados de qualquer maneira no navio à espera. Em seguida eram marcados — muitas vezes com as iniciais "DY", de Duque de York — e agrilhoados aos pares, com o punho e o tornozelo esquerdos de um ligados ao punho e ao tornozelo direitos do outro. Eram então levados para o porão, postos nas áreas de armazenagem onde se esperava que sobrevivessem à travessia — esperança essa que nascia não da compaixão, mas do interesse comercial.

Normalmente, os mercadores de escravos estavam autorizados — pois havia uma regulamentação — a transportar cerca de dois escravos por tonelada de arqueação do navio, o que mais tarde aumentou um pouco, para cinco escravos por três toneladas de arqueação até 207 toneladas, e daí em diante um escravo por tonelada. Um navio com arqueação de quinhentas toneladas estava autorizado a transportar mais de 360 escravos — e, por razões de eficiência comercial, esses seres eram empilhados como se fossem toras de madeira firmemente atadas, permanecendo em prateleiras com não mais de 75 centímetros de espaço entre elas. Mesmo em mar calmo e dias amenos, as condições eram abomináveis; quando fazia calor e o mar se agitava — o que era frequente durante a viagem de oito semanas —, tornavam-se intoleráveis. As condições sanitárias eram execráveis. Não existia privacidade. A segurança era tudo o que importava: os homens eram vigiados de perto e qualquer tentativa de insurreição ou amotinamento era reprimida com força terrível. Os escravos recebiam duas refeições por dia — batata-doce, arroz, cevada, milho e bolachas de bordo, tudo cozido junto numa mixórdia sem graça — e, para prevenir o escorbuto (já que os contratos com importadores de escravos da América e do Caribe exigiam que os escravos deveriam ser entregues em boas condições físicas), eram obrigados a lavar a boca com suco de limão ou vinagre. Eram também obrigados a "dançar" — levados à coberta para se exercitar, saltando ritmadamente no convés, na medida em que os grilhões permitiam, tendo por perto membros da tripulação armados com chicotes para fazer com que todos se movimentassem com a mesma energia e mantivessem o tônus muscular.

A ferocidade dos feitores de escravos é lendária — os homens eram seviciados, as mulheres, estupradas, escravos doentes eram lançados pela borda (desde que estivessem cobertos pela política de seguros do navio). Um documento ilustra as horrendas condições nas quais a carga humana tinha de viver e, em muitas ocasiões, morrer. O trecho a seguir foi extraído do depoimento prestado a uma comissão da Câmara dos Comuns por Isaac Parker, tripulante do brigue negreiro *Black Joke*, de Liverpool, e por seu comandante, Thomas Marshall. Havia noventa escravos a bordo desse navio de 56 toneladas, todos eles trazidos de um castelo em Gâmbia e a caminho da Carolina do Sul.

Quais foram as circunstâncias dos maus-tratos infligidos a essa criança? A criança fez birra e não queria comer [...]. O capitão levantou a criança com uma das mãos e açoitou-a com o rebenque. Lembra-se de alguma outra coisa sobre a criança? Sim, ela estava com os pés inchados; o capitão disse ao cozinheiro que pusesse um pouco de água para esquentar, a fim de ver se isso poderia acabar com o inchaço, e assim se fez. Ele então mandou pôr os pés da criança na água, e o cozinheiro, mergulhando um dedo na água, disse: "Senhor, está quente demais". O capitão disse: "Dane-se, isso não tem importância, ponha os pés dele na água", e quando ele fez isso a pele e as unhas começaram a se soltar, ao que ele usou um pouco de óleo doce e ataduras e envolveu-as em torno dos pés para afastar o calor; e eu mesmo untei os pés com óleo e os envolvi com as ataduras; e, deixando a criança na coberta superior à tarde, na hora do rancho, dei a ela algumas vitualhas, mas ela não comeu; o capitão levantou a criança outra vez e açoitou-a, dizendo: "Dane-se, vou fazer você comer", e assim continuou durante quatro ou cinco dias à hora do rancho, quando a criança não queria comer ele a açoitava, e amarrou uma tora de mangueira de uns 45 ou cinquenta centímetros e seis ou sete quilos ao pescoço da criança com uma corda. Da última vez que ele levantou a criança e açoitou-a, deixou-a cair das mãos, "Dane-se", disse ele, "vou fazer você comer nem que você morra", e em três quartos de hora a criança morreu. Ele não permitiu que nenhuma das pessoas que estavam na coberta superior lançasse a criança ao mar, e chamou a mãe da criança para fazer isso. Ela não quis, e acho que ele a açoitou; mas estou certo de que bateu nela de alguma forma por recusar-se a lançar a criança pela borda; finalmente, ele fez com que ela levantasse a criança, e ela tomou-a pela mão, e foi para um lado do navio, mantendo a cabeça para um lado porque ela não queria ver a criança soltar-se de sua mão, e lançou a criança pela borda. Ela parecia muito triste e chorou durante muitas horas.

Se Parker estava ou não dizendo a verdade, nunca saberemos. O certo é que esse depoimento pode ser encontrado entre os documentos parlamentares oficiais do ano de 1790,* e que a criança em questão era absurdamente pequena, pouco mais que um bebê.

Cerca de cinquenta dias depois da partida da África Ocidental, podia-se ver a costa americana, e o segundo trecho da viagem triangular que os franceses chamavam de *le trafic Négrier* estava terminado. A maior parte dos escravos já tinha sido negociada, e o capitão tinha ordem de rumar para algum campo de condicionamento em certos centros de distribuição localizados em ilhas — Barbados, ou Jamaica — ou para um dos portos de escravos do continente, como Norfolk ou Charleston. Se o capitão tivesse sorte, um mesmo mercador de escravos americano poderia desembaraçá-lo de sua carga humana — comprando-a a granel e no atacado, para revendê-la no mercado a preços de varejo — e acertar o transporte de outra carga para levar no navio desocupado. Podia haver um leilão, a bordo do navio ou no cais.

Ou os escravos podiam ser submetidos à indignidade final de sua viagem — a chamada "corrida dos escravos". Os comerciantes que estavam à espera tinham sido avisados de que cada um dos negros a bordo podia ser comprado por certo preço; a um sinal, normalmente o rufar de um tambor, todos eles corriam para o navio e, como a multidão enlouquecida na liquidação de uma loja de departamentos, faziam febrilmente suas escolhas entre os homens e as

---

* *Accounts & paper/Session papers, Minutes of the evidence taken before a Committee of the Whole House on Regulation of Slave Trade*, 1790, xxx (699), 122-4, 127.

mulheres aterrorizados que, ainda acorrentados, tinham sido agrupados na coberta superior. Inevitavelmente, as famílias eram separadas: um comerciante queria o homem, outro preferia sua companheira, um terceiro, os filhos.

E então o navio voltava a zarpar, com as cobertas cuidadosamente lavadas com vinagre e soda cáustica; as prateleiras em que seres humanos negros tinham sido entulhados em pilhas nas semanas anteriores estavam agora cheias de fumo, peles ou produtos manufaturados das colônias. Semanas mais tarde, via-se, da proa, o promontório de Kinsale, e um dia ou pouco mais depois, surgiam os faróis do rio Mersey, ou os do Avon, e a longa viagem estava enfim encerrada. Havia esposas e filhos a rever, amigos a encontrar em certas ruas, cultos religiosos de que participar. E a questão da carga negreira — moralmente problemática para alguns, uma rotina apenas desagradável para outros — podia ficar arquivada em segurança nos recônditos da mente até a viagem seguinte.

Por meio de subterfúgios, os comerciantes de escravos permaneceram em atividade por muitos anos — muitas vezes comprando participações nos navios negreiros portugueses, já que a escravidão continuou sendo legal nas colônias africanas de Lisboa até 1869, suprindo o Brasil de escravos procedentes de Angola até a proibição do tráfico no país, em 1831. Mas, com o tempo, a Royal Navy, por meio de sua Esquadra da África Ocidental, se impôs. Muito embora o pessoal embarcado procurasse evitar servir em sua enorme frota, baseada em Portsmouth — principalmente por causa das temidas doenças tropicais que matavam grande número de marinheiros —, em meados do século XIX os homens do chamado Esquadrão Preventivo tinham capturado mais ou menos 1600 navios negreiros e libertado 150 mil escravos. Os últimos navios negreiros a cruzar o oceano foram os americanos *Wanderer* e *Clotilde*, que conseguiram passar pelas várias barreiras e bloqueios em 1858 e 1859, respectivamente. O último sobrevivente do último navio negreiro morreu em 1935, num subúrbio de Mobile, Alabama. E com a morte desse digno ancião de Benin — um homem de 94 anos chamado Cudjoe Lewis — cortou-se o último laço vivo com o tráfico transatlântico de escravos, que teve início com os franceses na Flórida e os ingleses na Virgínia, no começo do século XVI, e durou mais de quatrocentos anos.

Para encerrar, resta um caso que vale a pena contar — o de um americano branco que, depois de cruzar o Atlântico, tornou-se escravo no litoral da África, deixando na história a imagem espelhada de um comércio que, a não ser por esse episódio, teria sido feito exclusivamente no sentido oposto.

Era ele James Riley, filho de um agricultor de Connecticut e comandante do brigue *Commerce*, que zarpou de Hartford, Connecticut, em 1815, para fazer negócios no norte da África. No mês de agosto, quando tentava chegar às ilhas de Cabo Verde, o navio foi desviado de seu curso pelo vento, ao lado das Canárias, perdeu-se no nevoeiro e foi levado para as rochas próximas do cabo Bojador — o cabo que quatro séculos antes Gil Eanes conseguira dobrar. Riley e sua tripulação foram capturados e escravizados por nômades do Saara, obrigados a caminhar durante semanas pelo deserto, meio mortos de fome, bebendo urina de camelo.

Finalmente, usando de toda a sua habilidade e astúcia, mas também por um enorme golpe de sorte, Riley conseguiu enviar um bilhete a William Willshire, cônsul britânico em Essaouira, contando-lhe sua desventura. Depois de uma tortuosa viagem em direção ao norte através das areias do Saara meridional, ele e seu principal dono árabe chegaram àquela cidade litorânea, onde o cônsul entregou aos captores 920 dólares e duas espingardas de cano duplo, e Riley foi libertado e resgatado. Willshire também obteve a libertação dos quatro tripulantes que viajavam com o capitão Riley — descrevendo os cinco homens como "reduzidos ao esqueleto, com ossos que apareciam, brancos e transparentes, através de sua fina e repugnante cobertura".

Depois de recuperar as forças — as provações por que passara fizeram seu peso baixar de 108 para quarenta quilos —, Riley foi devolvido a sua casa, em Connecticut, a sua mulher e aos cinco filhos, e sem demora escreveu um livro sobre suas experiências — *An authentic narrative of the loss of the American brig Commerce* [Uma narrativa autêntica do naufrágio do brigue americano *Commerce*]. Publicado em 1817, vendeu mais de 1 milhão de exemplares — e, como pela primeira vez apresentava a contrapartida perfeita da escravidão de africanos a que todos os americanos estavam acostumados, tornou-se também um livro influente, vendido até 1859 em pelo menos 23 edições.* Foi lido por ninguém menos que o jovem Abraham Lincoln: mais tarde, este diria que, com exceção da Bíblia e de *O peregrino*, nenhum livro o influenciara mais que o de Riley. O próprio Riley empenhou-se entusiasticamente na campanha pela abolição da escravatura e pela instalação dos libertos na recém-fundada Libéria,

---

* Com o título *Sufferings in Africa*, o livro foi republicado em 2000.

que colonizadores americanos altruístas criaram poucos anos depois no litoral atlântico africano, perto de onde eles tinham naufragado.*

MUDANÇA DE REGRAS

A guerra contra os escravagistas e as incessantes campanhas contra os piratas sem dúvida influenciaram as táticas navais, dando treinamento aos marinheiros profissionais em dois aspectos essenciais dos conflitos oceânicos. Por um lado, os marinheiros tornaram-se mais hábeis no uso da artilharia naval, que, diga-se de passagem, estava mudando rapidamente em sua conformação e em sua letalidade; por outro, houve uma mudança em relação aos pontos do oceano em que as batalhas com esse tipo de armamento se travavam.

Tradicionalmente, todos os embates navais ocorriam em pontos de onde se avistava terra, ou muito perto deles — em parte porque era difícil para os antigos marinheiros saber exatamente onde estavam, já que o oceano cinzento e monótono era totalmente destituído de pontos de referência. Mas, com o aperfeiçoamento das técnicas de determinação da latitude e, sobretudo, da longitude, os comandantes de navios conseguiam descobrir onde estavam, com maior ou menor exatidão. Assim, tornaram-se capazes de localizar o inimigo em alto-mar, o que possibilitou dar-lhes combate ali mesmo. Quando isso ocorreu, a expressão "domínio do mar" começou a se tornar realidade: antes, as forças navais que anunciavam o domínio do mar na verdade dominavam apenas as águas costeiras em que operavam; com a possibilidade de calcular a longitude, esse domínio se estendeu ao alto-mar. E o domínio dos mares estava se tornando fundamental na nova era de comércio: o segredo oculto no âmago das ambições imperiais dizia que assumir o controle dos mares agora era muito mais importante do que controlar o espaço terrestre.

Quem conseguisse exercer maior influência sobre o Atlântico — sobre as

---

* James Monroe, presidente dos Estados Unidos na época da fundação da Libéria, foi homenageado com o nome da capital do país, Monróvia. William Willshire também receberia sua homenagem: no fim da vida, Riley fundou Willshire, uma vila no estado de Ohio, junto à divisa com Indiana, com uma população atual de menos de quinhentas pessoas. A vila, que já foi famosa por seus queijos, fica perto de um brejo chamado Pântano Negro.

rotas marítimas que começavam a se tornar conhecidas — gozaria de enorme vantagem comercial. As nações europeias do litoral atlântico — e com o passar do tempo, as potências americanas do lado ocidental — travariam uma disputa para determinar quem teria a soberania definitiva sobre o mar. No mais das vezes, essas disputas eram resolvidas apenas com bom senso. De tempos em tempos, porém, havia enfrentamentos — e, em vez de exigir a mobilização de exércitos para lutar em campo inimigo, essa espécie de combate podia se dar, e assim seria feito, por meio de confrontos entre marinhas de guerra e batalhas travadas na imensidão neutra do mar aberto.

Para levar a cabo esses combates, era preciso um novo tipo de tática, e, em conjunto com ela, o uso inteligente e eficaz do novo esporte mortífero da artilharia naval. O primeiro desses confrontos deu-se numa batalha conhecida somente pela data — a Ação de 18 de setembro de 1639 —, e teve lugar no canal da Mancha, entre navios da Holanda e da Espanha. Até então, todos os confrontos navais tinham sido extremamente anárquicos,* uma barafunda cheia de surriadas, com os lerdos veleiros guinando de cá para lá, num engalfinhamento furioso, colidindo uns contra os outros, atirando com armas montadas na proa, não raro cometendo erros de fogo amigo, enviando sinais de bandeira que podiam não ser vistos através da fumaceira, com cada comandante procurando oportunidade de intervir na trapalhada como melhor lhe parecia. Mas na batalha de 1639 o comandante holandês teve a simples ideia de dispor seus navios em fila, de modo que seus costados ficassem voltados para a esquadra inimiga — e abriu fogo com descargas sucessivas, disparando um canhoneio direto e devastador contra todo navio espanhol que estivesse ao alcance.

Essa técnica, que a partir de então passou a ser chamada de linha de batalha, seria da maior importância nos conflitos navais até a invenção do navio a

---

* A mais notável dessas carnificinas oceânicas foi a destruição da Invencível Armada espanhola diante das costas britânicas, em 1588. No contexto desta exposição, as batalhas travadas e os brulotes de fogo lançados são de menos interesse que o terrível erro de navegação cometido pelos comandantes espanhóis quando sua frota, derrotada, circundava a costa norte da Escócia. Sem saber exatamente onde se achavam e subestimando o efeito da corrente do Golfo, eles viraram para o sul cedo demais e foram lançados pelo vento oeste contra as costas rochosas a sotavento. Muitos mais navios da frota invasora perderam-se, por naufrágio, nas costas da Irlanda e da Escócia do que nos combates navais anteriores. Morreram 5 mil homens, e só metade da esquadra conseguiu voltar capengando para a Espanha.

vapor, no início da era vitoriana. Como exigia navios cada vez mais fortes para ficarem no centro da linha de batalha — sobretudo quando as forças inimigas faziam o mesmo, e o embate se transformava numa fantástica troca de disparos entre duas longas linhas de navios adversários —, os navios melhores, mais resistentes e mais bem armados passaram a ser conhecidos como navios de linha.

A ação armada no canal da Mancha — que levaria a uma batalha ainda maior numa enseada conhecida como Downs, diante da costa de Kent, com a derrota esmagadora dos espanhóis, a morte de 6 mil homens e a perda de 43 navios espanhóis — ainda foi um confronto travado à vista de terra. A primeira batalha em alto-mar travou-se mais de um século e meio depois, em 1794, e se tornou conhecida como o Primeiro de Junho Glorioso.* Usando táticas similares, dela participaram 25 navios, na linha britânica, e 26 da Marinha francesa, agora já distante da costa, nas águas profundas do Atlântico, a cerca de 650 quilômetros a oeste da ilha francesa de Ushant. Ao que tudo indica, a vitória decisiva coube aos britânicos, que tiveram seu herói: o valente e astuto almirante Richard Howe, comandante da esquadra, então com 68 anos. O objetivo da Marinha francesa era abrir passagem para um comboio de graneleiros americanos que vinham aliviar a fome que grassava na França — e todos eles passaram. Assim, o resultado da primeira batalha oceânica verdadeira foi meio ambíguo — uma vitória tática da Inglaterra, mas um sucesso estratégico da França. Porém, o mais importante foi que essa ação pressagiou combates muito mais letais, em torno de comboios, menos de 150 anos depois.

Durante o restante da era dos veleiros, houve ainda muitas batalhas atlânticas que com justiça passaram a figurar nos livros de história, seja por sua execução tática, seja por sua importância como elemento indicador ou determinante de algum movimento decisivo das peças do xadrez político internacional. A derrota da Invencível Armada espanhola pela esquadra da rainha Elizabeth em 1588 foi o principal evento que levou à criação do Império Britânico e à redução da Espanha à condição de potência decadente. A derrota da Marinha napoleôni-

---

* Tradicionalmente, as batalhas navais recebem o nome do lugar mais próximo, enquanto os conflitos em alto-mar em geral são conhecidos pela data de ocorrência. As ambiguidades devidas ao calendário são muitas. Os franceses chamam essa batalha (a que não se referem com frequência, pois a perderam) como Batalha do 13 prairial, usando o calendário napoleônico, do qual apenas o nome termidor ainda se usa, designando um prato à base de lagosta.

ca (à qual se uniram muitos espanhóis) na clássica batalha de Trafalgar, em 1805, é mais lembrada pela morte de Nelson — ainda muito reverenciado em toda a Grã-Bretanha e por todos os marinheiros do mundo. (Seu uniforme, com o rasgão ensanguentado feito pelo tiro de mosquete disparado do *Redoutable*, é a peça mais valiosa do Museu Marítimo de Greenwich, Inglaterra; a Trafalgar Square, em Londres, com a Coluna de Nelson no centro, suplantou há muito o Piccadilly Circus como o mais representativo ponto de reunião da cidade; sua enorme nau capitânia, a fragata HMS *Victory*, de 2600 toneladas, continua firme e forte em Portsmouth;* e hoje em dia um comandante da Marinha francesa é chamado *capitaine*, não *mon capitaine*; Napoleão aboliu o *mon* honorífico por culpa do que ele acreditava serem erros anti-heroicos de seus marujos.)

Afastada, com a batalha do cabo Trafalgar, a ameaça marítima imposta pela França, a Grã-Bretanha agora podia exercer o domínio total do oceano Atlântico e lançar o peso de seu império, com impunidade praticamente absoluta, nesse e em outros mares ainda mais distantes. Como ocorre com todas as batalhas navais, não há um memorial dessa contenda. Os cinco quilômetros quadrados, aproximadamente, cerca de sessenta quilômetros a oeste do estreito de Gibraltar, engoliram todas as vítimas, e no lugar onde 27 navios britânicos combateram uma frota franco-espanhola de 33 embarcações — 2100 armas de fogo contra 2500 e 17 mil marinheiros britânicos contra 30 mil franceses e espanhóis — veem-se apenas ondas. Mas a bandeira de Nelson com seu famoso comunicado transmitido por bandeirolas — "A Inglaterra espera que cada homem cumpra seu dever" — ainda tremula no alto de seu navio, atualmente atracado naquela doca seca de Portsmouth,** e sua imortal oração, pedindo a Deus uma grande e gloriosa vitória, continua a ser decorada por muitos estudantes ingleses até hoje.

Acima de tudo, a engenhosa e pouco convencional tática de Nelson —

---

* O HMS *Victory* é, em todo o mundo, o mais antigo navio incorporado a uma Marinha, mas o USS *Constitution*, lançado 32 anos depois, em 1797, continua a ser o navio mais antigo ainda na ativa. O *Victory* está em doca seca desde 1922.

** Na verdade, Nelson pediu ao sinaleiro que enviasse a mensagem "A Inglaterra confia em que cada homem cumprirá seu dever", mas o jovem tenente pediu para usar a palavra "espera" em lugar de "confia", porque já existia uma bandeira pronta para esse fim no vocabulário de sinais, enquanto "confia" teria de ser transmitida letra por letra. Isso, contudo, aconteceu com a palavra "dever", que estranhamente não constava, na época, no vocabulário naval.

fazer com que suas duas linhas de batalha, paralelas mas bem afastadas uma da outra, investissem diretamente contra os costados da frota adversária, golpeando ao mesmo tempo o coração e as pernas do inimigo, em vez de passar ao longo de sua linha na esperança de canhoneá-lo até a submissão — ainda hoje é ensinada como exemplo de bravura e audácia naval. E a tragédia daquele dia — o almirante deitado no convés superior, sangrando até a morte, depois de ferido por um franco-atirador de sorte, aninhado nos braços de seus médicos e comandantes de confiança, o tempo todo exortando sua frota a buscar abrigo por causa de uma tempestade que se avizinhava — e suas últimas palavras, que revelavam toda a sua modéstia apesar de ter conseguido cumprir seu dever, continuam gravadas a ferro e a fogo na mentalidade britânica.

A *Pax Britannica* foi concebida, essencialmente, em Trafalgar, e, como o Império Britânico era principalmente um império oceânico — dependente da Marinha para sua segurança, de ilhas para prover-se de carvão e víveres, de férteis territórios litorâneos para obter alimentos e riquezas —, e como se pode ir mais longe e afirmar que era também um império atlântico, o lugar onde se deu sua primeira batalha de alto-mar, a sessenta quilômetros do litoral da Espanha, dificilmente teria sido mais apropriado.

O romantismo das grandes batalhas persiste ainda hoje. Em outubro de 2009, no Trafalgar Day, mais de dois séculos após o conflito, um dos poucos estandartes de batalha que ainda restam daquele dia, a bandeira nacional britânica que tremulava na proa do HMS *Spartiate*, um dos navios de combate mais prezados por Nelson, foi vendida em leilão, em Londres, por 384 mil libras — mais de vinte vezes seu valor estimado. Talvez essa quantia extraordinária tenha sido uma demonstração de apreço pelo barco da Royal Navy, capturado aos franceses na batalha do Nilo; talvez represente um apreço mais geral pela própria batalha; ou quem sabe se deva suspeitar que na verdade trata-se de um reconhecimento formal concedido à família que a detinha — descendentes do valoroso capitão de fragata do *Spartiate*, um escocês de 37 anos chamado James Clephan. Esse jovem, sem cultura e de origem modesta, tinha entrado para a Marinha mercante por necessidade, depois que seu emprego de tecelão foi engolido pela revolução industrial. Recrutado à força pela Royal Navy, ascendeu resolutamente pelo emaranhado elitista da carreira militar, tornou-se oficial e, sem dúvida, muito competente. A enorme bandeira, de três metros de comprimento por dois de altura, tinha sido confeccionada à mão pelos tripulantes, que

Nelson é o maior herói naval da Inglaterra, e seu grande triunfo seria também o derradeiro: a derrota da esquadra franco-espanhola diante do cabo Trafalgar, na costa da Espanha, em outubro de 1805.

a ofertaram, como prova de respeito e admiração, a um dos pouquíssimos recrutas — dezesseis em 300 mil, conta a lenda — que se tornaram oficiais. Com efeito, Clephan chegou a comandante da Marinha e morreu cercado de honrarias em 1851.

PAREDES DE MADEIRA, CASTELOS DE AÇO

Grandes batalhas entre barcos a vela seriam travadas no palco atlântico ainda por muitos anos. A Guerra de 1812, um conflito em impasse interminável entre a Grã-Bretanha e os Estados Unidos, nascido como corolário da guerra dos britânicos contra Napoleão, assistiu a muitos confrontos navais memoráveis: embora a Marinha americana tivesse um quarto do tamanho da frota da Royal Navy designada para operações de bloqueio — apenas 22 barcos americanos contra 85 britânicos —, a coragem e a destreza da tripulação do USS *Constitution* até hoje emocionam: ele não só derrotou inapelavelmente a fragata HMS *Guerriere*, de 38 canhões, diante de Cape Cod, como dirigiu-se para o sul até o Brasil, onde obrigou a oficialidade de outro importante navio britânico, o HMS *Java*, a se render e pôr seu navio a pique. A primeira dessas batalhas foi liquidada em meia hora, mas a segunda durou três horas — foi uma longa troca de disparos e granadas que deu ao *Constitution*, que ainda flutua no porto de Boston, o atual apelido: *Old Ironsides* [Velho Couraçado].

Mas foi então, cedo e depressa demais para alguns, que a era dos veleiros, com todas as suas honras, rituais e romantismo, chegou ao fim. O lugar desses navios foi tomado por sucedâneos mais abrutalhados, de carvão, aço e vapor, e, de acordo com o mordaz comentário de Winston Churchill, a tradição naval britânica daí em diante se basearia em "rum, sodomia, orações e chibata". Os navios feitos de grandes paredes de teca, pinho e carvalho logo dariam lugar a outros que mais pareciam imensos castelos de ferro. O último navio de guerra a vela britânico construído de madeira foi o *Howe*, lançado em 1860, com três cobertas e 121 canhões, mas equipado, por via das dúvidas, com uma máquina a vapor de mil cavalos e uma hélice. Foi incorporado exatamente quando se batia a quilha do primeiro encouraçado britânico, o HMS *Warrior* — um barco construído expressamente para "superar e subjugar qualquer outro navio de guerra existente". Novos estaleiros foram prontamente instalados nos rios Clyde, Tyne e Wear, equipados com altos-fornos e fundições, maçaricos e rebitadoras, retinindo e chiando durante décadas para produzir muitos milhares de sucessores. No início, todos os encouraçados eram de madeira e com blindagem de ferro, mas depois passaram a ser feitos inteiramente de aço, e assim continuaram sendo até o século XXI.

Os combates iniciais entre encouraçados de madeira com blindagem de ferro ocorreram durante a Guerra Civil Americana. Atacavam-se com muito vigor e ruído, e com isso davam o primeiros sinais, não percebidos na época, de que a tocha do progresso tecnológico estava passando do leste do Atlântico para sua parte ocidental.

A primeira dessas refregas envolveu um vapor britânico com rodas laterais, o *Banshee*, que conseguiu furar um feroz bloqueio da União e escapulir nada menos que sete vezes para as águas da Carolina do Sul, com cargas indispensáveis para as forças confederadas. Depois de mais de um ano deslocando-se entre a Grã-Bretanha, as Bermudas e vários portos do litoral secessionista, a sorte do barco acabou e ele foi capturado numa batalha em Chesapeake Bay. Num perfeito exemplo de ironia cruel do destino, um juiz de Nova York decidiu que o navio construído em Liverpool seria transformado em canhoneira e incorporado à Marinha da União com o nome de USS *Banshee*. Além disso, faria parte do mesmíssimo Esquadrão de Bloqueio do Atlântico Norte com o qual o governo federal tentava impedir que a Confederação tivesse acesso a suprimentos e apoio externo — um caso clássico de caçador que vira guarda-caça, ainda que por força das armas.

Uma batalha um pouco mais conhecida que confrontou navios de madeira com blindagem de metal — dos dois lados, já que os captores do *Banshee* eram de madeira — também acarretou uma virada de casaca forçada: neste caso, uma fragata a vapor que era das forças da União, o uss *Merrimack*, que confederados hábeis recobriram com ferro, equiparam com canhões e rebatizaram como css *Virginia*.* Na manhã de 8 de março de 1862, essa belonave estranha mas sem dúvida formidável saiu navegando lentamente de Hampton Roads, Virgínia, para se unir às unidades locais do Esquadrão de Bloqueio. Para alegria do *Virginia*, a aurora lhe revelou uma possível e magnífica presa: o uss *Cumberland*, uma fragata federal a vela, de madeira e com 24 canhões, estava ancorada em águas rasas. Era evidente que a fragata e um barco irmão, o uss *Congress*, não tinham escapatória: embora ambos, juntamente com vários outros navios chamados às pressas, despejassem farta munição contra o *Virginia*, os projéteis ricocheteavam em seus flancos sem causar dano algum. Quando finalmente o *Virginia* abriu fogo, já bem de perto, o uss *Cumberland* e o uss *Congress* afundaram em questão de horas. Quase trezentos marinheiros da União morreram queimados enquanto seus navios iam a pique.

O domínio das águas pelo *Virginia* teria curta duração. Durante a noite, enquanto o navio e sua tripulação descansavam, os almirantes da União faziam planos. A Casa Branca estava em pânico com a possibilidade de um navio tão extraordinário voltar sua atenção para o rio Potomac, entrar em seu estuário e, dentro de um ou dois dias, alvejar a própria sede do governo da União. Ele tinha de ser detido por todos os meios possíveis.

Como se veria, a sincronia foi perfeita. O uss *Monitor*, encouraçado das forças da União novo em folha e especialmente construído, estava justamente naquela noite vencendo as ondas do Atlântico ao sair do estaleiro no Brooklyn.

---

* Os comandantes sulistas fizeram mais do que simplesmente soldar placas de aço no casco do navio, de seis anos de idade, construído em Boston e orgulho da frota da União. Encontraram-no abandonado, incendiado até a linha-d'água e posto a pique no estaleiro da Marinha em Norfolk — mas estavam tão necessitados que içaram o navio, que foi secado e reconstruído sem velas, e só depois disso colocaram-lhe a blindagem e lhe deram o novo nome.

Chegou à zona de abrigo de Hampton Roads bem a tempo de ouvir o último disparo do *Virginia* — e, embora sua tripulação estivesse exausta por causa das tempestades encontradas no caminho, posicionou-se imediatamente ao lado do *Minnesota*, cujo enorme canhão giratório o protegia. Quando o sol surgiu, na manhã seguinte, e o *Virginia* começou a sair da zona de abrigo, travou-se de imediato uma batalha histórica.

Durante três horas, os dois vasos de guerra, feiosos e fortemente blindados, trocaram disparos. Descargas sucessivas ricocheteavam nas placas de ferro de ambos os lados, o ar se enchia de fumaça e estrondos, e multidões em terra olhavam, em perplexo horror. No final, depois de um dia inteiro de combate, nenhum dos comandantes infligira danos fatais ao outro barco. Os dois navios se retiraram, cada grupo de oficiais do passadiço acreditando que tinha vencido o combate, mas sem que nenhum dos lados tivesse conseguido seu objetivo. O *Virginia* foi afundado por sua tripulação em Hampton Roads algumas semanas depois; no fim do ano, o *Monitor*, que estava sendo rebocado, fez água e naufragou ao largo do cabo Hatteras. Apesar do destino dos dois navios, a batalha de Hampton Roads, que ocorreu exatamente no lugar que se tornaria a maior base naval do mundo, transformou para sempre a guerra no Atlântico — e, com o passar do tempo, as batalhas navais em geral.

A partir daquele confrontro — as notícias sobre ele se difundiram no mundo todo em surpreendente velocidade, considerando que ainda não havia um serviço telegráfico transatlântico confiável — nenhuma Marinha ocidental de importância voltou a construir uma belonave de madeira. Ferro, vapor, máquinas propulsoras, carvão, óleo, munhões de cilindros, hélices — todas essas são palavras que passaram a integrar o novo vocabulário da atividade bélica naval no fim do século XIX. Outras palavras e expressões ligadas aos veleiros, como ovéns, mastaréu, malaguetas, gurupés, espichas e vela de mezena, em pouco tempo cairiam no esquecimento.

Inventos que durante a maior parte da era dos veleiros tinham desafiado o engenho humano agora começavam a se insinuar nos hábitos cotidianos. Menos de quarenta anos depois da batalha de Hampton Roads, surgiu a maravilha da telecomunicação sem fio, com a qual os navios conversavam entre si e com seus donos ou diretores; outros quarenta anos e lá estava o radar, que permitia aos navios localizar outras embarcações e também a terra que pretendiam evitar ou alcançar; depois veio o sonar, possibilitando ao marinheiro saber a que distância estava o fundo do mar; e a construção de submarinos, que mudou todas as regras da guerra naval. Esses e milhares de outros passes de mágica transformaram os oceanos, especialmente o Atlântico, num cenário de guerra muito diverso. Navios que na era dos veleiros só raramente se encontravam e lutavam entre si agora podiam marcar encontros — para fins pacíficos ou beligerantes, não importa — com exatidão, regularidade e confiabilidade. A guerra, cuja organização obedecia antes a princípios táticos, tornava-se agora geograficamente determinada; e quando aos inventos somaram-se armas de grande potência e uma nova geração de navios poderosos, projetados com dimensões inéditas e capazes de desenvolver velocidades até então impensáveis, a mancha da guerra se espalhou, braça por braça, milha por milha, até abarcar o oceano inteiro.

E foi realmente uma mancha: se Trafalgar tinha sido um banho de sangue, um massacre obsceno de navios e homens, nenhuma das batalhas seguintes seria muito menos brutal. O decoro tinha chegado ao fim. Desde então, a guerra naval se tornaria uma coisa realmente horrível e, embora todos os indícios de morte fossem parar no fundo do oceano, ela seria tão revoltante e cruenta quanto as grandes batalhas terrestres famosas por sua violência. Se a batalha de Trafalgar foi a última refrega atlântica em que barcos de madeira se enfrentaram, a batalha da Jutlândia, travada ao longo de dois dias no começo do verão de 1916, foi na verdade o primeiro confronto atlântico entre navios feitos de aço. Foi ainda a primeira batalha atlântica em que se empregaram canhões projetados para disparar granadas explosivas e não apenas balas de ferro que rasgavam velas e derrubavam vergas, disparadas pelos canhões negros carregados pela boca que as marinhas haviam empregado durante séculos. No passado, os comandantes dos navios tinham um acordo tácito que consistia em não usar estopins ou projéteis explosivos (já que poderiam incendiar os barcos de madeira, fossem próprios ou do inimigo). Mas depois do *Merrimack* os marinheiros, a bordo de navios feitos de metal não inflamável, podiam fazer o que quisessem com artefatos altamente explosivos, mexer com eles na coberta, usar imensos canhões de alma raiada que lançavam tenebrosos artefatos giratórios a cinco quilômetros ou mais de distância, para arrasar e esmagar um inimigo.

Os planejadores da guerra naval não tardaram a perceber que os navios de aço finalmente ofereciam plataformas flutuantes para uma artilharia semelhante à que se empregava em terra, com canhões de alma raiada e projéteis explosivos. Num abrir e fechar de olhos, as novas marinhas do mundo puderam se tornar em tudo tão modernas quanto os exércitos terrestres — com uma única diferença: os navios, que precisavam transportar em seus paióis a própria munição, altamente explosiva, tinham de estar absolutamente seguros de poder protegê-la contra fogo hostil, já que uma única granada lançada no lugar certo poderia destruir um navio inteiro em segundos, fazendo-o em pedaços e afundando-o. Exigia-se muita blindagem — um cinturão de placas de aço de trinta centímetros de espessura, pesando 2,5 toneladas por metro quadrado, envolvia a porção média de um navio de combate —, além de motores novos e mais potentes, com turbinas alimentadas a vapor, para fazer esse pesadíssimo edifício metálico se deslocar rapidamente sobre as águas.

Toda essa modernização foi concebida pelo então ministro da Marinha, o marechal Jacky Fisher, autocrata nascido no Ceilão, feio de doer, autoritário, fanático por dança* e queridíssimo — um homem que entrou para uma Marinha composta de elegantes veleiros de madeira e deixou atrás de si a maior e mais moderna frota formada até então, com seus barcos de ferro movidos a vapor. Quando eclodiu a Grande Guerra, a nova esquadra de Fisher era uma força de ataque criada no Atlântico e para o Atlântico que proporcionou à Grã--Bretanha domínio quase absoluto de todos os mares do mundo durante quase meio século.

Bases enormes, dotadas de cais, píeres, guindastes, docas secas, tanques de combustível, paióis de munição e armazéns, foram construídas em toda a costa britânica e nas orlas dos oceanos do mundo. Embora o oceano Índico fosse em tese controlado pelo porto de Trincomalee, e o Pacífico pelos de Hong Kong e Sydney, o Atlântico era visto como o mais essencial, sendo por isso patrulhado por esquadrões compostos de grandes e poderosos navios e das flotilhas que os acompanhavam, com base nos quartéis-generais navais das Bermudas, da Jamaica e de Trinidad, no oeste; das ilhas Falkland, no sul; e de Freetown, Simonstown e Gibraltar, no leste. A Grã-Bretanha, base do patrulhamento do

---

* Fisher costumava organizar animadas festas dançantes no convés de popa de suas belonaves, obrigando todos os oficiais a comparecer e suspendendo a licença dos que permaneciam na sala dos oficiais. Sua decisão de usar óleo e não carvão como combustível em todos os navios levou à criação da empresa petroleira que se transformaria na British Petroleum — uma ironia, considerando a poluição causada pelo enorme acidente provocado pela empresa em 2010.

Atlântico Norte, estava ela mesma envolta numa imensa cota de malha de proteção naval: contratorpedeiros patrulhavam os acessos ocidentais, belonaves cruzavam o mar do Norte e as águas profundas da Irlanda, enormes canhões apontavam permanentemente para a estreita garganta do canal. Por recomendação explícita do almirante Fisher, a chamada Grande Armada foi deslocada para o norte, perto de onde a Marinha alemã, em expansão, um dia iria se aventurar, a partir de suas bases no Báltico e no mar do Norte. Os navios deviam estacionar num braço de mar seguro — o Scapa Flow — no meio das Órcadas. Ali ilhas de arenito cobertas de tojo os protegiam das tormentas do Atlântico e das tempestades de neve subárticas, as águas eram rasas o bastante para uma ancoragem segura e havia uma área suficientemente grande para acomodar a gigantesca parafernália de guerra — quase quarenta navios de grande porte, que, com suas flotilhas de contratorpedeiros e fragatas, constituíam a maior e mais poderosa força militar de seu tempo.

No entanto, essa frota ainda não tinha sido posta à prova. Após a derrota de Napoleão e sua morte na ilha de Santa Helena, no meio do Atlântico, seguiu--se um século de paz quase completa, durante o qual dificilmente um navio de guerra terá disparado uma descarga hostil, e nenhum almirante britânico participou de alguma batalha naval importante. O primeiro teste real para esses homens e seus *dreadnoughts*, como passaram a ser chamados os gigantescos encouraçados de Fisher — um nome pleonástico, pois o que poderia causar medo a belonaves tão poderosas?* —, ocorreu nas águas geladas do mar do Norte no começo do verão, a cerca de 130 quilômetros da entrada para o Báltico, no estreito de Skaggerak, situado entre a Noruega e a Dinamarca.

As duas frotas — a Grande Armada (Grand Fleet) britânica, que saíra de Scapa Flow para leste, e a Frota Alemã de Alto-Mar, que partira do porto de Wilhelmshaven rumo ao norte, ambas precedidas de esquadrões de cruzadores — infligiram-se reciprocamente o mais severo castigo, sendo um navio após outro subjugado por granadas explosivas. Muitos deles naufragaram ou explodiram, e milhares de homens foram mortos nas mais medonhas circunstâncias. Entraram em combate 250 navios de aço — 28 cruzadores britânicos, dezesseis cruzadores alemães e grande número de embarcações de apoio. Ambos os lados

---

* A palavra *dreadnought*, nome do primeiro vaso desse tipo, o HMS *Dreadnought*, lançado ao mar em 1906, significa "nada teme". (N. T.)

A batalha da Jutlândia, o maior confronto de todos os tempos entre duas frotas de encouraçados de aço — foram empregados mais de 250 enormes navios —, começou em 31 de maio de 1916 e pôs frente a frente a Frota Alemã de Alto-Mar e a Grande Armada da Royal Navy. Perderam-se 25 navios e 8 mil homens, mas o resultado, em termos estratégicos, foi inconclusivo, com a Royal Navy ainda em condições de proclamar seu domínio sobre o Atlântico oriental.

ficaram perplexos com a perda de grandes vasos que eram vistos como imunes à derrota e ao naufrágio, da mesma forma que o transatlântico *Titanic*, da White Star, quatro anos antes. Nas primeiras horas de combate, os britânicos perderam o *Queen Mary* e o *Indefatigable*; mais tarde, o *Invincible* foi reduzido a caquinhos quando a explosão de uma granada alemã atingiu em cheio seu paiol. Os três eram enormes cruzadores de batalha. A tonelagem dos navios perdidos pelos alemães durante os dois dias de combate chegou a 62 mil, e os britânicos perderam quase o dobro: 115 mil toneladas. Morreram 6 mil britânicos e 2 mil alemães. Do ponto de vista dos números, foi como se a Marinha do kaiser tivesse vencido.

E tudo isso apesar de a Royal Navy ter conseguido atravessar a formação em T dos alemães, numa hábil execução daquela clássica manobra naval que de uma hora para outra deixou os almirantes alemães vendo a Grande Armada inteira com seus canhões de 305 e 381 milímetros prontos para disparar descargas capazes de dizimar os alemães na hora que quisessem.

No entanto, a frota alemã não seria arrasada. Uma série de equívocos, como erros de sinalização, artilharia deficiente e projetos navais medíocres impediu que os britânicos levassem o adversário a nocaute, como queriam seus comandantes. E, apesar da mortandade e das perdas, quando as duas frotas encerraram o conflito da Jutlândia e se retiraram,* uma apreciação desapaixonada indicaria uma só coisa: submarinos, torpedos e aviões se tornariam os instrumentos de guerra predominantes no oceano durante os trinta meses que ainda duraria o conflito. As caríssimas batalhas navais, em que almirantes da velha escola tentavam aplicar táticas ao estilo de Trafalgar num novo mundo de marinhas de alta tecnologia, também teriam vida breve. Os grandes embates navais do conflito seguinte, a Segunda Guerra Mundial, seriam travados entre aviões baseados em navios-aeródromos. Dois anos depois, toda a Frota Alemã de Alto-Mar se rendeu — graças não a uma consequência direta do confronto da Jutlândia, mas principalmente porque a guerra chegava ao fim — em decorrência do bloqueio naval dos Aliados aos portos alemães, o que destruiu a economia do kaiser, e do colapso do Exército alemão na frente ocidental. Os navios do kaiser estavam todos confinados nas Órcadas, de onde zarpara a Grande Armada britânica para a Jutlândia. Setenta e quatro navios ficaram retidos ali depois do armistício de 1918, com guarnições mínimas de alemães desalentados e humilhados; os canhões inutilizados, a munição confiscada. Todos eles esperaram o fim das arrastadas negociações de paz em Versalhes.

Mas, em 21 de junho de 1919, uma mensagem de rádio em código que dizia apenas "Parágrafo Onze — Confirmado" foi enviada aos navios alemães que estavam à espera — e, em obediência a ordens de emergência dadas muito antes para serem cumpridas ao receber a nota codificada, os comandantes dos vasos ali ancorados determinaram o afundamento imediato de cada um deles, abrindo as válvulas do fundo dos navios, esmagando tubos e perfurando buracos nos cascos. Cinquenta e dois navios mergulharam lentamente nas águas rasas do braço de mar antes que os britânicos pudessem detê-los, já que a maior parte de seus próprios navios estava longe, em exercício.

Os britânicos ficaram furiosos — pretendiam dividir a frota capturada

---

* Por coincidência, o último sobrevivente da batalha, Henry Allingham, morreu aos 113 anos, em julho de 2009, enquanto este capítulo estava sendo escrito. Allingham ajudou a lançar uma das aeronaves usadas para reconhecimento durante o confronto. O único navio da batalha da Jutlândia que ainda existe, o cruzador leve HMS *Caroline*, é usado para treinamento na Irlanda do Norte.

com outras marinhas — e fizeram o possível para punir os oficiais alemães. Mas afinal as resoluções de Versalhes permitiram que os alemães fossem embora. Com o tempo, alguns navios maiores foram içados e vendidos como sucata, e o dinheiro foi parar nos cofres do Tesouro Britânico. (Muitos cascos resistem até hoje, e de vez em quando chapas de aço alemão de alta qualidade ainda são resgatadas do fundo do mar e trazidas à superfície, pois são valiosas para certos experimentos científicos de alta sensibilidade, já que esse aço foi forjado e cortado muito antes da propagação da contaminação radioativa que afetou a maior parte dos metais produzidos depois da bomba de Hiroshima.)

Os comandantes de navios podem ter aprendido muitas lições táticas na Jutlândia, do mesmo modo que seus predecessores de Trafalgar mais de um século antes, porém essas lições perdiam o valor quando vistas contra um pano de fundo que na época era mal compreendido mas que hoje se conhece de sobra. É que, a partir do fim do século XIX, todas aquelas esquadras passaram a ser feitas quase que exclusivamente de aço — e a Grã-Bretanha, apesar da vastidão de suas possessões imperiais, da diligência de sua gente e da modernidade de suas fábricas e fundições, tinha menos aço do que os alemães, e em bem poucos anos os americanos teriam muito mais que os alemães. No futuro, quem tivesse maior acesso ao aço de boa qualidade teria os meios necessários para construir a maior esquadra do mundo — o que os Estados Unidos em pouco tempo e de modo definitivo conseguiram fazer. Foi isso o que a Jutlândia sinalizou aos almirantes da atualidade. Acrescente-se o surgimento de novos tipos de armamento naval, infinitamente mais potentes e que já não tinham de viajar pela superfície dos mares, mas podiam abrir caminho debaixo da água, ou voar a milhares de metros de altura.

Talvez seja odioso lembrar que, da mesma forma como a Grande Guerra terminou com esse episódio do naufrágio deliberado da esquadra alemã, a Segunda Guerra Mundial começou com outro: um naufrágio que também envolveu um grande navio alemão, e que também ocorreu no Atlântico, mas neste caso no Atlântico Sul. O barco era o encouraçado de bolso *Graf Spee*, e o caso ocorreu diante do porto de Montevidéu, na parte mais larga do estuário do rio da Prata.

O navio nazista, uma belonave esguia e de aspecto assustador, fazia parte dos planos de Hitler de devolver à Marinha alemã sua antiga glória — mas tinha sido construído como se fosse um cruzador, já que o Tratado de Versalhes proibia que os alemães construíssem barcos maiores. Era muito rápido e estava armado com um arsenal mais adequado a um encouraçado — inclusive canhões de 279 milímetros. Zarpou de Wilhelmshaven em agosto de 1939. Seu comandante, o capitão Hans Langsdorff, recebera ordem de atacar todos os barcos civis com bandeira dos Aliados assim que a guerra fosse declarada.

Quando o primeiro-ministro britânico fez a declaração de guerra, em 3 de setembro, o *Graf Spee* já tinha irrompido no Atlântico Norte, navegara em direção às ilhas Faroe, virara-se bruscamente para o sul e estava nas águas tranquilas do mar dos Sargaços, 1600 quilômetros a oeste das ilhas de Cabo Verde. Assim que a Alemanha se viu formalmente em guerra, Langsdorff preparou seus canhões para combate e deu início a um rigoroso programa de ataque a todo e qualquer navio mercante que se aproximasse.

Graneleiros, navios-frigoríficos, navios-tanques, não fazia diferença — o *Graf Spee* foi atrás de tudo o que encontrou no Atlântico Sul, registrando um afundamento a cada três ou quatro dias, causando grande consternação em Londres e sem dar atenção alguma à zona de neutralidade criada pelo presidente Franklin Roosevelt para proteger os navios mercantes aliados que navegavam a uma distância de até 1600 quilômetros da América do Norte ou do Sul.

Mas então, no começo de dezembro, o pequeno e mortífero encouraçado se deparou com três navios menores da Royal Navy que tinham sido enviados para vasculhar os mares numa frenética busca. Eram os cruzadores *Ajax*, *Exeter* e *Achilles*, e quando se deu o encontro, apesar da notável inferioridade de seu armamento em potência e alcance, lançaram-se à luta contra o navio alemão com o entusiasmo incansável, a tenacidade e a imprudência típica dos terriers. Não demorou muito para que o *Exeter* ficasse tão danificado que foi obrigado a se retirar, e, embora o *Ajax* e o *Achilles* também tivessem sofrido graves danos, a feliz explosão de uma granada lançada pelos canhões de 203 milímetros do *Exeter* contra a porção média do *Graf Spee* causou avarias sérias em seu sistema de processamento de combustível, deixando-o com abastecimento insuficiente e, portanto (apesar de ninguém além de Langsdorff saber disso na ocasião), com seu futuro comprometido. O navio alemão arrastou-se lentamente até se pôr a salvo nas águas territoriais do Uruguai, país neutro, e ancorou no porto de Montevidéu, sabendo muito bem seus oficiais que, de acordo com os termos da Convenção de Haia, o navio tinha apenas 72 horas para fazer reparos.

O destino do navio que tinha as horas contadas suscitou enorme interesse público, principalmente porque do outro lado do oceano os britânicos reuniam reforços navais — ou assim faziam crer, pois também lançavam mão de ardis. O assunto fascinava. Em Londres, o político e escritor Harold Nicolson anotou em seu diário, em 17 de dezembro:

> Depois do jantar, ouvimos o noticiário. É dramático. O *Graf Spee* deve ser arrestado ou deixar Montevidéu às 21h30. O noticiário é às 21h00. Por volta das 21h10, dão uma notícia de última hora para anunciar que o *Graf Spee* está levantando âncora e desembarcou cerca de 250 tripulantes em Montevidéu. No momento em que datilografo estas linhas, ele pode estar navegando para a destruição (lá são 18h30 e ainda está claro). Pode se deslocar devagar dentro das águas territoriais até ficar escuro e fazer uma parada brusca. Pode surpreender os inimigos à espreita. Pode afundar alguns de nossos navios [...].

De fato, o *Graf Spee* deixou o porto dentro do prazo — mas não fez nada do que Nicolson imaginara. Percorreu lentamente toda a extensão das águas territoriais, levado por um pequeno rebocador. Então, a seis quilômetros e meio de distância e ainda à vista da multidão que se aglomerava à beira do mar, a tripulação explodiu três poderosas cargas de demolição em seu interior. O navio começou a arder furiosamente, e, mesmo com o risco de desencadear na Alemanha uma execração pública generalizada e a fúria pessoal de Hitler, a tripulação afundou-o, lenta e penosamente, diante da multidão perplexa e de seu inimigo igualmente perplexo, ainda que aliviado. O capitão Langsdorff, um dos mais respeitados oficiais alemães da época, acabou sendo retirado do navio em chamas, conduzido à Argentina e, dois dias depois, matou-se com um tiro na cabeça.

Durante muitos anos, na maré baixa, o mastro adernado do navio ainda podia ser visto projetando-se acima das águas barrentas do estuário. Um de seus canhões de 150 milímetros foi resgatado e se encontra em exibição num museu de Montevidéu; uma âncora e um telêmetro foram postos na praia, entre as linhas de maré, e o escudo do *Graf Spee* foi retirado da água em 2006, com a suástica coberta com uma lona para minimizar possíveis melindres pessoais. Dois cemitérios abrigam os túmulos dos mortos na batalha. Afora isso, os restos queimados e dilacerados do navio permanecem intactos, assinalados nas cartas do Atlântico Sul simplesmente como um perigo para a navegação —

Incendiado e já adernando, o encouraçado alemão Admiral Graf Spee *naufraga diante do porto de Montevidéu em 17 de dezembro de 1939. O Uruguai, país neutro, exigiu que ele deixasse o porto antes que estivesse em plenas condições de navegação — levando o capitão a fazer explodir cargas de demolição no interior do navio e pondo a pique o orgulho da Marinha nazista.*

embora um tanto quanto menos fatal hoje do que foi durante certo tempo, na primavera do hemisfério sul daquele primeiro ano de guerra.

INIMIGOS SOB AS ÁGUAS

O primeiro submarino do mundo foi construído na Inglaterra no século XVII; o primeiro submarino alemão, em 1850; e o primeiro submarino militar alemão, em 1905. Os submarinos foram, sem sombra de dúvida, o maior perigo no Atlântico no século XX, e durante as duas guerras mundiais. Mas de início não foi assim. Inventados antes da eclosão da Grande Guerra, e embora fosse evidente do que esses navios sinistros seriam capazes como franco-atiradores invisíveis do oceano, a maneira como começaram a ser empregados demonstrava um respeito quase obsequioso pelos valores cavalheirescos e anacrônicos da guerra naval.

Nunca houve dúvida alguma de que a Alemanha empregaria sua pequena mas crescente frota submarina para atacar navios mercantes, usando seus torpedos para afundar todos os cargueiros ingleses que pudesse. Por ser uma nação insular, a Grã-Bretanha só podia ser abastecida por mar, e as ações alemãs destinavam-se a destruir a economia britânica, levar sua população à fome e obrigar o país à submissão e rendição. Mas de início criaram-se normas de fogos, em tratados assinados em Paris, em 1856, e depois em Haia, em 1899 e 1907, e que diziam respeito ao que era chamado de Lei das Presas de Guerra — o confisco ou a destruição de navios mercantes em alto-mar. Todos esses acordos dispunham que navios de passageiros nunca deveriam ser atacados; que a tripulação de navios mercantes seria posta a salvo antes que seu barco fosse pilhado e afundado (e os barcos salva-vidas só eram considerados fora de perigo quando à vista de terra — caso contrário, os tripulantes seriam levados a bordo do navio agressor); e antes do ataque seriam dados avisos formais.

No entanto, essas regras tinham sido criadas para naves beligerantes de superfície — na verdade, veleiros —, e não para submarinos. Assim, fica claro que, no que se refere aos submarinos, as regras eram absurdas. O primeiro a indicar que um submarino a diesel dificilmente poderia se comportar da mesma forma que os veleiros foi o almirante britânico Jacky Fisher. Um submarino não teria mão de obra nem espaço para cuidar da tripulação de um navio mercante: "Não há nada que um submarino possa fazer", observou Fisher, "além de afundar sua presa".

Churchill se opôs a essa ideia de maneira inesperadamente conservadora. Achava que dar as costas às regras do cavalheirismo naval era inaceitável: nenhuma potência civilizada, comentou, mordaz, poderia, deveria ou seria capaz de fazer uma coisa dessas. E durante os primeiros meses de guerra ele pareceu estar certo: os comandantes de navios de ámbos os lados — inclusive os de submarinos — se conduziram da maneira que ele achava aceitável. Embora os submarinos alemães torpedeassem todos os navios de guerra britânicos que encontravam (e para eles não havia aviso), sempre que encontravam um navio mercante subiam à superfície, exigiam a evacuação da tripulação, afundavam o navio com disparos e submergiam de novo. Em termos estritamente militares, era uma prática bastante compassiva (até porque deixava o submarino vulnerável a ataque), e a tentativa de manter códigos de conduta cavalheirescos na guerra submarina teve como resultado o afundamento de apenas uns poucos navios britânicos e inviabilizou o pretendido impacto econômico sobre a Grã-Bretanha.

Mas em 7 de maio de 1915 deu-se uma reversão repentina e terrível. Nesse dia, o submarino alemão U-20 afundou o navio de passageiros RMS *Lusitania*, sem nenhuma espécie de aviso, a poucos quilômetros do condado de Cork, na Irlanda. O *Lusitania* tinha zarpado de Nova York seis dias antes, ignorando um anúncio formal do governo alemão de que estava entrando numa zona de guerra e estaria sujeito a ataque. O submarino que o abateu, mais por sorte do que por decisão, disparou um só torpedo — o único que lhe restava, depois de afundar três pequenos navios mercantes, dias antes. O *Lusitania* foi atingido a boreste, exatamente embaixo do passadiço, e sofreu uma enorme explosão a meia-nau — talvez duas, segundo alguns sobreviventes. O transatlântico adernou bastante, fez água pela proa e foi ao fundo em apenas dezoito minutos, já à vista dos penedos da Irlanda.

O número de mortos foi atordoante, pois pereceram nessa tragédia atlântica quase tantas pessoas quanto na colisão do *Titanic* contra o fatídico iceberg, três anos antes. Mais de 1100 passageiros do *Lusitania*, muitos deles americanos, afogaram-se nas águas nevoentas da Irlanda naquele que durante muito tempo foi considerado o mais execrável episódio da guerra atlântica. A controvérsia sobre seu afundamento nunca foi plenamente resolvida, mesmo porque constou que a empresa proprietária do navio, a Cunard, permitira o embarque ilegal de grandes quantidades de munição e outros materiais, o que teria dado à Marinha alemã uma justificativa razoável para atacá-lo. O caso ainda desperta curiosidade, ainda mais porque há quem diga que a Royal Navy, ainda na década de 1950, teria lançado bombas e cargas de profundidade contra o navio naufragado para evitar que mergulhadores e outros exploradores determinassem exatamente o que ele transportava e assim manter o assunto em segredo absoluto.

Na época do afundamento do *Lusitania*, cresceu o medo de que os alemães adotassem no Atlântico a guerra submarina sem limites — de que eles na prática jogassem fora o regulamento e passassem a tratar os navios mercantes com a mesma severidade e inflexibilidade que dispensavam aos navios de guerra. No restante de 1915, essa ideia aos poucos se desvaneceu, já que os alemães, visivelmente desencorajados pela reação mundial contrária ao afundamento de um navio de passageiros desarmado, tomaram algumas medidas para conter seus comandantes de submarino mais agressivos. Mas tudo mudou depois da grande batalha da Jutlândia — que, embora terminada em empate, manteve a frota alemã de superfície presa ao porto, por temor de um novo encontro com a força total da Grande Armada. Assim que seus navios retornaram a Wilhelmshaven, o Alto-Comando alemão anunciou que suas flotilhas submarinas, na época baseadas em Ostende, na Bélgica, seriam autorizadas a percorrer o Atlântico a seu bel-prazer e afundar qualquer navio dos Aliados que encontrassem. Essa decisão resultou em batalhas sem trégua contra os submarinos no Atlântico, nas duas guerras — do verão de 1916 em diante, na Grande Guerra, e durante os seis anos que durou a Segunda Guerra, durante a qual o conflito assumiu tal violência e duração que passou a ser conhecido, primeiro em caráter oficial e agora historicamente, como a Batalha do Atlântico.

Durante a Primeira Guerra Mundial, a ameaça representada pelos submarinos alemães foi funesta, e muitos navios aliados foram parar no fundo do oceano. Por fim, contudo, a ameaça mostrou-se administrável — e a guerra submarina *irrestrita* imposta pelos alemães ajudou a atrair os americanos para o conflito. Os submarinos alemães afundaram um número enorme de navios aliados em 1917, mas com o tempo as várias respostas dos Aliados, entre elas o uso de comboios, e as recém-inventadas cargas de profundidade e outros artefatos explosivos começaram a fazer efeito e a ameaça em pouco tempo se reduziu.

Não houve a mesma facilidade nos primeiros anos da Segunda Guerra, porque nessa época as estratégias navais dos alemães, o alcance e os armamentos dos submarinos e os índices de produção das fábricas alemãs tinham evoluído e chegado a um nível extraordinário. Por muitos anos, as forças navais aliadas enfrentaram a missão impossível de suprimir os ataques de submarinos nazistas. Em março de 1940, Winston Churchill referiu-se ao prolongado confronto entre a frota de superfície da Royal Navy e a armada alemã de submarinos do almirante Karl Dönitz como a "Nova Batalha do Atlântico", e mais tarde — principalmente depois dos períodos críticos de 1916 e 1943, quando o futuro da Grã-Bretanha parecia se equilibrar no fio da navalha — ele não duvidou de sua importância: "A Batalha do Atlântico foi o fator decisivo de toda a guerra", disse. "Nunca, nem por um momento, podíamos esquecer que tudo o que acontecia em terra, mar e ar dependia, em última instância, dos resultados dessa batalha, e, entre todas as outras causas, acompanhamos dia a dia, com esperança e apreensão, a mudança de seu destino."

A estratégia alemã consistia em disputar uma guerra de tonelagem no Atlântico, e sua aritmética era brutalmente simples. Encomendavam-se cada vez mais submarinos — em 1939, Dönitz comandava 57, número que chegou a 382 em 1942 — e entravam em ação grupos cada vez mais numerosos dessas embarcações. O cerco se fechava em torno dos acessos atlânticos à Grã-Bretanha, à qual a possibilidade de uma asfixia marítima parecia bem próxima à medida que, uma a uma, noite após noite, grandes explosões e incêndios de óleo derramado indicavam o ponto onde outro navio mercante abarrotado e sua preciosa carga tinham sido destruídos por um torpedo. A Marinha alemã, com um estranho senso do grotesco, chamou esse período de "tempos felizes".

Foi então que criou-se o sistema de comboios — reuniam-se grandes grupos de navios, primeiro nas águas rasas de Halifax, na Nova Escócia,* que depois abriam caminho, como um bando de gatos, sob a supervisão protetora de escoltas navais cada vez mais poderosas, vigilantes e tecnicamente avançadas — e aos poucos, bem aos poucos, a ameaça começou a ceder. Outras rotas de comboios transoceânicos foram traçadas logo depois: de Nova York a Gibraltar, de Port of Spain a Freetown, de Natal a Gibraltar, de Freetown ao rio Clyde; e, embora as histórias que se contam sobre muitos desses comboios sejam quase sempre de heroísmo lendário diante da terrível tragédia — especialmente no que se refere aos comboios vagarosos designados pelas letras "SC" [de *slow convoys*], de tremenda vulnerabilidade —, em maio de 1943 a Batalha do Atlântico chegou ao ponto de virada.

Nesse momento, os Aliados finalmente passaram a contar com um número suficiente de aviões — que decolavam de bases terrestres ou de porta-aviões no meio do oceano — para proporcionar uma proteção segura aos navios que passavam lentamente lá embaixo. Os afundamentos e as mortes continuaram até o último dia de guerra, 7 de maio de 1945 — um pequeno vapor canadense, o *Avondale Park*, e um navio norueguês, o *Sneland 1*, foram as últimas vítimas dos torpedos disparados pelos submarinos alemães naquele dia, quando esta-

---

* A cidade de Halifax, até então pouco ligada à Segunda Guerra Mundial, foi cenário, em 6 de dezembro de 1917, de uma das maiores catástrofes da Grande Guerra. Numa área congestionada de seu porto, o MV *Mont Blanc*, que chegava carregado de munição, foi abalroado pelo MV *Imo*, que zarpava, com uma carga de socorro para a Bélgica. Houve um incêndio, e a imensa quantidade de munição empilhada nos depósitos do *Mont Blanc* explodiu, pondo abaixo a maior parte do centro de Halifax e Dartmouth, matando mais de 2 mil pessoas e deixando 9 mil desabrigados. Esse foi o tamanho da explosão que mais tarde Robert Oppenheimer tomaria como modelo do que aconteceria com a explosão da primeira bomba atômica.

vam a poucos quilômetros de seu destino, a Escócia. Mas os *U-booten* nunca lograram ter a Grã-Bretanha a seus pés, não impediram que se acumulasse o material essencial para o desembarque da Normandia em 1944 e não provocaram rendição. A batalha durou os seis anos de guerra: 3500 navios mercantes aliados e quase duzentas belonaves foram afundados por submarinos, e quase oitocentos submarinos alemães foram afundados em retaliação. Os restos de 60 mil jovens marinheiros jazem agora no fundo do oceano Atlântico. Morreram mais homens durante a Segunda Guerra Mundial do que em todos os confrontos oceânicos desde que os primeiros romanos empreenderam suas expedições invasoras, cerca de 2 mil anos antes.

Como campo de batalha, o Atlântico hoje é um lugar diferente. Um navio já não dá combate a outro; já não há salvas de canhões lançadas contra muralhas de aço a quilômetros de distância; já não há navios feitos para abalroar outros, nem os comandantes exigem a adesão a antigos códigos de conduta que garantam o comportamento cavalheiresco no mar, coisa que antigamente era indispensável, pois todos os lados lutavam no teatro de um inimigo ainda mais poderoso, como então se considerava o mar. A alta tecnologia acabou com os hábitos corteses do oceano; hoje em dia a guerra se faz de um modo mais empresarial; os oficiais de alta graduação adotam uma atitude mais burocrática em relação a suas marinhas; o romantismo sumiu.

Talvez o último conflito do oceano Atlântico a exalar ecos de Trafalgar, da Jutlândia e do Glorioso Primeiro de Junho tenha sido a guerra da Grã-Bretanha contra a Argentina, país que reivindica soberania sobre as ilhas Falkland; e, como essa guerra esteve atrelada à história e ligada à segurança de uma colônia longínqua numa antiga possessão insular, teve algo do romantismo nelsoniano e de sua bravura. Uma força naval britânica foi compelida a sair de suas docas e arsenais, percorrer um terço da circunferência da Terra e chegar às tempestades de inverno do Atlântico Sul para entrar em ação com suprimentos vindos de quase 13 mil quilômetros de distância, enquanto o inimigo, vindo de bases situadas na costa próxima, tinha mantimentos, munição e homens a cerca de 450 quilômetros dali. O fato de tal desequilíbrio ter sido superado por coragem, inteligência e bom planejamento continua sendo digno de nota.

As razões alegadas pela Grã-Bretanha para ir à guerra pelas ilhas podem não ser aceitas por muita gente, e é bem possível que as armas empregadas no conflito e o modo como a luta se desenrolou guardem pouca semelhança com as guerras do passado; mas o heroísmo, o romantismo e a emoção de muitos dos episódios daqueles três meses ainda vão emocionar velhos marinheiros durante muito tempo. E o trágico afundamento do HMS *Sheffield*, com o qual este capítulo começa, não foi o menor desses episódios.

O afundamento do cruzador argentino ARA *General Belgrano* no começo de maio de 1982 marca a última vez em que foram usados torpedos letais no Atlântico. O valoroso cruzador, construído no Brooklyn para a guerra americana do Pacífico, tinha sido vendido à Argentina alguns anos antes. No momento de seu afundamento, ele e sua escolta de dois contratorpedeiros voltavam ao porto de origem em Ushuaia, na Terra do Fogo, depois de uma patrulha ao sul das Falkland. A flotilha foi alvejada por um submarino nuclear britânico, o HMS *Conqueror*, que disparou dois torpedos dos antigos contra o flanco de bombordo do cruzador. Um deles atingiu a proa; o outro, a sua parte média, avariando seu sistema elétrico, causando inundação e incêndio, matando dezenas de homens. O grande navio adernou pesadamente para bombordo, foi abandonado em vinte minutos e afundou pouco depois. Mais de trezentos argentinos morreram no ataque, que suscitou muita polêmica sobre a legitimidade da ação naval britânica.

O HMS *Conqueror* retornou para sua base na Escócia semanas depois. Levando em conta que muitas das táticas empregadas nas batalhas navais modernas tiveram origem na luta contra os piratas do Atlântico no século XVII, pode-se considerar que tenha sido irônico que, quando o submarino subiu à superfície e chegou a sua base, ao longo do braço de mar, levasse hasteada a temida bandeira preta dos piratas, com a caveira e os ossos cruzados. Esse é o meio pelo qual um vaso da moderna Royal Navy ainda mostra aos demais navios da esquadra e a portos amigos qualquer êxito obtido contra um adversário no mar.

UMA SURPRESA PARA OS SUBMARINOS

As consequências das guerras do Atlântico foram diversas; entre as menos esperadas estava a que vincula o oceano, ainda que de modo tênue e especulativo, à fundação de um Estado bem distante de suas margens, depois de uma série de eventos que começaram a se desenrolar no outono de 1915. Foi quando a Royal Navy começou a ter especial dificuldade para repelir uma série interminável de ataques dos submarinos alemães. Esse problema decorria não da falta de vasos de guerra, nem de treinamento precário ou de falta de vontade política, mas de uma simples questão de química: os artilheiros da Royal Navy não dispunham da quantidade necessária de cordite, um explosivo sem fumaça, para poder atacar os submarinos que vinham à superfície.

A cordite, feita de uma mistura de nitroglicerina, nitrocelulose, acetona e vaselina, estava em falta em 1915 porque a Grã-Bretanha não conseguia produzir a quantidade necessária de acetona, um de seus componentes essenciais. No começo do verão de 1916, o editor do jornal *Manchester Guardian*, C. P. Scott,* almoçava com um imigrante bielorrusso de meia-idade e bonachão, Chaim Weizmann, professor de ciências na Universidade de Manchester. Terminado o almoço, e já tomando o café, Weizmann informou a Scott que tinha criado um novo método bacteriano para produzir acetona em grande quantidade. Scott sabia dos problemas da Royal Navy, e, na semana seguinte, em outro almoço, contou a história a seu amigo David Lloyd George, que estava à frente do Ministério de Munições (e em breve seria primeiro-ministro). Weizmann foi chamado às pressas a Londres, ocupou parte de um grande laboratório de pesquisas e por fim recebeu as chaves de uma destilaria desativada do gim Nicholson's, situada na parte leste da cidade, onde poderia empregar sua nova técnica para produzir o ambicionado produto químico. Tudo o que ele necessitava para que o processo funcionasse, segundo declarou, era um bom estoque de celulose, que podia ser obtida em quantidade a partir do milho e até mesmo da castanha.

Nesse outono, crianças de todas as escolas da Inglaterra foram convocadas a catar castanhas-da-índia, o que elas faziam normalmente para a tradicional brincadeira de *conkers*, e assim milhares de toneladas dessas castanhas macias foram levadas à destilaria de gim e lançadas em silos, cubas e alambiques. Em poucos dias, a acetona pura começou a pingar, logo a escorrer, depois a cair e finalmente a jorrar para dentro dos recipientes. Numerosos vagões-tanques levaram a acetona à secretíssima fábrica de cordite da Royal Navy, no litoral de

---

* Lendário jornalista, provavelmente mais conhecido pela cautelosa recomendação que fazia a seus jornalistas: o comentário é livre, mas os fatos são sagrados.

Dorset, e em pouco tempo caixas e mais caixas do poderoso explosivo viscoso, do qual ela era componente essencial, eram entregues nos cais militares. Logo os canhões dos navios começaram a fazer fogo de novo, e a maré da Batalha do Atlântico da Grande Guerra começou a virar, devagar e com firmeza, em favor da Grã-Bretanha.

Boateiros e fofoqueiros, sempre presentes na história, teceram uma série de relações intrigantes a partir dos elementos básicos desse caso. Uma lenda repetida à saciedade nasceu quando círculos governistas britânicos decidiram que Chaim Weizmann deveria receber uma honraria pelo papel que desempenhou na radical mudança de rumo da guerra no Atlântico. Lloyd George, então primeiro-ministro, propôs que seu secretário do Exterior, Arthur Balfour, sugerisse a homenagem a ser feita a Weizmann, porque afinal das contas ele era bielorrusso e não britânico. Por acaso, Weizmann era líder da liga sionista britânica e figura de destaque no movimento mundial em prol da criação de um Estado judaico.

Conta-se que Weizmann ficou satisfeito com os bons resultados de seus experimentos químicos, mas recusou qualquer reconhecimento oficial por parte dos britânicos. O Ministério das Relações Exteriores de Israel, em sua história oficial, conta o que aconteceu depois:

A [conquista] de Weizmann abriu-lhe as portas dos círculos governistas britânicos, onde ele continuou a agir como eloquente porta-voz do sionismo [...]. Lorde Balfour comentou ironicamente que "o dr. Weizmann é capaz de vender gelo a esquimó". [...]

Quando Lloyd George, ministro das Munições, foi nomeado primeiro-ministro e Arthur Balfour tornou-se secretário do Exterior, aqueles anos de constante persuasão e "sensibilização" para o sionismo desempenharam um papel fundamental na decisão da Grã-Bretanha de lançar a Declaração Balfour. Uma rara constelação de interesses estratégicos britânicos e judeus, junto com a afinidade pessoal com o dr. Weizmann e com sua causa — fruto de oito anos de algo que hoje em dia seria considerado "rede de contatos"—, culminou nesse documento, aprovado pelo gabinete britânico em 2 de novembro de 1917, proclamando a simpatia do governo britânico pelas pretensões sionistas na Palestina [...].

Quando informou Weizmann dessa decisão, lorde Mark Sykes, secretário do gabinete de guerra, disse-lhe: "Dr. Weizmann, é um menino". Sem dúvida, esse documento decisivo [...] foi um passo essencial em direção ao nascimento do Estado judeu, sendo considerado a mais importante conquista de Chaim Weizmann.

A existência de uma ligação real e direta entre C. P. Scott, Chaim Weizmann, sua acetona recém-criada e a formação do Estado de Israel é uma questão ainda aberta ao debate acadêmico. Mas, se for esse o caso, não haverá exagero em afirmar que o Estado de Israel de hoje foi concebido entre as agruras do oceano Atlântico. Essa relação entre fatos absolutamente desconexos é mais um claro lembrete do papel central que o oceano desempenhou e ainda desempenha nas obras, grandes e pequenas, naturais ou feitas pelo homem, que integram os intrincados mecanismos do planeta.

5. Os que descem ao mar em navios, mercadejando nas grandes águas*

Depois é o juiz,
Com um belo capão na enorme pança,
Olhar severo, cabelo e barba bem formais,
Cheio de adágios sábios e histórias cediças,
Assim ele faz o seu papel.

O IMPÉRIO DA LEI

Foi no extremo norte do Atlântico que surgiram os parlamentos. Ali se fundaram as primeiras assembleias legislativas, no século X, e logo depois disso, em certa medida, a justiça e a ordem passaram a imperar, não apenas nos países onde as assembleias se reuniam e as leis começavam a ser feitas, mas também nos mares que os separavam.

Para a maioria dos historiadores, o primeiro Parlamento verdadeiro reuniu-se na Islândia — e, um tanto simbolicamente, num vale de curiosa configuração, no oeste da ilha, chamado Thingvellir, onde a placa tectônica americana

* Salmo 107:23. (N. T.)

e a eurasiana ainda travam um cabo de guerra e um novo leito oceânico está sendo criado.

Uma enorme parede de basalto eleva-se no lado oeste do vale, e há mais de um milênio fazendeiros, camponeses, sacerdotes e mercadores que passavam pelo local combinaram acampar ali uma vez por ano a fim de definir o modo como achavam que sua nação deveria ser governada. A assembleia veio a ser chamada Althing, e assim que ganhou uma estrutura formal (acredita-se que isso tenha ocorrido no ano 930) tornou-se o único órgão incumbido de criar as leis islandesas. A rocha, na qual a bandeira da Islândia ainda tremula dia e noite, é hoje, sem dúvida, o monumento mais venerado no Atlântico Norte: é a Rocha das Leis, que determinou os padrões de governo em grande parte do resto do mundo.

Não tardou muito para que os procedimentos e costumes da assembleia islandesa fossem imitados pelos legisladores nas ilhas Faroe e, mais adiante, adotados também na Noruega, Suécia e Dinamarca. O mesmo aconteceu numa semipossessão britânica, a ilha de Man, onde a assembleia se denominava e ainda se denomina Tynwald. Esse órgão se reuniu pela primeira vez no ano 979, e como funciona sem interrupção desde então (ao contrário do Althing islandês, que deixou de atuar por muitos anos, quando o país perdeu a independência), pretende ser a mais antiga instituição democrática do mundo a funcionar de modo contínuo e regular.

São muitos os outros candidatos à primazia entre as diversas assembleias parlamentares espalhadas pelo mundo nórdico, e não nos interessa aqui mergulhar em seus argumentos. Mas, se aceitarmos que a ideia nascida na Islândia se espalhou de forma rápida e ampla, uma verdade se impõe: num vasto quadrante das nações nórdicas — e todas elas nações intimamente ligadas ao oceano Atlântico — a partir do século X surgiram tanto meios, criados pelo povo, para elaborar códigos legais quanto órgãos eleitos pelo povo (ou formados de outro modo) com a incumbência de promulgar e administrar essas leis.

Nenhuma instituição dessa natureza surgiu em data tão recuada na Rússia, digamos, na China e nem mesmo na Grécia, apesar da antiga origem ateniense de um tipo de governo popular um pouco diferente. A democracia parlamentar, tal como entendida no mundo atual, foi uma criação atlântica — mais um lembrete, talvez desnecessário, de que, enquanto o mar Mediterrâneo desempenhou um claro papel central na criação do mundo clássico, o Atlântico Norte e muitos de seus países limítrofes foram testemunhas da construção de muitos dos fundamentos, vínculos e vigas mestras do que hoje conhecemos como o mundo moderno.

AS REGRAS DO COMÉRCIO

É inquestionável que qualquer sociedade que aceite governar-se segundo um conjunto de leis autóctones mais cedo ou mais tarde fará contato com países vizinhos cujos sistemas jurídicos talvez sejam bem diferentes. Em nenhum campo isso é mais evidente do que no comércio. Se comerciantes islandeses fazem negócios com congêneres da Noruega, que leis regem esse comércio? As do Althing de Thingvellir ou as do Parlamento de Oslo? Essas diferenças legais podem nunca ter sido enormes — mas, visando a maior eficiência e simplicidade das transações, os comerciantes logo compreenderam que esses sistemas jurídicos exigiam uma certa padronização, deviam igualar-se ao máximo possível. E assim, durante os séculos XI e XII, os navios, os ofícios, as explorações dos territórios vizinhos e as relações que os países mantinham entre si e com nações mais distantes começaram a ser, lenta e continuamente, organizados e regidos por uma série de leis maiores, por conjuntos de acordos que no passado poderiam se radicar nas leis internas de cada um dos parceiros comerciais, mas que — no tocante à gestão dos navios e dos mares em que navegavam — se converteram em algo maior, mais abrangente.

Em decorrência disso, o oceano que se estendia diante dessas nações recém-democratizadas da Escandinávia e do mar Báltico foi-se tornando uma entidade regulamentada. O Atlântico, que antes não passara de um confuso e aterrorizante espaço de tempestades, monstros e mistérios, começou a curvar-se à lei e à ordem. Para vantagem final de todos, o oceano se converteu, primeiro em sua região nordeste, e aos poucos, à medida que uma parte maior era explorada, mapeada e colonizada, numa vastidão titânica de costumes, hábitos, regulamentos, cronogramas e tarifas — e também de leis.

Exploração, colonização, guerra, peregrinação, pesca e comércio foram sempre as principais motivações das aventuras marítimas. A exploração diminuiu quando tudo já havia sido descoberto, a migração se reduziu quando países distantes se povoaram, as guerras começaram a ter fim com a assinatura de tratados ou a aceitação de vassalagem, e os missionários deixaram de viajar quando um bom número de incréus se converteu. Mas duas realidades oceânicas se sobrepuseram a tudo o mais: os mares como fonte de alimento e como rota de comércio. Durante toda a história, nenhuma dessas duas realidades perdeu força, nem isso jamais há de ocorrer.

Desde o tempo em que os fenícios mercadejavam os corantes púrpura do *Murex brandaris* entre Mogador e Tiro até os atuais navios porta-contêineres que reboam desde a baía de Chesapeake até o rio Mersey, o comércio transatlântico tem sido incessante, e as fortunas nele envolvidas, inimagináveis.

No começo o comércio marítimo se realizava em operações esporádicas, e praticamente inexistia a concepção de um verdadeiro comércio internacional, hoje componente quase essencial de todas as economias modernas. As raras expedições comerciais ocorriam por impulso ou quando surgia uma oportunidade: um grupo de empreendedores de uma cidade portuária financiava um navio e seu capitão, ordenava-lhe que levasse uma carga de quinquilharias ou de barras de ouro a uma possível fonte distante de riquezas, pedia aos céus que os contratempos causados por mau tempo, piratas e regateio fossem mínimos, aguardavam o retorno do navio e então dividiam o lucro da carga que ele trazia. Os riscos dessas iniciativas eram gigantescos; a concorrência, imprevisível; e os lucros, incertos. Para alguns, era o caminho da fortuna; para a maioria, fonte de ruína.

Por fim, coube a um grupo de comerciantes do norte da Alemanha, no século XIII, criar uma forma melhor e mais organizada de realizar negócios oceânicos — e fizeram-no de início a fim de proteger seu comércio de conserva de peixes, que capturavam principalmente no Báltico e no mar do Norte.

É consenso que foi na cidade de Lübeck, no norte de Schleswig-Holstein, perto do Báltico, que os comerciantes, agrupados no que chamaram de Hanse — do latim *hansa*,* destacamento ou companhia militar —, decidiram, por volta de 1241, criar uma associação que reunisse seus pares (no começo, quase só alemães) de ideias afins que residissem em Lübeck e cidades próximas, para organizar o comércio marítimo. Assim se formou a Liga Hanseática, que nos quatrocentos anos seguintes se transformou numa organização monopo-

---

* A palavra sobrevive no nome da empresa aérea nacional da Alemanha, a Lufthansa.

lística muito protegida — e, vez por outra, fortemente armada — que controlava quase todo o comércio marítimo entre Bergen e Londres, no oeste da Europa, e entre Dantzig, Riga e a cidade russa de Novgorod, no leste. A Hansa tornou-se uma instituição poderosíssima, e ainda hoje são perceptíveis suas influências — arquitetônicas, culturais e até linguísticas (palavras escandinavas e alemãs insinuaram-se no léxico do inglês e até mesmo do espanhol e do português).

Os comerciantes hanseáticos organizaram, em essência, um comércio bilateral no sentido leste-oeste. Seus navios, que nos primeiros tempos da liga eram pequenos barcos de fundo chato chamados cocas, muitas vezes acompanhados por uma discreta escolta armada, traziam matérias-primas do leste rural da zona da Hansa — peles, cera, grãos, madeira, piche, alcatrão, linho e cerveja. A seguir, nos vários portos que tinham construído especialmente para esse fim, em cidades como Rostock, Stettin,* Riga e Königsberg, trocavam essas matérias-primas por produtos acabados ou mercadorias mais raras ou mais sofisticadas, como tecidos de lã e linho, peles e couros processados, vinhos, sal, facas, espadas e utensílios de cozinha, com que carregavam seus navios na Europa Ocidental, onde a Hansa também tinha escritórios.

Londres era um desses postos avançados ocidentais da Liga, um entreposto ou Kontor, que tinha seus próprios armazéns e casas para os comerciantes. Os britânicos que negociavam com os comerciantes da Hansa os tinham na conta de pessoas honestas e confiáveis. Para muitos lexicógrafos, o termo que os londrinos usavam para se referir aos comerciantes das cidades hanseáticas do leste — *easterlings* — incorporou-se ao inglês, abreviado, como *sterling* [esterlino], com seu significado implícito de alta confiabilidade. Bruges era outra importante cidade da Hansa. E, à medida que a demanda de peixe defumado ou seco — barato, saudável e fácil de transportar — crescia quase exponencialmente, devido ao aumento da população e da prosperidade da Europa, os comerciantes expandiam cada vez mais sua influência no norte, chegando a criar um entreposto no porto de Bergen, na Noruega.

O posto de Bergen ainda existe, com um ou dois armazéns decrépitos, um

---

* Essa cidade teve seu breve período de fama quando Churchill, num discurso em Fulton, Missouri, em 1945, falou da nova "cortina de ferro" que então descia entre "Stettin, no Báltico, e Trieste, no Adriático". Esse velho porto hanseático chama-se hoje Szczecin e pertence à Polônia.

Os Bryggen eram armazéns portuários do entreposto da Liga Hanseática na costa atlântica da Noruega. Do século XIII ao XVII, peles, madeira, minério, bacalhau e arenque foram remetidos para outros membros da liga no sul, em troca de tecidos e artigos manufaturados da Inglaterra e da Alemanha.

labirinto de becos que ainda cheiram a alcatrão e cânhamo molhado, e lá embaixo, depois do escorregadio calçamento de pedras, as ondas geladas que quebram contra os grandes molhes de granito. Navios de cruzeiro atracam ali agora, e lojinhas e cafés ocupam o espaço onde os corpulentos comerciantes da Hansa fechavam negócios apertando-se as mãos e partilhando um mesmo cachimbo. Visto dos morros atrás da estação ferroviária, o pequeno gueto alemão se destaca, claramente diferente do resto dessa ativa e pequena cidade portuária, tal como nos dias em que a ordem báltica foi imposta à lendária indocilidade da navegação viking e o mundo atlântico começou a se tornar mais ordeiro.

Os membros da Hansa trouxeram muitas melhorias práticas à condução do comércio marítimo no Atlântico Norte: garantiam que os canais de acesso a seus portos fossem dragados direito, construíram faróis para manter os navios longe de baixios e recifes, organizaram campanhas contra a pirataria e ganharam suficiente poder para enfrentar o despotismo de um ou outro monarca. Malgrado tudo isso, porém, a Hansa somente se interessava pelo comércio de cabotagem, a travessia de baías, o trânsito de estuários, a passagem rápida de um lugar a outro, sendo a maioria das viagens realizada na presença visível e reconfortante de uma terra próxima.

PEIXES, CÍRIOS E ESPARTILHOS

Alguns séculos se passariam antes que o oceano fosse atravessado de um lado a outro, no sentido leste-oeste, e tivesse início o comércio transatlântico (isso, deixando de lado o fato de vikings terem desembarcado no Labrador, no século XI, e se instalado na Terra Nova). Até então, as grandes expedições oceânicas realizavam-se não por motivos comerciais, mas para que homens de extrema coragem e audácia explorassem o único recurso que no passado abundava em todos os mares do mundo, e sobretudo no Atlântico Norte: o pescado.

Coube à Liga Hanseática criar uma base adequada para a pesca comercial no Atlântico Norte. A grande procura de peixes de águas frias, baratos e muito nutritivos, induziu os comerciantes da Hansa a criar duas frotas de barcos para explorar os grandes cardumes em dois pesqueiros atlânticos bem separados: as chamadas águas de Scania, no sul da Suécia, onde havia abundância de sardinhas; e as ilhas Lofoten, acima do círculo polar, no norte da Noruega, onde se encontravam quantidades inimagináveis de *Gadus morhua*, o bacalhau do Atlântico.

Não há como exagerar a importância, na história do Atlântico, desse peixe de carne branca, rica em proteínas e quase isenta de gordura. O bacalhau dominou o comércio da Hansa, levou às aventuras transoceânicas dos bascos, proporcionou trabalho a centenas de milhares de britânicos e alimento a dezenas de milhões de seus compatriotas, e constituiu a pedra angular da economia do Canadá marítimo e dos estados costeiros da Nova Inglaterra.

O bacalhau é um peixe demersal, ou seja, gosta de nadar junto do fundo do mar, em águas mais ou menos rasas, uma preferência que ele partilha com peixes achatados, como o linguado, e também com outros gadídeos de cinco nadadeiras, como o hadoque. (A segunda grande divisão dos peixes oceânicos é a dos pelágicos, que nadam em águas superficiais ou nas profundidades médias: o arenque é um peixe pelágico, como a sardinha, a anchova, a cavala, o abominável *snoek** sul-africano e o atum-azul, hoje ameaçado.) O bacalhau também foi no passado muito abundante, e até tempos recentes os exemplares adultos capturados eram, em geral, grandes e muito carnudos. (Segundo uma pilhéria de Alexandre Dumas, a fêmea do bacalhau era tão fértil que, se todos os seus ovos eclodissem, dentro de três anos uma pessoa poderia cruzar o Atlântico pisando nos peixes.)

Ademais, é facílimo proceder à conserva do bacalhau, e suas qualidades (basicamente, suas proteínas) permanecem intactas. Esse foi um dos segredos do sucesso dos vikings como navegadores oceânicos, pois simplesmente abriam o peixe, expunham-no ao ar frio do Ártico, pendentes de cordéis ou em armações, e deixavam-no secar até perder 80% de seu peso e ficar duro como uma tábua. Quando necessário, o capitão do barco viking simplesmente o metia na água e... vejam só, o peixe seco voltava ao tamanho e à forma originais, e sua textura, seu sabor e seu poder nutritivo se restauravam como que num passe de mágica.

Se os vikings tiveram o bom senso de secar ao ar o bacalhau, os bascos do norte da península Ibérica deram um passo à frente: seu conhecimento dos antigos costumes dos pescadores mediterrâneos levou-os a usar como conservante um dos principais componentes minerais da água do mar: o sal. Os nórdicos não dispunham de sal cristalino, sobretudo porque naquelas latitudes o clima raramente proporcionava o calor necessário para que a água do mar evaporasse. Nesse aspecto, porém, os povos mediterrâneos tinham sorte. E os bascos, um povo navegador com fácil acesso a um oceano rico em bacalhau e, graças a um acidente da geografia, fácil acesso também ao sal, combinaram as duas coisas — e inventaram uma técnica de conservação antes desconhecida no Atlântico. Abriam o bacalhau, salgavam-no generosamente, e só então o penduravam para secar: o peixe salgado resultante durava muito mais do que o de povos carentes de sal (como os franceses), que só sabiam conservar o peixe pelo

---

* Embora popular no sul da África, poucos britânicos ainda o apreciam, devido à importação de milhões de toneladas de *snoek* enlatado durante a Segunda Guerra Mundial e a uma campanha muito ineficaz do então Ministério da Alimentação para persuadir as pessoas a consumir o produto. O peixe era tido como oleoso, espinhento e de sabor ruim, e, apesar de solicitações a chefs para que criassem pratos como o *snoek piquante* (se bem que ele já fosse, claramente, bastante *piquante*, assim que se abria a lata), a maior parte do peixe importado não foi vendida. Na década de 1950, o súbito aparecimento, nas pet shops, de ração para gatos em latas do mesmo tamanho leva a crer que esse foi o destino final do *snoek* importado.

processo de cura úmida, vendo depois, sem nada poder fazer, que ele acabava ficando verde com o tempo. A nova técnica permitiu aos bascos empreender viagens marítimas cada vez mais longas, de muitos meses até, pois sabiam que não lhes faltaria alimento.

O pescado que os bascos capturavam e conservavam tinha também muito melhor sabor, o que fazia com que pudessem comercializá-lo com bastante sucesso. Tinham encontrado a combinação perfeita: um peixe atlântico de águas frias, magnífico, abundante, rico em proteínas, isento de gordura e delicioso; e um meio impecável de conservá-lo, tanto para seu próprio uso quanto para a venda. Com isso, os bascos logo passaram a zarpar de seus portos e deram início a um período de navegação de longo curso no Atlântico Norte que deixou sua marca no comércio até os dias de hoje.

Os pescadores bascos davam clara preferência às águas próximas à costa muito recortada da América, ao largo da Terra Nova. É nessa área de 42 mil quilômetros quadrados — os Grandes Bancos e o Flemish Cap, onde o mar se torna bem mais raso — que as águas quentes da corrente do Golfo e as águas frias da corrente do Labrador se misturam, erguendo do fundo nuvens de nitratos que alimentam o fitoplâncton e o zooplâncton, bem como o krill. Por isso abundavam ali cardumes de bacalhau. A época precisa em que os bascos descobriram esse pesqueiro é muito controversa: alguns insistem em que João Caboto descobriu a Terra Nova e lhe deu esse nome, reivindicando a área para a Coroa britânica, em 1497,* o que induziu os bascos a procurar outras áreas de pesca a noroeste; no entanto há quem afirme, sem provas, que os bascos descobriram o pesqueiro de bacalhau antes de Caboto, mas guardaram segredo.

Quando o bretão Jacques Cartier chegou ao lugar, quase quarenta anos depois, e num rochedo da península de Gaspé plantou uma enorme cruz, com a inscrição *Vive le roi de France*, dando à região o nome de Canadá e reivindicando-a para a França, muitas centenas de barcos de pesca bascos já trabalhavam ativamente ali, sem fazer nenhum gesto ou reivindicação imperiais. Além

---

* João Caboto foi um veneziano chamado Zuan Chabotto (mais comumente conhecido como Giovanni Caboto), que partiu de Bristol, rumo a oeste, liderando uma expedição patrocinada pelo rei inglês Henrique VII. Sua chegada à Terra Nova e ao Labrador faz dele, quase com certeza, o primeiro europeu, depois dos vikings, a alcançar o continente americano, e não apenas uma de suas ilhas — fato, é claro, negado por Cristóvão Colombo.

disso, muitos filólogos afirmam que o nome *Gaspé* deriva de *gerizpe,* que em basco significa abrigo — mais um argumento brandido pelos defensores da primazia dos bascos para afirmar que eles já pescavam o bacalhau em águas da América do Norte e utilizavam portos do continente muito antes de outros europeus, excetuados os vikings.

Contudo, a data exata da chegada dos bascos é menos importante do que o simples fato de que com ela — tanto quanto com o desembarque de Cristóvão Colombo em San Salvador, com a descoberta da Terra Nova por João Caboto e, mais especialmente, com a percepção, por Vespúcio, de que as Américas eram um continente distinto e separado, e o Atlântico era um oceano distinto e separado — tornou-se possível, enfim, o desenvolvimento de um fenômeno inteiramente novo: daí em diante poderiam ser feitas viagens *transatlânticas,* fosse por motivo de comércio ou curiosidade, por motivos religiosos ou bélicos ou por mil outras razões. Enfim podiam ser feitas viagens marítimas entre costas que, com certeza, localizavam-se em lados opostos do oceano. As viagens marítimas não tinham mais que limitar-se a perambulações costeiras nem confinar-se a certos quadrantes do mar.

Por exemplo, os bascos não precisavam mais aproar seus barcos de pesca para oeste, metendo-se num mar nevoento e desconhecido, quando só queriam pescar bacalhau, suas possibilidades de sucesso não estavam garantidas e sua volta em segurança era mais questão de sorte que de perícia. Não, agora podiam, pela primeira vez, viajar para um destino. Os capitães dos barcos bascos sabiam agora, ao deixar o lar pelas agitadas águas da baía de Biscaia, que sua viagem tinha um *outro lado,* onde já havia disponibilidade de portos, provisões, abrigo e reparos — e, mais tarde, haveria grupos de compatriotas. Mas isso também era verdadeiro para outros. Em breve, galeões espanhóis, carracas portuguesas e navios de linha ingleses também entenderam que suas viagens tinham um outro lado — e nas primeiras décadas do século XVI já se realizavam travessias transoceânicas, faziam-se negócios entre países europeus e as colônias americanas e exploravam-se as riquezas do mar.

E, se os europeus se dedicavam a essas viagens, o mesmo faziam os novos americanos. Quer navegassem como colonizadores ou colonos, quer o fizessem, depois de 1776, como cidadãos de uma nação recém-independente, os americanos se mostraram bastante rápidos na exploração de todas as formas de atividades transatlânticas.

A primeira delas foi a caça à baleia.

Entretanto, mais uma vez foram os bascos que mostraram o caminho, pois já fazia seiscentos anos que se dedicavam à caça desses mamíferos oceânicos de sangue quente, com a mesma determinação e eficiência que demonstravam na pesca do bacalhau. Em vez dos métodos rudimentares usados por outros povos no passado — esperar que as baleias encalhassem perto das praias —, os bascos levavam seus barcos a mar alto, caçando as baleias bem longe de terra, da mesma forma como perseguiriam outros animais marinhos.

Seu principal alvo, primeiro na baía de Biscaia e depois nas águas ao sul da Islândia e mais além, foi a baleia-franca-do-atlântico* ou baleia-verdadeira, toda negra, que pesa cerca de cem toneladas. Era facílimo caçar a baleia-franca, que tem o costume fatal de nadar, tranquila, perigosamente perto da praia, e sua prima do Ártico, a baleia-branca (também chamada baleia-da-groenlândia ou baleia-franca-boreal), um pouco maior. Para capturá-las os bascos usavam uma técnica de simplicidade tão diabólica que logo se tornou universal: consistia em prender flutuadores ao cabo do arpão, de modo que uma baleia arpoada não conseguia mergulhar e, com o tempo, cansada, diminuía a velocidade, permitindo que os perseguidores a matassem.

As baleias-francas normalmente flutuam quando mortas, o que permitia aos baleeiros rebocá-las para o porto ou uma base insular, onde as retalhavam. A gordura era derretida para a produção de um óleo ceráceo de alta qualidade, usado para aquecimento, iluminação, lubrificação ou fabricação de margarina;** a carne era recortada e salgada para uso como alimento; e as barbas — as longas placas de queratina com que os misticetos filtram o alimento contido na água — serviam para fazer talas para espartilhos, cabos de chicotes de hipismo e mil outros objetos análogos.

Multidões desses majestosos animais, lânguidos e tragicamente confiantes, morriam a cada ano nas mãos de europeus que buscavam com avidez lucros

---

* A baleia-franca-do-atlântico, da subordem dos misticetos, não tem dentes convencionais, e sim uma série de barbatanas (lâminas córneas) filtrantes em sua bocarra. A outra subordem de cetáceos, os odontocetos (cetáceos com dentes), abrange o cachalote, a beluga, o narval, o golfinho, a orca e o boto. Só alguns odontocetos, sobretudo o cachalote, foram alvo do mesmo grau de interesse comercial que dizimou as baleias-francas.

** Atualmente o óleo de baleia é usado também na têmpera do aço, na curtição de couros e na fabricação de nitroglicerina e sabão.

polpudos. As baleias-francas e as baleias-brancas eram especialmente numerosas junto do arquipélago de Spitsbergen, no extremo norte do Atlântico — além até da segurança proporcionada pelas remotas ilhas Jan Mayen e do Urso (Bjornoya), nas quais os baleeiros buscavam abrigo temporário durante tormentas —, e mais tarde no estreito de Davis, entre o Canadá e a Groenlândia. No século XVIII, já quebrado o monopólio tecnológico dos bascos, baleeiros franceses, holandeses, dinamarqueses e escandinavos também se dedicaram à caça dos grandes mamíferos.

Mais tarde juntaram-se a eles os ingleses da Companhia da Moscóvia, que acreditaram, erradamente, aliás, terem descoberto o arquipélago de Spitsbergen e que por isso eram a única nação autorizada a capturar baleias em suas águas costeiras. Durante algum tempo, cidades portuárias inglesas como Hull e Yarmouth mandavam dezenas de navios ao norte — onde se engalfinhavam com seus rivais holandeses e dinamarqueses, que faziam o possível para enxotá-los dali. O litígio levou os holandeses, em especial, a aprimorar suas técnicas de caça — lançando o arpão de uma pinaça ou de chalupas com vela ao terço, puxando as carcaças para bordo, onde eram estendidas na popa para serem retalhadas e só depois levando a gordura à terra para ser derretida. A maior parte dos processos da baleação passou a ser realizada no mar — um procedimento mais seguro, sobretudo quando rivais rodeavam o barco baleeiro na esperança de fazer uma interceptação assim que o barco entrasse no porto com sua vítima recém-abatida.

Quando os americanos entraram no negócio, no começo do século XVIII, estavam bem a par desses novos fatos. No caso dos primeiros empreendimentos baleeiros americanos, criados no fim do século XVII em Nantucket e New Bedford, como também em portos menores ao longo da costa sul de Long Island, a maior parte do trabalho pesado era executada em terra, mas dentro de cinquenta anos os navios-baleeiros da Nova Inglaterra tinham crescido tanto em dimensões e robustez e se tornado de tal forma autossuficientes que seus proprietários podiam enviá-los, com suas tripulações, em viagens de muitos milhares de quilômetros. Em vez de seguir para o norte e ter de brigar com os europeus, que já se digladiavam numa porfia furiosa, os americanos resolveram que seus barcos buscariam regiões atlânticas virgens. Que os dinamarqueses, holandeses e ingleses ficassem com as baleias-francas e as baleias-brancas do norte. Eles se concentrariam em espécies de misticetos em grande parte inexploradas — a baleia-comum, a baleia-pintada, o baleote (minke), a baleia-cinzenta, a baleia-corcunda, a baleia-franca-austral e a baleia-azul, gigantesca e inesquecível para quem a via, e também o cachalote, renomado por seu óleo de qualidade inigualável e que habitava a área que veio a ser chamada Pesqueiro Meridional de Baleias.

O cachalote, *Physeter macrocephalus*, é um animal bem inserido na trama da vida literária americana, em grande parte por causa de Herman Melville e de *Moby Dick*. Melville havia narrado em 1851 a titânica luta por vingança entre o capitão Ahab, do *Pequod*, e o gigantesco e feroz cachalote, que num embate anterior lhe causara a perda de uma perna, de forma cruel e humilhante. Na época em que escreveu o livro, a caça à baleia estava em seu apogeu, e os navios-baleeiros que partiam de New Bedford, Mystic, Sag Harbor e Nantucket traziam a cada ano nada menos de quatrocentos animais gigantescos.*

Mas o animal já era conhecido na Nova Inglaterra havia pelo menos um século e meio. Historiadores da região gostam de lembrar que em 1715 um grupo de cachalotes tinha sido avistado durante uma expedição de caça a baleias-francas, despertando o interesse de todos, pois aquela criatura tão bizarra e gigantesca era mesmo impressionante: tinha uma cabeçorra, quase quadrada, que media um terço de todo o corpo; um único respiradouro, pelo qual arremessava jatos de água a dezenas de metros de altura; e uma cauda em forma de meia-lua que fazia um ruído ensurdecedor quando batia na água. Além disso, era capaz de mergulhar a uma profundidade de três quilômetros, como uma nave espacial de ficção científica, e permanecer ali, sem respirar, por uma hora e meia. Aquele animal era maior, mais pesado, mais barulhento (emitia cliques e estalidos audíveis a quilômetros) e mais feroz do que a maioria dos marinheiros já vira. Depois foram descobertas suas múltiplas utilidades: sua gordura podia ser transformada num óleo de inexcedível qualidade para iluminação e lubrificação de máquinas delicadas; sua carne era ainda mais nutritiva que o convencional filé vermelho escuro da baleia comum; a cabeça desse ser descomunal continha dois depósitos com várias toneladas — toneladas! — de espermacete, uma substância rósea, cerosa, que podia ser usada para fabricar, entre outras coisas, excelentes círios brancos. Os homens abriam buracos no

---

* Isso pode parecer muito, mas na década de 1960, quando os navios-fábricas russos e japoneses operavam a plena capacidade, nada menos que 25 mil cachalotes eram capturados no Pacífico Norte a cada ano.

crânio de um animal e nele penetravam, com barris, para melhor esvaziá-lo. Comentava-se que o cachalote macho tinha um pênis de quase dois metros de comprimento e que, como Melville dissera, um homem de discernimento ou coragem podia mandar fazer para si uma capa escocesa, com um buraco para passar a cabeça, só com a pele que recobria um desses membros. E veio então a descoberta de grandes blocos de uma substância cinzenta e gordurosa, escondida no intestino do animal, que era vista flutuando no mar e chamada de âmbar--gris. Sua origem constituía um antigo mistério: era betume marinho, diziam alguns; para outros, provinha das raízes de uma planta gumífera marinha; era saliva emitida por dragões-do-mar, era um fungo, era artificial, fígados comprimidos de peixes. Cada uma dessas maravilhas era mais uma razão para que o cachalote passasse a ser perseguido mais do que qualquer outro cetáceo.

E assim, em meados do século XVIII, os baleeiros, agora equipados com navios maiores, velas mais grossas, barris mais volumosos, arpões mais fortes, cordas mais resistentes e instrumentos metálicos mais duráveis, partiram da Costa Leste dos Estados Unidos para o que chamavam de *mar profundo.*

Até então, suas viagens duravam apenas alguns dias, às vezes uma semana ou duas. Os baleeiros mais diligentes, porém, na maioria de inabalável fé quacre e destituídos de arrebatamento ou medo, começaram a levar seus navios até o Brasil ou a costa da Guiné, ou até mesmo às ilhas Falkland ou Geórgia do Sul, passando meses longe de casa. Havia muito terror, mas eles também suportavam muitas horas de ociosidade, quando se dedicavam ao *scrimshaw.* Mais tarde, os mais aventurosos passaram a levar seus barcos ao sul da Isla de los Estados, na Argentina, dobrando o cabo Horn e enfrentando as ventanias e tempestades daquelas latitudes perigosas conhecidas como os Quarenta Rugidores, e com sorte e perícia faziam a passagem e entravam no Pacífico, onde as baleias abundavam.

Mas as longas permanências no Atlântico deram aos marujos americanos uma confiança e um conhecimento do mar profundo que poucos outros tinham. Aventurando-se pelas regiões extremas dos oceanos, os baleeiros descobriram tantos de seus segredos quanto os navegadores e exploradores enviados pelos países que promoveram os descobrimentos. O legado que deixaram foi imenso — e principalmente o dos baleeiros da Nova Inglaterra no Atlântico.

O TRANSPORTE DE MERCADORIAS

Não surpreende, portanto, que quando o transporte regular de cargas de um lado a outro do Atlântico se transformou numa atividade comercial importante, os americanos, especialistas em viagens de longo curso nesse oceano, já se achassem preparados e tivessem criado uma forma de transporte marítimo que dominou no Atlântico desde então. Seu surgimento ocorreu nos primeiros dias frios de janeiro de 1818 e envolveu a partida, de Nova York para a Europa, do tipo de navio que veio a ser chamado de *paquete.*

O Atlântico já estava cheio de navios cargueiros que transportavam para a Europa imensas quantidades de cargas do Novo Mundo, principalmente açúcar das várias plantações do Brasil e das ilhas do Caribe, e traziam para as Américas produtos acabados, materiais de construção e artigos de tecnologia e de moda que os comerciantes das colônias desejavam. Mas esses navios em geral só partiam quando seus porões estavam cheios, não havia confiabilidade com relação a partidas e chegadas, nem certeza alguma quanto às rotas que um barco poderia seguir: a aceitação, pelo supercargo, de um frete de última hora, destinado a um porto até então não previsto na viagem, obrigava o navio a uma escala extra para fazer a entrega.

O único serviço de navegação oceânica que tinha uma programação, e até tentava cumpri-la, fora organizado pelo incipiente correio britânico, praticamente desde que Charles II criou um serviço postal em 1660. Logo ficou claro que as malas postais importantes enviadas ao exterior — ofícios às embaixadas e aos governadores das colônias, assim como despachos dirigidos a autoridades em locais distantes — precisavam receber tanta atenção quanto as destinadas à própria Grã-Bretanha. Por conseguinte, no começo da década de 1680, criaram-se alguns portos para paquetes postais — em Harwich e Dover, para os barcos que levavam malas postais para o norte da Europa; em Holyhead, na ilha de Anglesey, para as malas irlandesas; e na remota cidade litorânea de Falmouth, no sul da Cornualha, formalmente escolhida em 1688.

Veleiros rápidos e regulares eram despachados de Falmouth para todos os cantos do mundo ocidental, de início com um serviço quinzenal para a Coruña, na Galícia (utilizando pequenos navios denominados avisos, os primeiros dos quais se chamavam *Postboy* e *Messenger*). Depois esses avisos entravam no Mediterrâneo, pelo estreito de Gibraltar, para entrega de malas postais destinadas ao sul e centro da Europa e à Ásia.* Mais tarde, na virada do século, o inspetor-geral da Marinha, Edmund Dummer, propôs aos correios seu primeiro serviço transatlântico, e em 1702 ele passou a dirigir, como um tipo primitivo de franquia, um quarteto de chalupas e brigues oceânicos entre Falmouth e as ilhas britânicas de Barbados, Antigua, Montserrat, Nevis e Jamaica, produtoras de açúcar. A partir do Caribe, seria fácil criar um serviço postal para o continente americano e, em particular, para Nova York. Esse serviço surgiu em 1755, no começo com dois navios, o HMP *Earl of Halifax* e o HMP *General Wall*. Quando essa rota se tornou operacional, supostamente com um navio por mês (embora só tenham sido feitas quatro viagens nos dois primeiros anos), outros navios foram postos na linha, e mais tarde surgiram rotas do serviço britânico entre Falmouth e cidades do sul dos Estados Unidos, como Pensacola, St. Augustine, Savannah, Charleston e, fato fundamental nos primeiros anos, para Halifax, no nordeste do país, praça-forte e centro de produção de velas de espermacete.

Um serviço esporádico, destinado sobretudo ao transporte de malas postais militares, já vinha operando entre Falmouth e Halifax desde 1754. Essa linha, naturalmente, enfrentou dificuldades logísticas durante a Guerra da Independência. Mas, assim que a poeira assentou e os Estados Unidos se tornaram independentes, entrou em operação, em 1788, um serviço formal e regular, permitindo tanto a Halifax quanto a Nova York receber malas postais de Falmouth. No caso de Nova York, o serviço estava sob a supervisão de Benjamin Franklin, vice-diretor-geral dos correios e, depois da independência, seu diretor-geral.**

Londres logo se familiarizou com a rotina: na primeira quarta-feira de cada mês, as malas postais eram preparadas no Correio Geral, no centro da cidade, para Nova York, Halifax e Québec. A tarifa de uma carta para Manhattan era de quatro *pence*. Os sacos de couro de correspondência eram então postos na diligência dos correios para Falmouth, aonde chegavam ao anoitecer de sábado, com a precisão de um relógio, e transferidos para o navio, que prontamente deixava o atracadouro e saía para as vagas do Atlântico. A travessia

---

* Guerras com a França frustraram a busca de uma rota mais direta.
** Foi a observação dos muitos atrasos dos paquetes que vinham de Falmouth para os Estados Unidos que o levaram a tirar conclusões sobre a natureza da corrente do Golfo.

oceânica durava em média cinquenta dias, *morro acima*,* sobretudo se o correio acrescentasse paradas nas Bermudas ou na Nova Escócia. Um londrino que postasse uma carta no dia 1º de janeiro podia esperar que fosse lida em Nova York na terceira semana de fevereiro.

E os paquetes não levavam apenas cartas, é claro. O superintendente do correio, um certo sr. Potts, fez saber que jornais e revistas também podiam ser enviados para o outro lado do Atlântico. Qualquer um dos vários diários londrinos, como o *General Advertiser*, o *Courant* ou o *Daily Advertiser*, custava a seus leitores cinco *pence* por exemplar. O *Spectator*, que existe até hoje, custava nove *pence*, e o *London Gazette*, o mais venerável dos jornais londrinos, uma espécie de diário oficial também ainda existente, chegava a Nova York por nove *pence* o exemplar, "a ser entregue pelos comandantes dos vários paquetes, livre de quaisquer outros custos".

Parece um pouco estranho que tenha demorado nada menos que 130 anos, de 1688 a 1818, para que a ideia do envio regular de malas postais fosse estendida ao transporte de cargas gerais. E, talvez como sinal do que estava por vir, não foi uma instituição britânica que sugeriu que se fizesse isso, apesar da experiência acumulada pelos britânicos. A invenção do transporte regular de cargas no Atlântico veio de uma empresa com sede nos Estados Unidos.

Na realidade, os dois responsáveis pela iniciativa que viria a mudar as regras do jogo eram britânicos que viviam nos Estados Unidos. Ambos eram de Yorkshire, mais exatamente de Leeds, e tinham imigrado para os Estados Unidos, em busca de fortuna, ao apagar das luzes do século XVIII. Por acaso, ocupavam escritórios vizinhos na rua Beekman, no sul de Manhattan. Em 1812, quando surgiu a ideia do empreendimento, Jeremiah Thompson era um jovem corretor de algodão e proprietário de alguns navios de cabotagem, enquanto Benjamin Marshall — quacre como Thompson e a maioria dos comerciantes dessa pequena saga — era fabricante e importador de tecidos.

Thompsom e Marshall não tardaram a descobrir que ambos vinham comprando algodão cru diretamente dos mercados produtores nos estados do sul dos Estados Unidos. Cada um deles queria esse algodão para uma finalidade

---

* Os ventos contrários predominantes na travessia de leste para oeste levaram os marinheiros dos paquetes a se referir a ela como a rota *morro acima*, enquanto os barcos que faziam o percurso oposto, da América para a Europa, viajavam mais depressa, ou seja, *morro abaixo*.

Uma flotilha de dóris, cada qual levando o galhardete da nave mãe para o caso de se perder no mar agitado, prepara-se para arpoar um grupo de baleias-francas, numa calmaria pouco comum nas altas latitudes.

diferente: Thompson o desejava para vendê-lo e, com o lucro, pagar os excelentes artigos de lã que seu pai produzia em Leeds e pretendia exportar para os Estados Unidos. Marshall, por outro lado, precisava de grandes quantidades de algodão para enviar às fábricas de sua família em Lancashire, onde esse algodão se transformaria em tecidos que seriam então remetidos a Nova York e vendidos a varejistas. Os dois, que não eram concorrentes, resolveram então trabalhar juntos, e montaram escritórios em Atlanta, com agentes em Nova Orleans: como não existisse nenhum outro sistema nacional de cargas,* passaram a usar seus pequenos navios para levar algodão dos portos do sudeste para Nova York e então, utilizando os navios disponíveis, levá-los através do Atlântico para Liverpool.

E aqui aparecia tanto um problema quanto, para Marshall e Thompson, uma excelente oportunidade comercial. O problema, ampliado pelo súbito crescimento do comércio após o fim da Guerra Anglo-Americana, de 1812, e a suspensão do intermitente bloqueio dos portos americanos pela Royal Navy, era que

---

* Só em 1829, dezessete anos depois que Marshall e Thompson se associaram, uma máquina a vapor trafegou nos trilhos da Baltimore & Ohio, a primeira ferrovia de carga dos Estados Unidos.

simplesmente não havia navios suficientes que oferecessem espaço para carga de Nova York para a Europa. Ademais, ninguém sabia dizer quando esses navios partiriam de Nova York ou quando chegariam ao outro lado do Atlântico.

Durante anos, tinha sido habitual que os comerciantes fossem proprietários de seus próprios navios. Marshall e Thompson já possuíam três barcos, o *Pacific*, o *Amity* e o *Courier*, que utilizavam no transporte de seu próprio algodão para a Inglaterra. Ou seja, para eles o problema estava bem resolvido: não enfrentavam as dificuldades que afligiam muitos de seus concorrentes, que não conseguiam espaço em navios para o transporte de mercadorias. O golpe ousado desses empresários já muito bem-sucedidos, juntamente com outro armador quacre, Isaac Wright — que lhes garantiu um lugar na história pelo sagaz aproveitamento de uma oportunidade comercial de importância crucial —, foi a decisão de encomendar mais navios e oferecer o espaço em seus porões a quem quer que precisasse dele. Ademais, e isso foi fundamental, determinaram que esses navios partissem de Nova York segundo uma programação fixa e regular, coisa que nunca tinha sido feita: em vez dos chamados *tramp ships* (navios sem linha regular) que operavam até então e que só deixavam o porto quando o capitão assim desejava, propunha-se essa nova ideia de "navios redondos no horário".

Segundo esse plano, um navio da linha que viria a ser a Black Ball Line deixaria Nova York às 10h00 do dia 5 de cada mês para Liverpool. Outro navio partiria de Liverpool para a perna morro acima, no dia 1º de cada mês. Todos transportariam carga de qualquer espécie, no porão ou amarradas no convés, para qualquer pessoa que pagasse a tarifa. Também levariam passageiros — 28 nos primeiros navios — com certo grau de conforto.

Partiam exatamente no horário, como anunciado, estivessem os porões vazios ou cheios. Desatracavam com bom ou mau tempo, tendo como máxima prioridade *chegar ao destino — e depressa*. E, em deferência ao correio britânico, a linha dava a seus navios e seus serviços o mesmo nome: paquetes.

O primeiro paquete para Liverpool deixou o Píer 23, em Nova York, na manhã de 5 de janeiro de 1818. E, se havia necessidade de provar que esse novo serviço não dependeria dos caprichos do tempo, das marés ou do estado de espírito do capitão, e que realmente operaria com bons ou maus ventos, o *James Monroe*, barco de três mastros e 424 toneladas, soltou as amarras durante uma tempestade de neve e uma nordestada uivante, e a multidão de circunstantes fascinados que a isso assistia — houve também repiques de sinos de igrejas e salvas de canhão — logo perdeu o barco de vista por causa da neve e do nevoeiro causado pelo vento.

Ao rodear a boia de Sandy Hook, com Nova Jersey a boreste, Long Island a bombordo e a terra sumindo de vista rapidamente enquanto metia ao mar, o *James Monroe* largou sua vela de proa — e com isso mostrou a todos os demais navios, que corriam a buscar abrigo, sua marca identificadora: um grande e destacado círculo preto na lona. O mesmo símbolo figurava no galhardete que tremulava no mastro grande: uma bola preta no meio de um campo vermelho vivo.

O *James Monroe* fora construído para ser veloz — isso e sua programação fixa eram os grandes atrativos para os clientes — e devia muito aos progressos em matéria de construção naval que os corsários americanos tinham incorporado a seus navios de carga durante a guerra, a fim de melhor fugir ao bloqueio britânico. Era também um barco de grande capacidade, pois tinha espaço para 3500 barris de carga — essa era a principal medida da capacidade dos navios no começo do século XIX —, ainda que nessa primeira viagem estivesse longe de levar carga completa. Havia, como já foi dito, lugar para 28 passageiros, mas apenas oito tinham comprado passagem — a duzentos dólares pelo percurso de ida. O manifesto dessa primeira viagem mostra que os porões estavam quase vazios, pois o navio levava para a Inglaterra pouquíssima carga: uma pequena quantidade de maçãs da Virgínia, alguns barris de farinha do Meio-Oeste, catorze fardos de lã de Vermont, um punhado de mirtilos do Maine e algumas caixas de terebintina fabricada nas plantações da Flórida. Havia também patos, galinhas e uma vaca, o que permitia aos taifeiros — em geral negros — oferecer carne, ovos frescos e leite aos poucos passageiros civis, compreensivelmente nervosos. Havia ainda fardos de algodão da Geórgia: os armadores não deixariam de aproveitar a viagem de seu navio para levar às fábricas de tecidos de Yorkshire e Lancashire novas remessas da fibra mágica com que tinham começado a fazer fortuna.

O capitão do *James Monroe*, James Watkinson, levou 28 dias para chegar ao rio Mersey, e o navio atracou em Liverpool em 2 de fevereiro. Em algum ponto no meio do oceano, ele havia cruzado (mas sem o avistar) com seu navio irmão, o *Courier*, que se esforçava para fazer a viagem morro acima — levou seis semanas para completá-la e sofreu um bocado. Do ponto de vista comercial, a volta do *James Monroe* foi ainda menos lucrativa: o barco sofreu avarias durante uma terrível tempestade no mar da Irlanda e teve de voltar a Liverpool para reparos. Mas na rua Beekman, em Nova York, os três quacres, Marshall, Thompson e Wright, mantinham a fleuma britânica, e em 1820 todos os seus quatro navios estavam fazendo travessias transatlânticas regulares e sem maiores incidentes, com cargas cada vez maiores e tarifas mais altas. Dois anos depois puderam encomendar aos estaleiros quatro navios ainda maiores para arvorar a bandeira da Black Ball Line. O *Albion*, o *Britannia*, o *Canada* e o *Columbia* deslocavam quinhentas toneladas cada um e suas guarnições eram descritas como as melhores que havia no oceano, chefiadas por capitães cuja propensão para largar todo o pano, mesmo nas situações mais medonhas, lhes permitia completar a travessia morro abaixo o mais depressa possível.

Os navios disputavam corridas, muitas vezes alarmando os passageiros, que viam, impotentes, as velas se rasgarem em ventos muito rijos. Certa vez o *Canada* fez o percurso Nova York-Liverpool em apenas quinze dias e oito horas, e mesmo ao voltar cruzou a boia de Sandy Hook somente 36 dias depois de sair do Mersey. "Olho vivo na Black Ball Line" passou a ser, em muitos navios de empresas concorrentes, a saudação do tripulante substituído por ocasião de cada troca de quarto. O que estava por trás da observação era a consciência de que uma conduta displicente por parte da tripulação faria um navio da Black Ball chegar primeiro ao porto. E como as tripulações eram pagas na chegada, o pessoal da Black Ball sempre recebia seus envelopes de dinheiro primeiro, o que os tornava os homens mais invejados nos cais do Atlântico.

Os capitães, homens duros, severos e resolutos, guiados pela ambição pessoal e pela fervorosa devoção aos horários da companhia, logo se tornaram lendas vivas, enquanto seus navios também ganhavam a fama de serem os mais românticos de todos os galgos dos oceanos. Os tripulantes eram igualmente obstinados, conhecidos como *packet rats*, ratos de paquete, na maioria irlandeses de Liverpool com um prodigioso apetite por álcool e coisas mais pesadas, e infernizavam com muita simpatia os policiais de qualquer porto em que ganhassem o direito de descer à terra. Mas seus oficiais os vigiavam sem cessar: um dos capitães dormia num catre especial aparafusado no tombadilho para ter certeza de que nenhum oficial inferior jamais ousasse, enquanto o capitão dormia em seu camarote, diminuir o velame durante uma borrasca e com isso perder velocidade e arriscar-se a não cumprir a data de chegada. Aquela era uma atividade implacável, em tudo compatível com a dureza do mar que os paquetes cruzavam e recruzavam.

Dentro de poucos anos sugiram outros concorrentes, às dezenas, e os cais junto das ruas no sul de Manhattan ficaram tão atulhados de navios que, como escreveu Charles Dickens, os gurupés dos paquetes "quase entravam pelas janelas" dos edifícios de escritórios diante dos molhes, e os coches e as pessoas passavam sob eles nos dois sentidos, como se fossem silvícolas andando sob a galharia. Aos paquetes da Black Ball Line logo se juntaram nos cais os navios da Red Star Line, da Blue Swallow Line, da London Line, da Liverpool Line, da Union Line (que iam diretamente para o Havre, no norte da França), da Fyfe Line (para Greenock, na Escócia) e da Dramatic Line (cujos navios tinham nomes de atores e dramaturgos). Houve também, apesar de protestos, outra Black Ball Line, que nada tinha a ver com a de Nova York e cuja sede ficava na Grã-Bretanha, o que provocou muitas confusões até a justiça pôr fim ao problema. Em qualquer dia nada menos que quinhentos navios podiam estar espremidos lado a lado, na zona portuária de Manhattan, com as proas voltadas para a rua e as popas se remexendo no East River, como se fossem nervosos corcéis à espera.

Tempos depois o correio britânico abandonou seu próprio serviço de paquetes, como os fundadores da Black Ball tinham previsto, porque em Londres logo se aceitou que os americanos estavam dominando o negócio de transportes transatlânticos, com serviços rápidos e confiáveis surgindo quase todos os dias. E uma nova palavra logo se insinuou no léxico inglês: como todos os navios pertenciam a uma companhia que enviava ao oceano — como já faziam as companhias de diligências em seu esforço para impor ordem à travessia do país — uma linha (*line*) de navios, um após o outro, esses novos navios de rota regular passaram a ser chamados de *liners*. Eram os *liners transatlânticos* — os primeiros de um vasto e diversificado conjunto de navios comerciais cuja atividade sobreviveu e vem prosperando até o presente.

Apenas um ano e cinco meses depois da partida do *James Monroe* de Nova York, na viagem inaugural da Black Ball Line, ocorreu outra partida, igualmente histórica, de outro porto americano. Dessa vez o navio era o *Savannah* e, embora tivesse sido construído em Nova York, zarpou, em 22 de maio de 1819, do porto que lhe dava nome, na Geórgia, rumo a Liverpool, como acontecia com a maioria dos navios que atravessam o Atlântico na época. O que fazia do

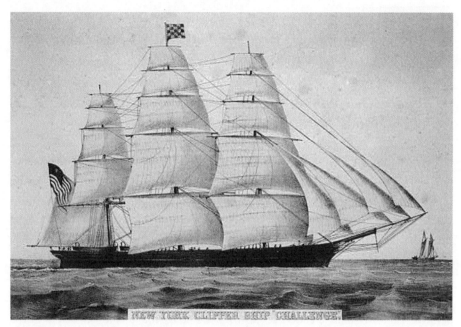

Construído em 1851 no estaleiro Webb, em Manhattan, o grande clíper Challenge foi, durante um quarto de século, o símbolo da idade do ouro dos veleiros, um modelo de velocidade e elegância no mar.

Savannah um navio especial — e faz com que os Estados Unidos, ainda hoje, comemorem sua data de partida como o Dia Marítimo Nacional — era que, apesar de ter os três mastros habituais de um clíper oceânico, tinha também uma chaminé — curvada no alto, como um canudinho de refrigerante — e embaixo, a meia-nau, uma máquina de 72 cavalos. O *Savannah* foi o primeiro navio a vapor que atravessou o Atlântico.

Sua máquina movimentava um engenhoso sistema de rodas com pás, que se apoiavam nas duas extremidades de um eixo transversal, mas que podia também ser recolhido e posto no convés. E, embora o barco só tenha usado sua máquina durante oitenta horas na primeira viagem, fez a travessia desde o rio Savannah até a costa irlandesa num tempo bastante aceitável, de 23 dias. Não era, contudo, um barco econômico: na verdade, seriam necessários mais vinte anos para que a eficiência das máquinas a vapor para embarcações permitisse o abandono definitivo da força gratuita dos ventos. Mas, mesmo em 1819, o *Savannah* foi reconhecido como o precursor da que um dia seria uma nova maneira de viajar. Ele pode ter levado 23 dias para cruzar o Atlântico, um tempo nada espetacular, porém 125 anos depois, em 1944, vapores não muito diferentes dele faziam esse percurso em pouco mais de três dias.

A TRANSMISSÃO DE COMUNICAÇÕES

Entretanto, o mundo em rápida modernização exigia que outras coisas, além de cargas e pessoas, fossem mandadas de um lado a outro do mar. A vastidão monumental do oceano era vista, cada vez mais, como uma rota de informações — para a troca, entre os povos dos dois lados do Atlântico e ainda mais distantes, de comunicados, notícias, declarações de amor, anúncios de nascimentos e informações sobre a passagem de navios, preços de ações, queda de governos e a morte de reis.

Tudo isso era muito necessário. No alvorecer do século XIX, o mundo já se achava transformado e estava a caminho de se tornar a imensa aldeia que é hoje: a troca de informações entre Filadélfia e Peterborough, ou entre o Brasil e a Bélgica, ou entre Moscou e Montevidéu era tão importante quanto fora no passado a troca de informações entre um ferreiro e um policial, ou entre um estalajadeiro e um pároco. Para que uma comunidade funcionasse bem, a interconexão entre seus membros sempre fora fundamental, e, com as populações do planeta se misturando e se fundindo, devido ao surto de imigrações no século XIX (com destaque para a que ocorreu da Europa para os Estados Unidos), ganhou corpo também a ideia de uma comunidade global, que impunha um fluxo sempre crescente de informações e comunicações.

A notícia da morte do rei George II, em 1760, demorou seis semanas para chegar a seus súditos na América colonial, demonstrando a lentidão absurda da transmissão de informações pelos navios. A situação tampouco era muito melhor um século depois, durante a Guerra de Secessão, quando o telégrafo elétrico já tinha sido inventado, facilitando as comunicações de um lado a outro de um país com dimensões continentais, onde os fios podiam ser instalados em postes. Já levar as notícias de um lado do mar a outro exigia muita inventividade: os jornais de Londres faziam com que boletins noticiosos da América do Norte fossem telegrafados para os promontórios da Terra Nova; dali, cópias manuscritas eram levadas em botes até vapores que as transportavam aos promontórios no norte da Irlanda; dali, escaleres as conduziam ao posto de telégrafo mais próximo, que as transmitia para Londres. Esse processo complicado não redundava em grande melhoria: significava apenas que uma notícia a respeito das batalhas de Antietam ou Gettysburg ou sobre a marcha do general Sherman pela Geórgia seria lida no gabinete do primeiro-ministro inglês ou nos clubes de Pall Mall duas semanas depois.

Pequenos aumentos de rapidez eram sempre observados: detalhes das batalhas de 4 de julho de 1864 na Virgínia saíram no *Times* de Londres apenas uma quinzena depois, em 16 de julho. E quando o presidente Lincoln foi morto, em abril de 1865, a notícia telegrafada, também transcrita à mão numa carta e despachada numa mala postal de couro, partiu da América no vapor *Nova Scotian* e foi levada ao correio assim que o barco atracou em Donegal, de onde saiu para ser impressa. A notícia foi divulgada para espanto dos londrinos doze dias após o crime.

Era evidente a necessidade de algum novo meio de comunicação, mais rápido, e a solução para isso seria o recém-inventado telégrafo. E o local-chave nas formulações que se seguiram foi uma ilha, ventosa e mal explorada, que só se distinguia por ser a quarta em tamanho no Atlântico, depois da Groenlândia, da Islândia e da Irlanda — a Terra Nova, colônia da Coroa britânica. Em meados do século XIX, alguns empreendedores que davam tratos à bola em busca de um meio de agilizar a transmissão de mensagens voltaram sua atenção para essa ilha, pois a Terra Nova era o ponto da América mais próximo da Europa — apenas 2600 quilômetros, aproximadamente, separam St. John's, capital da Terra Nova e Labrador, dos penhascos de Connemara, na Irlanda.

O cabo submarino já tinha sido inventado na Europa. Um cabo telegráfico fora lançado entre a Grã-Bretanha e a França em agosto de 1850, e logo depois outros cabos foram instalados nos mares entre a Grã-Bretanha e a Holanda e entre a Escócia e a Irlanda. Talvez fosse possível lançar um cabo submarino de um lado a outro do estreito de Caboto, na foz do rio São Lourenço. Se um conjunto de linhas terrestres pudesse ligar esse cabo submarino às cidades de St. John's e Halifax, e outro cabo submarino as ligasse a Boston, bastaria uma frota de vapores rápidos que fizessem uma rota regular entre a Terra Nova e a Irlanda. Assim, mensagens entre Nova York e Londres demorariam apenas sete dias.

É nesse ponto que entra em cena Cyrus West Field, de 35 anos, abastado filho de uma família fabricante de papel, da região dos Bekshires, no oeste de

Massachusetts. O principal propugnador do plano o procurara, na esperança de persuadi-lo a investir na ideia. Field o recebeu cortesmente, disse que pensaria no assunto e à noite, lendo em sua biblioteca, pôs-se a girar um globo terrestre. Era um globo de tamanho mediano, apropriado à biblioteca de um cavalheiro, e Field notou que a palma de sua mão cobria tanto a distância entre a Terra Nova e a Irlanda quanto a que separava Nova York de Londres.

Num átimo ele se deu conta de que, em vez de se lançar um cabo nos ermos da Terra Nova e da Nova Escócia, no intuito de ganhar alguns dias na transmissão para o telégrafo, podia-se lançar um cabo diretamente da Terra Nova à Irlanda, no ponto mais estreito do oceano Atlântico. Se conseguisse fazer isso, ele reduziria o tempo de transmissão de uma mensagem entre as duas maiores cidades do mundo de vários dias para alguns segundos.

Field não tinha formação técnica nem conhecia bem a topografia marinha, mas escreveu imediatamente para dois homens que possuíam essas qualificações: Samuel Morse, inventor do código telegráfico, e Matthew Fontaine Maury, da Marinha dos Estados Unidos, cujos estudos do Atlântico haviam determinado a existência de um vasto platô no meio do oceano, a Dorsal Mesoatlântica. Ambos disseram a Field que a ideia era exequível. Dez anos antes, Morse já tinha feito experiências com cabos no porto de Nova York, e dirigira ao governo dos Estados Unidos uma carta na qual dizia que "seguramente uma comunicação telegráfica, com base no plano eletromagnético, pode ser feita". Sem saber que a Dorsal Mesoatlântica era uma cordilheira com picos e cânions tão íngremes e altos quanto as montanhas Rochosas, sobre o quais ninguém, em sã consciência, planejaria lançar às cegas um cabo telegráfico, Maury respondeu a Field que o "platô [...] parecia ter sido colocado ali especialmente para o propósito de receber os cabos do telégrafo submarino e mantê-los livres de danos".

Assim, em maio de 1854, foi fundada a New York, Newfoundland, and London Telegraph Company, e dois anos depois criou-se em Londres a Atlantic Telegraph Company.* Ambas se lançaram a tarefa de arrecadar recursos para o projeto. O presidente da firma americana era Peter Cooper, fundador da faculdade Cooper Union em Nova York, um homem para quem o que estava prestes a fazer viria a "oferecer a possibilidade de um poder avassalador para o bem do mundo".

---

* A ATC tinha o romancista William Makepeace Thackeray como um de seus investidores; já Charles Dickens demonstrava uma hostilidade luddista ao projeto.

O governo britânico, particularmente interessado na empreitada, ofereceu-se para fazer o levantamento da rota e talvez até fornecer navios para ajudar a assentar o cabo e pagar uma taxa, desde que suas mensagens oficiais tivessem prioridade sobre todas as demais. Os americanos debateram a questão com muito mais intensidade.

Nem todos no Novo Mundo ansiavam por um contato tão íntimo com o Velho. Thoreau, ranzinza como sempre, observou causticamente que furar um túnel sob o Atlântico, como se expressou, para assentar um cabo de comunicações dificilmente valeria a pena se a primeira notícia a chegar à América fosse "que a princesa Adelaide está com coqueluche". E ainda havia nos Estados Unidos uma clara anglofobia pós-revolucionária depois do incêndio da Casa Branca, sobretudo no Sul, e qualquer coisa ligada à Inglaterra era vista com antipatia e má vontade. Não obstante, após intensas pressões sobre o Congresso, aprovaram-se os projetos necessários, e em 1º de março de 1857, antes de transmitir o cargo a James Buchanan, o presidente Franklin Pierce promulgou uma lei que oferecia, sem tirar nem pôr, as mesmas condições aprovadas em Londres. Já podia ser realizado o lançamento do cabo — o mais audacioso projeto de engenharia até então imaginado.

A publicidade foi enorme. Nos dois lados do oceano, os jornais encheram-se de sugestões para a execução da obra — pendurar o cabo em balões, propôs um leitor; deixá-lo suspenso um pouco abaixo da superfície do mar, preso a uma cadeia de boias, nas quais os navios pudessem atracar e, tal como fazem os automóveis de hoje num posto de serviço à beira de uma estrada, abastecer-se de mensagens; o marido da rainha Vitória achava que o cabo deveria ser metido numa bainha de vidro; outros ainda advertiam, como vimos no capítulo 2, que as diferentes densidades das camadas do mar afetariam a profundidade que objetos diversos podiam alcançar: cavalos afundariam mais do que sapos, pessoas gordas ficariam debaixo de gente magra, e os cabos afundariam apenas até uma certa profundidade e então ficariam a pairar no oceano, como uma versão aquática dos rastros de condensação de um avião a jato.

Cientistas debateram interminavelmente sobre a espessura que deveria ter o cabo — um cabo grosso de cobre conduz as voltagens maiores necessárias para a transmissão de mensagens a longa distância, mas seria tão pesado que poderia romper-se sob seu próprio peso ao ser baixado para o fundo do mar. Por fim, decidiu-se fabricar, em Londres e Liverpool, um cabo da grossura aproximada do dedo indicador de um homem, cujo núcleo de cobre era isolado com gutapercha, depois com cânhamo e alcatrão e, finalmente, com um envoltório de arame de aço. Esse cabo pesaria mais ou menos uma tonelada por milha (1,609 quilômetro), mas apenas cerca de seiscentos quilos quando suspenso na água. Em junho de 1857, 4 mil quilômetros desse cabo — cerca de 547 mil quilômetros, se medidos todos os fios que o constituíam — foram enrolados cuidadosamente em tambores a bordo de dois navios a vela, o USS *Niagara* e o HMS *Agamemnon*, com cerca de metade do cabo — cerca de 1500 toneladas — em cada navio.

Em agosto, os dois navios partiram juntos para a ilha de Valentia, no sudoeste da Irlanda, e uma turma de troncudos marinheiros arrastou uma ponta do cabo para a praia, superando a violenta arrebentação da baía de Foilhommerum. Seguiram-se discursos altissonantes e preces esperançosas. Espocaram fogos de artifício. Acabada a festa, e com a escolta de uma flotilha naval, os dois navios voltaram para o mar, soltando o cabo — e nisso começou uma saga de acidentes, frustrações, contrariedades e desalentos que duraria até quando já ia avançado o ano seguinte, pois parecia impossível proceder ao lançamento do cabo sem que ele se partisse repetidamente e sumisse para sempre nas profundezas do mar.

As tripulações tentaram de todas as formas resolver o problema, e uma das mais importantes foi decidir começar não por um dos lados do oceano, mas pelo meio: os dois navios se encontraram num ponto situado a 1300 quilômetros de cada costa, uniram os cabos e cada qual rumou para as duas costas. Mas foram inúmeros os problemas que enfrentaram a seguir, principalmente uma série sem precedentes de tormentas de verão, uma das quais quase fez soçobrar o navio britânico, carregado de cabos pesados. Tal como antes, os cabos não paravam de quebrar e se perder. As falhas técnicas eram constantes, e ficou famoso um episódio em que os engenheiros de um dos navios perceberam um defeito no cabo no instante preciso em que ele estava sendo lançado sobre a popa, e correram para repará-lo antes que entrasse na água e sofresse um curto-circuito. Conseguiram interromper o lançamento, mas o cabo já estava inutilizado.

Em Londres, os diretores da companhia se enfureciam cada vez mais ao ver dispararem os custos do projeto. Alguns afirmavam que a operação era tecnicamente inviável e defendiam seu abandono. A imprensa mostrava um cínico desdém pela empreitada, e poetas de ocasião escreviam versos debochados sobre o projeto. A confiança estava seriamente abalada.

A figura de Cyrus Field, empresário da telegrafia transatlântica, tendo atrás de si a famosa bazófia de Puck, levemente modificada, em Sonho de uma noite de verão, *domina esta vinheta da revista* Harper's Weekly *em homenagem à instalação do primeiro cabo telegráfico duradouro entre a Irlanda e a Terra Nova. Rainha e presidente — que aparecem na parte inferior — logo mantinham contato frequente.*

Mas então, em meados de 1858, após outras três tentativas fracassadas, os dois navios se encontraram pela última vez, uniram seus cabos em 29 de julho e voltaram a se afastar um do outro, cada qual para sua costa. Inexplicável e milagrosamente, dessa vez não ocorreu problema algum. O USS *Niagara* entrou na baía de Trindade, na Terra Nova, em 4 de agosto, e o *Agamemnon* atracou ao largo da ilha de Valentia, a 2600 quilômetros dali, no dia seguinte. A linha que haviam unido no meio do oceano ainda estava funcionando, e quando os marinheiros em cada uma de suas extremidades levaram o cabo às estações já construídas, onde as linhas terrestres para Nova York e Londres esperavam ser conectadas, tudo parecia estar na mais perfeita ordem.

O entusiasmo foi geral. Ao receber em Londres a notícia de que a ligação tinha sido completada e preservada, o *Times* foi tomado de um entusiasmo que a maioria de seus leitores deve ter considerado impróprio:

[...] desde a descoberta de Colombo, nada se fez que seja em qualquer grau comparável à vasta ampliação que assim se deu à esfera da atividade humana [...] o Atlântico secou, e nós nos tornamos, em realidade, tanto quanto em desejo [...] um só país [...] o Telégrafo Atlântico desfez em parte a declaração de 1776 e avançou bastante no sentido de nos tornar mais uma vez, a despeito de tudo, um único povo.

As primeiras mensagens foram transmitidas pelo cabo, utilizando o código Morse, em 16 de agosto. A rainha Vitória transmitiu ao presidente Buchanan seus sinceros parabéns, dizendo ter "ardorosa esperança" de que o novo "cabo elétrico" consolidasse os laços de amizade e fraternidade dos dois lados do oceano, e Buchanan logo respondeu de Washington, empregando a mesma linguagem grandiloquente. Pouco depois veio a primeira mensagem comercial — um informe da Cunard sobre a colisão sem vítimas entre dois navios, o *Europa* e o *Arabia*,* que buscaram refúgio num porto canadense. Seguiu-se uma enxurrada de notícias. As primeiras mensagens telegrafadas entre os dois continentes eram triviais, como temera Thoreau ("O rei da Prússia acha-se demasiado doente para visitar a rainha Vitória"), ou, muito apropriadamente, históricas ("Solução da questão chinesa: o império da China abre-se ao comércio; permitido o cristianismo").

Mas isso estava bom demais para durar. Lentamente, depois de duas semanas na água, o cabo começou a dar sinais de alguma doença misteriosa. As transmissões se transformaram numa algaravia, até que por fim cessaram inteiramente, com o cabo nada enviando e nada recebendo. Com muito pesar, os diretores da empresa declararam que o cabo sucumbira a uma moléstia submarina desconhecida e estava irrecuperavelmente morto.

A conexão havia durado quinze dias. Fracassara. O novo supercontinente único se bipartira, tornara-se dois de novo. O mar vencera. A decepção do público e o desalento oficial foram tão grandes que só oito anos depois lançou-se outro cabo. Mas por fim aqueles que tinham guardado a fé mostraram-se capazes de persuasão. Em 1866, o *Great Eastern*, o imenso e novo navio de Isambard Kingdom Brunel, foi tirado da insolvência e da ociosidade e posto a

---

* O *Arabia* foi o último navio de madeira construído para a Cunard: tinha dois mastros, duas chaminés e duas rodas de pás.

trabalhar como lançador de cabo submarino. Também ele enfrentou dificuldades, apesar dos oito anos de aperfeiçoamentos técnicos, mas enfim lançou ferro na vila de Heart's Content, na Terra Nova, "arrastando atrás de si uma cadeia de 3200 quilômetros, para ligar o Velho Mundo ao Novo".

O sonho estava realizado. O cabo funcionava quase com perfeição, e o sr. Field, dos Berkshires, por ser americano, não pôde receber, como todos os demais, uma honraria da rainha Vitória, mas prontamente a imprensa britânica o apelidou de Senhor Cabo. Sua criação logo se mostrou tão bem-sucedida e vital que na década que se seguiu o leito do Atlântico, no norte e no sul, encheu-se de uma grinalda de cabos. Um segundo cabo foi estendido quatro semanas após o primeiro. Em 1900 eram quinze, entre os quais cabos para a Argentina e o Brasil. As comunicações entre a Europa e a América, entre todos os países europeus e cada cidade das Américas, tornaram-se quase instantâneas e, com o passar do tempo, rotineiras.

No entanto, menos de meio século após o lançamento do primeiro cabo, a tecnologia ofereceu outro avanço, fortalecendo e acelerando o vinculo eletrônico entre os mundos. Tornou-se então possível estabelecer o mesmo contato de um lado do oceano para o outro — e na verdade entre quaisquer pontos na superfície da Terra e, com o correr do tempo, além do próprio planeta — sem o uso de cabos.

As primeiras experiências com a telegrafia sem fio, ou o rádio, como veio a ser chamado, porque esse tipo de sinal eletrônico era irradiado (em latim *radiatus*), também foram realizadas de um lado do Atlântico para o outro. E, por ter sido escolhido como o local dessas experiências — o que era de esperar, pois as cidades em suas costas eram as mais ricas, mais inventivas e mais dinâmicas da civilização moderna —, o oceano Atlântico mais uma vez firmou sua posição: era um campo de testes para todas as novas ideias, dos paquetes transatlânticos aos aviões supersônicos, que, cada vez mais depressa, dominavam a era tecnológica.

Ainda dessa vez, um morro da costa mais oriental da Terra Nova e outro no extremo ocidental da Inglaterra, na Cornualha (também mais uma vez, já que desde o século XVII Falmouth tinha sido o ponto final dos paquetes do correio), foram escolhidos como os pontos terminais do primeiro teste do rádio, em dezembro de 1901. Haveria também um ponto intermediário, na Irlanda, para o sinal de rádio, tal como houvera para o cabo de Cyrus Field. Porém existia agora uma razão adicional para isso: Guglielmo Marconi, autor desses primeiros testes, era meio irlandês. Seu pai era bolonhês, mas sua mãe, irlandesa, da família que produzia o uísque Jameson.

Muitas pessoas alegam ter inventado o rádio, do mesmo modo que outras afirmam ter criado a televisão ou a lâmpada incandescente. Marconi, contudo, obteve uma patente britânica crucial em 1896* e é hoje a pessoa mais associada à invenção. A partir de 1897, começou seus testes com transmissores, receptores e antenas de todas as formas e tamanhos, no sul da Inglaterra, principalmente entre a mansão de veraneio da rainha Vitória, em Osborne, na ilha de Wight, e o iate do filho dela no canal da Mancha. Como Thomas Edison mais tarde comentou várias vezes com incrédulos, "Marconi é o homem".

Sinais de rádio já tinham sido enviados, comprovadamente, de um lado a outro do canal da Mancha e da baía de Biscaia, bem como entre pontos em terra e navios no mar. Mas surgiram céticos de sobra quando Marconi anunciou, no fim de 1901, que tentaria enviar um sinal de rádio para o outro lado do Atlântico. Muitos diziam que isso era tecnicamente impossível, por causa da curvatura da Terra. Já a Atlantic Telegraph Company, de Cyrus Field, então falecido, alegava que o projeto era eticamente lamentável, uma vez que ainda faltavam dois dos cinquenta anos que lhe haviam sido concedidos para exercer o monopólio sobre a telegrafia transoceânica.

Mas Marconi, então com 27 anos, pouco se importava com essas reações negativas, ainda que suas primeiras tentativas tivessem sido cercadas de problemas: ventos haviam destruído uma bateria inicial de vinte antenas na Cornualha, e sua experiência na Terra Nova com uma antena suspensa num balão fracassou quando o balão estourou inesperadamente.

E agora ele estava tentando mais uma vez. Nos primeiros minutos de uma quinta-feira, 12 de dezembro de 1901, uma noite fria e ventosa, Marconi estava sentado diante de uma mesa no alto de um morrote que hoje se chama Signal Hill, contemplando as luzes tremeluzentes na entrada do porto da capital da Terra Nova. Iluminando com uma lanterna seu bloco de anotações, tinha a atenção voltada para um fone de ouvido conectado a um grande dispositivo de válvulas e mostradores, ele próprio ligado a um fio — invisível na escuridão

---

* A patente britânica nº 12039 foi concedida a Marconi em 2 de julho de 1896 por "aperfeiçoamentos na transmissão de impulsos e sinais elétricos e em aparelhos para esse fim".

— que subia até uma grande pipa de papel, que um assistente mantinha voando com a forte brisa do Atlântico, a mais ou menos 150 metros de altura.

A mais de 2900 quilômetros de distância, numa colina do vilarejo de Poldhu, perto de penhascos que se elevavam junto da arrebentação do canal da Mancha, empregados de Marconi revezavam-se na percussão de uma chave de baquelite e cobre, numa máquina semelhante à que Marconi estava usando em St. John's. Repetiam interminavelmente a batida dos três pontos rápidos, seguidos de uma pausa, depois de novo os três pontos — a letra S no código Morse. Amanhecia na Cornualha, mas não havia sequer um vislumbre da madrugada no nascente. Na Terra Nova, já passava da meia-noite. Todos estavam cansados.

De repente, lembravam-se seus assistentes, a expressão séria e concentrada de Marconi abriu-se num sorriso. Fez um sinal a um deles e, com um riso largo, entregou-lhe o fone. "Veja se consegue ouvir alguma coisa, sr. Kemp!" George Kemp levou o receptor ao ouvido e escutou, apesar da estática, do vento e de todos os outros sons elétricos e mecânicos, os tênues e repetidos três pontos, três pontos, três pontos. A letra S chegava pelo fone no mesmo momento em que era percutida naquela chave na distante Cornualha.

Pronto. Era o sinal. Era a culminação. O círculo se fechara: as pessoas podiam agora enviar mensagens — e um dia poderiam até conversar — e fazê-lo em perfeita sincronia, a milhares de quilômetros de distância, por cima de um oceano tempestuoso, como se conversassem dos dois lados de uma viela na cidade.

Seguiu-se um certo zum-zum desdenhoso. A Atlantic Telegraph Company ficou furiosa e ameaçou abrir um processo, com o que esperava amedrontar Marconi. Outros disseram que ele e o sr. Kemp tinham imaginado tudo aquilo, que os sons de pontos não passavam de vestígios de elétrons extraviados que corriam pelo espaço. Mas em Nova Jersey, com toda a sua influência e autoridade, Thomas Edison declarou que acreditava no que Marconi dissera; o jornal *The New York Times* disse a mesma coisa um dia ou dois depois; e então as mensagens de rádio foram repetidas para observadores, cada vez com mais clareza, e todo o ceticismo que restava dissipou-se.

Um ano depois, o correspondente do *Times* enviou uma longa mensagem de Glace Bay, na Nova Escócia, para seu jornal em Londres e recebeu a resposta do editor de internacional em tempo real. E, em janeiro de 1903, uma estação de telégrafo sem fio foi aberta em Cape Cod, perto de Wellfleet. Ao lado dos restos de uma de suas velhas antenas, vê-se hoje uma placa de bronze, protegida por uma cobertura à beira de uma típica praia ampla de Cape Cod, batida pelas vagas cinzentas do Atlântico. A placa diz que naquele local, em 1903, o presidente Theodore Roosevelt e o rei Eduardo VII trocaram mensagens de congratulações pelo rádio; e que, a partir daquele momento, a telegrafia sem fio, a comunicação por rádio, a radiotelefonia e todos os demais milagres atuais da comunicação a longa distância começavam sua fantástica e rapidíssima evolução.

O TRANSPORTE DE PESSOAS

Continuamente, os navios do Atlântico se tornavam maiores, mais esguios, mais imponentes e mais velozes. Os paquetes, projetados para ser robustos e práticos, se transformaram nos graciosos clíperes, projetados para ser rápidos, e mais tarde nos grandes veleiros de casco de ferro e quatro mastros, desenhados com vistas a uma enorme capacidade de carga. Durante não mais de quinze anos, a partir de meados do século XIX, foi como se as travessias de dezenas e dezenas desses clíperes retalhassem o Atlântico, indo e voltando a velocidades jamais imaginadas anos antes. O melhor de todos os projetistas, o canadense Donald McKay, construiu alguns dos mais rápidos desses puros-sangues do mar: os clíperes ianques, feitos em Boston, tinham sessenta metros de comprimento, não mais que nove de largura, levavam 9 mil metros quadrados de velas em três mastros, tinham uma proa bem lançada e singravam as águas com graça e rapidez sem iguais. O mais rápido deles, o lendário *Sovereign of the Seas*, uma vez fez 22 nós; o *Lightning* percorreu 701,5 quilômetros num só dia; o *Flying Cloud* saiu de Nova York, contornou o cabo Horn durante uma feroz tempestade e enveredou pelo Pacífico, chegando a San Francisco após uma viagem sem escalas de 89 dias; e o *James Baines* precisou de apenas treze dias e seis horas para ir de Liverpool a Boston, e depois, em apenas 133 dias, deu a volta ao mundo. Com 92 metros, o *Great Republic*, de MacKay, foi o mais longo clíper já construído.

Durante os anos em que os clíperes ianques e seus primos de Baltimore cruzaram o oceano, tornaram-se objeto de admiração. Os pais levavam os filhos ao East River para que vissem, boquiabertos, suas chegadas e partidas, e virou moda competir para ser o primeiro a avistar suas velas brancas quando passavam pelo estreito de Verrazano. Com as empresas de navegação enchendo Nova

York de cartões multicoloridos que divulgavam as incríveis velocidades dos clíperes nas travessias oceânicas, esses navios tornaram-se famosos e amados — ícones americanos, que enchiam de orgulho os cidadãos de um país ainda jovem. Aconteceria com os clíperes ianques o mesmo que mais tarde ocorreu com o Boeing 747, símbolo muito visível da capacidade americana.

Mas por pouco tempo. A concorrência veio logo, na forma de cargueiros com propulsão a vapor. Até os majestosos veleiros de ferro, de cinco mastros e velames imensos, capazes de transportar 5 mil toneladas de carga a alta velocidade, passaram a fazer pouco sentido comercial quando o navio a vapor foi aperfeiçoado.

Assim que entraram no mercado empreendedores como Samuel Cunard, que em 1840 fundou um serviço de navegação a vapor entre Liverpool e Boston, o destino da vela foi selado. As travessias a vapor podiam ser feitas em menos de duas semanas. Os novos navios livraram-se, de repente, das contingências de ventos e tempestades. A confiabilidade dos cronogramas e horários, coisa que os paquetes procuravam com grandes riscos e raramente com sucesso total, tornou-se a norma. As tarifas de cargas começaram a despencar. E, com isso, os clíperes desapareceram das rotas comerciais no último quartel do século XIX. Diga-se, a bem da verdade, que alguns veleiros conseguiram manter-se em serviço nas primeiras décadas do século XX, e uns poucos resistiram até bem depois da Segunda Guerra Mundial, transportando granéis, como guano, de remotas ilhas do Pacífico, onde não havia possibilidade de um vapor parar para se abastecer de carvão.

A evolução da vela para o vapor teve também consequências indesejadas. Os ancoradouros dos grandes veleiros em Nova York ficavam no East River, que oferecia melhor localização para a virada de bordo dos veleiros. Entretanto, quase todos os navios a vapor, que com o tempo acabariam com a concorrência, usavam para suas chegadas e partidas as águas relativamente livres do Hudson, no lado oeste de Manhattan, mais perto das pontas dos trilhos que levariam suas cargas e passageiros para o interior dos Estados Unidos. A mudança impôs uma alteração no aspecto de Nova York, uma cidade em rápido crescimento, que ainda hoje deixa ecos: as melhores vistas da cidade são aquelas que dão para oeste, onde atracam os transatlânticos.

Os paquetes e clíperes tinham transportado pessoas e cargas. Os veleiros, em seus últimos anos, e os navios a vapor em toda a sua história, e até o advento dos aviões, transportaram milhões de pessoas para o oeste, preponderantemente para o oeste, e com isso desempenharam um papel vital no povoamento — na verdade, na criação — das Américas. E particularmente dos Estados Unidos e do Canadá, uma vez que esses dois países, até então subpovoados, decidiram que precisavam, durante muito tempo, de um fluxo contínuo de imigrantes* do Velho Mundo.

Grande parte dessa migração, o lado vergonhoso e já mencionado de uma história das mais complexas, foi do tipo involuntário, com escravos arrancados à África, enviados em condições atrozes para o outro lado do oceano e obrigados a uma humilhante servidão. Muitos outros, que vieram por vontade própria, eram os primeiros colonos, desde os peregrinos de Plymouth e os colonos de Jamestown até aqueles que ergueram cabanas em lugares como Puerto Madryn (galeses), Rio de Janeiro (portugueses) e Halifax (muitos bascos, entre outros). Muitos eram homens com qualificações e de formação técnica, convidados para ajudar a construir a crescente revolução industrial — para fiar, tecer ou fundir o ferro, para pescar ou extrair carvão. A maioria dos que foram para os Estados Unidos eram da Inglaterra — afinal, a América jovem era predominantemente anglófona — ou da Alemanha e da Holanda; eles e seus companheiros de migração viam o povoamento de todas as possessões coloniais, que cobriam toda a costa americana, do Labrador à Patagônia, como parte de seu próprio destino pessoal manifesto.

Mas a grande maioria dos migrantes veio depois que essas colônias, uma a uma, se livraram de seus governantes estrangeiros. E cruzaram o mar porque viam essas nações jovens como luzeiros de esperança e de possibilidades. Os imigrantes formavam as famosas "massas apinhadas" do poema de Emma Lazarus gravado na placa da Estátua da Liberdade, aquelas pessoas que ansiavam por libertar-se das dificuldades opressivas da Europa. E essa é a grande migração que mais nos interessa aqui, a travessia dos milhões e milhões de homens, mulheres e crianças que buscaram o caminho do oeste com poucos pertences, mas com otimismo coletivo e individual, além da determinação de aproveitar as oportunidades que, dizia-se, sobravam no Novo Mundo.

---

* *Imigrante* é uma palavra do fim do século XVIII — e, segundo um obscuro mas atilado autor de livros de viagens, Edward Augustus Kendall, que escreveu em 1809 um relato de suas andanças pelos Estados Unidos, "talvez seja a única palavra nova cuja adição à língua inglesa foi exigida, em algum grau, pelas circunstâncias dos Estados Unidos".

As viagens dessas pessoas contribuíram sobremaneira para alterar mais uma vez o modo como o mundo via o oceano Atlântico. Até então ele fora, para a maioria das pessoas, uma imensa e desanimadora barreira; agora, mediante o pagamento de uma soma modesta para a travessia em tolerável desconforto, além das mazelas burocráticas do outro lado, o oceano se transformava numa ponte imensamente longa — longuíssima, é verdade, mas ainda assim uma ponte — que daria uma vida nova a qualquer pessoa ousada o bastante para fazer a viagem. Ao se tornar o caminho para todas essas migrações, o próprio Atlântico passou a ser parte integral de todo um novo mundo de possibilidades. Os números são assombrosos. Enquanto apenas 1 milhão de pessoas havia chegado aos Estados Unidos nos setenta anos entre 1770 e 1840, nos sessenta anos que se seguiram nada menos que 30 milhões invadiram o país — na maioria europeus do norte, sobretudo britânicos e irlandeses, na primeira grande onda de imigração, que durou até 1890; e depois, no meio século que se seguiu, vieram muitos italianos, alemães e escandinavos. Coisa muito parecida ocorria também ao sul do equador: cerca de 10 milhões de europeus imigraram para a América Latina nos cinquenta anos que antecederam a Primeira Guerra Mundial, e a população do Brasil e da Argentina, países que aceitaram grande número de migrantes de Portugal, Espanha e Itália, multiplicou-se — dez vezes no Brasil, quinze na Argentina.

E assim as pessoas vinham aos milhões, subindo as escadas de portaló e depois se instalando desconfortavelmente nos navios que esperavam nos molhes ou em ancoradouros de franquia. Os emigrantes pagavam tarifas baixas por uma passagem de terceira classe — três libras foi a tarifa padrão para os Estados Unidos durante muitos anos, embora a Argentina oferecesse passagens gratuitas a partir de 1888 e distribuísse bilhetes pré-pagos a qualquer pessoa apta e capaz que desejasse imigrar (uma política que a Argentina mais tarde lamentaria, dizem alguns, porque redundou no recebimento de muitos imigrantes com baixa educação e de um número proporcionalmente menor de imigrantes com formação técnica).

Os migrantes começavam sua vida nova nos cais de Liverpool (por onde, entre 1860 e 1914, passaram quase 5 milhões de viajantes para os Estados Unidos com bilhetes só de ida) e Glasgow; no Havre, em Bordéus. Nantes e Marselha; em Nápoles e Gênova; em Hamburgo e Bremen, e no há muito esquecido porto de Fiume, hoje Rijeka, na Croácia, de onde vieram tantos eslavos para Chicago.

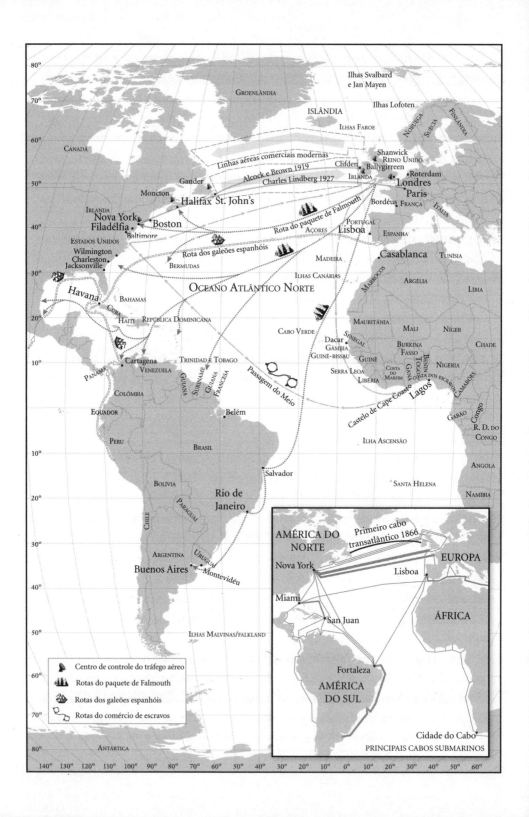

A travessia nos navios de emigrantes podia ser francamente penosa. Enquanto os bem de vida viajavam com conforto e jantavam festivamente nos conveses superiores, aqueles que iam começar vida nova tinham de se submeter a cobertas de terceira classe, abarrotadas e escuras, com más condições de higiene e pouca água; tinham de escolher entre beliches com colchões de palha ou redes; praticamente não dispunham de meios para cozinhar; homens e mulheres eram segregados para diminuir as tentações da carne; e ainda ouviam lembretes constantes, de tripulantes indiferentes ou mesmo hostis, de que um bilhete de terceira só lhes dava o direito de viajar e às vezes um pouco de pão, carne-seca e, ocasionalmente, um pouco de *pemmican* ou biscoito de navio e pouco mais que isso. As escotilhas eram fechadas com tempo ruim, o que acrescentava ao sofrimento dos passageiros uma terrível sensação de medo, pois eram sacudidos de um lado para outro durante dias a fio num ambiente fétido e de quase escuridão — uma experiência inteiramente desconhecida para a maioria dos viajantes, uma vez que poucos já tinham visto um navio de perto e quase nenhum já viajara por mar aberto. O moral invariavelmente se deteriorava à medida que a execrável viagem prosseguia. Sobretudo quando o tempo piorava, o ânimo só se mantinha nas cobertas inferiores porque os passageiros repetiam para si mesmos, sem cessar, suas fantasias sobre as oportunidades que os esperavam na terra prometida.

Dentre os inúmeros relatos de viagens de emigrantes, talvez o mais famoso e esclarecedor seja o de Robert Louis Stevenson, que foi de Glasgow a Nova York em 1879, numa classe barata, apenas uma coberta acima da mais baixa. A família do escritor ficou horrorizada e tentou sustar a publicação do relato, mas por fim *The amateur emigrant* foi dado à luz um ano depois de sua morte, em 1895. Era uma descrição tão vívida dos padecimentos dos emigrantes que parecia meio inacreditável. Dezessete anos depois, em abril de 1912, um fato lançou ainda mais luz sobre a situação dessas pessoas: o naufrágio do RMS *Titanic*.

Isso porque uma dura verdade se impôs naquela tragédia: era evidente que a vida dos passageiros da terceira classe — poucos dos quais nem sequer sabiam onde ficavam os salva-vidas no grande navio — valia menos para a White Star Line do que a dos passageiros das classes superiores. Foi uma revelação chocante, mas inegável, pois os números mostravam uma realidade cruel: a maioria dos passageiros da primeira classe sobreviveu ao acidente, porém mais de três quartos daqueles que se achavam confinados abaixo da linha-d'água, nas cobertas de terceira classe, morreram, ou porque não foram resgatados, já que era fisicamente impossível resgatá-los, ou porque poucos se dispuseram a tentar salvá-los.

Uma legião de leis e regulamentações marítimas — entre elas leis que iam muito além das referentes ao péssimo tratamento dispensado aos migrantes — foi alterada em consequência da colisão do *Titanic* com aquele fatídico iceberg. Custa crer que a ironia da coincidência geográfica tenha passado despercebida: a terrível tragédia ocorrida no Atlântico Norte provocou, em 1912, a aprovação de novas leis relacionadas com as viagens oceânicas; o próprio sistema de leis e a organização de parlamentos para debatê-las e promulgá-las foi criado a poucas centenas de quilômetros dali, na Islândia, no ano 903 — quase exatamente mil anos antes.

MORTES NO MAR

Invariavelmente tem sido preciso que aconteçam acidentes no mar para que as leis marítimas sofram mudanças. E muitos dos mais recentes acidentes, como no caso do *Titanic*, ocorreram em algumas das rotas de navegação mais movimentadas do Atlântico. A possibilidade que temos hoje de constatar isso de imediato se deve a um esquecido polígrafo do século XIX, William Marsden,* que, quando exercia o cargo de secretário do Almirantado, compilou e cotejou estatísticas relativas aos mares. Marsden dividiu um mapa-múndi na projeção de Mercator numa série de quadrados de dez graus, numerados, chamados até hoje quadrados de Marsden.

A cada trimestre, a companhia de seguros Lloyd's prepara um relatório de acidentes marítimos — uma lista de navios envolvidos em acidentes no mar e que, seja por soçobramento, colisão ou naufrágio, sofreram perda total ou avaria grossa que requeira reboque e reconstrução. Esses dados são inseridos como pontos negros numa carta de quadrados de Marsden, e os resultados aparecem

---

* Marsden foi também um renomado numismata, cuja coleção de moedas está hoje no Museu Britânico, e autoridade em línguas asiáticas, tendo elaborado um dicionário definitivo do malaio, língua em que era fluente. É lembrado nos círculos navais como o homem que acordou o ministro da Marinha, em 1805, para lhe comunicar a vitória britânica em Trafalgar e a morte de Nelson.

como concentrações de acidentes em todos os locais onde se pode esperá-los — nas águas apinhadas de embarcações ao largo de Cingapura, no mar Negro, no sul da Sicília e no sul do mar Egeu.

Entretanto, o Atlântico apresenta incontáveis problemas em ambas as costas. Um enorme número de acidentes é relatado a cada ano nas costas da Noruega e no oeste da Escócia, em toda a extensão do canal da Mancha, no sul do País de Gales, junto de Roterdam, na Galícia, ao longo do lado espanhol do estreito de Gibraltar, junto de Lagos e nas proximidades da Cidade do Cabo. Na América do Sul a situação é relativamente melhor — os quadrados 413 e 376, nos quais figuram as entradas dos portos de Buenos Aires e Rio de Janeiro, mostram alguns acidentes, mas quando observamos o Caribe e as costas da América do Norte as cartas rapidamente se tornam negras, com manchas de tinta em torno da costa sul do Haiti, ao longo da costa do golfo do México, de Mobile a Galveston, em toda a extensão de Long Island, do farol de Nantucket a Nova York e ao longo de todo o canal do rio São Lourenço. O quadrado de Marsden 149, onde o *Titanic* foi a pique, tem apenas um punhado de pontos, uma vez que os acidentes em alto-mar são raros — ainda que, quando ocorrem, o resgate invariavelmente demore e em geral chegue tarde.

O que os marujos mais temem são as costas e outros navios. A maioria dos acidentes recentes mais graves ocorreu à vista de terra. A colisão do *Andrea Doria* e do *Stockholm*, dois navios de passageiros, cerca de trinta quilômetros a oeste de Nantucket em 1956, em condições de forte nevoeiro, tornou-se uma história lendária de salvamento (dos 1706 passageiros, 46 morreram) e uma lição prática — que resultou em novas modificações das normas — sobre quando não confiar no radar. As discussões sobre a atribuição de culpa pela dispendiosa colisão entre o petroleiro liberiano *Statue of Liberty* e o cargueiro português *Andulo* ao largo da ponta sudoeste da península Ibérica, em 1965, foram tão acaloradas que por fim a questão teve de ser decidida pela Câmara dos Lordes britânica, pois os pedidos de indenização da Lloyd's são julgados por esse órgão (o navio liberiano perdeu, sendo-lhe atribuída "85% da culpa"). E o encalhe e naufrágio do petroleiro liberiano *Argo Merchant*, plenamente carregado, que bateu num recife ao largo de Nantucket a uma velocidade de dezesseis nós, quando ia da Venezuela para Boston, em 1976, resultou no derramamento de 280 mil toneladas de petróleo no mar e no anúncio, pelo então presidente dos Estados Unidos, de novas normas referentes à poluição, navegação e preservação da vida no oceano.

O transatlântico italiano Andrea Doria *virado sobre o costado de boreste depois de colidir com o navio sueco* Stockholm *quando navegava rumo a Nova York, na noite nevoenta de 25 de julho de 1956. Até hoje se discute a responsabilidade por essa "colisão com ajuda de radar", em que morreram 46 tripulantes e passageiros, embora cerca de 1700 tenham sido salvos.*

É provável que o mais momentoso desastre recente com petroleiros seja o que envolveu outro navio liberiano, o *Torrey Canyon*, que em março de 1967 se dirigia a toda força para o sudoeste da Inglaterra, com 119 mil toneladas de petróleo kuwaitiano para as refinarias de Milford Haven, no sul do País de Gales. As repercussões de sua colisão frontal contra os rochedos de granito do recife de Seven Stone Reef, ao largo das ilhas Scilly, foram ainda maiores — em termos de novas leis e de acordos internacionais — que depois do *Titanic*. O tom lacônico e formal do relatório oficial, sumarizado no *Times atlas of the oceans*, em nada minimiza a gravidade do acidente:

Às 8h40 a posição foi fixada pela observação do navio-farol de Seven Stones — a marcação era de 033°T a uma distância de 4,8 mn [milhas náuticas]. O *Torrey Canyon* estava agora a apenas 2,8 mn dos rochedos à frente.

Às 8h42 o capitão passou de governo automático para manual e alterou pessoalmente o rumo para bombordo a fim de aproar para 000°T e a seguir voltou para o governo automático.

Às 8h45 o terceiro oficial, agora sob estresse, fez uma marcação, esqueceu-a e repetiu-a. A posição indicava agora que o *Torrey Canyon* estava a menos de uma milha náutica dos rochedos à frente. O capitão ordenou todo a bombordo. O timoneiro, que estivera de sobreaviso no passadiço, correu para virar o navio. Nada aconteceu. Gritou para o capitão, que rapidamente verificou o fusível — estava perfeito. O capitão tentou então telefonar aos maquinistas para que checassem o aparelho do leme à ré. Atendeu um taifeiro — número errado. Tentou discar de novo, e então notou que o seletor de governo estava em controle automático, e não em manual. Mudou-o depressa para manual, e o navio começou a virar. Momentos depois, às 8h50, tendo virado apenas 10°, e ainda desenvolvendo toda a sua velocidade de 15,75 nós, o navio encalhou no rochedo Pollard.

Vários tanques de carga se romperam e o óleo cru começou imediatamente a se espalhar em torno do navio [...].

Por fim o governo britânico teve de bombardear o local com napalm — dando ensejo a uma nova onda de comentários, uma vez que até então poucas pessoas no país sabiam que a Grã-Bretanha possuía a gasolina gelatinosa que vinha sendo usada com efeitos tão nefastos no Vietnã. As batalhas jurídicas

Com 120 mil toneladas de óleo cru proveniente do Kuwait em seus tanques, um atalho no plano de navegação e o cozinheiro do navio no leme, o superpetroleiro californiano Torrey Canyon, *de bandeira liberiana, navegava a pleno vapor quando se chocou contra o recife de Seven Stones, ao largo da Cornualha, em março de 1967, causando uma catástrofe ambiental.*

quanto aos custos do evento e as conferências internacionais convocadas para avaliar suas consequências ambientais e suas ramificações políticas prosseguiram até meados da década seguinte.

    Por mais melancólicas que sejam para os envolvidos, em geral as tragédias marítimas são fatos distantes, sempre logo esquecidos. Algumas são recordadas por constituir um episódio de excepcional heroísmo — como o salvamento dos homens e mulheres a bordo do *Forfarshire* por uma moça com o encantador nome de Grace Darling, após uma tempestade ao largo das ilhas Farne, no mar do Norte, em 1838. Outras, como no caso do brigue de dois mastros *Maria*

Celeste, que avançava para Gibraltar sem vivalma a bordo, ficam na lembrança por causa do mistério, um enigma atribuível a várias causas possíveis (assassinato, envenenamento, monstro marinho, tsunami?), pouquíssimas delas verossímeis. E houve o caso do *Teignmouth Electron*, o pequeno catamarã com o qual o iatista britânico Donald Crowhurst participou de uma competição de circum-navegação solitária. Ele havia cometido fraude, depois se vira com possibilidade de vencer e, assim, provavelmente ser submetido a investigação, e por isso saltara do barco para evitar ser descoberto; a história continua sem solução, um retrato vívido de um homem que enlouqueceu na vasta solidão de um imenso oceano.

A vastidão e o poder imperturbável do mar, contrastados com o isolamento forçado de um marinheiro solitário, podem sem dúvida levar à insanidade. Podem também induzir em outras pessoas uma escalada de ambições, uma fruição de visões fabulosas, talvez, para algumas, o acúmulo de grandes fortunas. Mas, em todos esses embates com um oceano gigantesco como o Atlântico, tem de haver a presunção de que a própria massa d'água inspira uma grande medida de respeito e temor. Se essa inspiração vacilar — se a humanidade um dia começar a tratar o mar com menos respeito do que sua própria história merece —, então as coisas começam a andar mal. Não se pode tratar um grande oceano com despreocupado desdém, mas, em vista da forma, da rapidez e da frequência com que ele é cruzado e recruzado hoje em dia, surge a tentação de se proceder exatamente assim. As consequências são muitíssimas — e invariavelmente danosas.

6. Mudanças e degradação em todos os mares

Na sexta idade vira agora Pantaleão, magro, de chinelas,
Óculos no nariz, carteira ao lado,
O traje da juventude guardado, o mundo grande demais
Para as pernas débeis; sua voz, antes varonil,
Volta a ser um som agudo e infantil, com chiados e assobios.

CRUZANDO A LAGOA

No centro de operações internacionais da British Airways, que ocupa todo o terceiro andar de um edifício discreto e de segurança máxima numa charneca situada a uns oito quilômetros a oeste do Aeroporto Heathrow, em Londres, os aeroviários invariavelmente se referem a qualquer voo transoceânico como uma "missão". Fazem isso em parte por tradição, mas também para não se esquecerem de que, tal como no caso das explorações espaciais de hoje e das expedições de reconhecimento de ermos inóspitos no século XIX, a tarefa que lhes cabe nunca é de todo rotineira ou segura. Essa tarefa consiste em manter no ar, contra a força natural da gravidade e sustentado apenas por um princípio físico entendido há pouco tempo, um avião de duzentas e poucas toneladas, com trezentos e poucos seres humanos a bordo, e impulsioná-lo sem interrupção, durante longas horas e numa altitude de cerca de 11 mil metros, sobre uma vastidão oceânica fria e muito perigosa.

Nos últimos anos, as viagens aéreas sobre oceanos tornaram-se tediosas e corriqueiras para a maioria dos viajantes, mas não necessariamente para seus profissionais. Seu custo relativamente módico fez com que as visitas a lugares distantes ficassem perfeitamente ao alcance de enormes faixas da sociedade. Com uma largura que permite à maioria das pessoas cruzá-lo de avião num tempo razoável e sem muito desconforto, o Atlântico é atualmente o caminho mais óbvio para que milhões de turistas cheguem aos destinos mais remotos. O Pacífico é grande demais; para a maioria das pessoas, o Índico fica demasiado distante. Por isso, os cidadãos de Manchester, que na década de 1970 consideravam Marbella um lugar misterioso e atraente, agora, no começo do século XXI, veem Miami como um destino óbvio para um feriadão. Parisienses resolvem de uma hora para outra atravessar o Atlântico para se bronzear nas praias da Martinica. Brasileiros enfastiados pegam um avião para ver girafas e gazelas perto da Cidade do Cabo; belgas acorrem em massa para pegar sol em Cancún; texanos embarcam para ver peças de teatro em Londres; e noruegueses rumam para sudoeste a fim de testar as pistas de esqui em Bariloche. Toda essa movimentação de passageiros, somada à dos aviões postais e de carga, que voam de noite, com menos pressa e sem janelas, dos jatos de governos em operações rotineiras e de aviões militares em missões secretas, faz com que haja mais voos sobre o Atlântico do que sobre qualquer outro oceano.

As cartas de rotas aéreas constituem uma ilustração alarmante, pois mostram uma rede de tráfego praticamente contínua. Mostram, em particular, duas largas manchas de linhas aéreas entre o nordeste da América do Norte e o noroeste da Europa, tão concentradas quando passam uma pela outra, ao sul da Islândia, que fazem o oceano parecer pavimentado, como uma estrada de tijolos amarelos no céu. Ao sul dessa larga super-rodovia setentrional há malhas mais ralas de rotas que ligam ex-possessões a ex-metrópoles — o México a Madri, Curaçao a Amsterdam, Guadalupe a Paris, Kingston a Londres e até (com certo exagero) Havana a Moscou. Mais ao sul passa uma larga faixa das principais rotas aéreas norte-sul, quase tão concentradas quanto as rotas leste-oeste, ligando as grandes cidades da América do Sul atlântica com seus principais parceiros comerciais, antigos e novos — o Rio de Janeiro com Lisboa, é claro, mas também com Milão, Frankfurt e Moscou; e Buenos Aires com Barcelona, naturalmente, mas também com Estocolmo, Birmingham e Istambul. E depois, ainda mais abaixo, sobre as águas frias do Atlântico Sul, passam as rotas solitárias e meio esquecidas de pares urbanos menos conhecidos: Rio de Janeiro a Lagos, Quito a Johannesburgo, Santiago à Cidade do Cabo, Brasília a Luanda.

Mais de 1300 aviões comerciais cruzam o espaço aéreo do oceano Atlântico a cada dia, e esse número aumenta continuamente, em cerca de 5% ao ano. A grande maioria desses jatos trafega na parte norte do oceano: por exemplo, só no Atlântico Norte 414 mil aparelhos receberam autorização de voo, em 2006, dada por seus centros de controle de tráfego oceânico. Se a esses voos somarmos as aeronaves que decolam de aeroportos no Atlântico Sul em direção ao norte e retornam, mais os voos, relativamente poucos, da América do Sul para a África, e vice-versa, e que por isso voam sobre as águas vazias do Atlântico ao sul do trópico de Capricórnio, chega-se a um total de mais ou menos 475 mil travessias do Atlântico a cada ano, ou 1301 voos por dia.

Esses aparelhos fazem suas travessias em duas grandes ondas, que numa animação em câmera rápida dos contatos de radar lembram jorros de ouro fundido que se irradiam dos continentes para o mar. Primeiro vêm os jatos que voam para oeste, tentando em vão perseguir o sol,* viajando em geral de dia; já os aviões que vão para leste, em direção ao Velho Mundo, decolam no escuro e pousam, em geral, no começo da manhã europeia. A qualquer hora do dia ou da noite há talvez cinquenta desses aviões voando sobre o mar — 10 mil seres humanos a cada hora, lendo, dormindo, comendo, vendo um filme ou escrevendo a 11 mil metros de altitude.

No entanto, são pouquíssimos os habitantes dessas cidadezinhas voadoras, a 11 mil metros de altitude, que lançam mais que um olhar curioso à superfície enrugada do mar lá embaixo ou para a espessa massa de nuvens que com tanta

---

* Nem sempre em vão. Certa vez voei na cabine de comando de um Concorde, decolando de Londres pouco antes do crepúsculo. O sol já caía no canal da Mancha quando partimos; depois subiu de novo quando alcançamos a velocidade supersônica de cruzeiro, pairou diante de nós durante toda a viagem e depois voltou a cair atrás dos montes Azuis da Virgínia, quando pousamos, numa hora local anterior à de nossa decolagem.

frequência a escondem. Em geral, essas pessoas não estão sequer conscientes da própria existência do mar: ele é apenas uma grande área a ser atravessada — *a lagoa*, se o mar é atravessado depressa e sem cuidados, ou outra designação ofensiva e nada carinhosa se o avião leva inúmeras horas para cruzá-lo.

O fato de as viagens transoceânicas serem hoje baratas eliminou grande parte do mistério do mar, tornou-nos indiferentes a sua existência. Como cruzar os oceanos ficou enfadonho para quem precisa fazê-lo, eles mesmos se tornaram também enfastiantes. No passado, eram temidos, inspiravam terror, admiração, reverência. Hoje, para muitas pessoas, são apenas um obstáculo, uma inconveniência — entidades vastas demais para ser vistas, presenças demasiado incômodas para despertar muito interesse. A atitude do público em relação aos grandes mares se modificou — e essa mudança acarretou consequências, poucas delas positivas, para os grandes mares.

Em particular, essa mudança contribuiu para montar o palco para aquilo que algumas poucas pessoas, preocupadas, veem como a fase final da história do Atlântico para a humanidade. Não há nisso nada de muito novo, é claro. Faz décadas que o homem vem saqueando despreocupadamente os oceanos. Desde que se construiu a primeira fábrica junto de um rio, desde que se instalou a primeira tubulação de esgoto numa cidade portuária e industrial, desde quando começamos, por descuido ou deliberação, a jogar nossos detritos e nossos produtos químicos nesse sumidouro imenso e sem culpa que é o oceano, temos mostrado propensão para deteriorá-lo e poluí-lo. Na terra, temos de viver, e por isso lhe damos certo grau de atenção; já o oceano se acha, de modo geral, distante de nossa vista. Ele é tão imenso que pode tolerar — ou assim pensávamos — um imenso montante de abuso sistemático.

Na era vitoriana, porém, ainda víamos o oceano como vasto e apavorante; ainda o olhávamos com algum tipo de temor respeitoso. Mas isso já não acontece. A aviação comercial reduziu a vastidão do Atlântico a uma dimensão controlável e com isso encolheu também sua capacidade de nos impressionar. Hoje em dia as pessoas navegam de um lado a outro do Atlântico sozinhas, e no verão quase como rotina. A rota marítima de leste para oeste, da Cornualha ao Caribe, através dos Açores, é considerada tão fácil que os iatistas mais durões e misóginos se referem a ela, desdenhosamente, como uma "rota de moças". Algumas pessoas já atravessaram o Atlântico a remo, no começo em duplas, mais tarde sozinhas. Um dia alguém com muito tempo livre e disposição de cobrir-se com toneladas de graxa provavelmente dará um jeito de atravessá-lo a nado. O mar já não constitui um desafio intimidador como antes. Ocupa na mente do público a mesma situação que o pico do Everest um dia ocupou: agora que o *conquistamos*, vemos sua escalada como algo factível e a caminho de um dia se tornar, digamos, trivial.

E a par dessa mudança de percepção houve uma contínua redução, alguns diriam um abandono puro e simples, do dever da humanidade de cuidar do mar. Essa nova atitude não decorreu necessariamente da mudança de percepção, mas decerto coincidiu com ela. Isso já aconteceu com o Everest: o acampamento-base perto de Thyangboche é hoje uma pocilga imunda, e a rota principal de escalada, pelo chamado Vale do Silêncio, está coalhada de lixo; até o pico tem tanta sujeira quanto bandeiras comemorativas. E agora estamos fazendo a mesma coisa com os oceanos do planeta, tratando-os com tanto descaso que muitos dizem que estamos ameaçando a tranquilidade dos mares, senão sua própria sobrevivência.

Os oceanos estão sofrendo um ataque negligente, como nunca no passado. Por ser o Atlântico o mais utilizado, atravessado e explorado de todos os oceanos, é também o mais ameaçado. Ainda que recentemente o Pacífico central tenha atraído muita atenção porque giros locais reuniram no meio desse oceano uma quantidade espetacular de horrendos detritos que formam manchas do tamanho de pequenos países, na verdade é o Atlântico que enfrenta os maiores problemas. Ele está submetido a muito mais usos (e por isso muito mais abusos), concentrados num espaço muito menor. Foi a primeira grande massa aquática a ser cruzada, e é atualmente, sem dúvida, a mais explorada — e a mais poluída.

No entanto, ele continua a infundir respeito em algumas pessoas. O centro de operações da British Airways é um lugar cheio de telas de computador, cartas celestes, mapas meteorológicos e enormes painéis luminosos, acompanhados por dezenas de homens e mulheres* incumbidos de controlar todas as caixas de carga, os animais e os passageiros em voo e de fazer com que, na medida do possível, cargas e animais estejam viajando em segurança e no horário, e que as pessoas se sintam tranquilas. Não resta dúvida de que para todos esses homens e mulheres, durante as 24 horas do dia, o grande oceano ainda é bastante assus-

---

* Inclusive uma pessoa sentada diante de uma enorme tela de computador que mostra, em tempo real, imagens de *todos* os aviões do mundo que estejam voando naquele momento.

tador. Ninguém sobrevoa os grandes mares sem apreensão: se o avião apresentar um defeito mecânico, onde pousar? Nenhum piloto decola de um aeroporto para uma viagem transoceânica sem recordar o primeiro axioma da escola de voo: *a decolagem é voluntária, mas a aterrissagem é inevitável*. E no meio do oceano fica mais do que evidente não só que *não há onde aterrissar*, como também que *não existe terra alguma*.

Os primeiros pilotos que voaram sobre o mar sabiam disso muito bem. É possível que sobrevoar um grande espaço marítimo não tenha causado aflição a Louis Blériot quando, com seu pequeno monoplano, cruzou o canal da Mancha, de Calais para Dover, em 1909, apenas seis anos depois do primeiro voo dos irmãos Wright em Kitty Hawk, na Carolina do Norte. Isso porque Blériot, embora admitisse ter ficado sozinho sobre "uma imensa massa d'água" durante mais de dez minutos, sem nada ver devido a uma neblina, tinha também o consolo de saber que um contratorpedeiro francês o seguia lá embaixo, acompanhando seu voo e pronto para resgatá-lo se ele caísse no mar. E, durante a maior parte de sua travessia de 37 minutos, se bem que estivesse a apenas 75 metros de altitude, ele pôde avistar o litoral da França às suas costas e, olhando para a frente, os penhascos brancos de Dover. Blériot ganhou as mil libras que lorde Northcliffe oferecera através de seu jornal, o *Daily Mail*, e virou — também por causa de seu bigode de *boulevardier* e de seus espetáculos aéreos — uma celebridade e um conquistador de corações.

Mas uma coisa era cruzar o canal da Mancha, e outra, bem diferente, seria atravessar o Atlântico. Em 1913, lorde Northcliffe ofereceu um prêmio dez vezes maior a quem se dispusesse a tentar a façanha, mas só seis anos depois (ainda que se reconheça que houve uma espera forçada de quatro anos por causa da Grande Guerra) o prêmio foi conquistado — por uma dupla de oficiais da Royal Air Force cujos nomes, por uma injustiça da história, não são tão conhecidos como o de Blériot: Jack Alcock e Arthur Whitten Brown.

Quem propôs o voo foi Alcock, que o planejou durante o tempo em que esteve internado num campo de prisioneiros de guerra dos turcos, depois de amerrissar perto de Gallipolli. "Por que a gente não tenta?", propôs. Para o voo, a dupla usou um biplano Vickers Vimy de longo alcance, usando o compartimento de bombas para levar combustível adicional. Em meados de 1919, desmontaram o avião para enviá-lo de navio à Terra Nova, onde eles mesmos construíram uma pista para a decolagem. Não sabiam onde iriam pousar —

Jack Alcock (à esquerda) e Arthur Whitten Brown, ao lado do bombardeiro pesado Vickers Vimy em que eles e seus dois gatinhos atravessaram o Atlântico sem escalas em junho de 1919.

poderia ser um campo, uma praia ou uma estrada irlandesa. Acabou sendo um brejo.

Muitos outros estavam disputando o mesmo prêmio, entre os quais um americano, Albert Cushing Read, que voou num hidroavião até os Açores, ali permaneceu uma semana e depois voou para Portugal: sua aventura durou onze dias, e navios de guerra americanos estavam posicionados a intervalos de oitenta quilômetros ao longo da rota que ele anunciara. Entretanto, lorde Northcliffe anunciara que o prêmio se destinava a uma viagem sem escalas, realizada em menos de 72 horas, de modo que Read não fez jus à recompensa. O mesmo aconteceu a um australiano, Harry Hawker, que utilizou um aparelho experimental de longo alcance, o Sopwich Atlantic. Entretanto, o motor do avião superaqueceu, e ao avistar um navio que ia para a Europa e estava a oitocentos quilômetros da Irlanda, Hawker amerrissou e foi para casa por mar. Como o navio não dispunha de rádio, sua tripulação não pôde avisar à família de Hawker que ele tinha sido resgatado, e seus pais ficaram chocados ao receber um telegrama com tarja negra em que o rei George v lhes dava pêsames pela suposta perda do filho. A boa notícia chegou depois.

Os intrépidos aviadores — Jack Alcock num terno de sarja azul e Brown em seu uniforme da RAF, com 3900 litros de combustível e dois gatinhos pretos, chamados Twinkletoes e Lucky Jim, decolaram numa manhã de sábado, 14 de junho. Enfrentaram problemas arrepiantes — a 3600 metros de altitude seus instrumentos congelaram, o rádio enguiçou, o tubo de escapamento rebentou, Brown teve de caminhar nas asas para quebrar o gelo nos motores,* os dois aeronautas se desorientaram ao tentar determinar sua posição pelas estrelas — e, quando finalmente sobrevoaram a costa da Irlanda, não conseguiram encontrar um local razoavelmente livre de pedras para aterrissar. Por fim avistaram as torres de uma estação de rádio. Como voassem em torno delas várias vezes sem conseguir acordar ninguém — eram oito da manhã de um domingo irlandês, e os efeitos de muitas cervejas Guinness devem ter abafado o barulho do avião —, resolveram pousar no que parecia ser uma plantação. Acabaram com o nariz do aparelho enterrado num brejo.

Estavam no condado de Galway, nas cercanias de Clifden. Quando os radiotelegrafistas acordaram e perceberam quem eram os aviadores, passaram a notícia para Londres. Os dois ficaram ricos e famosos da noite para o dia e foram sagrados cavaleiros pelo rei semanas mais tarde. Sir John Alcock morreu num acidente aéreo apenas um ano depois, mas sir Arthur Whitten Brown viveu até 1948. Haviam cruzado o oceano, sem escalas, em dezesseis horas e 27 minutos. Quando Charles Lindbergh, muito mais espalhafatoso e popular, voou sozinho no *Spirit of St. Louis* de Long Island a Le Bourget em 1927, deu o devido crédito à dupla: Alcock e Brown, disse, tinham lhe mostrado o caminho. Amy Johnson e Beryl Markham, que na década de 1930 se tornaram, separadamente, as primeiras mulheres a cruzar o mesmo oceano de leste para oeste, não foram tão generosas.

Os dois centros que controlam o tráfego aéreo no Atlântico Norte referem-se à região como "moderadamente hostil ao tráfego aéreo civil", pois é uma área vasta, sem auxílios à navegação e sem estações de retransmissão. Isso quer

---

* Pelo menos foi o que constou. Muita gente diz que ele não conseguiria fazer isso, pois tinha uma perna defeituosa.

Mais de 400 mil voos de jatos comerciais cruzam o oceano Atlântico a cada ano, como mostra este mapa eletrônico de rotas aéreas. Há muito tráfego aéreo entre a Europa e suas antigas possessões coloniais na América do Sul, mas entre a Costa Leste dos Estados Unidos, de um lado, e a Grã-Bretanha e a Europa continental, de outro, é como se existisse uma sólida ponte de 5 mil quilômetros de extensão.

dizer que durante uma parte substancial da travessia sobre o oceano um avião de transporte civil está entregue a si próprio. Se apresentar um problema no meio do mar, a situação será grave. Saber disso provoca calafrios nas pessoas encarregadas de transportar pessoas e cargas de uma costa a outra. O que para o passageiro que chega em segurança a seu destino talvez pareça uma rotina corriqueira, na verdade é o resultado de sessões de planejamento não menos intensas do que as exigidas para aventuras decididamente perigosas, como contornar o cabo Horn ou escalar o Everest pelo desfiladeiro sul.

O voo que resolvi analisar foi o que me levou de volta aos Estados Unidos, em 30 de janeiro de 2009: o 113 da British Airways, um voo sem nada de especial, num Boeing 777 que decolou de Londres às 15h15 devendo chegar ao aéroporto Kennedy, em Nova York, sete horas e 15 minutos depois, às 17h30, hora local. O aparelho, estacionado na Plataforma 555, de prefixo G-YMMO, era um 777-200ER, com dois anos de fabricação, uma versão de maior alcance do bem-sucedido avião gigante da Boeing, equipado com motores Rolls-Royce Trent. Tinha acabado de chegar de Cingapura e fizera recentemente voos para Toronto e Sydney. Era um pau para toda obra, bastante utilizado em voos longos, sobretudo sobre o Atlântico.

Só havia duas coisas incomuns com relação àquele dia em tudo mais rotineiro. A primeira era que na noite anterior um avião vindo de Johannesburgo apresentara um defeito grave sobre a Espanha e fora obrigado a pousar em Madri. O pessoal da British Airways em Londres estava fazendo das tripas coração para mandar um aparelho a Madri a fim de recolher não só os passageiros que tinham ficado na metade do caminho, como também uma enorme carga de ouro, um tipo de carga aparentemente rotineira em Johannesburgo. Mas a polícia do aeroporto madrilense estava exigindo uma solução imediata para o caso, consciente de que a carga de barras de ouro, no valor de muitos milhões de dólares, era uma tentação e tanto para meliantes espanhóis, se corresse a notícia de sua existência. E, com um telefone celular na mão de cada passageiro, era provável que isso fosse logo acontecer.

O outro fato pouco habitual era um informe, que acabara de ser divulgado, sobre um aparelho um pouco mais antigo que o G-YMMO, de prefixo G-YMMM, que caíra ao se aproximar de Heathrow quase exatamente um ano antes. Reinava ainda certa perplexidade quanto ao motivo que fizera suas turbinas ficarem de repente sem combustível, levando o aparelho a "simplesmente cair", como disse o piloto, quando se aproximava da pista de pouso. Os funcionários do centro de controle se empenharam em me garantir que, embora as razões exatas do acidente ainda não tivessem sido esclarecidas — provavelmente gelo na tubulação de combustível, formado quando o aparelho sobrevoou uma área de ar invulgarmente frio sobre os montes Urais —, a probabilidade estatística de que isso viesse a ocorrer de novo era desprezível.

Dezoito páginas de informações foram entregues ao comandante quando ele e sua tripulação se apresentaram no centro, três horas antes de sua decolagem. O aeroporto de partida e o de chegada funcionavam normalmente. Faltavam algumas luzes numa pista de taxiamento em Heathrow, e a extremidade de uma pista em Kennedy estava passando por obras, mas nada de muito sério. O mesmo podia ser dito dos aeroportos alternativos de chegada, Filadélfia, Boston e Newark, embora houvesse pequenos problemas de navegação para aeronaves que iam para Boston. No que se referia a aeroportos alternativos na rota, gente sem nada melhor para fazer vinha causando incômodo ao apontar lasers para aviões que pousavam em Birmingham e Cardiff, havia fortes tesouras de vento e turbulência na aproximação de St. John's e devido a uma greve de trabalhadores em Goose Bay, no Labrador, a pista não se achava completamente livre de neve e por isso tinha sido fechada.

Previa-se que as condições meteorológicas ajudariam no voo, como era normal no fim de janeiro. Ventos fortes do quadrante sul em altitudes elevadas na área de Londres e até oitocentos quilômetros ao largo da costa da Irlanda — e depois o céu se encheria de nuvens, os ventos diminuiriam e soprariam para oeste durante a maior parte do trajeto, para mais tarde voltar ao rumo sul e ficar mais frios sobre a Terra Nova, passando novamente a soprar para oeste, com força, na aproximação de Nova York. A turbulência seria mínima. Não havia previsão de tempestades.

Um aspecto do voo que já fora determinado de antemão pelo controle do tráfego aéreo e pelos planejadores da empresa era a aerovia transatlântica que o BA 113 seguiria naquele dia. De modo geral, as empresas aéreas dispõem de dez aerovias a cada dia, cinco de leste para oeste e cinco no sentido inverso. Cada uma delas constitui um espaço aéreo cuidadosamente delimitado, que vai de um lado a outro do Atlântico, longe das costas da Europa e da América do Norte, e que variam ligeiramente para norte ou para sul a intervalos de poucas horas de acordo com a exata posição no momento da corrente de jato (*jet stream*). São essas aerovias que permitem que os muitos aviões que cruzam o oceano a cada dia (mais de mil) mantenham uma distância adequada entre si.

As aerovias de leste para oeste são designadas como A, B, C, D e E; as de oeste para leste, como V, W, X, Y e Z. Os seiscentos e poucos aparelhos que vão para oeste a cada dia — o voo BA 113 é um deles — voam em altitudes pares, separadas por 2 mil pés (seiscentos metros): a 40 mil pés, 38 mil pés, 36 mil pés, e assim por diante. Os aviões que vão para leste operam em altitudes ímpares — 39 mil pés, 37 mil etc., até 31 mil. Naquele dia, o voo BA 113 — seu indicativo de chamada pelo rádio era *Speedbird 113* — fora instruído a voar na aerovia NAT Charlie, no nível de voo 380. O comandante se prepararia para entrar no crítico setor transoceânico num ponto imaginário (o chamado "fixo") a que os cartógrafos da aviação no Atlântico haviam dado o antipático nome de BURAK. E faria sua entrada real no setor oceânico, deslizando com elegância para a parte mais crítica do voo, num outro fixo designado como MALOT.*

Os dois órgãos que policiam as altitudes elevadas sobre o Atlântico Norte e tentam criar ordem e segurança para as aeronaves e seus milhares de passageiros diários ficam em Prestwick, na Escócia, e em Gander, na Terra Nova. O primeiro, o Centro de Controle Oceânico de Shanwick, é um enorme conjunto de edifícios — apropriadamente denominado Atlantic House — localizado ao sul das pistas principais do aeroporto de Prestwick. Ele controla, mediante uma poderosíssima estação de rádio em ondas curtas situada longe dali, na aldeia de Ballygirreen, no sudoeste da Irlanda, todas as aeronaves que se destinam às Ilhas Britânicas ou que delas partem numa vasta faixa marítima que se estende das águas da Islândia, no norte, à baía de Biscaia, no sul, e dessa linha até um ponto na metade do oceano, a 30° W.

Shanwick é, em geral, um lugar bastante movimentado, como seria de esperar, mas, durante alguns períodos no primeiro semestre de 2010, uma calma estranha e misteriosa tomou conta da sala de controle principal. Nuvens de poeira vulcânica vindas da Islândia, em altas altitudes, pairavam sobre o norte da Europa, e burocratas cautelosos em Bruxelas decidiram suspender quase todo o tráfego aéreo transoceânico no Atlântico Norte. Essa decisão, muito criticada, prejudicou milhões de passageiros em todo o mundo e deixou os controladores de voo em Shanwick sem quase nada para fazer.

Do outro lado do Atlântico, na Terra Nova, fica o Centro de Controle Oceânico de Gander, de longe o mais movimentado centro de controle oceânico do mundo — seu pessoal acompanhou nada menos que 414 mil travessias em 2007 —, que controla todo o tráfego oceânico que se aproxima da América do Norte e ultrapassa os 30° W. Enquanto o centro de Prestwick se localiza num subúrbio

---

* Os nomes dos fixos podem parecer estranhíssimos, mas são palavras sem sentido de cinco letras, facilmente memorizáveis pelos pilotos. Os principais fixos nas Ilhas Britânicas, perto da borda do setor de controle do tráfego aéreo de Shanwick, são RATSU, SUNOT, PIKIL, RESNO, VENER, DOGAL, MALOT, LIMRI, DINIM, SOMAX e BEDRA; os do outro lado, assinalando o limite da responsabilidade do centro de controle de Gander, na Terra Nova — uma linha muito mais longa, em vista da dimensão do território —, vão de MUSVA, ao largo da costa da ilha de Baffin, a VODOR, ao largo da Nova Escócia. O voo BA 113 penetrou no espaço aéreo da América do Norte no fixo HECKK, não muito longe de onde Leif Eriksson desembarcou no século X.

residencial escocês, o de Gander fica num local extremamente isolado e ocupa uma série de prédios baixos e desinteressantes ao lado de um aeródromo militar abandonado, entre os pinheirais e os pântanos da Terra Nova. No entanto, o aeroporto de Gander tem outra singularidade, além do isolamento: é também um aeroporto que está continuamente aberto, sem nenhuma restrição referente a horário ou ruído — "Toque de recolher, aqui? Você só pode estar brincando!" —, e o aeródromo se orgulha de ser o "salva-vidas das empresas de aviação", um santuário que é mantido sempre preparado para qualquer tipo de problema que possa ocorrer em voo. "Podemos cuidar de qualquer coisa", dizem os administradores. "Problemas mecânicos, de navegação, passageiros rebeldes, suspeitas de bombas, sequestros, seja lá o que for. Somos treinados, estamos preparados. A qualquer hora, qualquer que seja a necessidade, com qualquer tempo, nós resolvemos aqui em Gander."*

O Speedbird 113 deveria passar cerca de três horas de sua travessia transatlântica no mundo irreal do setor de controle oceânico, um local dominado pelos sinais em ondas curtas vindos de Gander e de Shanwick. Para os passageiros, sentados atrás das portas blindadas da cabine de comando, o oceano lá embaixo é um lugar absolutamente desinteressante — menos que um espaço, é mais um lapso de tempo, um período de inevitável tédio. É um lugar e um tempo sem marcas, sem referências além das coordenadas invisíveis de latitude e longitude que o comandante informaria pelo rádio ou por links de dados de satélites à Escócia ou ao Canadá, à medida que o voo avançasse — sem nenhuma referência exterior e sem nenhum meio de suporte além das asas e do ronco surdo e contínuo das duas turbinas Trent. Se houvesse algum problema sério ali — um incêndio numa turbina, digamos, ou uma súbita despressurização da cabine —, o piloto poderia retornar ou dirigir-se a um dos dois aeroportos alternativos que estivessem mais próximos de sua rota escolhida — nesse caso, Keflavik, na Islândia, ou Narsarsuaq, no sul da Groenlândia.

Melhor dizendo, isso só seria possível *na maior parte da travessia*. Existe

---

* Depois dos ataques terroristas de 11 de setembro de 2001, quase quarenta grandes jatos comerciais destinados aos Estados Unidos foram desviados para Gander, e a cidade de 10 mil habitantes teve de hospedar, de repente, 6 mil recém-chegados atônitos. Muitos deles comentaram mais tarde, com emoção, o quanto a população de Gander foi hospitaleira. Numa visita à Terra Nova, o primeiro-ministro canadense declarou a uma plateia em Gander: "Vocês nos encheram de orgulho".

um setor relativamente curto da aerovia transatlântica em que seria de todo impraticável tentar chegar a um aeroporto alternativo, e naquele voo em particular esse trecho teria cerca de oitocentos quilômetros de extensão, ou cerca de uma hora de voo, entre as longitudes de 25° e 44° W. Nesse setor, tanto Keflavik quanto Narsarsuaq estariam mais distantes do que os aeroportos de partida e de chegada. A única solução para um problema grave seria o comandante seguir em frente, manter a calma, mostrar serenidade, rezar se fosse religioso e confiar. Essas poucas centenas de quilômetros são, de longe, a parte mais arriscada de qualquer travessia do Atlântico Norte — e, para os pilotos que o atravessam, é a parte em que qualquer desrespeito ou desdém pela massa d'água lá embaixo desaparece, onde o cansaço da vida se torna uma questão secundária e onde o respeito pela vastidão e pela hostilidade implacável do oceano se transforma numa realidade firme e inelutável.

Mas não houve problema algum em minha viagem aquele dia, e felizmente é raro que ocorra o contrário. Houve pouca turbulência, e não fomos obrigados a nenhum desvio imprevisto; o pouso foi tão normal quanto a decolagem, e o avião pousou no aeroporto Kennedy exatamente na hora prevista. Quando comentei com o comandante, junto do carrossel de bagagem, que tinha ficado um tanto nervoso ao passarmos pela zona morta — foi essa a expressão que usei —, ele riu e respondeu apenas: "É só um lugar onde *temos de nos manter alertas*".

SUJANDO A PRÓPRIA CASA

Se voltarmos ao argumento original — a transformação das viagens aéreas transoceânicas em fato corriqueiro embotou nossa percepção da maravilha, da beleza e da preciosidade dos oceanos —, não são apenas os pilotos que precisam se manter alertas. O mundo em geral está sendo obrigado também a prestar muita atenção às implicações da aviação, por um motivo inteiramente distinto. Os aviões em voo são monstros sujos e com uma sede voraz de combustível, e, por existirem hoje em tão grande número — são cerca de 20 mil grandes jatos comerciais, que transportam por ano 2,2 bilhões de passageiros em todo o mundo (sendo 100 milhões de um lado a outro do oceano Atlântico) —, muitos ambientalistas afirmam ser gravíssimo o dano que parecem causar ao frágil manto que é a atmosfera terrestre e, por extensão, aos mares.

Ao voar sobre os oceanos, a onze quilômetros de altitude, lindos e serenos, os aviões podem estar sem contato direto com a terra e sozinhos no céu, mas também estão deixando para trás longas trilhas de gases nocivos e nevoeiros cinzentos de partículas poluidoras. O querosene Jet-A que esses aviões queimam emite enormes quantidades dos gases de efeito estufa que muitos creem que estejam contribuindo para o aquecimento do planeta, sobretudo dióxido de carbono e óxidos de nitrogênio (capazes de aumentar a produção de ozônio na estratosfera). Esses jatos vomitam ainda grandes quantidades de fuligem e sulfatos — e também, enganosas em sua graciosa brancura, trilhas malsãs de vapor d'água condensado.

As quantidades dessas substâncias são impressionantes. Num voo entre Londres e Nova York, um Boeing 777 plenamente carregado lança no ar, se estiver usando combustíveis atuais, nada menos que setenta toneladas de dióxido de carbono. Um grande Jumbo 747, hoje um verdadeiro dinossauro aeronáutico, vomitará 540 mil toneladas de dióxido de carbono por ano, se for utilizado apenas para transportar turistas entre Londres e Miami. Se multiplicarmos as tonelagens médias de descarga pelas 475 mil travessias atlânticas de distâncias variáveis — um voo do Rio a Frankfurt é, evidentemente, muito mais longo e poluidor que um pulo de Shannon, na Irlanda, a Halifax, na Nova Escócia —, e levando em conta a variedade de aeronaves existentes, esses aparelhos lançam sobre o oceano, por ano, mais de 33 milhões de toneladas de carbono. Cada um dos trezentos passageiros em meu voo, naquela tarde de janeiro, carregou a culpa de haver despejado noventa quilos de emissões de carbono na estratosfera. Teria sido muito melhor eu atravessar o oceano sozinho, num carro para quatro pessoas.

No entanto, estão em curso projetos destinados a tornar essas viagens mais eficientes e mais neutras no que se refere a emissões de carbono. Os motores estão sendo reprojetados, e os aviões estão ficando mais leves (segundo se afirma, o novo Boeing 787 Dreamliner, cuja entrada em operação está muito atrasada, é capaz de percorrer longas rotas usando 20% menos combustível que os jatos comerciais de hoje). Há também muitas pesquisas para a produção de biocombustíveis, feitos com plantas e organismos vivos que consomem o próprio dióxido de carbono que os jatos emitem em voo. Se uma aeronave criar um equilíbrio entre sua própria emissão de CO_2 e a absorção desse gás pelas lavouras onde se cultiva a matéria-prima do combustível, chegar-se-á a uma neutralidade em termos de carbono, e o proprietário da aeronave — a companhia aérea, na maioria dos casos — poderá afirmar que é verde, ou que respeita o meio ambiente.

Em decorrência do atual interesse em evitar ou reduzir na medida do possível a mudança climática causada pelo homem (se é que esse fenômeno realmente existe, o que muitos cientistas bastante respeitados ainda não aceitam), todo um léxico de palavras novas e estranhas se popularizou: *pinhão-de--purga, camelina, babaçu* e *halófilas*. Todas elas designam plantas que hoje são de pouca utilidade para o homem ou para os animais (o pinhão-de-purga é venenoso), crescem muito bem em áreas de pouca utilidade, como os semiáridos e pântanos salgados, absorvem dióxido de carbono às toneladas e, prensadas em máquinas especiais, produzem grande quantidade de óleos inflamáveis, capazes de serem usados como biocombustíveis.

Algumas companhias aéreas adaptaram as turbinas de aeronaves de sua frota para usar os novos biocombustíveis, embora, por motivos de segurança, um quadrimotor em geral voe com apenas uma turbina adaptada. A Japan Airlines e a Virgin Atlantic foram as pioneiras, e esta última vem realizando testes em rotas sobre o Atlântico europeu e o mar do Norte. Segundo os relatórios iniciais, as turbinas têm funcionado bem, voltam a funcionar depois de desligadas (havia o receio de que isso não acontecesse) e os combustíveis não congelam em altitudes elevadas (o que era outro temor). Algumas companhias afirmam que os chamados combustíveis verdes poderão ser usados em voos de passageiros em 2015. As organizações Greenpeace e Friends of the Earth apressaram-se a manifestar seu ceticismo, asseverando que a única forma de reduzir as emissões de carbono que ameaçam o clima consiste em desacelerar o crescente fenômeno da massificação dos voos e fazer isso impondo um pesado imposto ao combustível de aviação, que até o presente não é tributado.

Entretanto, pouquíssimas formas atuais de transporte de passageiros e de carga são de todo inocentes do pecado de gerar emissões de carbono, e entre elas com certeza não está o transporte marítimo, agora que o mundo abandonou quase inteiramente a vela como força motriz. Os navios geram tanta sujeira e consomem tanto combustível quanto os aviões. A superfície do oceano Atlântico, ainda mais congestionada que o céu acima dela, também contribui em boa medida para o problema. Um dado divulgado em 2007 pela empresa petroleira BP e por um instituto alemão de física* indica que as chaminés de toda a frota mundial de cerca de 70 mil navios de carga e passageiros despejam mais dióxido de carbono na atmosfera do que o volume gerado atualmente por todos os países africanos juntos.

A dra. Veronika Eyring, chefe de um grupo de pesquisas que estuda os efeitos do transporte marítimo sobre o meio ambiente, utilizou sensores instalados a bordo do satélite europeu Envisat, lançado ao espaço em 2002, para traçar as linhas visíveis de nuvens que assinalam a passagem de cargueiros de longa distância. Os ventos de alta velocidade na atmosfera superior dissipam dentro de instantes as trilhas de condensação geradas por aeronaves. O mesmo, porém, não acontece no caso dos navios: nos últimos anos demonstrou-se que as enormes quantidades de fuligem carregada de enxofre e de outras partículas encontradas no escapamento lançado para o alto pelas chaminés dos navios — e que continua a subir, já que é muito mais quente que o ar ambiente — criam linhas de nuvens de baixa altitude que podem permanecer na atmosfera por semanas ou meses.

Facilmente localizadas por satélites, essas linhas têm um nome pouco imaginativo — "trilhas de navios" — e são grandes linhas, no sentido leste-oeste, de nuvens persistentes e de origem não meteorológica. Visíveis no Atlântico Norte, elas correspondem inequivocamente às rotas de navegação. Há outros rastros visíveis na parte oriental do Atlântico, que vão desde a reentrância da África Ocidental até o Cabo. Uma linha especialmente proeminente vai de Sri Lanka ao estreito de Malaca. Outra serpenteia entre as grandes cidades portuárias de Cingapura e Hong Kong.

A longa duração dessas nuvens deve-se a sua reposição constante por navios que continuam passando sob elas — a maioria dos cargueiros em geral segue as rotas marítimas aceitas, para tirar melhor proveito dos ventos e correntes e em obediência às realidades matemáticas da navegação ortodrômica ou em círculo máximo. Dois dos dez sensores principais do Envisat mostraram-se excepcionalmente úteis. Um deles, denominado Advanced Along-Track Scanning Radiometer [Radiômetro Avançado de Varredura de Rastros], produziu mapas dos oceanos que mostram a curiosa correspondência entre formações

---

* Trata-se do Instituto de Física Atmosférica, perto de Munique. O dado consta de um projeto denominado SeaKLIM, executado em conjunto com a Universidade de Bremen.

de nuvens de baixa altitude e as rotas usadas habitualmente pelos cargueiros. Outro sensor, um espectrômetro de extrema sofisticação, o SCIAMACHY,* decompôs os padrões das emissões, visíveis e invisíveis, tanto em escala quanto em composição química. Os resultados são expressivos: de acordo com o SCIAMACHY, tal como relatado na pesquisa da dra. Eyring, os milhares de motores marítimos que fazem girar as hélices de grandes cargueiros em todo o mundo geram anualmente 800 milhões de toneladas de emissões de carbono — quase 3% de todas as emissões de carbono produzidas pela humanidade. O volume das emissões dos navios é quase idêntico, por coincidência, ao volume emitido pelas aeronaves: navios e aviões são responsáveis por quase 6% das emissões totais de carbono derivadas da ação humana, o chamado carbono antropogênico.

Por isso, além de projetos para minorar o problema dos aviões poluentes, estão em andamento iniciativas para tornar os navios bem mais eficientes e menos prejudiciais ao meio ambiente — por todos os meios disponíveis, exceto, é claro, a redução de seu número, coisa que o irrequieto homem moderno parece incapaz de fazer.

O transporte marítimo sempre foi uma atividade pouco organizada, e seus princípios operacionais quase não haviam mudado desde que os fenícios enchiam barcos com os moluscos da púrpura em Mogador, há 3 mil anos, e os enviavam para Tiro. Uma das melhores medidas para impor ordem ao transporte marítimo, historicamente carente de disciplina, foi tomada em meados da década de 1950, quando um executivo do transporte rodoviário, Malcom McLean, teve a ideia de acondicionar cargas em enormes caixas de aço — os contêineres de embarque. Até então, as cargas, fossem elas sacos de batatas, fardos de algodão, garrafas de uísque, carros ou metralhadoras, eram postas por guindastes no fundo dos porões de um navio e depois arrumadas, da melhor maneira que suas formas e dimensões permitissem, por turmas de estivadores caros, com frequência corruptos e rigidamente sindicalizados — o ambiente tão bem mostrado por Elia Kazan em *Sindicato de ladrões*.

A vantagem do uso de contêineres de tamanho padrão, com seis ou doze metros de extensão, nos quais os fabricantes ou comerciantes acondicionam suas próprias mercadorias nas fábricas ou fazendas, está em que essas caixas

---

* Acrônimo de SCanning Imaging Absorption spectroMeter for Atmospheric CHartographY (Espectrômetro de absorção de imagens digitalizadas para cartografia atmosférica).

podem ser postas em caminhões ou vagões-plataformas de ferrovias, levadas para o cais, erguidas rapidamente por guindastes especiais e depositadas no convés ou nos porões de um navio. A partir daí podem ser transportadas para um porto distante e, sem terem sido abertas, alteradas ou manipuladas por mãos humanas, ser desembarcadas, postas em caminhões ou vagões ferroviários e levadas ao destino final. O contêiner marcou o surgimento daquilo que veio a ser chamado de transporte intermodal, no qual o navio tornou-se apenas parte de uma longa cadeia de meios de transporte que, com eficiência e economia extremas, movimenta daí em diante produtos de todos os pontos do mundo para todos os demais.

Esse foi um avanço que pode ter reduzido custos e aumentado a eficiência, mas de um só golpe roubou ao transporte marítimo tudo o que lhe restava de romantismo e encantamento. Os porta-contêineres são atualmente, de longe, os maiores navios do mundo, e o maior deles, no momento em que escrevo, o dinamarquês MV *Emma Maersk*, tem 170 mil toneladas de arqueação e pode transportar 15 mil contêineres a uma velocidade de 31 nós. Mas devem também estar entre as mais feias criações do homem desde os projetos de habitação comunitária de Le Corbusier. As pessoas que sentem carinho pelos clíperes, pelas quinquerremes ou mesmo pelos sujos barcos de cabotagem ingleses há muito lamentam o dia em que se inventaram essas monstruosidades quadradas, que devem estar entre os mais conhecidos símbolos do moderno mundo globalizado. Mas Malcom McLean sabia que no transporte de cargas tempo e dinheiro eram tudo, e que carregar uma tonelada de carga manualmente custava seis dólares, ao passo que fazê-lo num navio porta-contêineres custava apenas dezesseis centavos de dólar. E McLean experimentou seu primeiro navio no oceano Atlântico, em abril de 1956, levando um petroleiro adaptado da Marinha americana, o *Ideal-X*, de Newark a Houston, com 58 contêineres. O romantismo pode ter ido para o espaço num instante, mas também sumiram o estivador, o supercargo, como também o porão e o castelo de proa. Da noite para o dia, o transporte marítimo, atividade que envolvia marés, ventos, gaivotas, sextantes, bandeirolas de sinalização e o cheiro de alcatrão e de corda molhada de água salgada, transformou-se num universo de máquinas bem lubrificadas, de rotas de navegação calculadas por computador e confirmadas por GPS, de guindastes de embarque programados por máquinas e precisos em milissegundos.

A ideia de acomodar cargas marítimas em caixas de metal do mesmo tamanho e criar o chamado navio porta-contêineres para transportá-las foi, sem sombra de dúvida, do americano Malcom McLean, ex-caminhoneiro da Carolina do Norte.

A primeira empresa de McLean, a Pan-Atlantic Steamships, foi vendida a uma companhia de fumo, mais tarde a uma companhia ferroviária e, por fim, à Maersk, que possui hoje sete dos maiores navios já construídos. McLean, que morreu em 2001, dono de uma fortuna inimaginável, criou com seus contêineres algo que alterou para sempre o modo como o mundo via o mar. A conteinerização dos transportes marítimos cresceu sem cessar, sem que se prestasse muita atenção à poluição que a frota mundial, cada vez maior, estava causando. Hoje, quando os dados coletados por pesquisadores alemães e de outros países começam a pesar na consciência dos executivos das empresas de navegação, da mesma forma como as companhias aéreas e os fabricantes de aviões também se dão conta dos resultados do que fazem, estão em curso pesquisas para a criação de combustíveis melhores e mais limpos, além de outros meios para propulsão de navios nos grandes mares do mundo. No Báltico e no mar do Norte foram adotadas recentemente normas que impõem um limite ao teor de enxofre no óleo diesel náutico, na esperança de diminuir a poluição e aposentar a ideia de acompanhar as rotas dos navios rastreando por satélite as nuvens que eles deixam no céu.

Além disso, há ideias novas. Uma delas, que vem recebendo bastante atenção, consiste em dotar os grandes cargueiros de uma imensa vela, semelhante a uma grande pipa, que possa ser içada quando o vento estiver à feição, para ajudar em sua propulsão, mesmo que seus motores sejam desligados. Uma empresa alemã equipou um graneleiro, o *Beluga SkySails*, com uma vela desse tipo, e em janeiro de 2008 realizou o primeiro teste de mar, de Bremerhaven ao porto de carvão de Guanta, na Venezuela — obedecendo à tradição de testar as novas tecnologias marítimas no lugar em que mais serão usadas: o Atlântico.

No entanto, ainda passará muito tempo antes que velas tomem o lugar do óleo combustível e que aeronaves movidas a combustível feito com óleo de babaçu voem entre as metrópoles transatlânticas. Enquanto isso, continuará a degradação da atmosfera sobre o nosso oceano, causada pelo que acreditamos ser a necessidade de atravessá-lo usando aviões e navios. Tal degradação será vista apenas como um dos mais chocantes exemplos do desprezo do homem moderno por um mar que ele antes reverenciava. Entretanto, o estrago é, literalmente, muito mais profundo do que isso. A superfície visível do mar, suas águas rasas e profundas, os organismos que nele habitam e todos os assoalhos marinhos, na costa e no alto-mar, também têm sido envenenados, não tanto por aviões e navios, mas por vastas áreas de resíduos poluentes que são criados infindavelmente em milhões de fábricas em terra.

Rachel Carson expressou pela primeira vez seu temor em relação a uma iminente catástrofe marítima em 1960, quando escreveu o prefácio de uma nova edição de seu primeiro clássico, *O mar que nos cerca*, publicado em 1951. Talvez não tenha sido esse o livro que a consagrou definitivamente — isso coube a *Primavera silenciosa*, de 1962, que fez dela a mãe do movimento ambientalista de hoje —, mas ofereceu ao mundo bons motivos para mostrarmos reverência e respeito por nossos oceanos.

A primeira edição era uma obra lírica, pungente em sua inocência, num tom afetuoso, um livro que em nenhum momento deixava entrever a ideia de que a humanidade tenha algum tipo de intenção malévola em relação aos mares, e até expondo uma argumentação persuasiva em favor de uma diligente explo-

Se existe alguém a quem se possa atribuir com justiça o título de iniciadora do movimento ambientalista, essa pessoa é a bióloga americana Rachel Carson, autora de vários livros, entre os quais os famosos O mar que nos cerca *e* Primavera silenciosa.

ração das riquezas minerais que se ocultam em suas profundezas. Havia, particularmente, muito encanto nas explicações que ela apresentava para o contínuo aumento da temperatura no planeta, o que já era mais que evidente na década de 1950 e se manifestava nos mesmos fenômenos de hoje: redução das calotas polares, recuo de geleiras, tempestades violentas e imprevisíveis. Rachel Carson ficou bastante impressionada com as teorias de um oceanógrafo sueco quase esquecido, Otto Pettersson, para quem todos os ciclos de aquecimento global têm sido acompanhados de indícios casuais de grandes ondulações em alto-mar: ele acreditava que "montanhas móveis de águas invisíveis" sob a superfície do mar causavam "ocorrências assustadoras e insólitas" no clima percebido na Terra. Não havia sequer uma insinuação, por parte de Pettersson ou de Rachel Carson, de que a humanidade tivesse alguma coisa a ver com a alteração do clima. Isso se devia às marés ou ao efeito adverso de surtos de manchas solares.

Mas isso foi em 1950. Uma década depois, embora não oferecesse novas explicações para o incessante aumento da temperatura global, Carson já começava a se preocupar com a poluição marinha — e sobretudo, uma vez que ela escrevia na alvorada da era atômica, com a poluição dos mares por materiais radioativos.

A força de sua prosa permanece inalterada. Pois, como ela escreveu no prefácio de merecida fama,

> Embora a folha corrida do homem como guardião dos recursos naturais da terra seja desalentadora, sempre houve um certo consolo na convicção de que pelo menos o mar era inviolável, estava além da capacidade humana de modificar e espoliar. Mas essa crença, infelizmente, mostrou ser ingênua. Ao desvendar os segredos do átomo, o homem moderno viu-se confrontado com um problema atemorizante — o que fazer com os materiais mais perigosos que já existiram em toda a história do mundo, os subprodutos da fissão atômica. [...]
>
> [...] Por sua própria vastidão e sua aparente distância, o mar tem chamado a atenção daqueles que têm de resolver onde descartar rejeitos, e com pouquíssima discussão e quase nenhuma atenção pública, o mar tem sido escolhido como um vazadouro "natural" para detritos contaminados. [...]
>
> Descartar primeiro e investigar depois é um convite ao desastre, uma vez que, depois que elementos radioativos foram depositados no mar, tornam-se irrecuperáveis. Erros cometidos agora são erros para todo o sempre.
>
> É uma situação curiosa que o mar, onde a vida surgiu, seja agora ameaçado pelas atividades de uma forma dessa vida. Mas o mar, ainda que mudado de maneira sinistra, continuará a existir: a ameaça é antes à própria vida.

Rachel Carson foi muito presciente. O governo britânico mostrou ser apenas um dos vilões que emporcalharam o mar, pois doze países nucleares, de acordo com a Agência Internacional de Energia Atômica, fizeram a mesma coisa.* Até fins da década de 1970, navios fretados pelo governo britânico

---

* Entre os emporcalhadores do oceano destacaram-se os russos, que jogaram reatores inteiros no mar, desarmaram e afundaram submarinos nucleares, puseram a pique em baías remotas legiões de carcaças com munição nuclear a bordo e lançaram no oceano milhares de toneladas de rejeitos de usinas nucleares — principalmente em mares árticos, nas proximidades de Nova Zembla. Também o governo japonês protestou depois que se divulgou o lançamento de materiais nucleares no Pacífico Norte, perto da ilha Sakhalin.

lançavam, com toda sem-cerimônia, rejeitos radioativos oriundos de programas de armas atômicas, de usinas elétricas e de projetos de pesquisa num mar que, como escreveu Rachel Carson, era amplamente considerado "além da capacidade humana de modificar e espoliar". Mais de 29 mil toneladas de "rejeitos altamente radioativos", criados principalmente pelo Ministério da Defesa do Reino Unido, foram atirados no Atlântico, numa área a 650 quilômetros a oeste de Land's End, cujas águas alcançavam a profundidade, tida como segura, de 2700 metros.

Era enorme — estimado em 4 mil curies de atividade alfa e 117 mil de atividade beta-gama — o nível da radiação emitida pelo material lançado na área que foi denominada Atlantic Deep [Abismo Atlântico]. Londres fez o que pôde no sentido de tranquilizar os britânicos alarmados, principalmente os da Cornualha, de Devon e de Gales do Sul, que ficam perto da área onde materiais perigosos poderiam ser levados às praias, afirmando que "dispersão e diluição" garantiriam que não houvesse perigo, e que, de qualquer forma, tudo que fora lançado ao mar estava bem acondicionado em tambores de aço revestidos de concreto. Mas as explicações oficiais acalmaram poucas pessoas, que ficaram ainda mais preocupadas quando, pouco depois, o governo admitiu que lançara mais 16 mil toneladas de materiais um pouco menos perigosos em outra zona, o Hurd Deep, não muito distante do canal da Mancha, e que alguns rejeitos tinham sido jogados também no mar da Irlanda e nas águas da Escócia — o que garante que essa dádiva radioativa se fará sempre presente por muitas centenas de milhares de anos.

Rachel Carson tinha bons motivos para temer a poluição radioativa. No entanto, felizmente para ela, ignorava a existência de outras substâncias que viriam a infestar os mares — até mesmo, naqueles tempos inocentes, os agrotóxicos que *Primavera silenciosa* conseguiu banir da face da terra. Tudo era bem mais simples naquela época. Como muitas outras pessoas que visitavam as praias nas décadas de 1950 e 1960, sem dúvida ela terá lamentado os blocos de alcatrão provenientes de navios que lavavam seus tanques em alto-mar, e se irritado com as boias quebradas e as redes podres que eram levadas às praias junto de pilhas de algas atlânticas. Carson sabia que seu amado oceano não estava lá muito limpo, mas sua sujeira tinha uma espécie de normalidade compreensível, um tipo de poluição desculpável, o tipo de lixo que se poderia encontrar numa fazenda, numa adega de vinhos ou numa oficina mecânica.

Ela não fazia ideia da sinistra tabela periódica de uma química imunda que estava por vir — do mercúrio que em breve seria encontrado na carne de quase todos os atuns, tubarões e peixes-espada; das centenas de milhares de toneladas de bifenilos policlorados (*polychlorinated biphenyls* — PCBS), muito tóxicos e cancerígenos, que logo depois chegaram aos oceanos, matando aves marinhas a centenas de quilômetros no meio do oceano, poluindo praias e contaminando mariscos e peixes; dos plásticos que haveriam de conspurcar as praias, matar peixes e acabar no estômago de aves marinhas; dos derrames de cianetos por usinas processadoras de ouro; dos poluentes provenientes de acidentes com petroleiros, naufrágios ou perfurações oceânicas; ou da imensa lista de medicamentos — hormônios, drogas psicotrópicas, antidepressivos, soníferos e estimulantes — que lenta e continuamente desafiariam a antiga crença na capacidade quase infinita dos oceanos de diluir e dissipar. Essa ideia, como Rachel Carson percebeu com tanta clarividência, era de extrema ingenuidade. Logo se verificou que, em vez de ser uma máquina de diluir substâncias químicas, o oceano era, na verdade, um veículo para espalhá-las por todo o planeta, quer por meio de suas águas, quer por meio dos peixes e outras criaturas que vivem nele.

Há um consenso universal de que a poluição do oceano, que no passado era imaculado e hoje passou a ser visto com um ambiente sujo e vulnerável, é um problema da maior gravidade. Aprovou-se uma enxurrada de leis internacionais — com destaque para a chamada Convenção de Londres, de 1972 — para fazer com que os usuários dos mares e os países que os rodeiam respeitem tanto sua inviolabilidade quanto sua importância para a vida no planeta.

AS CONSEQUÊNCIAS DA GANÂNCIA

No entanto, a poluição marinha em si não é o problema mais grave e mais duradouro com que se defronta um oceano como o Atlântico. O mar tem de fato uma capacidade, ainda que limitada, de se limpar e se manter em forma. Mas os seres que vivem nele não têm essa mesma capacidade. E, hoje, a demanda sempre crescente de peixes e outros animais marinhos está pressionando um dos recursos mais frágeis dos oceanos e levando-o perto do ponto de ruptura. Para atender ao insaciável apetite humano por frutos do mar, estamos fazendo uma insensata sobrepesca em nossos mares. Consequentemente (e a maioria das pessoas se espanta com isso), o pescado está se esgotando, e depressa.

Em meados do primeiro semestre de 2009, vivi uma experiência pessoal que constitui um pequeno exemplo do quanto essa questão é delicada. Foi quando participei, absolutamente por acaso, de uma controvérsia banal e desnecessária, porém interessante e que afeta toda a população.

Eu tinha viajado de Nova York para Londres num voo diurno e cheguei quando a noite já ia avançada. Entreguei minha bagagem ao porteiro do lugar onde me hospedava, em Pall Mall, mais ou menos às dez da noite. Era sábado. Eu estava com fome e imaginei que àquela hora seria difícil achar um lugar decente onde comer. Caminhei por Leicester Square até Covent Garden, passando por inúmeros cafés e bistrôs, a maioria com clientes na rua, esperando lugar. Foi então que, no meio de uma ruazinha, topei com o J. Sheekey's, uma edição revista do restaurante de frutos do mar a que meus pais me levavam quando eu tinha uns dez anos, na década de 1950. O Shekey's é tão elegante hoje em dia que imaginei que seria impossível conseguir uma mesa, ao menos não sem uma longa espera, de modo que continuei a andar. Mas, levado por um impulso, dei meia-volta e entrei, esperando me desapontar.

Muito pelo contrário. Apanhados desprevenidos e com expressões de surpresa quando a porta se abriu, os garçons pareceram estranhamente aliviados ao me ver. O restaurante ainda tinha mesas vagas. E assim, inesperadamente, eu logo estava sentado, com meu copo cheio e meu pedido anotado. Os pratos foram trazidos e depois recolhidos, e à meia-noite voltei andando para o hotel, satisfeito depois de uma dúzia de ostras, um prato de peixinhos variados, um bom naco de perca, um pratinho de funcho e batatinhas, meia garrafa de Pouilly-Fumé e uma xícara de café. Sentia-me muito bem, agradavelmente surpreso com o fato de que Londres, normalmente considerada uma cidade de risível pobreza gastronômica, agora atendesse tão bem seus visitantes.

Só que dias mais tarde, ao ler o jornal, percebi que havia uma explicação. Alguns dias antes de minha chegada, o J. Sheekey tinha sido malhado pela imprensa por servir aos clientes, como se afirmava, peixes integrantes de uma lista de espécies capturadas em excesso e, portanto, ameaçadas.

Dias antes, londrinos politizados e preocupados com problemas ambientais haviam demonstrado uma súbita onda de interesse por peixes ameaçados e pela pesca oceânica. Um documentário exibido pela televisão tinha acabado de mostrar técnicas de pesca consideradas cruéis, tipos de pescaria chamadas de ilegais e peixes que, em consequência disso, estavam caminhando para a extinção. O programa censurava ainda a grande rede de peixarias, supermercados, donos de restaurantes, chefs e clientes que ignoravam que, ao comprar e comer esses peixes, estavam contribuindo para seu fim — ou que não se importavam com isso. Tinha surgido um site na internet que publicava listas de espécies ameaçadas e das peixarias e restaurantes que os vendiam — e entre eles estava o J. Sheekey, que podia ser venerável, mas agora estava sendo desmascarado e acusado publicamente. Era um restaurante até certo ponto caro, com clientela em geral formada por pessoas que desejariam ser vistas fazendo a coisa certa, e assim, aos magotes, depois de terem visto, lido as notícias alarmantes — e clicado nelas —, os clientes preferiram ficar longe da casa. Assim procedendo, tinham deixado vazias muitas mesas, e por acaso isso aconteceu exatamente na noite em que um inocente, vindo do exterior, fez uma visita imprevista ao restaurante.

Mas a história ainda não havia terminado. Os proprietários do Sheekey, um grupo poderoso que também controlava outros restaurantes elegantes em Londres, fizeram um protesto formal, declarando que na realidade selecionavam com o máximo rigor as espécies de peixes que vendiam, que só serviam frutos do mar provenientes de criatórios sustentáveis e que a página da web havia divulgado dados equivocados. Seguiu-se uma pausa inusitada, uma parada para respirar. Os grupos ambientalistas tendem a passar uma imagem meio beatífica de si mesmos — que em alguns casos beira o farisaísmo — e a maioria deles é consciente de que precisa ter o máximo cuidado em suas acusações. Em seguida, organizou-se um alarmado lobby de proteção à fauna marinha e, depois de certa hesitação, seus integrantes admitiram que realmente tinham sido um tanto apressados e cometido equívocos. Mostraram-se contritos. Pediram desculpas, ainda que com certa relutância, e prontamente recolocaram o Sheekey's no panteão dos eleitos. Multidões de ictiófilos aliviados retornaram, felizes, ao restaurante, e hoje é praticamente impossível, de novo, conseguir uma mesa, sobretudo numa noite de sábado.

Foi um incidente meio desagradável, mas serviu para pôr em relevo uma realidade que até havia pouco tempo passava despercebida: muitas espécies de peixes, em todo o mundo, estão mesmo seriamente ameaçadas, e isso unicamente por culpa do sôfrego desejo de prazer culinário que acomete o Ocidente hoje em dia. Nossa carne pelo menos muge, grunhe ou cacareja diante de nossos olhos, mas os alimentos de origem marinha, que raramente vemos em seu misterioso ambiente natural, são comprados ou pedidos no restaurante sem muita atenção a sua origem, ao modo como foram pescados ou por quanto tempo suas populações poderão se sustentar. Até recentemente, numerosos restaurantes relutavam em prestar informações aos poucos que se davam ao trabalho de perguntar.

Ademais, não há um consenso sobre a validade dessas informações. São muitas as entidades que procuram proteger e preservar os oceanos e a vida oceânica. Entre elas estão o Blue Ocean Institute, o World Wildlife Fund, o Sea Shepherd, o Monterey Bay Aquarium, o Natural Resources Defense Council, o National Environmental Trust, a National Audubon Society, a Alaska Oceans Foundation e a SeaWeb, cada qual com sua própria agenda e método de trabalho, às vezes atuando em conjunto, mas, no mais das vezes, não. Pode-se hoje adquirir (no Monterey Bay Aquarium, entre outras instituições) cartões que informam quais peixes é prudente consumir, e alguns restaurantes de melhor nível identificam as empresas que fornecem os peixes que servem.

Posições divergentes são comuns no meio ambientalista. O Marine Stewardship Council (MSC), criado na Grã-Bretanha em 1999, defendia a pesca sustentável, com argumentos científicos. Definiu um conjunto de princípios com base nos quais poderia conceder atestados a empresas de pesca, certificando que eram responsáveis e sustentáveis, e poder assim recomendá-las aos consumidores: um símbolo oval, azul e branco, é hoje afixado (mediante uma taxa) a embalagens de peixes vindos desses pesqueiros — que hoje compreendem cerca de 7% dos pesqueiros mundiais, incluindo, no Atlântico, os da merluza sul-africana, do arenque-do-tâmisa e (como veremos mais adiante) da merluza-negra-da-patagônia, que ganhou um novo e impróprio nome na área da Geórgia do Sul.

O princípio que norteia a posição do MSC baseia-se em promover o que a entidade considera ser peixe "bom". Já muitas instituições americanas fazem o que podem para organizar boicotes contra o que consideram ser peixes "ruins" (como se viu pelo menos em uma campanha do National Environmental Trust).* Daí a "lista vermelha", que o Greenpeace divulgou em 2009. Trata-se de

---

* O NET, com sede em Filadélfia, é um dos vários Fundos Pew, criados pelos filhos do fundador da Sun Oil Company.

um rol das espécies de peixes, crustáceos e moluscos que a organização considera mais ameaçadas. Compreende, no momento em que escrevo, 22 espécies ou grupos de espécies, dezoito delas encontradas no oceano Atlântico, e o perigo que correm deriva quase inteiramente de uma incessante pesca predatória ou de formas cruéis e descuidadas de pesca, empreendidas dentro dos limites do Atlântico.

A perca chilena, o astucioso nome dado pelos distribuidores à merluza-negra-da-patagônia, está na lista, mas de modo geral é encontrada longe da costa do Chile, no Pacífico, ou então em águas da Antártica. O hoki, ou granadeiro-azul, que, sem muito conhecimento por parte do público, forma a maior parte do peixe vendido pelas lojas McDonald's em todo o mundo, também é visto como ameaçado e é um peixinho pálido, encontrado em geral nas costas da Nova Zelândia. O escamudo-do-alasca é geralmente encontrado e pescado no Alasca (o MSC considera o pesqueiro dessa espécie merecedor de seu selo de aprovação, e no entanto ela está na lista vermelha do Greenpeace, o que dá uma ideia das divergências encontradas nesse complexo e controverso universo marinho). E o peixe-espada, em geral capturado pelo criticadíssimo método de espinhel, é sobretudo um habitante do Pacífico.

As demais espécies atingidas pela sobrepesca são encontradas em todo o oceano Atlântico: a maioria dos pesqueiros de bacalhau do Atlântico, o halibute do Atlântico, o salmão do Atlântico e os quahogs do Atlântico; a cavala do Atlântico Sul; o atum-patudo ou atum-bandolim, o atum-de-galha e, sobretudo, o magnífico, super-rápido e caríssimo atum-azul (cujo preço pode chegar a 30 mil dólares por unidade no famoso mercado Tsukiji, em Tóquio, e que é, em parte pela demanda japonesa, o mais ameaçado peixe de grande porte de todo o oceano Atlântico); o halibute-da-groenlândia, o peixe-pescador do Atlântico Norte, o molusco bivalve conhecido como amêijoa islandesa, o cantarilho, o pargo-rosa, a maior parte das arraias, a maioria dos camarões tropicais encontrados ao largo da costa ocidental da África, o olho-de-vidro-laranja — todas essas espécies são encontradas entre a Groenlândia e a Terra do Fogo, entre a Cidade do Cabo e North Cape, em águas profundas e rasas, quentes e frias, em algum ponto dos milhões de quilômetros cúbicos de águas atlânticas.

Por duas vezes eu me espantei com as realidades práticas da crise da pesca no Atlântico: primeiro no noroeste do Atlântico e mais recentemente no Atlântico Sul subantártico.

NORTE

Meu primeiro choque foi bem no norte, ao largo da Terra Nova, onde não havia nenhum vilão específico além da inépcia da humanidade em geral, que no começo da década de 1990 só faltou destruir por completo um dos grandes pesqueiros do planeta. Essa é realmente uma história lamentável — a história da ruína do pesqueiro de bacalhau dos Grandes Bancos da Terra Nova, de que tomei ciência no final da década de 1990 num grupo de pequenas comunidades, lindíssimas, mas tristes, espalhadas pela baía de Bonavista.

As águas rasas ao largo da Terra Nova sempre foram descritas, com toda razão, como bravias, frias e nevoentas, invadidas por blocos de gelo errantes e pontiagudos, assoladas por tormentas tão terríveis e com recifes tão próximos da superfície que tornam a região sumamente perigosa. Essa grande extensão de águas rasas sempre foi descrita com uma grandiosidade lendária. Os livros de história nos falam de João Caboto, que depois de ver a abundância de bacalhau nessas águas escreveu que, para capturá-los, podia-se esquecer a rede ou o anzol: bastava lançar uma cesta por cima da amurada que em um minuto estaria cheia de peixes. Com mais um minuto, um enorme bacalhau, abatido com um golpe de croque, estaria assando no convés. Nunca antes se vira algum mar, em qualquer parte do mundo, tão bem servido de peixes; parecia inteiramente crível que remadores se queixassem de que era difícil remar no mar da Terra Nova, tão abarrotadas de peixes estavam suas águas. E quase se julgava possível que, como outros imaginaram, se pudesse caminhar de Londres a St. John's pisando nos dorsos robustos de milhões de bacalhaus.

Já a realidade era muito menos animadora. Conheci os Grandes Bancos em 1963, ao fazer minha primeira viagem marítima à América do Norte. O mar estava muito sossegado, e a atmosfera, bem clara quando nosso navio, o *Empress of Britain*, fez uma breve escala numa área de águas rasas, no leste dos Grandes Bancos, conhecida como Flemish Cap, para se encontrar com um avião. Tudo mudou assim que, horas depois, entramos nos bancos propriamente ditos. Bastou cruzarmos o ponto mais oriental deles, o rico pesqueiro conhecido como "o Nariz", para o nevoeiro cair como se obedecesse a uma deixa. O mar tornou-se incomodamente batido, e tivemos de diminuir a marcha por receio de colidir com um dos muitos barcos de pesca, ou cortar suas redes.

O nevoeiro nessas regiões torna o mar curiosamente silencioso, e eu me lembro de ter ficado parado no convés, e depois nas asas do passadiço, todo molhado pelas surriadas e tremendo de frio, olhando... e procurando ouvir. Dava para ouvir a batida das ondas no casco, e também o silvo suave da proa a cortar a água. Mas o que mais se escutava eram os latidos e os mugidos de duas dezenas de buzinas de cerração, um coro de pescadores que crescia, imaginei, nos locais onde o bacalhau estava sendo encontrado naquele dia, depois baixava, para voltar a crescer, até que por fim o som foi se reduzindo, para sumir de vez. De nossa parte, ultrapassamos por fim os baixios e passamos pela ponta sul da Terra Nova, entrando nas águas profundas do golfo de São Lourenço, com muito menos bacalhaus.

O manto de nevoeiro daquele dia foi tal que não avistei um único barco de pesca — e as imagens que eu fazia dos pescadores dos Grandes Bancos vinham da leitura de Kipling e de *Marujos intrépidos*, e mais tarde também do filme *Capitão Coragem*, de 1917, baseado no livro, que a BBC exibia nas tardes de inverno. Numa cena que creio recordar bem, Spencer Tracy e Freddie Bartholomew se esforçavam para não afundar em um dos dóris, muito instáveis, utilizados pelos pescadores de bacalhau.

Esse filme me mostrou o que eu não conseguia enxergar. Primeiro, as escunas esguias e graciosas saíam de portos de Massachusetts — na época, os americanos podiam pescar nos Grandes Bancos, tanto quanto os canadenses, pois isso tinha ficado estabelecido no Tratado de Paris, havia muito tempo. Depois se sucediam as cerrações e tempestades, a que se seguiam as primeiras imagens dos baixios, com arenques e outros peixes miúdos, e daí a pouco surgiam também as majestosas baleias, até que a frota chegava enfim às áreas do bacalhau — onde os americanos se encontravam também com os duros pescadores franco-canadenses, que tinham saído de St. John's e de outros portos, como Trinity, Petty Harbor e Bonavista. Baixavam-se então os dóris, qualquer que fosse o tempo ou a altura das ondas, e seguia-se a longa, molhada, desesperada e extenuante caçada dos bacalhaus que se escondiam junto do fundo, ali bastante próximo.

No conforto esfumaçado de um cinema em Londres, tudo parecia de uma dureza e dificuldade inimagináveis. Os dóris tinham somente seis metros, e, embora a proa e a popa se elevassem bastante sobre a água, quase não tinham borda livre a meia-nau, de modo a facilitar um pouco para o pescador meter os bacalhaus para dentro à medida que eram fisgados. Mas com isso a água não parava de entrar pelos costados, e quando o pobre pescador não se matava nos remos tentava esgotar o barquinho, esvaziar as botas cheias de água gelada, tiritando quando uma onda entrava por seu pescoço ou as rajadas de vento desviavam o dóri do rumo sudoeste. Ou então, é claro, ele estava pescando: sozinho, com linha de mão, ou ajudando a puxar um espinhel que, somadas todas as linhas presas aos barris usados como flutuadores, podia se estender por oito quilômetros e suportar mil linhas secundárias com anzóis. Nos velhos tempos de bonança no pesqueiro, em cada um desses anzóis podia estar preso um enorme bacalhau, que tinha de ser puxado para cima, livrado da farpa do anzol e atirado no fundo do dóri, onde se juntava aos companheiros, meneando e se contorcendo entre seus pés. Por fim o pescador procurava voltar para a escuna com nada menos que uma tonelada de peixe — cem bacalhaus —, cada qual de nove, dez quilos, cada qual com sua bocarra gigantesca, um barbilhão pendente da mandíbula, o dorso verde-oliva, a barriga pálida e uma longa listra lateral branca.

Dizem os pescadores que o bacalhau da Terra Nova, gordo e pesado, com um conjunto de vísceras suculentas, prontas para a cozinha, é o mais belo de todas as espécies da família dos gadídeos. Durante décadas, a imagem do retorno de um dóri, cheio de bacalhau até os alcatrates, foi um símbolo poderoso das imensas riquezas do Atlântico Norte, uma explicação óbvia da prosperidade de quem vivia nessa área e tirava dela o seu sustento.

Mas retornar à escuna num barquinho baixo, cheio desses peixes, era uma tarefa de inacreditável dificuldade. Até localizar o navio era complicado, principalmente se você tivesse se afastado durante horas, ou talvez mais ainda, e se durante sua ausência o tempo houvesse fechado. No filme de Kipling, Lionel Barrymore usou a lâmpada mais forte que conseguiu encontrar para ajudar seus homens a achar a escuna, cujo nome, cruel, era *Estamos Aqui*. Mas mesmo a lanterna poderosa pendurada no castelo de proa da escuna só podia ser percebida no máximo a trinta metros, isso se a cerração fosse leve, e apenas a um metro e meio num nevoeiro espesso. Nesse caso, só por meio do diálogo entre as buzinas de cerração — a dele e a do capitão do navio — o pescador tinha uma chance de chegar ao navio.

De mais a mais, é claro que um dóri carregado de peixe fica com menos borda livre ainda do que quando vazio, tornando-se mais instável. Não admira que a taxa de mortalidade desses pescadores fosse tão alta: nos últimos setenta anos do século XIX, morreram 3800 pescadores de Gloucester, e isso numa cidade que não tinha mais de 15 mil habitantes, e os pescadores de bacalhau que sobreviviam para contar a história formavam vínculos de amizade e orgulho profissional raramente vistos entre outros trabalhadores em qualquer parte do mundo. Pescar nos Grandes Bancos da Terra Nova era praticar uma arte nobre, e somente os mais bravos eram capazes de exercer aquela profissão. E quando eles voltavam para casa não havia taverna, em todas as cidades litorâneas, que não soubesse disso muito bem.

Mas na década de 1950 surgiram os navios-fábricas, e num instante esse quadro mudou.

A tecnologia da pesca já vinha mudando bastante. A pesca de mão era uma técnica só empregada por uma minoria dos pescadores. Métodos mais polêmicos, como o espinhel, a rede de espera — uma rede vertical e quase invisível, suspensa por flutuadores, que prende os peixes pelas guelras — e até a pesca de arrastão, haviam aumentado em muito a captura. Fazia muito tempo que todos trabalhavam felizes nos Grandes Bancos. À proporção que novos pescadores se juntavam aos mais antigos, tudo continuava do mesmo jeito que quando João Caboto chegou ali no *Matthew*. O mundo logo passou a acreditar no que ele dissera e naquilo que os bascos descobriram nas décadas seguintes — que havia abundância de peixes para todos, que para cada peixe capturado outros dois pareciam nascer, e era provável que essa situação se tornasse uma realidade eterna: os pescadores continuariam a prosperar e quem se alimentava de peixe não iria passar necessidade. Mas havia algumas pessoas, entre elas muitos pescadores mais velhos dos portos isolados da Terra Nova, que diziam *conhecer* os peixes e seus hábitos e saber até que ponto podiam pescá-los racionalmente. Temiam que um dia ocorresse uma sobrepesca que levasse os cardumes à extinção, temiam que o desastre estivesse à espreita. Suas observações eram recebidas com sorrisos de superioridade e, sempre, a mesma resposta: não se preocupassem, os Grandes Bancos eram uma cornucópia, um manancial de riqueza e felicidade eternas para todos.

Mas depois vieram o navio a vapor e as técnicas de congelamento de peixe de Clarence Birdseye; surgiram também o gurjão de peixe empanado e congelado e o mercado de alimentos preparados; a seguir veio a ideia de que o peixe não precisava ser levado à terra para ser processado, filetado, congelado, embalado e etiquetado, pois tudo isso podia ser feito no mar, num grande navio-

A abundância de bacalhau no Atlântico é coisa do passado. Este alegre tripulante de uma traineira foi fotografado em 1949, em águas das ilhas Lofoten, no norte da Noruega. Hoje em dia, a captura do Gadus morhua *raramente é tão profícua, e os peixes não são tão grandes.*

-fábrica, que, na verdade, não era apenas um navio de pesca, mas sim uma linha de produção flutuante e a vapor, capaz de funcionar 24 horas por dia processando peixe e outras 24 transformando-o em pratos prontos — e de repente os espinhéis, as redes de espera e os arrastões pareceram as menores ameaças que um pesqueiro oceânico poderia enfrentar. Agora tudo tinha virado uma simples questão de aritmética: com o advento dos navios-fábricas, o volume de pescado retirado dos Grandes Bancos na década de 1960 tornou-se subitamente astronômico e ficou evidente que a situação estava se tornando *insustentável*, para usar uma palavra que naquela década começou a se insinuar no léxico especializado e, logo, na linguagem do dia a dia.

Um navio chamado *Fairtry*, lançado na Escócia em 1954, foi o primeiro a começar o que alguns chamariam de lavra mecanizada dos Grandes Bancos.

Em comparação com as escunas e os barcos de pesca costeira do passado, era enorme: deslocava 2600 toneladas e parecia uma barca de passageiros adaptada. Ademais, era tremendamente eficaz naquilo que tinha sido projetado para fazer: a colossal rede de arrasto, lançada de uma rampa na popa, tinha uma boca de pelo menos cem metros de circunferência e, ao ser arrastada pelo fundo do mar, recolhia todo ser vivo imaginável que encontrava em seu caminho — centenas, milhares de bacalhaus de qualquer idade, sexo, peso e condições de saúde, mas também todas as demais espécies de peixes e crustáceos, desejados ou não, que vivessem e se alimentassem no fundo do mar. Tudo era levado rapidamente para as entranhas desse navio descomunal. O que não se aproveitava era atirado borda fora, e o resto era processado à máquina — filetado, salgado, embalado e congelado —, enquanto a rede retornava ao fundo do oceano, trazendo à tona mais centenas de toneladas de animais aquáticos a serem objeto do mesmo tratamento.

As capturas desse único navio eram espantosas. Mas então as autoridades de pesca soviéticas souberam da revolução que se iniciava e, liderando uma nova política do Kremlin de distribuição de proteínas para as massas, organizaram uma frota de navios semelhantes, mas ainda maiores, que foram enviados aos Grandes Bancos na esteira do *Fairtry*. Um desses navios, o *Professor Baranov*, tinha cerca de 140 metros de comprimento e a capacidade de processar duzentas toneladas de peixe por dia. Produzia, a todo vapor, peixe congelado, farinha e óleo de peixe, gelo e água — tinha sua própria usina de dessalinização —, ao mesmo tempo que dava assistência a até vinte outras traineiras soviéticas que iam e vinham pelos Grandes Bancos como bois puxando arados, recolhendo ainda mais peixe do que João Caboto e todos os bascos que o seguiram poderiam nem sequer imaginar.

A tentação foi irresistível para outros. Dentro de uma ou duas temporadas, quase todos os que dispunham de uma rede de tamanho adequado juntaram-se à festa. Deixando os portos de pesca da Alemanha Oriental e da Coreia, de Cuba e do Japão, dezenas de barcos pesadões e meio enferrujados partiam para o Nariz, para a Cauda, para Flemish Cap e para os Grandes Bancos propriamente ditos e pescavam até ficar sem combustível, para depois refugiar-se e farrear em St. Johns's. Os moradores de Bonavista diziam que se caminhassem até a estátua de João Caboto, no alto de um cabo próximo, e olhassem para leste, para o oceano, tinham a impressão de estar vendo uma cidadezinha — milhares de luzes —, pois as pequenas traineiras, as grandes traineiras e os navios-fábricas vasculhavam os pesqueiros o dia inteiro e a noite também.

Navios-fábricas que arvoravam as bandeiras de uma dúzia de novos países expulsaram os que vinham trabalhando nos Bancos havia décadas. Ocultos nas cerrações e nas violentas tempestades das águas rasas, puseram-se a trabalhar com tecnologias cada vez mais avançadas e usando redes cada vez maiores. O volume de captura aumentava sem cessar, até que um total absurdo de 810 mil toneladas de bacalhau — só de bacalhau — foi retirado do fundo arenoso do mar no ano de 1968, quando tudo começou a dar muito errado nos Grandes Bancos da Terra Nova.

Nesse ponto, o governo canadense decidiu que alguma coisa precisava ser feita. Vinham tirando demais dos pesqueiros, durante tempo demais — e essa situação, que tinha sido tolerada, simplesmente não podia continuar. Matemáticos do governo determinaram que, em algum momento entre meados do século XVII e meados do século XVIII — tempo suficiente para o nascimento e morte de trinta gerações de bacalhaus —, cerca de 8 milhões de toneladas de bacalhau haviam sido capturadas, sobretudo por pescadores britânicos, espanhóis e portugueses, que usavam linhas de mão. Todavia, disseram os matemáticos, quase exatamente a mesma quantidade de peixes tinha sido retirada dali durante os primeiros *quinze* anos de atuação dos navios-fábricas. Para falar claro, a retirada de 8 milhões de toneladas em quinze anos era coisa que nenhum pesqueiro, em lugar algum do mundo, teria capacidade de sustentar.

Era preciso pôr em marcha um plano, o que se fez com a rapidez que pode ser chamada de razoável em termos de governo. Mas, embora as intenções dos burocratas e das autoridades na distante Ottawa possam ter sido as melhores possíveis, o modo como foram executadas as políticas canadenses de pesca nos vinte anos seguintes contribuiu para criar uma calamidade ainda maior, um desastre do qual nem os peixes, nem os pescadores, nem as comunidades pesqueiras jamais se recuperaram plenamente.

Primeiro, o governo canadense fez o que parecia muito sensato: declarou, em 1977, de comum acordo com a maioria dos demais países costeiros do mundo, que doravante uma faixa de duzentas milhas marítimas (370 quilômetros) junto de todas as suas costas seria considerada sua própria Zona Econômica

Exclusiva,* e que barcos estrangeiros não poderiam operar ali. A decisão canadense significava a expulsão dos navios-fábricas e das traineiras provenientes de Murmansk, Vigo, Lisboa, Fleetwood, Pusan e muitos outros portos estrangeiros. Com frequência esses navios e traineiras operavam a apenas cinco quilômetros da praia, formando a impressionante cidadezinha iluminada que se via outrora da baía de Bonavista. Ainda poderiam pescar além do novo limite — o que lhes permitia continuar a operar no Nariz, na Cauda e em Flemish Cap —, mas não nos Bancos.

E a maioria dos barcos se afastou para o oeste. Pressionadas pelas regras europeias de cotas, as traineiras espanholas esperaram achar guarida no território de Saint-Pierre e Miquelon — microscópica relíquia das ambições coloniais francesas, dezesseis quilômetros ao sul da Terra Nova, onde se usa o euro, fuma-se Gitanes e bebe-se Calvados — e continuaram a pescar em partes mais distantes dos Bancos, fora da ZEE canadense. O mesmo fez a Frota Branca portuguesa, com seus barcos de pesca ainda pintados de branco, como tinham feito durante a Segunda Guerra Mundial para lembrar sua neutralidade aos submarinos alemães. Afora esses barcos, o mar se esvaziou, e cessou a varredura de bacalhau no fundo do mar.

Pela lógica, o súbito silêncio que se seguiu deveria ter dado às populações de bacalhau nos Grandes Bancos tempo e oportunidade para se recuperar. De uma hora para outra, ninguém estava praticando a pesca em grande escala no lugar, já que os pescadores canadenses, agora os únicos com direito a fazê-lo, não tinham na época os meios físicos com que pescar, ou pelo menos não como os russos e coreanos antes faziam. Não podiam nem queriam exaurir seu próprio mar como os estrangeiros haviam feito.

Entretanto, os governos tinham outros planos. Tanto o governo federal em Ottawa como o governo provincial em St. John's decidiram que deviam insuflar

---

* O moderno conceito de Zonas Econômicas Exclusivas (ZEES), quando finalmente regulamentadas pela Lei do Mar das Nações Unidas (1982), reduziu em muito a realidade do "alto-mar" no oceano Atlântico. Isso porque, embora os dois pontos mais próximos entre si nas duas costas sejam a ponta do Calcanhar, onde fica o farol homônimo, a cerca de cem quilômetros de Natal, e a ilha Sherbro, ao largo de Serra Leoa, separadas por cerca de 2700 quilômetros, só existem entre os dois pontos aproximadamente 1120 quilômetros de oceano que não estejam sob a jurisdição de nenhum Estado. Em seu ponto mais largo — incluídas as ZEES — o alto-mar entre Cidade do Cabo e a Terra do Fogo tem uma extensão de 6800 quilômetros.

um pouco de vida na economia sempre claudicante da província mais pobre e mais nova do país (a Terra Nova fora uma possessão britânica carente até 1949, e desde sua incorporação ao Canadá sua economia tinha como esteios a pesca e a polpa de madeira). Em consonância com essa política eleitoreira, resolveram dar início ao que os políticos esperavam que fosse uma pujante indústria de pesca organizada por canadenses, dirigida por canadenses e de propriedade canadense.

Por outro lado, o governo — e especificamente uma agência reguladora federal que hoje é motivo de galhofa, o Departamento Canadense de Pesca e Oceanos — apresentou estimativas da quantidade de bacalhau que qualquer nova frota canadense poderia capturar legitimamente, mas errou demais, de forma quase inacreditável.

As estimativas eram absurdamente altas. O governo anunciou, muito feliz, que 400 mil toneladas de bacalhau poderiam ser capturadas por ano nos Grandes Bancos, e a incipiente indústria pesqueira canadense, que além disso tinha sido seduzida por generosas ajudas oficiais, mordeu a isca. Os estaleiros da costa leste, com capacidade ociosa, logo soldavam e rebitavam a todo vapor, e de suas carreiras saíam barcos novos a cada momento. Não demorou para que todas as traineiras e navios-fábricas soviéticos fossem substituídos por embarcações das mesmas dimensões, com os mesmos equipamentos e igualmente agressivas, com a única diferença que em seus paus de bandeira tremulava a folha vermelha do bordo do Canadá. E esses barcos foram postos a pescar no mar alto com uma energia e uma ambição incentivadas por discursos interminavelmente otimistas do governo: havia naquele oceano abundância de pescado; os barcos canadenses podiam capturar a quantidade que quisessem, das espécies que escolhessem.

Mas logo ficou evidente que essas fulgurantes estimativas dos estoques de peixes só podiam ter sido exageradas — se por inépcia ou se por interesse político corrupto ou demagogo, ninguém ainda pôde dizer com segurança. Na época, alguns biólogos marinhos e não poucos pescadores locais tinham plena certeza disso e anunciaram aos quatro ventos que a tragédia estava próxima — em certo momento, tentaram até bater às portas dos tribunais e defender perante a majestade da lei a necessidade de cautela. Mas ninguém lhes quis dar ouvidos, e no fim da década de 1970 e durante a maior parte da seguinte rolou a festança canadense.

A Terra Nova tornou-se, em termos relativos, rica e próspera, exultando por estar plenamente incorporada ao sábio e presciente Canadá. Toda a sua população estava agora feliz, pois os bacalhaus prateados saltavam em torrente do mar canadense. De repente, o velho e ridicularizado *Newfie** passou a ser visto como uma criatura totalmente diferente, um sujeito admirável, com uma nobre ética de trabalho e um novel espírito empreendedor. E, em lugar de quilômetros sem-fim de pinheirais e patéticos núcleos de subdesenvolvimento, a Terra Nova passou por uma transformação, com fábricas novas em folha para processar alimentos de origem marinha, enormes operações de transporte rodoviário e a abertura de um número nunca visto de empresas de distribuição. Essa era agora a face de uma Terra Nova moderna, rica, cujos habitantes passavam a ser vistos como uma gente abençoada pela sorte. Alguém fez blague, dizendo que a nova divisa da província deveria ser "*In cod we trust*".** Um pesado rolo compressor tinha sido posto em movimento, e durante alguns anos inebriantes pareceu que nada o deteria.

Mas então os números começaram a cair. No começo da década de 1990, os cientistas passaram a divulgar novos dados. Mostravam que a pesca de bacalhau nos Bancos estava despencando vertiginosamente, e que o número de fêmeas que desovavam — um dado crítico para o futuro — vinha encolhendo depressa, como um balão furado. Pensando no surto econômico que havia ajudado a criar para a Terra Nova, o governo ainda procurou manter o sorriso, dizendo a quem tivesse ouvidos que tudo ia bem. Em 1992, seus próprios oceanógrafos, que haviam mencionado números desatinados uma década antes, de repente se deram conta dos efeitos de seus erros e propuseram limitar a captura anual a 125 mil toneladas. Aí a política entrou em cena: ministros tentaram desacelerar o rolo compressor, desdenhando esses números e propondo sua própria meta, quase duas vezes maior — 235 mil toneladas. Mas até isso eles viam como politicamente arriscado. As autoridades tiveram de explicar que, embora o novo nível proposto estivesse muito longe das esplêndidas 810 mil toneladas capturadas em 1968, na verdade a nova meta não era mais que uma redução calculada, um número sensato e prudente.

Contudo, longe de ser sensata e prudente, a proposta era irrelevante, pois

---

* Termo depreciativo que designa o natural ou habitante da Terra Nova. (N. T.)
** Literalmente, "No bacalhau confiamos", jogo de palavras com a divisa dos Estados Unidos, *In God we trust* ("Em Deus confiamos"). (N. T.)

durante o início daquela temporada de pesca, vieram do mar notícias medonhas e imprevistas: por mais que tentassem, os pescadores terra-novenses de repente não conseguiam pescar nada que nem sequer chegasse perto daquela quantidade de peixe. E a verdade ficou clara: algo de terrível e inimaginável tinha acontecido. O bacalhau havia, simplesmente, acabado.

As traineiras saíam, lançavam as redes, arrastavam-nas durante as horas prescritas e depois as puxavam de volta — vazias. Os pescadores costeiros levavam seus barquinhos de um lado para outro dentro do limite de doze milhas náuticas, iscavam os anzóis e os lançavam nos pesqueiros conhecidos — e viam, consternados, que voltavam sem um só bacalhau.

De repente a realidade bateu com força na cara de todos. Tudo o que havia acontecido desde a criação da zona de exploração exclusiva de duzentas milhas marítimas e desde a expulsão dos barcos estrangeiros não tinha passado de uma esbórnia, uma pândega e um desregramento que levaram, inevitavelmente, a todos os sintomas de uma horrenda carraspana. Foi uma festa que chegou a seu fim desastroso cedo demais, com a ressaca começando no instante em que a farra acabou.

E com isso o governo, aturdido, não teve opção. Fechou o pesqueiro. Em junho de 1992, quase cinco séculos depois de João Caboto ter falado de um canto do oceano atulhado dos mais belos e saborosos peixes do mar, todos eles tinham sido capturados, e o mar se tornara estéril. Haviam dito que cerca de 1,5 milhão de toneladas de fêmeas de bacalhau desovavam nas águas da Terra Nova; as que sobravam agora nas baías talvez alcançassem 60 mil toneladas — em essência, nada. Os Grandes Bancos são hoje um ex-pesqueiro de bacalhau.

E assim eles permanecem desde então. Houve tentativas de reestimular o pesqueiro, que deram em nada. E, como logo constatei ao dirigir pela península de Bonavista, parando em vilas de pesca como Catalina, Port Rexton, Newman's Cove, Trinity e na própria cidade de Bonavista, no norte, onde a estátua de João Caboto contempla o mar, pequenas quantidades de bacalhau ainda podem ser encontradas nas baías e angras da região. Mas os pescadores estão absolutamente proibidos de pegá-los, e qualquer pessoa apanhada com um bacalhau é punida com uma pesada multa. Há quem defenda que seria viável permitir que cada pescador pegue uma tonelada por ano, porém o governo, talvez embaraçado por ter cometido tantos desvarios no passado, se recusa a qualquer concessão.

Algumas usinas processadoras fecharam ou trabalham em tempo parcial com outras espécies que podem ser encontradas e capturadas legalmente. Mais ou menos 30 mil terra-novenses perderam o emprego. Reinava na província um clima de apatia, de indizível tristeza — lojas fechadas, fábricas com as portas pregadas, correntes em torno de fábricas que antes transbordavam de trabalhadores.

Pelo que se ouve dizer, são muitos os culpados pelo colapso do pesqueiro do bacalhau. Algumas autoridades culpam o aquecimento global, com relação ao qual, admitem, ninguém pode fazer muita coisa; outras afirmam que a foca-da-groenlândia devora os filhotes de bacalhau, e como os governantes podem tomar medidas nessa área, muitos recomendam a erradicação ou redução das colônias dessas focas. Os pequenos pescadores culpam os navios-fábricas e os estatísticos. Os pescadores de alto-mar estão aborrecidos com o governo, que acabou com seu ganha-pão e pouco lhes oferece em troca — muito embora o seguro-desemprego na Terra Nova seja generoso, e os críticos afirmem que a indústria da pesca nesse canto do Atlântico é exageradamente subsidiada. Pretendem que, em vez disso, o governo deixe que ela se recupere ou afunde sozinha.

Mas todos esses argumentos mostram-se rasteiros contra o pano de fundo da grande realidade: não faz muito tempo, o noroeste do Atlântico oferecia uma fantástica riqueza, mas a ganância humana e a propensão fatal para pensar a curto prazo fizeram com que essa dádiva da natureza se esgotasse, talvez para sempre. Toda uma comunidade litorânea também foi vitimada. Será mesmo essa a grande tragédia? Ou a dizimação do bacalhau nos Grandes Bancos foi mais importante? Essas perguntas são vitais para nossa relação com os mares que nos cercam.

John Culliney, biólogo marinho que trabalha no Havaí, observou certa vez que os oceanos, "o último grande ermo vivo do planeta", talvez representasse uma fronteira em que o homem tinha "sua última chance de provar que é uma espécie racional". Aqui, no mar raso da Terra Nova, a evidente incúria da humanidade em relação ao Atlântico nos leva a crer que há pouca razão para otimismo.

SUL

Entretanto, no extremo do Atlântico Sul, a situação parece estar um pouco melhor. O pesqueiro criado em 1993 numa imensa área administrada pelo governo britânico em torno dos arquipélagos da Geórgia do Sul e de Sandwich do Sul é hoje um dos mais bem policiados e eficientes do mundo, e sua área de 2,2 milhões de quilômetros quadrados faz dele a maior parte remanescente do que foi um dia o grandioso Império Britânico. A maioria das chamadas "percas chilenas" que figuram nos cardápios dos restaurantes do hemisfério norte vem dali, no mais das vezes com atestado de qualidade das organizações de proteção à pesca.

Na verdade, como quase todo mundo, eu não fazia ideia da existência dessa área marítima administrada pelo Reino Unido. Isso até um dia de fevereiro no começo dos anos 1990, quando ocorreu um encontro de todo inesperado e tomei conhecimento de uma série de fatos muito curiosos. Mas antes de expô-los devo dar certas informações.

Quando estudante universitário, na década de 1960, durante algum tempo fui colega de quarto de um rapaz de inteligência excepcional, chamado Craig, que se formou em persa clássico. Ao que se dizia, suas realizações acadêmicas eram insuperáveis, e o governo britânico prontamente recrutou Craig como diplomata — e talvez ele exercesse também outras tarefas na área clandestina. Serviu em várias legações de Sua Majestade no sudoeste da Ásia, o que era de se esperar, em vista de suas aptidões linguísticas. Continuamos amigos, e de vez em quando eu recebia cartas e cartões-postais em que ele fazia referência a sua atuação em lugares como Amã, Jeddah, Jerusalém e Teerã. Disse-me ele, um dia, que tinha razões para esperar que, desde que não fizesse nenhuma besteira, poderia acabar como embaixador britânico no Irã e encerrar a carreira com todas as honrarias e homenagens a que um diplomata britânico tão eminente faria jus. Creio que a última vez que tive notícias suas foi em meados da década de 1980, quando ele se achava num departamento do Foreign Office ligado à Palestina. Sua carreira parecia então estar num rumo absolutamente certo.

Mas eis que, em meados da década de 1990, num mês de fevereiro e numa manhã de verão sem nuvens, viajando num cargueiro russo, eu me aproximava de Port Stanley, capital e principal porto das ilhas Falkland. Achava-me no passadiço e, por uma curiosa coincidência, escutei um chamado no canal 17 do rádio VHF, em que alguém perguntava se eu podia atender.

"O vice-governador das ilhas Falkland apresenta seus cumprimentos", consegui entender, com certa dificuldade. Eu poderia almoçar com ele? Respondi que sim, é claro, embora não tivesse a menor ideia de quem fosse o governador ou seu vice. Pouco depois apareceu uma pequena lancha, tripulada por dois soldados. Atracaram junto do portaló, subiram a bordo, saudaram-me e me conduziram sem demora à terra, com a bandeira colonial tremulando ao vento.

Quem me esperava no cais era Craig. Ostentava agora uma barba densa, parecendo um pouco mais velho do que eu esperaria, mas mostrava-se caloroso e simpático como sempre. Caminhamos até o Upland Goose, o hotelzinho que ganhara certa fama durante a guerra com a Argentina, cerca de dez anos antes, e onde ele tinha uma mesa reservada. Foi-nos servido um almoço que, como era de esperar, uma vez que estávamos nas Falkland, famosas por sua criação de ovinos, baseava-se numa das cem variações conhecidas do tema "carneiro assado". Depois pedimos café e conhaque, sentamo-nos ao sol aquoso do Atlântico Sul para trocar recordações. Foi então que comecei a fazer a pergunta óbvia — mas Craig me deteve, erguendo a mão.

Disse que antevira que eu faria aquela pergunta, mais cedo ou mais tarde. Previa o que eu queria saber. *Que diabos aquele homem, especialista em persa clássico e fluente em farsi, alguém com uma carreira diplomática tão sólida e brilhante, estava fazendo num lugar daqueles?* Ficamos meio embaraçados. Mas Craig disse que havia se preparado. Um dia ele poderia se encontrar com velhos amigos e decidira que, se isso acontecesse, seria melhor expor a verdade.

Acontecera que, anos antes, o Foreign Office o enviara para a embaixada em Rangum, capital da Birmânia, hoje Mianmar. Ele seria diretor de chancelaria, um cargo elevado no qual seria preparado — ainda que numa missão tão distante de seu circuito habitual — para o que parecia então sua inevitável ascensão ao estrelato diplomático. Tudo rumava na mais plena normalidade — exceto pelo fato de que Craig, agora quase cinquentão e ainda solteiro, se envolvera com uma birmanesa igualmente de meia-idade e solteira. Em circunstâncias normais, isso não teria a menor importância, mas o então embaixador britânico na Birmânia opunha-se decididamente a que qualquer funcionário da embaixada se ligasse a pessoas que ele chamava de "nativos".

Um ofício enviado a Londres solicitou a retirada de Craig — e, como se tratava da queixa de um chefe de missão, Londres teve de lhe dar ouvidos. E com isso o pobre homem voltou para casa, onde teve início uma espiral de degradação profissional em que ele foi designado para postos indesejados e, naquele tempo, pouco ou nada relevantes, como Luanda, Mogadíscio e

Ascensão. "E agora isso", disse, estendendo-me, meio constrangido, um cartão que tirou da carteira. Nele se viam palavras em uma apertada tipologia cursiva.

Lá estava o imponente e conhecido emblema do serviço público britânico, depois seu nome e, a seguir, seu título — uma ilustração clássica do axioma segundo o qual quanto mais comprido o título, menos importante é o cargo. Ele era, com efeito, vice-governador de Sua Majestade das ilhas Falkland e dependências, como dissera a mensagem pelo rádio, mas além disso era também *comissário assistente e diretor dos pesqueiros da ilhas da Geórgia do Sul e Sandwich do Sul.*

Para mim, porém, o mais surpreendente foi sua reação. "Sou o primeiro diretor desse pesqueiro, o primeiro da história", declarou com evidente orgulho. "E sabe de uma coisa? Você poderia supor que eu esteja desgostoso e zangado com o que houve... Mas na verdade é justamente o oposto. Estou adorando. Isto aqui é o mais absoluto paraíso." E Craig pôs-se a contar, sem pausas, o modo pelo qual o serviço diplomático se dedicava na atualidade a assuntos áridos, como o comércio. Porém ali, no extremo sul do Atlântico, ele vivia inteiramente ao ar livre, límpido e frio, sempre fresco, tinha acesso a um barco oficial, podia viajar a locais com as mais espetaculares paisagens do mundo. Tinha passado a conhecer a localização das melhores áreas de reprodução de animais exóticos como os albatrozes-errantes, as baleias-francas-austrais e incontáveis espécies de pinguins. Nunca era obrigado a usar terno e gravata, parecia só lidar com pessoas encantadoras, obcecadas e aventureiras, e estava podendo, no momento, ajudar a criar um dos mais bem administrados pesqueiros do planeta.

Há cinco anos eu não distinguia um peixe de outro. Não diferençava um krill de um canguru. Vivia em escritórios. Participava de intermináveis reuniões sobre políticas disso e daquilo. Preocupava-me sem parar com o que a repartição em Londres poderia pensar. Mas agora todos os pequenos detalhes de meu trabalho mudaram. Ainda sou razoavelmente bem remunerado. Ainda sou um diplomata britânico. Apesar de todo o sofrimento por que passei durante um breve período, a Birmânia acabou me fazendo um grande favor. Fez com que eu fosse mandado para cá. E estes dois últimos anos no Atlântico Sul fizeram de mim um homem muito, muito feliz.

E eu via que era verdade. Ele estava exultante, transbordante de alegria. Ainda escrevia em farsi e tinha uma coleção de clássicos persas em seu gabinete. Sempre amaria aquela região do mundo. Mas agora encontrara algo bem diferente, e para ele também arrebatador. Se houvesse permanecido no Atlântico Sul, sem dúvida teria continuado a ser um homem feliz e realizado. A verdade, no entanto, é mais sombria: Craig adoeceu algumas semanas após nosso inesperado encontro nas Falkland, voltou para a Inglaterra de avião e morreu algum tempo depois. Nós o sepultamos numa aldeia em Rutland, num tempestuoso dia de março.

Sua namorada birmanesa, que havia se mudado para Londres e com quem mantive contato durante muitos anos, escreveu-me na década de 1990 para dizer que Craig teria gostado de saber como estava agora o que ele e seus sucessores haviam feito no Atlântico Sul. Quando morava em Rangum, disse jocosamente, ela se interessara pouco por peixes — os birmaneses tinham assuntos mais graves com que se ocupar. Mas com o tempo, e no breve período que passou ao lado de meu velho amigo, ela também tinha ficado totalmente fascinada com as coisas do mar, e agora defendia a santidade dos oceanos com enorme entusiasmo.

O pesqueiro das ilhas Geórgia do Sul e Sandwich do Sul e o dos Grandes Bancos — separados por quase 13 mil quilômetros, no mesmíssimo oceano — têm reputações muito diferentes. Se os Grandes Bancos, ao largo da Terra Nova, são hoje vistos em todo o mundo como uma catástrofe pesqueira, um monumento marítimo à cobiça e à irresponsabilidade, as águas a meio caminho entre o cabo Horn e o cabo da Boa Esperança tornaram-se, nos últimos anos, palco de um dos mais bem-sucedidos programas de conservação ambiental do mundo, graças ao uso de cautela, contenção e solicitude responsável — e à incessante patrulha com grandes navios armados.

Mas só nos últimos anos. *Cautela, contenção* e *solicitude* eram palavras que raramente se poderia aplicar à forma como eram tratados os organismos que vivem na região das ilhas Geórgia do Sul. Até a década de 1980, a captura de cachalotes, baleias-francas-austrais, elefantes-marinhos, focas e pinguins era uma operação gigantesca e altamente lucrativa, e isso praticamente desde o dia em que o capitão Cook descobriu a "terrível, horrenda e selvagem" ilha da

Geórgia do Sul, no fim do século XVIII. Horrenda ou não, em 1912 já havia na inóspita e gelada ilha principal do arquipélago nada menos que seis enormes instalações baleeiras,* e a dizimação de baleias, sobretudo da baleia-jubarte, tornou-se uma atividade quase incessante. Baleeiros britânicos e noruegueses processaram mais de 30 mil baleias-azuis em um único ano, 1929. Hoje essas majestosas e dóceis criaturas, os maiores animais da Terra, estão reduzidas a uma população de menos de 2 mil espécimes.

A jurisdição britânica sobre as ilhas talvez pudesse ter contribuído para reduzir alguns dos maiores excessos de destruição. Mas a partir de 1925, com a criação dos navios-fábricas, teve início uma indústria pelágica sobre a qual, nos sessenta anos seguintes, ninguém, por mais bem-intencionado que fosse, teve jurisdição alguma. Navios russos, alemães-orientais, poloneses e japoneses começaram uma competição no Atlântico Sul cujo resultado foi o esgotamento quase total de algumas das espécies mais frágeis de peixes e cetáceos da região.

No entanto, essa desordem, divulgada por grupos ambientalistas cada vez mais veementes, que tiravam proveito do interesse público pela sorte das baleias, acabou levando o governo britânico, sobretudo depois da Guerra das Falkland, em 1982, a decidir mudar as regras. No fim da década de 1980, Londres resolveu proporcionar organização e mão de obra para tentar garantir que daí em diante, pelo menos nas águas sobre as quais exercia autoridade, a pesca seria realizada com sensatez e extremo cuidado. Proibiu-se a captura de baleias, focas e pinguins; coube então a Londres garantir que os peixes que fervilhavam nos mares do sul — algumas espécies eram quase tão abundantes quanto o bacalhau nas antigas águas da Terra Nova — jamais sofressem uma sobrepesca semelhante.

A biomassa do Atlântico Sul difere um pouco da que se observa no norte. Há no sul, por exemplo, grandes quantidades de krill, um pequenino crustáceo, semelhante ao camarão, que serve de alimento às baleias de barbatana e ainda é muito procurado por navios de pesca russos, ucranianos e japoneses. O krill é

---

* Em 1982, um comerciante de sucata argentino tentou desmontar uma dessas instalações abandonadas, mas não permitiu que os passaportes dos integrantes de sua equipe fossem carimbados pelo representante do governo britânico, sob a alegação de que a Argentina não reconhecia a soberania do Reino Unido sobre as ilhas. Esse fato levou à invasão das Falkland pela Argentina e, em seguida, à breve e sangrenta guerra para restaurar o domínio britânico.

Com aparência assustadora e nome arrevesado — Dissostichus eleginoides —, *a enorme merluza-negra-da-patagônia exigiu alguns cuidados da indústria pesqueira para tornar-se mais aceitável. Ela agora aparece nos cardápios como perca chilena, nome inventado em 1984.*

vendido em lata, transformado em pasta ou blocos congelados para a alimentação de gado, ou é disfarçado e vendido para consumo humano. Há o peixe-gelo e a nototênia, duas espécies que já floresceram ao largo da Geórgia do Sul, mas quase se extinguiram devido à sobrepesca por traineiras do bloco socialista no começo dos anos 1980. E há a merluza-negra-da-patagônia, que por algum motivo passou despercebida aos russos e alemães-orientais — quer dizer, até mais ou menos 1988. Isso aconteceu logo depois que esse peixe grande (chega a alcançar dois metros), longevo (pode viver cinquenta anos), feiíssimo e extremamente saboroso foi rebatizado com o nome de perca chilena e começou a aparecer nos cardápios de restaurantes de luxo da América do Norte e da Europa.

O nome perca chilena surgiu em 1984. A primeira aparição, em águas do Atlântico Sul, de frotas de barcos russos equipados para a captura de grandes quantidades desse peixe — seu nome científico é *Dissostichus eleginoides* — ocorreu quatro anos depois, durante o verão austral de 1988. A partir daí esse peixe se tornou tão popular, tão desejado por *restaurateurs* de todo o mundo que alguns jornalistas passaram a se referir a ele como o "ouro branco dos mares do sul". Para os guardiães dos oceanos meridionais, que recordavam o acontecido nos Grandes Bancos, esse fenômeno causou desalento e bastante preocupação.

As merluzas-negras são pescadas nas águas que circundam a Geórgia do Sul e nos baixios próximos aos afloramentos vulcânicos denteados conhecidos como Shag Rocks, que surgem inesperadamente no meio do mar cinzento, a meio caminho das Falkland. Os peixes são apanhados nessas áreas rasas por traineiras, e em águas profundas, com mais sucesso, por embarcações maiores conhecidas como *long-liners*. Esses navios operam com uma eficiência impiedosa. Linhas longuíssimas, algumas com quase treze quilômetros, dotadas de milhares de anzóis, cada um deles iscado com uma lula, uma sardinha ou uma iguaria barata chamada carapau-do-cabo, são lançados com pesos pela popa de barcos velozes. As linhas descem até o fundo, são deixadas ali durante a noite e puxadas de manhã — em geral com quatro ou cinco toneladas de peixes enormes em cada uma delas. Os peixes passam por rolos que lhes extraem os anzóis, têm os apreciadíssimos focinhos automaticamente removidos, são submetidos a um congelamento super-rápido e estocados em porões refrigerados.

Esse tipo de pesca cria dois problemas. O primeiro é particularmente trágico: antes que os anzóis iscados cheguem ao leito oceânico, atraem a atenção de aves marinhas, e muitos biólogos vêm observando com apreensão que dezenas de milhares de aves — muitas delas são procelárias, ou albatrozes-errantes — acabam fisgadas e são arrastadas para o fundo pelas linhas com pesos, morrendo afogadas. Recomenda-se atualmente aos pescadores que prendam fitas coloridas e repelentes a suas linhas para impedir a morte de aves, principalmente dos raros e esplêndidos albatrozes. Por felicidade, essa é uma solução que parece estar funcionando — ao menos quando os pescadores fazem o que lhes é solicitado.

Mas isso aponta para o segundo problema, mais sério: muitos pescadores não dão ouvidos a esses pedidos, uma vez que grande parte da pesca da merluza-negra praticada perto da Geórgia do Sul é pura e simplesmente ilegal — ou era, até bem pouco tempo atrás. As aves marinhas continuam a morrer nas mãos dos piratas da pesca; e os pesqueiros correm o risco de se esgotar, tal como aconteceu há trinta anos na Terra Nova.

Por isso, navios poderosos, armados com canhões de grosso calibre, vêm sendo enviados a essas águas, a fim de repelir e impedir a pesca ilegal — algo jamais feito em águas canadenses. E essa política resoluta parece, ao menos em seus primeiros anos, estar dando certo — motivo pelo qual a merluza-negra da Geórgia do Sul está se recuperando rapidamente e o pesqueiro é considerado um exemplo de como deve ser o manejo dos recursos marinhos.

Numa recente visita à Geórgia do Sul, conheci o lado mais agressivo dessa política. Viajei num antigo navio de pesquisas russo, que nessa ocasião levava um grupo de observadores de aves para ver uma colônia de reprodução de albatrozes-errantes num afloramento rochoso a sudoeste da ilha principal. Navegávamos em mar aberto, sem vista de terra, a uns dez nós, quando subitamente apareceu uma fragata que se aproximou do navio em alta velocidade, por boreste, e nosso rádio, no passadiço, começou a receber um chamado urgente.

"Barco russo não identificado, a duas milhas de nós, informe seu nome e sua atividade", disse uma voz dura e séria, com sotaque inglês. "Esta é a fragata britânica HMS *Northumberland*. Por favor, declarem imediatamente seu nome e atividade, e o motivo para estarem nestas águas. Diminuam a velocidade para possível abordagem e inspeção."

Tivemos de parar, nos identificar, declarar que não queríamos pescar nem tínhamos equipamento para isso e explicar o motivo de estarmos em águas que nos pareciam internacionais, mas eram águas territoriais britânicas. Se tivéssemos agido de forma suspeita, grupos de abordagem estavam prontos para nos alcançar com suas lanchas Zodiac e subir a bordo; se tivéssemos resolvido fugir, logo seríamos desencorajados com um disparo na proa.

Mas tudo deu certo. Por acaso, o capitão da fragata inglesa era um velho conhecido meu, e assim que verificou quem éramos e o que fazíamos, propôs-se a "dar um pequeno espetáculo" a nossos passageiros, como recompensa por termos sido obrigados a parar. E todos nos deliciamos, durante quinze minutos, com uma exibição de acrobacias navais. A fragata da Royal Navy, nova em folha, correu de um lado para outro entre as vagas, em alta velocidade, levantando catadupas de surriadas e deixando uma esteira de um quilômetro e meio. Por fim, terminada a brincadeira, apitou três vezes e partiu para o pôr do sol, desaparecendo em questão de minutos. Outro setor do oceano fora declarado livre de infratores, ao menos por ora, e os cardumes de merluzas-negras poderiam passar mais uma noite em paz.

Isso aconteceu no começo da década de 1990, poucos anos depois da guerra de 1982, quando todo mundo ainda estava com os nervos à flor da pele. As coisas estão muito mais estáveis atualmente, embora a Royal Navy continue a se fazer presente, por via das dúvidas. Cada barco de pesca autorizado a operar nas águas da Geórgia do Sul está obrigado a manter um transponder que informa ininterruptamente sua posição ao governo, e foram tomadas medidas adicionais de segurança: aviões Hércules sobrevoam a região, decolando da base da Royal Air Force nas ilhas Falkland, a 1300 quilômetros de distância, e satélites de vigilância estão programados para alertar para a presença de qualquer embarcação que dê mostras de estar pescando ilegalmente. Isso inclui as operações noturnas de navios equipados para a captura de milhões de lulas, os *squid--jiggers*, que utilizam milhares de iscas artificiais chamadas zagarilhos. Esses barcos podem ser avistados facilmente do espaço, pois projetam no mar centenas de fachos de luzes brilhantes a fim de atrair a presa.

Está também em operação um barco-patrulha de alta velocidade e grande raio de ação, pintado de laranja para se destacar contra o gelo e equipado com um canhão automático Oerlikon. Seus tripulantes perseguem, abordam e prendem quaisquer infratores e prontamente confiscam ou afundam barcos recalcitrantes. Foi exatamente isso que o MV *Dorada* fez em 2003: numa operação que cobriu metade das águas do sul, ajudou a perseguir o *Viarsa*, um barco de pesca pirata, de bandeira uruguaia, que levava em seus congeladores quase 4 milhões de dólares em peixes capturados ilegalmente. Por fim, o *Dorada* deteve o *Viarsa* e sua tripulação ao largo da África do Sul.

Essa história apresenta uma certa simetria histórica. Verificou-se que o *Viarsa* era de propriedade de um consórcio de galegos, do norte da Espanha — o povo que inaugurou a pesca de alto-mar no Atlântico há quinhentos anos. Segundo se soube, havia cerca de vinte outros navios desse tipo, dos mesmos proprietários, porém registrados em lugares como Belize, Panamá, Argentina e Gana, empenhados na mesma missão: saquear oceanos distantes, enfrentando os riscos, mas quase certos de grandes lucros. A ironia está em que o mesmo imperativo que no século XVI conduziu os ibéricos à desolação nevoenta e livre de controles dos Grandes Bancos, no século XXI também acabou por levá-los, desta vez ilegalmente, às geladas águas subantárticas, agora rigidamente vigiadas. Hoje, os galegos só perdem para os japoneses como os maiores consumidores de peixe no mundo. Mas nas duas ocasiões o imperativo foi o desejo, aparentemente insaciável, de capturar uma quantidade infinita de peixes, em mares que os galegos acreditam abrigar um estoque inexaurível de pescado.

UM MAR DESRESPEITADO

Essa inexauribilidade pode ter sido verdadeira no século XVI. Com certeza não é mais hoje. Os peixes que se debatiam em busca de espaço no tempo de Colombo, Caboto, Vespúcio e Francis Drake estão reduzidos hoje a pequenas populações, devido a uma lamentável conspiração que levou ao esgotamento. Não é de admirar que o alarme esteja finalmente soando, apesar da cega persistência das ilusões de abundância perpétua e do vasto apetite mundial por peixes e outros frutos do mar.

Há quem acredite que todos os peixes estão em perigo no mundo inteiro. Muitas pessoas que, por motivos ambientais, deploram o consumo de carne alegam que o consumo de pescado deve ser interrompido com o mesmo vigor, pois os peixes marinhos se encontram tão ameaçados quanto estiveram um dia os bisões nas planícies dos Estados Unidos. Não são poucos os que preveem que todos os peixes de valor comercial, em todo o mundo, estarão praticamente extintos antes da metade do presente século.

É evidente que os oceanos estão mudando, devido à atuação deletéria de pessoas que mal conhecem o mar e não se importam em nada com ele. É provável que todos nós tenhamos presenciado sinais disso, há pouco ou nem tão pouco tempo. Na década de 1960, por exemplo, às vezes eu ia a uma remota enseada na costa noroeste da Escócia, e de vez em quando saía num barco até onde minha coragem permitia. Vez por outra, durante um aguaceiro, me abrigava a sotavento de uma ilha verde e baixa chamada Guinard. As pessoas da região nos advertiam que não nos aproximássemos demais da ilha. Fiz isso uma vez, por acidente, e avistei na praia avisos de que era desaconselhável desembarcar ali, pois cinquenta anos antes a ilha e as águas adjacentes tinham sido deliberadamente infectadas com carbúnculo, numa experiência em tempo de guerra cujos efeitos tinham persistido por mais tempo do que se previra. Pensavam que o mar era grande o bastante para diluir todas as toxinas: ninguém imaginou que ocorreria o contrário, e que os próprios mares ficariam envenenados.

Também nessa época, mas em outra enseada, bem longe dali, passávamos horas felizes caminhando pela praia, parando cá e acolá para examinar, através da água transparente de piscinas formadas por rochas, jardins aquáticos brilhantes e multicoloridos, frondes ondulantes de anêmonas vívidas e vermelho-

-escuras que por instantes protegiam do sol grupos de siris e peixinhos atarantados. Mas tudo isso mudou. Desde então multidões de turistas descuidados acorrem a essas praias, cujo isolamento chegou ao fim. As águas que vi em visitas mais recentes estão agora cobertas de espuma e creio que não é a imaginação que me leva a achar que atualmente se veem menos bichinhos, nenhum deles tão colorido e reluzente como os que recordo da infância.

E mais ao sul, mas ainda numa parte do oeste da Escócia varrida por vendavais e lavada por mares impetuosos, vê-se outro sinal dos estragos causados pela negligência. Em lugares onde nos deitávamos, sozinhos, no *machair*, contemplando as lontras e os tubarões que se aquentavam ao sol e admirando o vazio cinzento do oceano em torno, existe hoje uma longa série de plataformas de madeira, assentadas em boias feitas com barris azuis: currais de pescado, com bombas zumbindo continuamente, luzes piscando sem parar e lanchas que soltam e correm de um lado para outro com barris de ração para os milhares de peixes que vivem ali. No interior dos tanques reina uma agitação ininterrupta: os peixes travam uma luta frenética por espaço. Não se debatem como se afirmava que os bacalhaus faziam no Atlântico Norte há cinco séculos, um resultado festivo de liberdade e fecundidade, mas sim porque agora estão como que imobilizados em vastas quantidades em gaiolas subaquáticas, onde são mantidos — com as nadadeiras feridas, os músculos debilitados e infecções à solta — até crescerem o bastante para ser tirados dali com redes e enviados por caminhão para metrópoles da Europa.

Há mudanças e degradação em todos os mares. Hoje, neste dia de inverno em que escrevo, recebo outra notícia melancólica sobre a deterioração dos oceanos. Desta vez parece que a crescente acidez das águas de um oceano tropical, supostamente causada pela dissolução, na água do mar, de um excesso de dióxido de carbono gerado pelo homem, está privando certos peixes do sentido do olfato, o que lhes impossibilita detectar a presença de predadores. Quer dizer, não só queremos comer todos os peixes oceânicos que consideramos apetitosos, como também, pelo visto, desejamos também dar uma mãozinha a outros monstros piscívoros e com isso acabar mais depressa com o pescado.

Só nos resta baixar a cabeça de vergonha e total frustração: nós poluímos o mar, saqueamos o mar, desprezamos o mar, profanamos o mar que nos parece tão somente uma simples superfície de estanho quando o sobrevoamos em nossos aviões poluidores — esquecidos ou ignorantes de que ele é a fonte de toda a vida na Terra, o manancial do qual todos procedemos. O Atlântico, o primeiro oceano a ser conhecido, atravessado e estudado, é de longe o mais poluído, o mais saqueado, o mais desprezado e o mais profanado de todos os oceanos do planeta.

Comparar a sobrepesca do bacalhau no Atlântico Norte com a atual gestão aparentemente sensata da merluza-negra no Atlântico Sul indica um caminho para que o homem, enfim, mude seus hábitos. Mas essa não é, de modo algum, uma comparação perfeita. As desastrosas decisões tomadas pelo governo canadense na década de 1980 foram feitas numa democracia e por um governo que se sentia, compreensivelmente, no dever de atender às necessidades de curto prazo dos pescadores da Terra Nova, que, por acaso, eram também eleitores. Não existe um único eleitor nas águas da Geórgia do Sul. Não há habitação humana permanente ali. O governo colonial pode administrar a pesca ali impunemente, fazendo o que considerar prudente, sem ter de fazer concessão a nenhum grupo de interesse — a não ser aos próprios peixes, podemos dizer.

Não obstante, uma crescente decisão humana de modificar nossos hábitos vem se tornando visível — e parece provável que mais uma vez o oceano Atlântico será utilizado como campo de prova para a aferição dessa nova atitude. Será também o oceano que forçosamente exibirá as consequências se falharmos.

E quais, somos levados a perguntar, serão tais consequências? Poderia o oceano dar um jeito de resistir, de alguma forma inimaginada, ao modo como abusamos dele sem cessar e, de uma forma ou de outra, começar a revidar? Que preço teria a humanidade de pagar se, depois de décadas de abusos e incúria, o Atlântico resolver fazer isso?

7. A maré ciclônica tudo leva de roldão

Na última das cenas,
A que fecha esta história movimentada e rica,
Vêm a segunda infância e o simples esquecimento,
Sem dentes, sem visão, sem gosto, sem nada.

O GELO SAI DE CENA

Algumas coisas esquisitas estão acontecendo no Atlântico Norte, sem que ninguém saiba bem por quê. As mudanças se apresentam sob variados disfarces. A seguir exemplifico apenas uma delas.

No início de setembro de 1965, eu me encontrava no leste da Groenlândia com outras cinco pessoas — uma equipe de pesquisa de nossa universidade — à espera de pescadores inuítes que nos recolheriam na praia de um largo fiorde, o Scoresbysund. Tínhamos trabalhado na calota glacial durante meses e estávamos de volta à costa para empreender, como acertado de antemão, a primeira etapa de nossa longa viagem de regresso à Inglaterra. Esperamos, pacientes. Três dias se passaram, e nada do barco. Por fim, recebemos uma explicação pelo receptor de ondas curtas: duas semanas de lestadas fortes e incessantes tinham trazido bilhões de toneladas de bancos de gelo do estreito da Dinamarca, impedindo a navegação em todo o fiorde de 320 quilômetros de extensão, agora só acessível por grandes quebra-gelos. Isso era uma coisa que acontecia de vez em quando naquela época, e ninguém nos informara. E o barquinho de madeira que estávamos esperando, o *Entalik*, com apenas vinte pés [seis metros] e uma guarnição de três tripulantes, não era nenhum quebra-gelo.

Ou seja, estávamos ali abandonados, sem possibilidade de socorro e talvez correndo sério perigo. Todos estávamos em boa forma física, mas nossa provisão de alimentos era escassa. Tínhamos uma enorme quantidade de margarina Van den Berg, que não congelava facilmente, dez caixas de barras de cereais Weetabix e, estranhamente, uma caixa de folhas de louro — tudo isso deixado num depósito onde nossa expedição havia desembarcado, três meses antes. No entanto, nem de longe estávamos indefesos, pois tínhamos um rádio e uma arma. E, mais por sorte do que por uma aptidão especial como atirador, alguém conseguiu derrubar um ganso selvagem e, digo hoje com certo constrangimento, um urso-polar amarelo, já velho. Comemos os dois. O ganso tinha aquele conhecido gosto de ganso; e o urso era tão duro e fibroso por dentro quanto feioso por fora, além de estar com as pernas infestadas por dezenas de *Planarias*, um verme platelminto repulsivo, que tivemos de extrair com nossos canivetes do Exército suíço antes de cozinhar a carne no fogareiro Primus. Tivemos o cuidado de evitar o fígado do animal, pois groenlandeses nos tinham avisado que é altamente tóxico, por conter quantidades excessivas de vitamina A.

Por fim recebemos pelo rádio outra mensagem da tripulação do *Entalik*. Informaram que tinham conseguido avançar pelos bancos de gelo, levando nisso três dias e três noites, e agora estavam a mais ou menos um quilômetro e meio de nós, sem poder avançar mais. Contanto que o gelo não se movimentasse demais, poderiam ficar onde estavam talvez mais um dia, mas depois teriam de retornar. O inverno já se aproximava. Naquelas latitudes, um pouco acima de 70° N, o sol de outono se punha vários minutos mais cedo a cada dia. A temperatura à noite já começava a despencar, e mesmo durante o dia o frio criava pequenas nevascas.

Nossas opções eram poucas. Já tínhamos perdido o último quebra-gelo da temporada, que parte duas vezes por ano de um minúsculo povoado localizado a cinquenta quilômetros da entrada do fiorde, em seu lado norte, e nos teria levado à Dinamarca. E, se agora não conseguíssemos chegar à segurança do povoado e ficássemos presos ali, no lado sul do fiorde, estaríamos numa situação gravíssima. O frio logo se tornaria intenso e o céu escureceria. Era provável que morrêssemos de fome.

Para termos alguma possibilidade de salvação, teríamos de caminhar até o barco, atravessar o mar, sobre os blocos de gelo sempre em movimento, e achar o *Entalik* na beirada do fiorde. Teríamos de partir imediatamente, antes que o barco, diante do risco de ficar preso durante todo o inverno, desse meia-volta e fosse embora.

Assim, desarmamos as barracas, juntamos nossos pertences essenciais e os prendemos às costas. Amarramo-nos uns aos outros com uma corda, para maior segurança e, usando botas com *crampons* e picaretas de gelo, subimos pelos ressaltos que haviam se formado onde os blocos de gelo encostavam na praia. Saímos andando pelas banquisas instáveis, saltando de uma para outra, por cima dos espaços de água negra e gelada que, sabíamos, teria ali pelo menos trezentos metros de profundidade. Não que a profundidade fizesse alguma diferença: com um minuto naquele mar, um homem estaria morto muito antes de alcançar a metade da coluna de água.

A caminhada durou várias horas, com momentos em que estivemos à beira do desastre, mas por fim chegamos ao barco. Ele próprio tinha ficado preso no gelo por algum tempo, como a tripulação temera, e fomos obrigados a abater mais um animal para comer, dessa vez um boi almiscareiro. Contudo, a despeito de vários problemas nada relevantes para esta história,* alcançamos o Scoresbysund e daí a uma semana estávamos de volta à Inglaterra. Dos seis membros do grupo, quatro, entre os quais eu, ainda éramos estudantes e chegamos a tempo de pegar o início do período letivo.

De nós seis, cinco se tornaram geólogos profissionais, e dois destes, quase todos os anos, costumavam visitar aquela mesma área da Groenlândia. Passa-

---

* Tivemos de fretar um aviãozinho para nos levar, em grupos, do povoado a um campo de aviação no oeste da Islândia. O piloto, um sujeito heroico chamado Bjorn Palsson, morreu num acidente pouco depois de nos ajudar com tanta bravura. Quando fui à Islândia a fim de fazer pesquisas para este livro e mencionei seu nome, todos se lembravam dele, mesmo quarenta anos depois. Na época nenhum de nós sabia que, já fazia muito tempo, ele era famoso na Islândia como "piloto de resgate".

ram a conhecer o gelo, as rochas e os animais — e o clima — desse remotíssimo desvão do mundo quase tão bem quanto os groenlandeses que ainda moram ali. E com o passar dos anos notaram que certas coisas tinham mudado, e de uma forma meio estranha.

Algumas mudanças são de um tipo esperado. O povoado é hoje um pouco maior. Naquela época, tinha quatrocentos moradores; hoje são quinhentos. Mudou de nome, não mais homenageando um baleeiro britânico, William Scoresby; hoje o lugar se chama Ittoqqortoormiit, palavra groenlandesa que significa "casa grande". O quebra-gelo de Copenhague ainda vai até lá duas vezes por ano, mas atualmente há também uma linha aérea no verão, com dois voos semanais. O *Entalik* não existe mais há tempos e foi substituído por um barco maior e bem mais robusto. Os rapazes que tripulavam o barquinho em 1965 estão hoje idosos, e há um grupo de caçadores e marinheiros, jovens e fortes, que levam o barco novo aos recantos mais distantes do sistema de fiordes. Chegam até a mais recôndita geleira, a mais longa do mundo — a 350 quilômetros do Atlântico — para levar suprimentos a pessoas que escolheram viver mais longe ainda, afastadas do mar.

Foram esses jovens que notaram a mudança mais marcante em seu meio. Quando começaram a trabalhar com o barco, podiam sempre esperar que, tendo partido perto do fim do outono, inevitavelmente haveria dias em que topariam com bancos de gelo trazidos por ventos tempestuosos, tal como ocorreu conosco em 1965. Os mesmos bilhões de toneladas de gelos flutuantes voltariam a encher o fiorde, e a navegação se tornaria difícil, senão impossível. O primeiro vendaval ocorria em geral no fim de setembro, sinal certeiro como um relógio de que o inverno estava para começar: o mar congelaria e o Scoresby-sund se uniria, como de costume, à banquisa do estreito da Dinamarca. Em certos anos, raramente, o gelo aparecia algumas semanas antes (no caso que narrei, o gelo que atrasou nosso retorno à Inglaterra apareceu na primeira semana de setembro). Mais raramente ainda, via-se gelo no fiorde nos últimos dias de agosto. Mas isso acontecia uma vez na vida, outra na morte, e quando ocorria, como ocorreu para os homens do velho *Entalik*, era um fenômeno visto com extremo desagrado.

Mas então começou a acontecer uma mudança — e, pelo que os inuítes se lembram, foi em meados da década de 1990: o aparecimento de bancos de gelo no fiorde passou a se atrasar, e cada vez mais. Nunca mais o gelo surgiu em agosto,

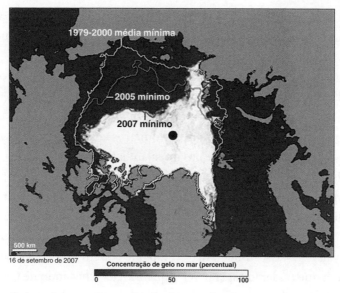

O derretimento progressivo dos bancos de gelo árticos a partir de 1979 vem transformando grande parte da região polar setentrional em águas azuladas durante o verão. Scoresbysund, na Groenlândia ocidental — o maior sistema de fiordes do mundo —, é a enseada de duas pontas que se vê no lado oriental inferior da ilha. Seus fiordes, congelados na década de 1960, agora ficam totalmente livres de gelo até bem adiantado o inverno.

o que foi um alívio. Mas o fechamento do fiorde raramente ocorria também no início de setembro — e isso, ainda que fosse visto com prazer pelos navegantes, era meio estranho. Ano após ano, no fim do século XX e também no XXI, o fiorde passou a permanecer livre de gelos até o fim do mês. Na verdade, podia não haver gelo algum até o último dia de setembro, coisa nunca vista antes.

Ao surgimento dos gelos seguia-se a obstrução anual, o momento em que o gelo no fiorde se torna tão denso e permanente que todos os barcos são levados para terra e postos de borco durante todo o inverno escuro. Nessa altura o sol já se acha bem baixo no céu, e a maior parte do dia é de penumbra. Essa semiescuridão normalmente coincidia com o princípio do congelamento do fiorde, mas agora o mar permanecia líquido, com ondas, e escutavam-se barulhos de arrebentação em geral associados a dias de sol alto. O inverno ártico podia ter começado, porém as águas do Ártico não eram mais frias como antes, nem havia gelo na quantidade vista no passado. No fim da primeira década do novo século, todos começaram a perceber que aquilo que de início parecera só esquisito era agora uma tendência. O Ártico, ou pelo menos essa pequena parte dele, estava realmente se tornando mais quente.

Foi assim que a mudança climática chegou a um lugarejo atlântico no leste da Groenlândia. O aumento da temperatura nesse recanto do oceano talvez seja bem pequeno — não causa tanta impressão quanto a fragmentação de lençóis de gelo do tamanho de países, 14 mil quilômetros ao sul, ao largo da Antártica. Os efeitos econômicos para o leste da Groenlândia não serão tão sérios quanto os do derretimento da banquisa polar no norte da Rússia, que em 2009 permitiu a navios cargueiros atravessarem a chamada Passagem do Noroeste, entre Archangel e Vladivostok. No entanto, vão alterar os deslocamentos dos groenlandeses — o atraso do começo do inverno ampliará o tempo que eles dedicam à caça de focas, narvais e morsas; aumentará o tempo que podem devotar à pesca; e afetará a data em que poderão esperar ver o quebra-gelo chegando de Copenhague no começo da estação —, isso porque ao congelamento tardio no outono corresponde também o início cada vez mais precoce do degelo na primavera, como seria de esperar — e a data em que o quebra-gelo voltará para a Europa. Dizem que as consequências do aquecimento global serão profundas e perigosas. Em lugares distantes como Ittoqqortoormiit ocorrerão também mudanças menores, e nem todas elas, nesse recanto do mundo, são vistas como ruins.

Muitos fatos antes imprevistos, como esses — alguns deles secundários e de importância apenas local, outros importantes e de interesse para todo o planeta —, estão sendo observados atualmente em todos os oceanos do mundo, mas se fazem notar com mais clareza no Atlântico e em torno dele. Sabemos bem quais são muitas dessas mudanças. Alguns animais que vivem nesse oceano e em suas costas — de baleias a ursos-polares, passando pelo bacalhau — vêm morrendo em números preocupantes. Sua população está se reduzindo, ou sua vida está sendo ameaçada e seus habitats, alterados. Algumas correntes marítimas estão mudando de rota, de tamanho ou de força. A temperatura ambiente dos mares e do ar sobre eles está se elevando. E, segundo certos ambientalistas, essa elevação se dá muito mais depressa do que se supunha, o que consideram assustador.

Os padrões climáticos vêm se desestabilizando em vários lugares, e as tempestades violentas são hoje mais frequentes, mais intensas e mais destruidoras. Calotas glaciais, geleiras e campos de neve até agora eternos estão se derretendo, e depressa, e essa imensa transformação de matéria sólida em trilhões de toneladas de água em estado líquido obriga os oceanos a se elevar a níveis que poderão ameaçar todas as nossas costas e muitas de nossas cidades.

Isso vem provocando muito alarme. Não são poucos os que veem perigos generalizados nos problemas dos oceanos, e ouve-se muita retórica apocalíptica. Há quase um consenso — não apoiado por muitos especialistas — de que a culpa maior disso cabe aos excessos industriais da humanidade, e de que, a menos que o homem mude seu comportamento, o mundo e os mares que lhe incutem vida em breve estarão em terríveis apuros.

A DISTRIBUIÇÃO DO DESASTRE

Uma verdade é inelutável: o oceano Atlântico, como entidade, um dia há de desaparecer. Os continentes que o cercam e lhe dão sua forma inconfundível também mudarão de aspecto: sob a influência de forças colossais vão se deslocar pela superfície do globo, e as águas do Atlântico serão forçadas a buscar outro lugar. Quaisquer que sejam outros males, bastante divulgados, que talvez aflijam hoje o oceano, não terão nenhum efeito sobre isso. A duração da existência do Atlântico como oceano independe inteiramente do aumento ou da redução de sua temperatura, da direção de suas correntes ou do fato de suas merluzas-negras e seus ursos-polares viverem ou morrerem. A duração da existência do Atlântico nada tem a ver com o homem, que não exerce influência alguma sobre o tempo de sobrevivência dos oceanos, e quando o Atlântico estiver para desaparecer o homem terá deixado de existir há muito tempo.

Mas a *relação* entre a humanidade e o oceano é uma questão inteiramente diferente. É algo que depende, com certeza, e em alto grau, da solicitude com que o homem trata os oceanos sob seus cuidados. No exato momento em que escrevo este capítulo está havendo uma acalorada discussão (que provavelmente ainda prosseguirá quando ele estiver sendo lido e ainda bem depois) sobre o grau em que os maus hábitos humanos exercem um papel significativo na saúde do mar.

Sabemos que o mar está doente. Sabemos que o homem desempenha ao menos algum papel nessa enfermidade. Os exemplos abundam, e o mais recente teve lugar no golfo do México — que os sábios de Mônaco definem oficialmente como parte do Atlântico, mesmo que isso não pareça correto. Em meados de 2010, o golfo sofreu uma poluição catastrófica causada por uma plataforma petrolífera que explodiu e afundou a alguns quilômetros de Nova Orleans, cidade que, ela própria, se recuperava das provações do furacão Katrina, cinco anos antes. Uma torrente vulcânica de petróleo, proveniente de uma tubulação submarina um quilômetro e meio abaixo da plataforma Deepwater Horizon, espalhou-se pela costa dos Estados Unidos, do Texas à Flórida, devastando, poluindo e matando. Onze homens morreram na própria explosão.

O episódio, previsível e evitável, desconcertou de imediato o crescente lobby de antigos céticos que começavam a defender a exploração submarina de petróleo como segura, ou pelo menos suficientemente segura. Mas, para aqueles que se lembravam de outras grandes tragédias no Atlântico — a mais chocante das quais foi a perda, em 1988, da plataforma Piper Alpha, no mar do Norte, com um número espantoso de vítimas —, a explosão da Deepwater Horizon foi uma catástrofe que só confirmou outra ideia: a de que a extração de petróleo no mar era uma atividade inevitavelmente daninha, tanto para o mar quanto para o homem. Entretanto, havia um terceiro grupo, bastante grande. Era formado por pessoas convictas de que as necessidades industriais modernas deviam, sempre, prevalecer sobre essas preocupações secundárias. Para esse grupo, a perda da plataforma e a consequente poluição do mar e da costa, ainda que lamentáveis, eram menos importantes. Eram coisas que, para horror dos ambientalistas, *sempre acabam por acontecer.*

Os melancólicos acontecimentos no golfo do México suscitam mais uma vez velhas perguntas: qual é a verdade? Serão os inúmeros problemas do mar realmente resultantes de erros humanos? E mais: quando se formam furacões gigantescos como o Katrina, quando os pôlderes dos Países Baixos se inundam ou quando praias africanas são cobertas pelo mar ou povoados submergem sob as ondas, será cabível dizer que o mar mostra sinais (pelo menos para os que tendem a antropomorfizá-lo) de estar *revidando*? Ou serão todos os problemas do oceano inteiramente cíclicos e decorrentes de causas naturais? Serão as tempestades e a elevação do nível do mar também partes dos ciclos? E será mais que provável que o oceano permaneça indiferente aos insignificantes maus modos humanos?

É nesse ponto que começam a aparecer a complicação e a controvérsia. Admito que seria muito conveniente para o objetivo deste livro que eu pudesse demonstrar que o homem é plenamente responsável pelos achaques do oceano, e é evidente que eu gostaria de ser capaz disso. Mas sei também que existe um vasto conjunto de opiniões contrárias a respeito do assunto — e que pessoas de grande qualificação e seriedade argumentam que é claro que o responsável é o homem, ao passo que outras, também muito sérias e de reputação igualmente ilibada, afirmam que supor tal coisa é o cúmulo da arrogância, e que o homem é demasiado fraco para ter alguma importância para um ente imenso como o oceano Atlântico. Desde 1995, quando o Painel Intergovernamental sobre Mudança Climática proferiu sua histórica declaração de que via "uma influência humana perceptível sobre o clima global", o debate assumiu uma dimensão totêmica, com seus defensores e adversários batalhando por corações e mentes, como se fossem os hierarcas de uma nova religião. A política, sem ajudar em nada, também participa hoje da discussão, turvando ainda mais as questões, acrescentando vozes novas e mais sonoras ao que já é uma cacofonia.

Há hoje algumas realidades comprovadas, certas verdades duras quanto à atual situação dos mares que até os mais descrentes das mudanças passaram, de modo geral, a aceitar.

A primeira dessas verdades é, a um tempo, a mais simples e profunda: o mundo está ficando mais quente, e a temperatura dos oceanos, sobretudo a do Atlântico, sobe com uma rapidez alarmante. E isso terá efeitos para muitos dos que vivem à beira do mar ou em suas vizinhanças e tiram dele o seu ganha-pão. Importa pouco que esses efeitos sejam temporários ou permanentes: o importante é que elas afetarão a todos, e não só os caçadores de narvais de Ittoqqortoormiit.

As questões centrais e específicas do debate são as que se seguem, e três conjuntos de dados obtidos pela observação parecem incontestáveis (ainda que às vezes sejam contestados, como veremos). Primeiro: está provado, por medições, que durante o último quarto de século a temperatura média da atmosfera na superfície da Terra aumentou numa média de 0,19 °C a cada década. Segundo: observações feitas a partir de navios, aviões e satélites e por cientistas em terra levaram à conclusão de que todos os lençóis de gelo e calotas glaciais no oceano Ártico, na Groenlândia e na Antártica estão perdendo massa; e que a partir de 1990 as geleiras e as calotas glaciais de outras partes do mundo, que vinham encolhendo lentamente durante meio século, de repente começaram a derreter com bastante rapidez. E terceiro: de acordo com observações de satélites, durante os últimos quinze anos o nível dos oceanos vem aumentando 3,4 milímetros por ano e o ritmo da elevação está se acelerando.

Além desses três fatos, muitos climatologistas fazem outras afirmativas e previsões menos seguras — ou mais cautelosas. Em primeiro lugar, calcula-se que o nível dos oceanos em todo o mundo continuará a se elevar, e que em 2100 terá aumentado em mais de um metro, talvez até dois. Segundo, essa elevação do nível global dos oceanos está relacionada ao derretimento das calotas glaciais. Terceiro, estamos nos aproximando rapidamente de uma série de "pontos de virada" e, se a tendência para o aquecimento persistir (o que não é uma certeza), ocorrerão alterações, que poderão se tornar irreversíveis, em todos os aspectos e fenômenos do mundo — florestas pluviais, monções, frequência de furacões, desertificação.

O quarto ponto, anunciado por muitos especialistas e atualmente aceito pela maioria das pessoas, é que todos esses fenômenos estão ocorrendo ao mesmo tempo, a par de um aumento gigantesco na tonelagem de dióxido de carbono e outros gases de "efeito estufa", que são lançados pelas chaminés e tubos de escapamento do mundo industrial e, em essência, se acumulam na alta atmosfera e impedem o resfriamento do planeta. Essas emissões, todas elas geradas, de uma forma ou de outra, pela queima de combustíveis fósseis, cresceram nada menos que 40% desde 1990.

O quinto ponto, apregoado pela maioria dos ambientalistas, mas não aceito por muitos deles, liga todos os fatos incontestáveis decorrentes do aquecimento do planeta, do derretimento dos gelos e da elevação do nível dos oceanos a um último fato notório: o aumento das emissões de carbono não só coincide com a elevação da temperatura global, como é sua causa fundamental. É nesse ponto que os dois grupos se separam, de modo irrevogável, barulhento e, muitas vezes, grosseiro. O primeiro insiste em que essa é a verdade; o outro levanta toda sorte de dúvidas e alega que as grandes somas que são canalizadas para a redução das emissões de carbono, a fim de desacelerar o índice de aquecimento, poderiam e deveriam ser aplicadas em outras finalidades. A população, assevera a maioria desses céticos climáticos, é o principal problema (embora dados recentes demonstrem que a população talvez esteja começando a chegar ao máximo e pode até diminuir) e que outras questões importantes — doenças, carência de água e pobreza — têm de ser resolvidas antes, muito antes de se dar atenção ao que afirmam ser a relação absolutamente improvável entre as emissões de carbono e o aquecimento global.

OS MARES SE ELEVAM

São muitas as consequências que o aquecimento do planeta faz prever. Algumas se limitam aos continentes, como o aumento das estiagens e a expansão dos desertos. Na maioria, porém, elas se relacionam com o futuro dos mares, e duas delas estão se tornando cruciais: a elevação do nível do mar e uma série de possíveis mudanças no clima mundial.

A elevação do nível dos oceanos talvez seja a questão de maior interesse imediato, e não somente porque milhões de pessoas que vivem à beira-mar podem ter uma vívida consciência de que isso está ocorrendo. São duas as causas do fenômeno, que é uma tendência bastante real e de longo prazo (ao menos em termos humanos): desde 1870, quando os dados começaram a ser coletados por meio de marégrafos mecânicos, e não pelos satélites atuais, o nível dos mares se elevou em cerca de vinte centímetros.

A primeira causa dessa elevação decorre de uma simples lei da física: à medida que a temperatura ambiente sobe, a água se expande. Em outras palavras, o mar em aquecimento está menos subindo do que *inchando*.

Supõe-se que essa expansão térmica venha a contribuir com cerca de 40% da elevação global dos oceanos — talvez mais de metade dela, dizem alguns —, mas trata-se de um conceito difícil e de consequências imprevisíveis. Há quem argumente que as bacias que contêm os mares hão de se ampliar, num clima mais quente, e assim manter os oceanos no mesmo nível. Já os físicos que apoiam a ideia da inchação alegam que, como a água se expande mais do que as rochas, a afirmativa deles está correta. Em questões como essas, temos de aceitar a palavra da ciência.*

É muito mais fácil compreender a outra razão da mudança no nível dos mares, que se supõe responsável pelos outros 60% de sua elevação. Ela diz respeito ao estado físico da água existente em grande parte das altas latitudes e altitudes: o gelo. Enquanto o gelo do planeta — geleiras, calotas glaciais e cam-

---

* Lamentavelmente, os cientistas nem sempre são os modelos de integridade que esperaríamos: em novembro de 2009, o vazamento de milhares de mensagens de correio eletrônico oriundas de um renomado centro de pesquisas climatológicas na Inglaterra provocou um alarme generalizado, pois constatou-se que os pesquisadores estavam manipulando as estatísticas, escondendo dados e protestando contra as leis de liberdade de informação que não lhes permitiam mais ocultar detalhes de seu trabalho.

pos de neve permanentes — permanecer em estado sólido, tudo estará bem ou pelo menos estável. Mas, se uma grande proporção desse gelo derreter, como vem ocorrendo durante pelo menos os últimos vinte anos; se o derretimento continuar em aceleração, como se pôde ver nos últimos anos; e, se todas as águas interiores correrem para os mares, nesse caso haverá transtornos — ou, no mínimo, instabilidade. Isso porque os mares crescerão e seus níveis subirão cada vez mais, e isso acontecerá durante muito tempo, talvez para sempre.

Como o gelo é a chave para a estabilidade dos mares, é o oceano Atlântico que se deve vigiar. Dos três grandes oceanos da Terra, o Atlântico apresenta o maior volume de gelo. Um olhar ao mapa revela por que o Atlântico capta tantos gelos polares e por que o mesmo não acontece com os outros dois oceanos.

A ligação do oceano Pacífico com o Ártico, por exemplo, é estrangulada pelo estreito de Bering, que tem cerca de 95 quilômetros de largura, e, embora o mar de Bering apresente grande quantidade de bancos de gelo no inverno, as geleiras do Alasca, da península de Kamchatka e da orla setentrional da Rússia produzem relativamente pouco gelo novo para seus mares locais. Na América do Sul, a cordilheira dos Andes contribui para o Pacífico Sul com alguns icebergs, através do Chile — embora a maioria deles derreta, formando lagos de altitude, dos quais fluem rios, principalmente através da Argentina, que desembocam no Atlântico. Assim, o Pacífico Sul mal se liga aos campos de gelo da Antártica (pelo menos tecnicamente, se bem que um atlas possa indicar o contrário), pois o continente gelado situa-se centenas de quilômetros ao sul do ponto em que os cartógrafos da Organização Hidrográfica Internacional em Mônaco declaram que termina o Pacífico Sul. E o Índico, basicamente um oceano do hemisfério sul, tampouco tem uma conexão física com o Ártico. Tem um limite sul que, como o do Pacífico, termina a muitas centenas de quilômetros da costa da Antártica.* No Pacífico Sul e no Índico, raramente ou nunca se veem icebergs ou bancos de gelo flutuantes, ainda que, é claro, a presença ou a ausência de bancos de gelo não cause nenhuma diferença no nível dos mares, a não ser sazonalmente.

---

* A verdade em relação à ausência de gelos no Índico repousa basicamente na definição do limite norte do oceano Antártico (a linha onde acabam os oceanos Índico, Pacífico e Atlântico). No documento oficial sp23, a que nos referimos no capítulo 2, a Organização Hidrográfica Internacional situa o limite nos 60° S. Entretanto, o governo da Austrália faz objeção, exigindo que o oceano Antártico se estenda até sua costa sul. Assim, de acordo com a aplicação rígida da definição da ohi, os icebergs vistos perto da ilhas Heard e McDonald, pertencentes à Austrália, acham-se no sul do oceano Índico.

Já o oceano Atlântico está intimamente ligado às gélidas águas polares, bem como às terras que geram icebergs em grande quantidade. Tanto em seu extremo norte quanto no extremo sul, o Atlântico recebe mais do que seu justo quinhão de gelos sólidos e espetaculares.

No inverno, as águas abertas do Atlântico Norte enchem-se de icebergs, levados por correntes até águas situadas bem ao sul da Groenlândia — como o *Titanic* descobriu, catastroficamente. O Atlântico Norte também se locupleta de gelo em torno da Islândia — como sabe qualquer pescador das traineiras da Fleetwood que no inverno saem à captura dos bacalhaus. E há uma passagem ininterrupta de mar aberto ao norte da Islândia que leva diretamente ao polo Norte, permitindo que bancos de gelo e, de vez em quando, icebergs vindos de geleiras do Ártico se encaminhem para o oceano propriamente dito, onde se juntam a milhares de icebergs da Groenlândia.

Mas a verdadeira chave é a Groenlândia — a maior ilha não continental do mundo, hoje com 57 mil habitantes e cerca de 3 milhões de quilômetros cúbicos de gelo. Atualmente, todo o seu gelo está derretendo ou diminuindo, com maior ou menor rapidez, e centenas de geleiras bem lubrificadas soltam-se da calota glacial e deslizam diretamente para o Atlântico, vindo da costa leste da ilha, ou indiretamente, através do estreito de Davis e do mar do Labrador, a partir das imensas geleiras na costa oeste.* A Groenlândia contribui sem cessar com águas de degelo para o oceano: tornou-se uma gigantesca torneira da qual jorra água, enchendo a bacia depressa e sem uma mão que a feche.

O fato de o Atlântico atrair gelos novos não é apenas um fenômeno de sua parte norte. Ao sul, suas águas mostram-se igualmente pontilhadas de icebergs, devido sobretudo a um peculiar acidente tectônico. Uma cordilheira baixa, a península Antártica, projeta-se para o norte rumo ao coração do Atlântico Sul, quase atingindo a extremidade da América do Sul. A seguir, por um capricho de sua geologia, volta-se para a direita, como faz também a América do Sul, até que os dois pontais terminam voltados para leste. Os dois conjuntos de penedias,

---

* Já houve muita histeria com relação ao derretimento da calota glacial da Groenlândia e à suposta aceleração da formação de suas geleiras — uma ideia generalizada que teve entre seus propugnadores o ex-vice-presidente americano Al Gore. Mas ultimamente as geleiras diminuíram de novo, para níveis vistos pela última vez no século XX, o que removeu do debate parte do drama politicamente conveniente. No entanto, a maioria dos climatologistas tende ainda a crer que a fusão lenta e contínua prosseguirá.

com o cabo Horn, no Chile, ao norte, e as possessões britânicas em torno da ilha do Elefante, ao sul, ajudam a formar a perigosíssima massa d'água conhecida como passagem de Drake. Nos mapas, ela se assemelha ao furo feito por um projétil numa chapa de ferro, atravessada de oeste para leste: no lado do Pacífico, a entrada da bala é lisa, mas no lado do Atlântico as paredes do furo se curvam para o alto de modo irregular, lembrando um imenso funil denteado no mar, como que formado com a finalidade de despejar materiais no oceano.

E a passagem de Drake despeja mesmo bastante material no Atlântico. Por ela irrompem violentos ventos de oeste, correntes colossais de águas geladas, além de icebergs em quantidades prodigiosas. Essas enormes montanhas de gelo são impelidas a velocidades incríveis para o Atlântico Sul, chegam ao sul das ilhas Falkland e às imediações dos arquipélagos da Geórgia do Sul e Sandwich do Sul. Os icebergs nas águas do Atlântico Sul constituem um perigo que os poucos barcos que navegam por ali encaram com enorme atenção. Mas a questão não se resume ao perigo de colisão: a partir do momento em que entram na água, os icebergs elevam o nível do oceano. E, se milhares ou milhões deles forem despejados na água, o nível do mar começará a se elevar perigosamente, ainda que milímetro a milímetro, para acomodá-los.

A presença de gelo proveniente dos continentes é, portanto, um fenômeno predominantemente atlântico — e, em vista do aumento das temperaturas do ar, do derretimento de gelos e da elevação do mar, o problema do nível dos oceanos se torna também, basicamente, um problema atlântico. Os oceanos estão interligados, é claro — muitos oceanógrafos se referem ao *oceano mundial* e consideram os mares com esse ou aquele nome simples invenções da humanidade —, e bem depressa o problema do Atlântico se tornará o problema do mundo. Mas os sintomas da mudança serão observados — e já estão sendo — primeiro no oceano Atlântico.

Há muito tempo, uma forte elevação no seu nível provocou mudanças sociais análogas às que tememos atualmente. Por volta de 8700 anos atrás, durante um dos muitos períodos anteriores de aquecimento global, rompeu-se uma barreira de gelo que continha as água do Agassiz, um imenso lago glacial no centro do Canadá. Uma quantidade descomunal de água doce — equivalente, segundo alguns, a quinze vezes o volume do lago Superior — precipitou-se na baía de Hudson e no Atlântico. O nível do oceano elevou-se mais de um metro em questão de semanas. Dados arqueológicos levam a crer que a elevação do nível do oceano teve efeitos em todo o hemisfério norte, obrigando agricultores de áreas remotas, como o mar Negro, a deixar a costa sem demora e se mudar para encostas de montes, muito mais seguras — mas onde já existiam culturas de caçadores e coletores —, para ali poder cultivar o solo. A situação, pode-se imaginar, logo gerou tensões.

Em outros lugares, hoje em dia, há sinais semelhantes de preocupação pública com as consequências de uma alteração no nível do oceano e da mudança do clima. Em 2009, os meios de comunicação deram ampla cobertura a um fato ocorrido nas ilhas Maldivas: o governo realizou uma reunião do gabinete debaixo d'água, com todos os ministros vestidos com trajes de mergulho, a fim de chamar a atenção do mundo para a vulnerabilidade da região a um aumento do nível do mar, ainda que com consequências bem menores do que as provocadas pelo extravasamento do lago Agassiz.* Já o governo do Nepal realizou uma reunião semelhante, bastante divulgada, no acampamento-base do Everest, para ilustrar como o derretimento das neves e dos campos de gelo do Himalaia vem arruinando as lavouras do país e inundando suas aldeias. De modo geral, porém, as primeiras pessoas a sentir os efeitos do derretimento do gelo serão as que vivem em ilhas do Atlântico ou em seu litoral. Talvez não se espere, na atualidade, o equivalente ao iminente colapso de uma barragem de gelo, mas outras mudanças — entre elas o enfraquecimento da corrente do Golfo e os efeitos gravitacionais da proximidade com o polo norte — conspiram para tornar ainda mais intensas as consequências da elevação do nível do Atlântico Norte, e a reação dos que vivem à beira-mar, proporcionalmente mais vigorosa.

Pensemos no grande porto de Roterdam. Aliás, pensemos nas províncias da Holanda do Norte e da Holanda do Sul. Pensemos, na verdade, na totalidade dos Países Baixos. É possível que nenhum outro país à beira do Atlântico seja tão estreitamente ligado ao oceano (um quarto de seu território fica abaixo do nível do mar, e o nome do país em holandês, *Nederland*, significa "terra baixa"). Desde a década de 1920, programas como a recuperação de terras por terraplenagem, a construção de diques e barragens, a adoção de medidas de controle de inundações, bem como a criação de pôlderes (terrenos recuperados) têm sido fundamentais para a construção do país, no sentido literal. A proteção dos pôlderes é

---

* Muita atenção vem sendo dada aos problemas de países pobres e baixos que provavelmente ficarão submersos. As ilhas Maldivas, no oceano Índico, e Tuvalu, no Pacífico, são os mais mencionados, enquanto algumas ilhotas perto da costa de Bangladesh já começaram a desaparecer.

tão crucial para a existência dos Países Baixos que se criou um modelo de ação política para reconhecer esse fato: onde se fala em Modelo Pôlder, entenda-se *política de consenso*: não importa quanta dissensão exista em relação a outras questões, se alguma coisa ameaçar os pôlderes, todos os holandeses sabem que as discussões cessam, pois a integridade dos pôlderes vem em primeiro lugar.

Do mesmo modo que as guerras de libertação e os reinados de monarcas marcam a história de países mais secos, a história dos Países Baixos é marcada pelas datas de tempestades catastróficas. Para os Estados Unidos, 1776, 1865 e 1941 são datas importantes; para a Grã-Bretanha as datas magnas são 1066, 1688 e 1914. No caso dos Países Baixos, os anos-marcos são 1170 (a Inundação de Todos os Santos, quando o Zuider Zee pela primeira vez ficou salgado), 1362 (quando ocorreu o Grande Afogamento de Homens, em que 25 mil pessoas foram levadas de roldão por uma imensa maré ciclônica), 1703 (a Grande Tempestade, que causou uma enorme mortandade, afetou também a Inglaterra e levou Daniel Defoe a escrever um livro sobre a catástrofe) e 1916 (quando se lançou, no inverno, o programa nacional de contenção do influxo das águas do mar do Norte, um esforço que continua até hoje). Houve também tempestades tremendas em janeiro e fevereiro de 1953 — uma maré de primavera e um vendaval de noroeste se combinaram para agitar os mares e romper os diques e quebra-mares, afogando quase 2 mil pessoas. A reconstrução nos anos seguintes fez com que os holandeses tomassem a decisão de não permitir que tais desastres voltassem a acontecer.

É por isso que os Países Baixos, mais que qualquer outra nação, correm hoje contra o tempo a fim de garantir que a elevação do nível do oceano além de seus robustos quebra-mares não risque o país do mapa. Estudos atuais mostram que, na ausência de precauções, uma elevação discreta no nível do mar inundaria o país. Se o oceano subisse um metro que fosse, quase toda a costa holandesa correria o risco de ser inundada, desde o porto alemão de Bremerhaven, no norte, ao porto francês de Calais, no sul. As cheias se estenderiam por quilômetros terra adentro, até as cidades de Breda, Utrecht e Bremen. Metade dos campos do país se empaparia de água salgada e ficaria inutilizável. As marés invadiriam diariamente grandes cidades holandesas, como Amsterdam, Haia e Roterdam.

Mas os holandeses não vão permitir que uma coisa dessas aconteça. É claro que as obras de defesa marítima — enormes comportas móveis e barragens — que protegem os pôlderes e impedem que as marés ciclônicas empurrem os rios para trás estão sendo fortalecidas e seus níveis, elevados. As grandes cidades, porém, estão fazendo algo mais do que isto, com Roterdam na vanguarda. A maior parte desta, com 7 milhões de habitantes e o porto mais movimentado da Europa, já fica abaixo do nível do mar. As autoridades municipais decidiram que, em vez de brigar com as águas que virão, o melhor a fazer seria criar meios de conviver com elas a longo prazo — acomodando as águas para criar uma espécie de nova Veneza setentrional e, mediante o uso de técnicas de engenharia, evitar que a cidade afunde.

Por isso, incentivam o aprofundamento dos canais e o alargamento dos rios; constroem enormes tanques de armazenamento de água sob todos os novos edifícios comerciais e áreas de estacionamento; estimulam a instalação de tetos de grama e de imensos jardins públicos, infinitamente sedentos; criam parques infantis projetados para o uso em épocas de estiagem, mas que podem se transformar num instante em lagos rasos para a prática de esportes aquáticos quando chover ou quando as marés criarem problemas; levam os grandes cais de atracação e os terminais de contêineres para mais perto da foz do Reno e do Mosa; e estão construindo no velho porto um grande número de prédios flutuantes, o que talvez seja a medida mais sensata de adaptação aos novos níveis previstos para o mar. Por ora estão sendo construídos pavilhões experimentais sobre pontões. Mas não demorará muito, dizem as autoridades, para que conjuntos habitacionais e shopping centers flutuem tranquilamente nas águas, por mais que elas subam.

De modo geral, as outras metrópoles, mais conservadoras ou com maiores problemas financeiros, estão simplesmente erguendo versões modernas de aterros defensivos. Instalada inquietamente em sua bacia de argila, Londres será bastante afetada pela elevação do mar, mas ainda não se lançou ao tipo de mundo aquático experimental que Roterdam vem planejando. O governo britânico prevê que todas as cidades estuarinas serão inundadas, preocupa-se com as usinas termonucleares — quase todas situadas à beira-mar pela necessidade de água para refrigeração — e receia o alagamento do sistema ferroviário subterrâneo. Mas a cidade não está agindo à altura das necessidades — não tem recursos para fazer muita coisa e, de qualquer forma, perdeu a audácia de um século atrás em matéria de infraestrutura — e pode vir a sofrer mais do que a maioria das outras grandes cidades. A única defesa de que Londres dispõe atualmente é a barreira do Tâmisa, um sistema ainda de aspecto futurista, que, formado por comportas submersas, atravessa o rio mais ou menos na altura de Greenwich. Projetada na década de 1970 para conter marés ciclônicas, a barreira foi fechada mais de cem vezes desde a inauguração, em 1984, e a elevação do nível do mar permite afirmar que será fechada com frequência muito maior no futuro próximo. Mas e depois? Quando a barreira foi construída, o ritmo de elevação do nível do mar era constante e previsível. Agora esse ritmo está se acelerando e fica cada vez mais difícil prever como a água se comportará na desembocadura do rio. Fala-se de uma nova barreira e do que acontecerá se ela não for de fato construída. A imprensa tem publicado imagens chocantes que mostram o palácio do Parlamento inundado, subestações em Canary Wharf estourando em curto-circuitos, o deão da catedral de São Paulo caminhando pela nave com botas de borracha e a roda-gigante London Eye, ou Roda do Milênio, refletida em sua própria laguna. A cidade, já sinônimo de umidade urbana, está de repente alarmada com a possibilidade de se transformar numa Londres-sobre-o-Mar, com tudo o que isso implica.

Também Nova York vem cogitando medidas defensivas análogas. Ao contrário de Londres, a cidade assenta-se em configurações geológicas estáveis bem acima do nível do mar — mas sob ela abriram-se tantos túneis e furos que hoje em dia o subsolo lembra um formigueiro, e todos os túneis situam-se bem abaixo do nível do mar. Uma maré ciclônica que arremeta contra o porto de Nova York inundará sem dificuldade as linhas do metrô — já hoje em dia bombas gigantescas retiram das linhas e dos túneis, a cada dia, 53 milhões de litros de água de infiltração. Mas debaixo da terra passam muitas outras coisas além dos trens do metrô. Os cabos de telecomunicações e as linhas de fibra ótica são vitais para o funcionamento das instituições financeiras mundiais: se mergulharem em água, o mundo começará a se desintegrar. Não surpreende que as autoridades já tenham começado a comprar novas bombas e a criar novos meios de drenagem, ocultos, para manter a água longe de todos os equipamentos subterrâneos de ponta. E novas comunidades de especialistas estão brotando como cogumelos, determinadas a impedir que Nova York se afogue no dia em que o aguaceiro chegar.

A cidade tem 960 quilômetros de costa, e, como os climatologistas creem que, por motivos técnicos, a região nordeste dos Estados Unidos será a mais afetada no país se as geleiras da Groenlândia derreterem rapidamente, essas áreas estão sendo consideradas muito vulneráveis. Por isso está em projeto o fortalecimento dos cais e atracadouros de Paramus a Elizabeth, da baía de Raritan a Throgs Neck, enquanto planos de evacuação de emergência são tirados dos arquivos e projetos para a construção de duas enormes barreiras contra inundação são discutidos abertamente. Uma dessas barreiras ficaria a poucas centenas de metros da ponte Verrazano, do lado do mar, e a outra bloquearia a entrada de Arthur Kill (o canal entre Staten Island e Nova Jersey). Os engenheiros já calcularam os custos e benefícios, mas os políticos ainda não se convenceram da necessidade dessas obras.

Estão em andamento cerca de quarenta obras relacionadas à mudança climática em cidades litorâneas do mundo inteiro, a maioria no Atlântico. Não importa se estão adiantadas ou não, se seus projetos são revolucionários ou não, se darão certo ou não: todas essas iniciativas baseiam-se no pressuposto de que o pior acontecerá a cada uma dessas cidades *quando o tempo ficar feio*. Em todas elas os climatologistas asseveram em alto e bom som que o tempo já está ficando feio. E que, à medida que o mundo se aquece, que os gelos se fundem e o nível do mar se eleva, e devido a uma série de complexas mudanças físicas que ainda não estão plenamente explicadas, o tempo também piora e muito.

As cidades vulneráveis não serão tragadas devagar e serenamente pelas águas, milímetro a milímetro. Permanecerão à espera da inundação até que, numa noite de inverno, daqui a anos ou décadas, uma tempestade furiosa, transformada em turbilhão incontrolável, e uma série de ondas gigantes romperão os diques e as barragens, com a água invadindo em torrentes o centro das cidades, destruindo tudo a sua frente. Condições meteorológicas violentas, somadas a um oceano mais alto, farão um fenômeno apenas alarmante se tornar mortífero. E, pelo que se diz, condições meteorológicas violentas estão se tornando muito mais comuns.

ATENÇÃO PARA A PREVISÃO DO TEMPO

Mas estarão mesmo? As condições meteorológicas no Atlântico estão mudando? Haverá hoje razões climáticas para supormos que o oceano, vítima de muitos abusos, está prestes a tirar sua doce vingança? Podemos nos orgulhar de nosso progresso tecnológico, mas o simples fato de fazermos essas perguntas, de estarmos tão ansiosos, tão propensos à autorrecriminação, nos põe no mesmo nível dos maias e caraíbas, que levantavam exatamente as mesmas dúvidas há séculos. A pergunta que faziam era: "Estaremos encolerizando os deuses?". Hoje nos perguntamos, nervosos: O mar estará retaliando?

Indícios casuais nos levam a acreditar que alguma coisa adversa em matéria de meteorologia pode estar acontecendo. Por exemplo, em 2009, na praia de Ipanema, no Rio de Janeiro, foram vistos pinguins-de-magalhães que haviam nadado 3 mil quilômetros para o norte, desde seu habitat natural na Patagônia. O fato causou muito alarme e perplexidade. Biólogos chamados para atender as aves opinaram que elas deviam ter seguido cardumes de anchovas que correntes e ventos alterados tinham levado para o norte. Espantados, jornais brasileiros publicaram matérias sobre moças de biquíni que levavam os bichos para suas geladeiras. Tanto as banhistas como as aves pareciam assustadas e indefesas (e os pinguins morriam).

Do outro lado do mar e em outro hemisfério, a Libéria, um país pobre, foi vitimada há pouco tempo por sucessivas séries de tempestades que começaram a roubar nacos da costa do país e a fazer com que centenas de casas em pequenas comunidades caíssem no mar e desaparecessem. Uma cidade maior, Buchanan,* procurou recentemente arrecadar recursos para a construção de quebra-mares destinados a deter a invasão do mar. O governo liberiano anunciou que se a comunidade internacional não ajudar, essa cidade e muitas outras, em condições semelhantes, terão de esperar, impotentes, que as ruas sejam inundadas e a população tenha de se transferir para o interior. Além disso, o país será forçado a alterar sua própria forma física a fim de ceder espaço ao mar.

Já na Dinamarca observam-se outros sintomas estranhos: a velocidade média dos ventos parece estar aumentando e, segundo a imprensa, no interior do país as vendas de turbinas eólicas estão crescendo, uma vez que as ventanias mais frequentes tornam esse tipo de gerador de energia mais atraente do ponto de vista comercial. Na Cidade do Cabo, enormes incêndios florestais ameaçaram o centro urbano, e a flor nacional do país, a prótea-gigante (*Protea cynaroides*), foi praticamente erradicada na área, assim como seu principal polinizador, o papa-açúcar-do-cabo. As fortes pancadas de chuva que apagavam esses

---

* Várias cidades da Libéria homenageiam um presidente dos Estados Unidos, e Monróvia, a capital, foi assim chamada em honra ao presidente James Monroe. Seria de imaginar que Buchanan se chama assim por causa de James Buchanan, mas o nome vem do primo do presidente, Thomas, o primeiro governador da Libéria, quando o país ainda era uma colônia americana.

incêndios há uma década não acontecem mais: o clima no cabo oriental mudou, dizem as pessoas do lugar. Uma delas, segundo a BBC, teria declarado: "As estações enlouqueceram".

E houve também, é claro, o furacão Katrina. Foi apavorante a destruição causada por essa tempestade de categoria cinco, que começou no Atlântico, ao largo das Bahamas, em 23 de agosto de 2005, e seis dias depois atingiu a costa sul da Louisiana e do Mississippi. Mesmo sem atingir Nova Orleans e tendo caído para a categoria três ao chegar ao continente, a tempestade matou quase 2 mil pessoas na cidade e em suas cercanias, e causou prejuízos materiais de dezenas de bilhões de dólares, o que fez dessa tempestade o mais caro desastre natural da história americana.

O governo foi severamente criticado pela inépcia com que agiu depois da tempestade, e isso obliterou a magnífica atuação de um órgão público encarregado de prevê-la. O surgimento e a formação do Katrina obedeceram a padrões tão conhecidos que o National Weather Service [Serviço Nacional de Meteorologia] predisse com notável exatidão quase tudo em relação a ele. O boletim do NWS, emitido pela agência de Baton Rouge, na Louisiana, poucas horas antes que o Katrina chegasse ao continente, constitui um exemplo primoroso de como a linguagem oficial pode ser bem mais assustadora do que a mais candente prosa literária:

URGENTE — PREVISÃO DO TEMPO

NATIONAL WEATHER SERVICE NOVA ORLEANS LA

10H11 DOM 28 AGO 2005

PREVISÃO DE DANOS DEVASTADORES

FURACÃO KATRINA: UM FURACÃO DE FORTE INTENSIDADE, COM FORÇA SEM PRECEDENTES, RIVALIZANDO EM INTENSIDADE COM A DO FURACÃO CAMILLE EM 1969.

A MAIOR PARTE DA ÁREA FICARÁ INABITÁVEL DURANTE SEMANAS, TALVEZ MAIS. PELO MENOS METADE DAS CASAS BEM CONSTRUÍDAS SERÁ DESTELHADA COM DANOS TAMBÉM A SUAS PAREDES. TODOS OS TELHADOS COM EMPENAS DESABARÃO, DEIXANDO A MAIORIA DESSAS CASAS SERIAMENTE DANIFICADAS OU DESTRUÍDAS.

A MAIORIA DOS PRÉDIOS INDUSTRIAIS FICARÁ INOPERANTE. PREVEEM-SE DANOS PARCIAIS OU TOTAIS A PAREDES E TELHADOS. TODOS OS EDIFÍCIOS BAIXOS DE APARTA-

MENTOS COM ESTRUTURA DE MADEIRA SERÃO DESTRUÍDOS. OS EDIFÍCIOS DE APARTA-
MENTOS BAIXOS DE CONCRETO SOFRERÃO DANOS SÉRIOS, COM DESTELHAMENTO
PARCIAL E DANOS ÀS PAREDES.

OS EDIFÍCIOS ALTOS, DE ESCRITÓRIOS E APARTAMENTOS, BALANÇARÃO PERIGO-
SAMENTE. ALGUNS A PONTO DE DESABAR. TODAS AS JANELAS SERÃO ARRANCADAS.

HAVERÁ MUITOS DESTROÇOS LANÇADOS AO AR [...] E PODEM INCLUIR OBJETOS
PESADOS COMO ELETRODOMÉSTICOS E ATÉ VEÍCULOS PEQUENOS. O VENTO MOVERÁ
VEÍCULOS UTILITÁRIOS ESPORTIVOS E CAMINHONETES. OS DESTROÇOS CARREGADOS
PELO VENTO CAUSARÃO MAIS DESTRUIÇÃO. PESSOAS, ANIMAIS DOMÉSTICOS E RESES
EXPOSTOS AOS VENTOS CORRERÃO SÉRIO RISCO DE VIDA SE ATINGIDOS.

A FALTA DE ENERGIA SE ESTENDERÁ POR SEMANAS [...] POIS A MAIORIA DOS
POSTES SERÁ DERRUBADA E OS TRANSFORMADORES DESTRUÍDOS. A FALTA DE ÁGUA
CRIARÁ PARA A POPULAÇÃO SOFRIMENTOS INACREDITÁVEIS PARA OS PADRÕES
MODERNOS.

EM SUA GRANDE MAIORIA, AS ÁRVORES NATIVAS QUEBRARÃO OU SERÃO ARRAN-
CADAS. SÓ AS MAIS ROBUSTAS FICARÃO DE PÉ [...] MAS TOTALMENTE DESFOLHADAS.
POUCAS LAVOURAS RESISTIRÃO. CABEÇAS DE GADO EXPOSTAS AOS VENTOS MORRERÃO.

UM AVISO DE VENTOS CICLÔNICOS EM TERRA É EMITIDO QUANDO SE TEM CER-
TEZA, PARA DENTRO DE DOZE A 24 HORAS, DE VENTOS CONTÍNUOS COM FORÇA
QUASE CICLÔNICA OU DE RAJADAS FREQUENTES COM FORÇA IGUAL OU SUPERIOR À DE
FURACÃO.

UMA VEZ INICIADA A TEMPESTADE TROPICAL OU OS VENTOS DE FURAÇÃO, NÃO
SAIA AO AR LIVRE!

Diante disso, o que foi mesmo o Katrina? Foi apenas o nome dado à tempestade pelo NWS — como vem sendo feito desde 1953 — *ou, na verdade, seu
verdadeiro nome deveria ter sido "aquecimento global"*? Ou essa afirmativa, feita
pela primeira vez por um conhecido colunista do *Boston Globe*, quando a tempestade se abateu, é simplesmente mais um exemplo do "puro lixo", como se
expressou um climatologista australiano, que aflige um debate que já se tornou
muito generalizado e politizou-se?

A temporada de furacões atlânticos de 2005 foi de particular ferocidade, e
depois do Katrina houve outras duas grandes tempestades, visivelmente mais
violentas. As perguntas que têm dado o que pensar desde o fim daquela temporada são as seguintes: o aquecimento do oceano está tornando os furacões mais

Monstruosos e persistentes furacões costumam se formar nas ilhas de Cabo Verde, no leste do Atlântico, a partir de redemoinhos na savana africana. Alguns deles, ao atingir o Caribe ou a América do Norte — como ocorreu com o Andrew, em 1992, e com o Bonnie, mostrado aqui, em 1998 —, podem ser terríveis e mortíferos.

numerosos? Está fazendo com que sejam mais violentos e letais? Ou está criando os dois efeitos? E, se a humanidade é culpada pelo aquecimento do oceano, estaremos tornando os furacões mais mortíferos e mais corriqueiros? Em outras palavras, é tudo culpa nossa?

Em 2005, claras linhas de combate foram traçadas quanto a essa questão, numa batalha que por acaso coincidiu com a tremenda violência do Katrina e, de modo geral, de toda a temporada de furacões daquele ano. A temporada de 2004 já fora assustadora: quatro tempestades titânicas atingiram a Flórida no verão, causando prejuízos de mais ou menos 45 bilhões de dólares. Agora outra temporada havia gerado mortes e destruição em grau ainda maior. Alguma coisa parecia estar indo mal. Para muita gente, foi como se uma tendência se delineasse.

Não surpreende que o interesse dos meios de comunicação pelo possível vínculo entre as tempestades e o aquecimento global devido à ação do homem fosse às alturas quando se compreendeu plenamente a extensão do problema. Com efeito, em 2007 o jornalista e escritor Chris Mooney elaborou um diagrama que mostrava o número de artigos em jornais e revistas americanas sérias sobre a possibilidade de existir esse vínculo. O diagrama de Mooney reproduzia quase exatamente o desenho do famoso gráfico criado pelos climatologistas, em forma de "bastão de hóquei", que já havia muitos anos era brandido como prova do aumento exponencial do aquecimento da atmosfera: a quantidade de artigos parecia crescer exponencialmente também.

Um furacão atlântico — tempestade de ventos que giram no sentido anti-horário —, mais corretamente chamado de ciclone tropical atlântico, é um fenômeno de surpreendente fragilidade. O local e o modo como é gerado e nasce, seu avanço hesitante para a maturidade, a direção e a velocidade com que se move sobre o oceano, as formas como se expande e alcança então sua força máxima, a mecânica de seu declínio e seu posterior caminho rumo à extinção — tudo isso resulta de flutuações insignificantes e sutilíssimas na condição do oceano e nos ventos que o alimentam, direcionam e mantêm.

A palavra *furacão* vem de uma língua caribenha, o taino, pelo espanhol *huracán*, e designa um fenômeno especificamente atlântico.* Em termos muito simples, os furacões são criados no verão do hemisfério norte, em geral entre junho e novembro. Para que se formem, mares subtropicais muito quentes devem estar recobertos por ar relativamente frio, de modo que todo ar úmido que sobe do mar seja resfriado depressa. Muitos furacões nascem nas águas rasas do leste do Caribe; numerosos furacões muito violentos começam bem longe dali, nas águas rasas do leste do Atlântico, em torno das ilhas de Cabo Verde. As condições nessas regiões, chamadas ciclogenéticas, são em essência as mesmas: abundância de água quente embaixo, ar fresco em cima, elevação de vapor d'água e seu subsequente resfriamento super-rápido.

Em certas circunstâncias ainda mal compreendidas, esse resfriamento rápido, que gera nuvens, chuva e faz a massa de ar liberar calor latente, pode

---

* No Pacífico Norte, essas tempestades têm um nome cantonês, *da-feng*, de onde *tufão*. No Índico e no Pacífico Sul usa-se o termo *ciclone*, designação científica genérica para uma tempestade circular. Com a intensificação dos furacões e o aumento do interesse por eles, têm surgido vários neologismos: hoje quem estuda o histórico das tempestades é um *paleotempestologista*.

resultar na criação de grandes e poderosas perturbações nas colunas verticais de ar — a produção de fenômenos invisíveis que um piloto de planador ou um meteorologista que trabalhe com balões reconhece prontamente como fortíssimos redemoinhos e correntes térmicas.

Os gradientes de pressão nas latitudes ciclogenéticas, onde nascem essas colunas de ar agitado, geram ventos, no mais das vezes os alísios, que sopram de noroeste. Tais ventos fazem com que qualquer coluna de ar instável se mova — e esse movimento, sob o efeito da força de Coriolis, à vezes provoca a rotação da coluna, que no hemisfério norte gira sempre no sentido anti-horário. A seguir, os alísios predominantes empurram essa coluna frágil e rotativa para oeste, para o outro lado do oceano. Se a água do oceano estiver bastante quente, de modo que o ar que sobe para a coluna esteja úmido, e se a alta atmosfera estiver fria o bastante para transformar esse ar em nuvens e chuva, novas perturbações serão canalizadas para a coluna em rotação. Com isso ela se sobrecarregará de energia térmica que, ao se transformar em energia cinética, fará com que os ventos causados por sua rotação ganhem cada vez mais velocidade. Vez por outra, mais ou menos quinze vezes em cada temporada, essa massa girante de ar e nuvens se transformará numa tempestade propriamente dita. A depender da velocidade de seus ventos máximos contínuos, a tempestade poderá ser classificada como furacão. E, se houver água quente suficiente para alimentá-lo, esse furacão ascenderá pelas cinco categorias oficiais de força e perigo potencial, até se tornar um fenômeno de proporções e força aterradoras.

O elemento fundamental para a formação de um furacão é a temperatura da água sobre a qual ele se desloca. Uma das razões pelas quais o Katrina se tornou tão violento foi que quando ele se deslocou sobre as Bahamas, vindo do leste, passou bem em cima de uma das correntes que alimentam a corrente do Golfo, um estreito rio submarino no golfo do México conhecido como Loop Current [Corrente Fechada], que em agosto de 2005 se achava inusitadamente quente. O incremento em relação a sua temperatura normal pode ter sido mínimo, mas para algo sensível como um ciclone em formação esse ligeiro aumento bastou para fazer uma enorme diferença. O combustível adicional oferecido por essa água levemente mais tépida transformou a tempestade Katrina, relativamente modesta, num furacão de categoria cinco. Foi isso que levou o National Weather Service a emitir sua dramática advertência no domingo, e a maré ciclônica que o ciclone criou — embora já tivesse perdido muito de sua força — levou à terrível catástrofe no dia seguinte.

Se águas quentes são o fator principal para a ocorrência de furacões, e se as crescentes temperaturas do mar tiverem como resultado uma maior quantidade de águas quentes, a correlação parece óbvia: águas mais quentes significam furacões mais potentes e talvez em maior número. Mas a ciência não é tão simples assim, e a correlação — ao menos historicamente — não parece convincente. Não há certeza alguma, por exemplo, de que esta ou aquela tendência tenha se tornado de fato evidente. A curto prazo, as temporadas de furacões de 2004 e 2005, bastante ativas, foram seguidas por dois anos de atividade abaixo da média, depois por um 2008 de severidade apenas moderada (dezesseis furacões), e a seguir por um 2009 tão violento quanto o chá da tarde na casa paroquial. A médio prazo — desde 1995 — houve de certa forma mais furacões, e um número bem elevado de furacões mais fortes. Mas as estatísticas de prazo longo — existe um projeto chamado HURDAT, que busca localizar todos os dados disponíveis sobre todos os furacões atlânticos desde 1851 — tendem a mostrar menos uma tendência do que vários padrões cíclicos.

Muitos climatologistas destacam a relevância, em qualquer debate sobre a mudança da temperatura do mar, da chamada circulação termoalina: a descida, para as profundezas frias, da água de maior salinidade e mais densa, formada pela evaporação do mar em sua superfície quente, e a captação de água mais quente para substituir a que afundou. Ao que parece, existe um ciclo — a chamada Oscilação Multidecenal do Atlântico — que se acha ligado, de alguma forma, a mudanças na circulação termoalina. Desde 1995 vem ocorrendo uma circulação termoalina um pouco mais intensa do que a habitual — embora dentro dos limites de suas oscilações medidas no passado —, o que leva alguns climatologistas a acreditar que, em vez de uma tendência, podemos estar assistindo a um ciclo normal, no qual a oscilação atual está em uma de suas fases quentes rotineiras. Isso não significa que não esteja ocorrendo um aquecimento, mas o fato de esse aquecimento talvez se sobrepor a um fenômeno cíclico leva a mais complicações do que gostaríamos. (E é claro que o aquecimento está ocorrendo e pode estar afetando a circulação termoalina, e não o contrário.)

Acresce que até os mais ardentes partidários da mudança climática antropogênica admitem que furacões superviolentos como o Katrina não podem, em si mesmos, ser atribuídos a um aquecimento global. Só no caso da ocorrência de um número enorme dessas catástrofes seria seguro fazer tal correlação, e os dados ainda são insuficientes para isso. Tudo o que se pode afirmar com certeza é uma realidade muito óbvia: as recentes tempestades no Atlântico causaram muitas mortes e danos materiais não porque sejam hoje mais numerosas, *e sim porque nos lugares atingidos por essas tempestades instalaram-se mais pessoas e levantaram-se construções mais caras.*

Portanto, talvez convenha reiterar: a melhor solução a curto prazo para a destruição periódica de tantas comunidades litorâneas do golfo do México e do Atlântico não é dar um jeito de resfriar o mundo, e sim persuadir as pessoas a não querer residir nos lugares em que, costumeiramente, o mundo enlouquece. Há muitas e excelentes razões para que se queira reduzir as emissões de carbono, mas evitar que tempestades causem danos a comunidades costeiras americanas não é uma delas. Essas comunidades nunca deveriam ter sido criadas. Remover das costas vulneráveis da Flórida, da Louisiana, do Alabama, do Mississippi e do Texas as grandes mansões, as vastas refinarias, os shopping centers, os country clubs e os cassinos, e convencer seus habitantes a se transferir para o interior, afastando-se dos corredores dos furacões, elimina parte do problema humano. O Atlântico tropical e seus mares são capazes de assombrosa violência — talvez maior hoje em dia do que em qualquer época anterior. Até eles se acalmarem, de um modo ou de outro, a melhor solução imediata consiste em ficar longe de suas águas e de seus ventos. Enquanto o oceano estiver levando sua vida, talvez a humanidade deva pensar em dar o fora das terras dos furacões.

O OCEANO MAL CONHECIDO

O aquecimento dos oceanos exerce seus efeitos mais visíveis sobre coisas que as pessoas conhecem de perto — cidades, furacões, pinguins e peixes. Mas esse aumento de sua temperatura, qualquer que seja a causa, parece afetar também mundos mais desconhecidos — e um deles ilustra bem a ideia de que talvez devamos deixar os mares em paz, porque sabemos sobre eles muito menos do que imaginamos. Há muita preocupação hoje em dia quanto à possibilidade de que o aquecimento global venha a ter um efeito — não sabemos ainda se positivo ou negativo — sobre um ser vivo que talvez seja a espécie mais abundante em nosso planeta, mas de cuja existência só tomamos conhecimento quase no

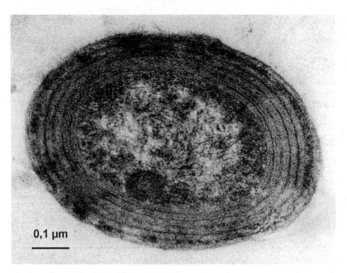

A cianobactéria Prochlorococcus, *provavelmente o ser vivo mais abundante do planeta, foi descoberta no mar dos Sargaços, no Atlântico, em 1986. Essas minúsculas criaturas utilizam a clorofila b para produzir cerca de um quinto de todo o oxigênio da atmosfera.*

fim do século XX. Esse organismo foi descoberto apenas em 1986 — e no oceano Atlântico.

O mar está abarrotado de minúsculos organismos, chamados em seu conjunto de plâncton, que vivem em suspensão nas águas. O local onde são encontrados e o que fazem ali dependem bastante da natureza das águas em que se encontram: se são quentes ou frias (atributo que depende, por um lado, da latitude, e por outro, da profundidade), se são muito ou pouco salinas, se a pressão dessas águas é alta ou nem tanto, se a química marinha é benigna ou malsã, se são claras ou escuras — pois absolutamente nenhuma luz chega além de mil metros, e abaixo desse nível o breu é perpétuo, com exceção de brilhos tênues produzidos por seres bioluminescentes e das fosforescências alaranjadas emitidas por valentes criaturas que vicejam junto das escaldantes fontes hidrotermais. No entanto, em todas as zonas, desde a exuberância rica em oxigênio das águas costeiras até o negrume quase congelado e as pressões esmagadoras das fossas abissais, quase invariavelmente existe vida, na maior parte microscópica, e também na maior parte ainda desconhecida.

Muitos dos seres minúsculos que habitam as águas bem iluminadas, perto da superfície, emitem gases ou compostos gasosos. Um cocolitóforo de carapaça rígida, *Emiliania huxleyi*, emite sulfeto de dimetila, que, segundo creem alguns, contribui para aquela fragrância singular que chamamos de cheiro do mar.* Mas quase todos esses organismos, por serem capazes de realizar fotossíntese, captam dióxido de carbono, produzem carboidratos e liberam oxigênio em imensas quantidades. É possível que 70% do oxigênio total da Terra provenha desses seres marinhos. Um deles foi descoberto em 1986: uma alga verde-azulada até então desconhecida que foi classificada como *Prochlorococcus*.

Uma jovem pesquisadora do Massachusetts Institute of Technology, Penny Chisholm, descobriu esse organismo no mar de Sargaços. Ela e Rob Olsen, seu colega na Woods Hole Oceanographic Institution, trabalhavam num navio oceanográfico que ia de Cape Cod às Bermudas e levavam a bordo, para testes, um citômetro de fluxo, máquina normalmente usada em hospitais para fazer exames de sangue. O princípio de seu funcionamento é simples: um feixe de laser é projetado perpendicularmente contra um tubo com um meio líquido em fluxo — em hospitais, sangue; no navio de Penny Chisholm, água do mar — e detectores captam a luz dispersada e desviada por quaisquer partículas minúsculas, invisíveis a olho nu, em suspensão no líquido. Os dois pesquisadores nem tinham certeza de que a máquina funcionaria a bordo; e, se funcionasse, esperavam achar na água marinha numerosos espécimes de uma certa alga verde-azulada que já sabiam existir.

O que não imaginavam era que o aparelho demonstraria a existência de milhões e milhões de organismos ainda menores, seres vivos ovais, com cerca de seis micrômetros de diâmetro, ou seja, duzentas vezes mais finos que um fio de cabelo humano. Mas esses organismos não eram apenas minúsculos. Examinados em microscópios eletrônicos, verificou-se que haviam incorporado a sua fisiologia um tipo de clorofila que lhes permite absorver dióxido de carbono e extrair da água do mar uma ínfima quantidade de oxigênio, que é liberada para a atmosfera.

---

* O mar não tem cheiro longe da praia. O odor só é sentido quando o navegante se aproxima de terra e aspira o gás liberado pela *E. huxleyi*, e por isso deveria ser chamado de *cheiro de praia*. O sulfeto de dimetila emitido longe da praia sobe em forma de nuvens e se distribui em torno do planeta, juntando-se à complexa matriz de materiais orgânicos de que é feita a vida. E, para mais aumentar a reputação da *E. huxleyi*, trilhões de carapaças dessa minúscula alga se depositam no fundo do oceano e acabam formando depósitos calcários, semelhantes ao giz.

A quantidade de oxigênio livre que uma dessas algas produzia era nada menos que insignificante. Mas Penny Chisholm calculou que a quantidade de *Prochlorococcus* existentes era tão fantástica e inimaginável — haveria 100 mil deles em um centímetro cúbico de água, talvez seu total ascendesse a 1 trilhão de trilhões — que eram, provavelmente, os seres vivos mais numerosos do mundo e produziriam, em conjunto, imensas quantidades de oxigênio.

O *Prochlorococcus* prefere os mares mais quentes, entre 40° N e 40° S, ou seja, as águas situadas no espaço entre uma linha que liga Nova York e Lisboa, no norte, e outra que vai de Buenos Aires à Cidade do Cabo, no sul. Ocupa a base da cadeia alimentar, servindo de alimento a camarões minúsculos, que por sua vez são consumidos por peixinhos, e assim por diante, até chegar ao maior predador de todos, o homem. Ou talvez devêssemos dizer que ele *provavelmente* ocupa a base da cadeia alimentar, pois, embora seja difícil imaginar que exista no oceano um organismo menor, a dra. Chisholm considerou que o *Prochlorococcus* era um exemplo da forma como a natureza havia mais uma vez demonstrado sua infinita capacidade de, como ela se expressou, *humilhar* o mundo da ciência, e poderia facilmente fazê-lo de novo. Antes de 1986 não sabíamos que essa criatura existia; hoje ela é considerada o ser vivo mais comum da Terra — ou melhor, do oceano — e sabemos que representa um papel vital para a vida de todos os seres terrestres.

Para acentuar a importância desse organismo, podemos dizer que uma em cada cinco inspirações feitas por um ser humano contém oxigênio produzido no mar, especificamente pelo *Prochlorococcus*. Hoje sabemos de sua existência, e é desnecessário dizer que, se ele fosse vitimado por algum desastre, a sobrevivência de todos os seres que dependem do oxigênio estaria ameaçada. Nas duas décadas transcorridas desde a descoberta do *Prochlorococcus*, muitas pesquisas tentaram identificar o que poderia causar-lhe mal, e de que forma. O que os pesquisadores procuraram determinar foi se o aumento da temperatura dos oceanos prejudicaria sua capacidade de absorver dióxido de carbono e limitaria sua propensão para emitir oxigênio.

Até agora o que se verificou foi que o *Prochlorococcus* parece resistir bravamente ao aquecimento do planeta. Qualquer aumento da temperatura do mar talvez fizesse com que o *Prochlorococcus* passasse a ocupar também as águas recém-aquecidas, ampliando sua presença além das linhas atuais de quarenta graus de latitude, e isso talvez fizesse com que ele não só liberasse oxigênio para a atmosfera, *como também absorvesse o dióxido de carbono já presente nela.*

É tentador, mas inteiramente fantasioso, supor que isso possa equilibrar parte das emissões de gases de efeito estufa que tanto preocupam a humanidade hoje. Uma expansão do habitat e da população do *Prochlorococcus* poderia vir a constituir um componente do mecanismo de autorregulação da Terra, elemento tão crucial da famosa teoria de Gaia, de James Lovelock, segundo a qual a Terra deve ser vista como um ser vivo autossuficiente, capaz de mudar seus hábitos e enfrentar circunstâncias novas. Essa curiosa alga marinha unicelular pode até ser mais preciosa do que se julgou anteriormente: não só fornece o ar que respiramos como elimina nosso poluente mais perigoso. Mas essa é uma ideia ociosa. Não há prova disso, e muitas pesquisas ainda estão por ser feitas.

E, no entanto, tudo isso diz respeito a um organismo de cuja existência não fazíamos a menor ideia vinte anos depois que o homem pisou na Lua. De repente pensamos naqueles que durante tanto tempo afirmaram que o mar é muito menos conhecido do que o espaço sideral. Eles parecem ter um tipo especial de saber.

Num futuro muito remoto, em termos humanos, as forças descomunais que criaram o Atlântico também o destruirão. Essas forças, parte dos mecanismos tectônicos do planeta, são mais bem compreendidas hoje do que quando foram descritas pela primeira vez, na década de 1960, mas ainda parecem meio misteriosas. Em parte, é difícil explicá-las por serem demasiado complexas, mas também por causa da escala de tempo envolvida: só vemos os minúsculos movimentos e as pequenas mudanças pelas quais o mundo modifica sua topografia, ainda que essas mudanças mínimas possam ser, para a humanidade, letais e aterrorizadoras.

Os terremotos, erupções e tsunamis que sacudiram o mundo nos 2 mil anos desde que o homem pôde registrá-los pareceram fenômenos colossais. Desastres que provocaram mortandade e destruição numa escala humanamente titânica são hoje fatos históricos bem conhecidos: Lisboa em 1755, Krakatoa em 1883, San Francisco em 1906, Tangshan em 1976, Sumatra em 2004. Num contexto planetário, porém, quase não têm significado. São pequeninas metamorfoses que só assumem importância real depois que ocorreram milhões delas, no decurso de milhões de anos. O tsunami de Sumatra, em 26 de dezembro de 2004, pode ter matado 250 mil pessoas e ter passado para a história como um dos maiores desastres naturais de todos os tempos, mas moveu apenas alguns metros do leito oceânico ao sul de Sumatra, e o mar ao sul de Sumatra tem milhares de quilômetros de largura. Seria preciso 1 milhão de anos de maremotos no oceano Índico para notarmos uma mudança mínima no aspecto desse recanto do mundo.

Por um acidente fortuito da tectônica, o Atlântico é, dentre os oceanos, o menos vulnerável a fenômenos sísmicos. O oceano Índico é marcado por zonas de subdução e falhas, e não foi surpresa para os geólogos que o tsunami de 2004 se originasse dali. Além de ser quase todo cercado de vulcões, o Pacífico é sacudido por terremotos constantes do Japão ao Alasca, da Califórnia ao Chile, de Kamchatka à Nova Zelândia. Já o Atlântico, em contraste, tem como destaque geológico somente a Mesoatlântica, que decerto vomita lava o tempo todo, mas faz isso de maneira meio letárgica. Assim, e pelos padrões de seu oceano vizinho, o Atlântico não pode de modo algum ser chamado de violento do ponto de vista sísmico. O surgimento da ilha de Anak Krakatoa na costa de Java, em 1930, foi um fenômeno de grande violência e dramaticidade. Já o aparecimento da ilha de Surtsey, na costa da Islândia, 33 anos depois, chamou muita atenção, porém foi mais uma emersão turbulenta que uma explosão cataclísmica.

Isso não quer dizer que não tenha havido no Atlântico nenhuma atividade sísmica notável. Muita coisa aconteceu ali, e os fenômenos recentes foram registrados de modo pleno e fiel, mais do que em outros locais, porque seus dois lados têm sido habitados, há mais tempo, por grupos com maior nível de desenvolvimento, organização, curiosidade científica e capacidade tecnológica do que os outros oceanos.* São muitas as crônicas antigas de atividade sísmica violenta no leste do Atlântico, entre Portugal e os Açores, por exemplo, iniciando com o registro, no inverno de 1531, de enchentes do Tejo e de ondas monstruosas no mar, que fizeram naufragar grande número de embarcações, entre as quais dezenas de barcos de pesca. Houve também o grande terremoto que quase arrasou Lisboa em 1º de novembro de 1755; consta que o sismo fez chegar

---

* Não pretendo minimizar os feitos de indianos e chineses na área das geociências no passado, mas até há pouco tempo as pesquisas modernas no campo da sismologia e da vulcanologia quase se limitavam ao Ocidente.

grandes ondas à ilha da Madeira e a Agadir, como seria de esperar, mas que também teria causado danos materiais até na distante Martinica, no Caribe.

A possibilidade de tsunamis destrutivos atravessarem o Atlântico causou recentemente alguma preocupação, depois da onda no oceano Índico em 2004, que se propagou rapidamente e fez grande número de vítimas, de Bengala a Sri Lanka e ainda mais além. São poucos os dados históricos a respeito de relatos verossímeis de tsunamis que, gerados no Atlântico, tenham percorrido grandes distâncias. (É provável que o episódio de Lisboa seja o único.) O terremoto dos Grandes Bancos, em novembro de 1929, desencadeado por um terremoto de 7,2 graus ao sul da Terra Nova, tem sido estudado em minúcias, mas não parece ter causado muita agitação sísmica além do estuário do São Lourenço. Grandes ondas de areia e água, conhecidas como correntes de turbidez, deslocaram-se como avalanches pelos cânions submarinos e romperam muitos cabos telegráficos, e a sequência precisa da destruição dos cabos, que durou treze horas, pôde ser determinada pela súbita perda de sinal. Do mesmo modo, a gigantesca explosão no porto de Halifax, em dezembro de 1917, mencionada no capítulo 4, gerou alguns tsunamis que duraram apenas alguns minutos e não chegaram ao alto-mar.

Acredita-se que um depósito de areia com 480 quilômetros de extensão na costa oriental da Escócia, entre Dunbar e Inverness, seja resultado de um famoso deslizamento submarino ocorrido na costa da Noruega há 8 mil anos. Segundo os pesquisadores, toda espécie de desastres teria ocorrido no outro lado do Atlântico quando o lago Agassiz se esvaziou, mas não foi encontrado nenhum indício físico de tsunami, embora pesquisadores tenham esperança de achar bancos de areia fósseis na costa ocidental do mar do Labrador. Até que isso ocorra, a hipótese de que as práticas agrícolas na região do mar Negro tenham se alterado em decorrência da elevação do nível do mar em um metro continua a ser a única indicação de um possível impacto transoceânico do extravazamento do lago Agassiz.

A possibilidade de que ondas gigantescas possam atravessar o Atlântico passou a ser cogitada em parte por causa do que aconteceu no oceano Índico em 2004. Mas o receio foi provocado principalmente por uma especulação que surgiu na imprensa em 2000: a cidade de Nova York corria o risco de ser inundada devido a um iminente deslizamento na ilha de La Palma, nas Canárias. De acordo com reportagens em alguns órgãos de comunicação mais sensacionalistas, além de um filme exibido pela BBC, um bloco de basalto do tamanho da ilha de Man estava para cair da encosta oeste do vulcão Cumbre Vieja, e o presidente dos Estados Unidos deveria tomar medidas imediatas para que os americanos se preparassem para os efeitos devastadores de uma onda que atravessaria o oceano à velocidade de oitocentos quilômetros por hora e, ao chegar, cobriria grandes cidades americanas com um lençol de água de muitos metros de altura.

Mais tarde soube-se que, embora ligados à Universidade de Londres, os pesquisadores que haviam passado a notícia à imprensa e ajudado no filme da BBC eram financiados por uma grande corretora de resseguros de Chicago, a Aon Benfield, que sem dúvida gostaria de ver o público tenso com a publicação de notícias sobre ameaças cada vez mais assustadoras à tranquilidade mundial: "Manhattan pode ser tragada por tsunamis!". De modo geral, os sismólogos escarneceram das notícias, declararam que os modelos matemáticos usados eram velhos e errados, que a possibilidade de ocorrer esse deslizamento em La Palma era desprezível e que quase não há dados históricos sobre tsunamis atravessando o Atlântico, embora não se saiba explicar o porquê disso. Os pesquisadores meteram o rabo entre as pernas, a BBC retratou-se, e a Agência Espacial Europeia anunciou que realizaria um estudo no Cumbre Vieja para verificar sua estabilidade e, presumivelmente, procurar garantir ao mundo que Nova York com certeza não seria tragada em breve e, provavelmente, nunca.

Além disso, os vulcões do Atlântico em geral são mais benignos que os de outras regiões. Há, é claro, alguns vulcões destruidores, a maior parte deles no Caribe. Fica na Martinica o famigerado Mont Pelée, que entrou em erupção no dia da Ascensão, em 1902, matando quase todos os 28 mil habitantes de Saint-Pierre com suas nuvens de cinzas ardentes e de ar superaquecido. Um prisioneiro detido numa cela quase sem ar sobreviveu e mais tarde passou a integrar a trupe do circo Barnum & Bailey. Patrick Leigh Fermor escreveu *The violins of Saint-Jacques*, romance em que o autor imagina que quando o vulcão entrou em erupção realizava-se um baile de gala num salão que foi lançado ao mar, de modo que a orquestra, ainda tocando animadamente, até hoje pode ser ouvida pelos pescadores em seus barcos.

Outros vulcões são mais incômodos que devastadores. Por exemplo, no território britânico ultramarino de Montserrat, um vulcão dos montes Soufrière, de constituição geológica muito semelhante, entrou em erupção em 1995, matando muito menos gente, mas destruindo a capital da ilha, Plymouth, e

Menos de trezentas pessoas — sete famílias, todas elas aparentadas — vivem na ilha vulcânica de Tristão da Cunha, no meio do Atlântico, 3 mil quilômetros a leste da costa sul-africana. Normalmente, essa possessão britânica fica completamente isolada, e seus moradores vivem com medo de uma nova erupção vulcânica, como a que ocorreu em 1961.

forçando sua população a abandoná-la. A poeira da erupção do Eyjafjoll, no sul da Islândia, em 2010, prejudicou seriamente o tráfego aéreo em toda a Europa. E décadas antes, em 1961, todos os 250 habitantes da ilha de Tristão da Cunha, possessão britânica no Atlântico Sul, tiveram de ser evacuados para a Inglaterra depois que o vulcão da ilha entrou em erupção, ameaçando o povoado de Edinburgh-of-the-Seven-Seas.

Quando essa erupção começou, todos os tristanenses, entre os quais mulheres idosas e recém-nascidos, transferiram-se em escaleres para a ilha Nightingale, situada a cerca de trinta quilômetros de distância, e ali se abrigaram, à espera de socorro. O oceano Atlântico aparentemente lhes oferecia um asilo mais seguro do que a terra firme em que seus ancestrais tinham resolvido se instalar. Mas dois anos depois, quando a montanha voltou a se estabilizar, a maioria dos ilhéus decidiu retornar. Ainda vivem ali, no lugar que descrevem aos visitantes como "a mais isolada ilha habitada do mundo". O vulcão pode rosnar e fumegar, gases sulfurosos podem provocar doenças, o isolamento dos ilhéus pode acarretar todas as desvantagens da procriação consanguínea, e seus problemas econômicos podem ser inúmeros e intermináveis, mas esse grupo de homens e mulheres se aferra como cracas a esse recesso quase nunca visitado do Atlântico, como se tentasse lembrar ao oceano quem é que manda.

Alguns tristanenses e os técnicos que trabalham na estação meteorológica da ilha Gough, parte do território ultramarino britânico de Santa Helena, Ascensão e Tristão da Cunha, 480 quilômetros ao sul, talvez tenham notado uma outra coisa nos últimos anos.

Os ventos predominantes nas duas ilhas, mas sobretudo em Gough, sopram de oeste. Em Gough são, em geral, fortíssimos: a ilha, situada cerca de 40° 31' S, encontra-se na faixa dos chamados Quarenta Rugidores, e ali os ventos do oeste realmente rugem, sem cessar.

Ou, pelo menos, rugiam. Nos últimos trinta anos, aproximadamente, o clima nessas regiões alterou-se um pouco. Os ventos do oeste já não são tão fortes ou frequentes, nem contínuos como ainda costumam ser a poucas dezenas de quilômetros ao sul. É como se o Supergiro do oceano Antártico, o agente climático que, em última análise, é responsável pelas faixas de ventos fortes em torno da Antártida, que os marinheiros chamam de Quarenta Rugidores, Cinquenta Furiosos e Sessenta Uivadores, houvesse de repente descido para o sul, em direção ao polo. O motivo disso, insistem os climatologistas, é a destruição, pelo homem, da camada de ozônio na atmosfera sobre o oeste da Antártica: ao que parece, os ventos podem ter se encaminhado, por assim dizer, para o buraco do ozônio, para preencher o espaço deixado pelo ozônio, confirmando o antigo princípio segundo o qual *a natureza tem horror ao vácuo.*

O efeito desse deslocamento dos ventos atlânticos para o sul foi dos mais inesperados: a passagem de água quente e salgada do oceano Índico para o Atlântico, por meio de um fenômeno de águas profundas até então desconhecido chamado vazamento das Agulhas. Aparentemente essas águas marinhas quentes e salinas entram na corrente do Norte do Brasil — uma corrente complicadíssima que segue pela costa nordeste do Brasil em direção ao Caribe. Acredita-se que essa água poderia penetrar nas águas formadoras da corrente do Golfo e alterar sua força, temperatura, salinidade e direção ainda mais do que estão sendo alteradas atualmente.

Essa é outra complicação — certamente criada pelo homem, no caso de se confirmar a correção da hipótese do preenchimento do buraco de ozônio — que se soma à complexidade do oceano Atlântico. Os padrões meteorológicos em torno do mar vão mudar ainda mais — embora ninguém possa dizer ainda se para o bem ou para o mal. Só se tem certeza do seguinte: mais furacões violentos estão se formando ao largo de Cabo Verde; vulcões entram em erupção em Montserrat; o nível do mar está se elevando em Roterdam; o gelo no leste da Groenlândia vem derretendo; fumarolas negras e brancas estão gerando mais calor e uma baça luz avermelhada, e assim alimentando as nuvens de bactérias termofílicas nas proximidades da Mesoatlântica; a ilha de Surtsey está se soerguendo outra vez; o Eyjafjoll emite nuvens de pó; a Islândia continua a se fender; os cabos que atravessam os Grandes Bancos perigam partir-se de novo; o *Prochlorococcus* está expandindo seu habitat e despejando ainda mais oxigênio no ar; e as águas do oceano Índico estão vazando para as regiões próximas da ilha Gough, do Brasil e do Caribe, tornando seus mares mais quentes e mais salgados.

Com um desses fenômenos — ou com todos — em curso, surgem muitas dúvidas sobre a capacidade humana de se adaptar a eles, que podem, de outra forma, sinalizar o começo do fim da relação da humanidade com esse oceano mais do que vital. O fato claro é que coisas de notável estranheza estão acontecendo atualmente no oceano Atlântico, e ninguém sabe exatamente por quê.

Epílogo

A sombra cai, esvai-se o mar

O mundo todo é um palco,
E todos os homens e mulheres, apenas atores:
Eles saem de cena [...]

O farolete que é chamado de *o farol no fim do mundo* um dia há de se encontrar com outro que atualmente se ergue a 16 mil quilômetros de distância, do outro lado do globo. E, quando isso acontecer, com um farol batendo no outro na mais lenta e suave das colisões, o oceano Atlântico, como o conhecemos, deixará de existir.

O último momento do Atlântico ocorrerá dentro de cerca de 170 milhões de anos. Será causado por um episódio de complicadíssima ginástica tectônica, no qual a ponta da América do Sul serpenteará para baixo, circundando toda a Antártica, para depois voltar-se de novo para o norte e colidir com a extremidade da península malaia, em algum ponto da região de Cingapura.

Foi preciso muita modelagem matemática para chegar a essa imagem do futuro aspecto do mundo. Um grupo do Texas especializado em paleogeografia e futurismo tectônico, liderado por Christopher Scotese, efetuou grande parte dos cálculos. Outro grupo, na Inglaterra, conhecido informalmente como The

Future Is Wild e com intenções comerciais mais óbvias, tem esperança de encontrar em Hollywood e na indústria editorial um mercado para suas visões, cuidadosamente modeladas, do futuro geológico e biológico do planeta. Os dois grupos traçaram cenários para os próximos 200 milhões de anos: ambos concordam em que a Pangeia, o supercontinente cuja fragmentação levou à criação do Atlântico, um dia há de recriar-se,* e concordaram também em chamá-lo Pangeia Última. O processo preciso mediante o qual os continentes ora existentes chegarão a esse ponto é tema de debates especializados, mas há entre os especialistas um consenso de que no fim o mundo terá apenas um continente, cercado por um único mar, e que todos os oceanos que hoje existem, inclusive o Atlântico, já terão há muito desaparecido.

No entanto, ao menos neste momento, parece estar ocorrendo exatamente o oposto. Longe de estar rumando para o arquivo da história, o Atlântico está se tornando bem maior e mais largo. As linhas de vulcões e vales de abatimento ao longo da Dorsal Mesoatlântica continuam a expelir novos materiais do manto para a superfície, e as correntes de convecção no fundo do mar continuam a deslocar os leitos marinhos em ambos os lados da dorsal, como esteiras transportadoras a mover-se em direções opostas: as Américas estão sendo empurradas mais ainda para o oeste, ao passo que a África e a Eurásia deslizam vagarosamente para o leste. Trata-se de um processo que, segundo todos os geólogos, continuará durante talvez mais 5 milhões de anos, ou muito mais. É nesse ponto que os modelos matemáticos começam a divergir.

Um grupo prevê o que chama de *extroversão*, processo pelo qual os continentes parecem se abrir como botões de rosa, para mais tarde começar a fechar-se de novo e terminar aglutinados em um só continente. Nesse cenário, o Atlântico continua a alargar-se mais e mais; o Pacífico é lentamente comprimido, à medida que os dois continentes americanos giram em torno da Sibéria, rumando para uma colisão com o leste da Ásia; e a África, a Índia e a Antártica

---

* Para a comunidade geofísica, é consensual a existência de uma quantidade finita de terras e águas no planeta, que constantemente reordenam, de forma cíclica, suas formas e suas relações recíprocas. Ao reordenamento regular dos oceanos foi até dado um nome, Ciclo de Wilson, em homenagem ao canadense J. Tuzo Wilson, pai da teoria da tectônica de placas. Acreditam os geofísicos que também os continentes sofrem fraturas e se reformam a intervalos de 400 milhões-500 milhões de anos, e que a Terra, como atualmente se configura, acha-se a meio caminho entre a dispersão máxima de seus fragmentos continentais e sua próxima coalescência como bloco único.

movem-se como um só bloco em torno e na direção das várias penínsulas e arquipélagos do sul da Ásia; quando a Pangeia Última finalmente se formar, a movimentação do mundo será interrompida, com sua nova e gigantesca massa terrestre cercada por um recém-formado oceano, ainda mais gigantesco.

O outro grupo de modeladores defende a *introversão*, e nesse cenário, um pouco mais complicado, o Atlântico, após um período de expansão, começaria de repente a encolher. Isso porque se formariam zonas de subducção ao longo do litoral da América do Norte e da América do Sul. Linhas de vulcões começariam a entrar em erupção ao largo de Nova York, Halifax e Rio de Janeiro, ainda que tais lugares, como todos os demais núcleos humanos, já tivessem deixado de existir muito tempo antes, e o leito oceânico começaria a sumir sob os continentes americanos. Ao mesmo tempo, a Europa e a África continuariam a colidir, acabando finalmente com o Mediterrâneo. A Baixa Califórnia deslizaria no sentido norte, enquanto a Antártica avançaria também para o norte. Dentro de aproximadamente 200 milhões de anos, a América do Norte colidiria com a África, e a América do Sul resvalaria por baixo do sul da África, seguindo na direção nordeste até colidir com o Sudeste Asiático.

É esse cenário que envolve, ao menos em teoria, a irresistível perspectiva da colisão dos dois faróis.

A extremidade da América do Sul, onde os Andes mergulham nos dois oceanos separados pelas montanhas, é um lugar de beleza intensa e solitária, e de vidas que transcorrem num ambiente de incessantes ventos do oeste, fortes e muito frios. O cabo Horn, uma ilha castanha e baixa, muito menos imponente do que sua história levaria a crer, domina a imagem da região. Mas há também os picos nevados da Terra do Fogo, as planícies poeirentas da Patagônia, as *estancias* batidas pelo vento em que os carneiros se protegem junto das sebes e os pés de *calafate* agitam-se nos temporais; os *frigoríficos* com telhados de zinco, para onde os fazendeiros e seus *gauchos* traziam seus carneiros para serem abatidos e embarcados; as ossadas brancas de baleias mortas há muito, dispersas ao longo do estreito de Magalhães; os restos esbranquiçados de clíperes que naufragaram há muito tempo nas baías em que fatidicamente buscaram abrigo depois de não conseguir dobrar o cabo Horn... São essas coisas que tornam a extremidade sul dos Andes tão amedrontadora e fascinante.

A cerca de trinta quilômetros da extremidade leste do continente fica a Isla de los Estados, um extenso amontoado de picos íngremes, vales fundos, faias mirradas na praia, pântanos musgosos e ruínas de velhos presídios. A ilha foi descoberta por navegantes holandeses, que a batizaram com o nome dos Estados-Gerais, o Parlamento holandês, responsável pela expedição. Mas, ao contrário da *outra* Ilha dos Estados, colonizada pelos holandeses em Nova York — Staten Island, hoje um enorme e próspero subúrbio de meio milhão de habitantes —, a Isla de los Estados sul-americana não tem nenhum habitante permanente. É um lugar hostil, desolado e nada hospitaleiro. Uma série de faróis ali erguidos foram abandonados por causa dos vendavais; até mesmo uma prisão militar fortificada construída em 1899 durou apenas três anos antes que tempestades a danificassem, provocando distúrbios e fugas. Hoje a Isla de los Estados é considerada um refúgio para colônias de pinguins-de-magalhães, e um pequeno destacamento de marinheiros argentinos a ocupa em rodízios de 45 dias. Esses marujos vão para lá a contragosto, devido ao tempo ruim e ao terreno inóspito.

Júlio Verne sempre sentiu um peculiar fascínio pela Isla de los Estados, embora nunca a tivesse visitado. Seu último romance, *O farol no fim do mundo*, narra a atuação de um bando de piratas na ilha e culmina com os bandidos apagando o farol para fazer com que navios mercantes sofressem avarias nos rochedos em torno da ilha e fossem pilhados. Um século depois, numa deliciosa crise de impulsividade tipicamente francesa, André Bronner, um parisiense apaixonado pela navegação, reconstruiu o último desses faróis, que havia desmoronado depois de ter sido relegado ao abandono. Disse mais tarde que tinha ficado a pensar no quanto essa luz tremeluzente fora importante para todos os grandes clíperes e vapores que tentavam transpor o cabo Horn na escuridão. Tomado de uma cega obsessão pelo romantismo desse fulgor fugidio naqueles ermos, conseguiu levantar recursos em seu círculo de amigos endinheirados para reconstruir o farol.

Com sete companheiros igualmente excêntricos, Bronner demorou dois longos meses, durante o verão, para levantar o novo farol. Levou patê, conhaque e caixas de bons borgonhas para animar o grupo, além de contratar um compositor para escrever uma *Sinfonia no fim do mundo*, executada numa borrascosa manhã de março, em 1998, quando o farol foi entregue à Marinha argentina. A guarnição da base cuida atualmente do farol, um projeto modesto que funciona com painéis solares, requer pouca manutenção e, como a maioria dos faróis que o precederam, é quase inútil como auxílio à navegação. Seus predecessores eram pequenos demais e, por alguma razão curiosa, foram todos construídos atrás de serras que os escondiam. Hoje em dia, com o advento da navegação por GPS a permitir que mesmo barcos frágeis transitem em segurança pelo cabo, o farol na versão de Bronner tornou-se de pouca valia.

No que diz respeito a este livro, uma biografia do Atlântico, a importância simbólica do farol da Isla de Los Estados sobrepuja bastante sua utilidade prática. Isso porque é provável que o promontório sobre o qual ele foi construído — o penedo situado na extremidade nordeste da ilha, sob o monte Richardson e a ponta Pickersgill, nomes que recordam antigos exploradores britânicos da região — seja a primeira parte das Américas a colidir com a Ásia, quando os continentes chegarem ao fim de sua movimentação.

Se os modelos matemáticos estiverem corretos, em pouco menos de 200 milhões de anos o promontório do farol no monte Richardson estará se aproximando vagarosamente do lugar em que se ergue atualmente outro farol, o ponto mais meridional da península da Malásia. Trata-se do farol Raffles, erguido em 1854, e que ilumina tanto a entrada do porto de Cingapura quanto o estreito de Malaca. Mas quando Raffles se encontrar com Richardson, quando Cingapura se unir à Isla de los Estados, as águas do oceano Atlântico, durante tanto tempo espremidas, terão sido obrigadas a procurar outro espaço. Os mapas criados por Christopher Scotese mostram um pequeno mar interior limitado pela Índia, Arábia, África Oriental, Argentina e Sumatra. Mas esse grande lago não merece ser chamado de mar, com toda certeza não durará muito e sua única e melancólica distinção consiste em conter as últimas moléculas cativas do que foi um dia o mais antigo e — em termos das civilizações que floresceram a seu redor — o mais importante oceano do planeta.

O oceano Atlântico nasceu há 190 milhões de anos. E, em vista da mecânica e da época de sua morte provável, sobreviverá como oceano por talvez mais 180 milhões de anos. Sua expectativa de vida se estende, pois, por 400 milhões de anos — um período quase inteiramente ocupado por gigantescos dramas geológicos, por fenômenos climáticos de escala quase inimaginável, pela evolução e extinção de milhares de espécies de animais, aves, peixes, plantas e organismos unicelulares e de todos os estágios intermediários.

Durante, talvez, 200 mil desses 400 milhões de anos, o homem existiu e prosperou na margem do Atlântico. Homens, mulheres e suas proles primeiro

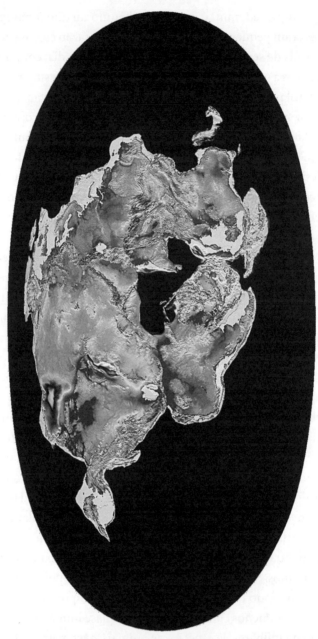

Daqui a 250 milhões de anos, os continentes se fundirão numa nova Pangeia, e a única massa d'água interior será o mar de Capricórnio, relíquia estagnada do oceano Índico. O oceano Atlântico, 440 milhões de anos após seu nascimento, terá desaparecido.

povoaram a parte leste do mar, depois derramaram-se pelas áreas mais distantes das massas terrestres antes de aparecer no lado ocidental do mesmo oceano, milhares de anos mais tarde. Durante séculos, o homem sentiu um medo extremo do oceano, supondo que ele representasse a borda do mundo e fosse povoado por monstros horripilantes. Aventurou-se nele com timidez e recuou depressa — e depois enfim o atravessou, de leste para oeste, no século XI do calendário moderno, e, ao assim proceder, descobriu que, longe de ser a borda do mundo, o Atlântico era agora uma ponte para um mundo inteiramente novo.

Foram necessários mais quatro séculos para que esse mundo fosse achado de verdade. Mas, assim que a existência do mundo novo se tornou uma certeza clara e inegável, assim que se aceitou a ideia de que as águas recém-cruzadas eram mesmo um novo oceano, essa massa aquática, com 4800 quilômetros de largura no norte, 6400 quilômetros no sul e pouco menos de 3200 quilômetros em sua cintura, entre o Brasil e a África, tornou-se palco dos mais estupendos empreendimentos e prodígios da humanidade.

O oceano se tornou, em certo sentido, o berço da moderna civilização ocidental — o mar interior do mundo ocidental civilizado, a sede de uma nova civilização pan-atlântica. Toda espécie de descobertas, invenções, realizações e ideias — o mosaico de fragmentos mediante os quais a humanidade progrediu — foi feita nesse mar, em torno dele ou mediante alguma ligação indireta com ele. A democracia parlamentar. Uma pátria para os judeus. A comunicação por rádio a longa distância. O mapa da Vinlândia. A abolição da escravatura. A compreensão da deriva continental e da tectônica de placas. A Carta do Atlântico. O Império Britânico. O *knarr*, o *curragh*, o galeão, o navio de linha, o encouraçado. A descoberta da longitude. O bacalhau. Erskine Childers. Winslow Homer. O sistema de comboios. Santa Helena. Puerto Madryn. Debussy. Monet. Rachel Carson. Eriksson, Colombo, Vespúcio. A Liga Hanseática. Ernest Shackleton. A Black Ball Line. O cabo telegráfico submarino. Os irmãos Wright, Alcock e Brown, Lindbergh. Beryl Markham. O submarino. Ellis Island. Furacões. O riacho Atlantic. Icebergs. O *Titanic*. O *Lusitania*. O *Torrey Canyon*. O farol Eddystone. O *Bathybius*. O *Prochlorococcus*. O transporte em contêineres. A OTAN. Os pôlderes. A calota glacial da Groenlândia. O Reino Unido. O Brasil, a Argentina, o Canadá. Os Estados Unidos da América.

Tudo isso, mais mil outras coisas, pessoas, animais, fatos e ocorrências, se junta para perfazer o Atlântico de hoje. Atuam como lembretes da complexidade imensa de um oceano que tem sido o fundamento e a essência da história humana. Tudo isso é hoje parte de um novo continuum, de um campo de estudo que nos últimos anos passou a ser chamado de História Atlântica, disciplina hoje presente em muitos currículos e levada tão a sério que existe atualmente uma história dela própria, *a história de uma história*, tão crítica tornou-se a ideia de uma identidade atlântica para o mundo contemporâneo e o futuro.

Todavia, essas ideias grandiosas, conquanto necessárias fontes de prazer para o mundo acadêmico, podem ser conceitos evanescentes, fugidios, para aqueles que apreciam simplesmente se postar num rochedo atlântico e contemplar a majestade imponente do mar que ondula e some no horizonte. A essas pessoas, ofereço uma última história. Ou, melhor dizendo, ofereço-a a todos nós, uma vez que este livro foi escrito para aqueles que encaram o mar menos como um conceito que como uma caprichosa e maravilhosa mistura de água, ondas e vento, animais e aves, navios e homens. É a história de um homem esquecido e de sua pequena e solitária luta com o mar, uma luta em que o mar, como sempre, venceu. Envolve um naufrágio, um resgate e uma morte solitária.

Pode ser que cada um de nós acalente secretamente uma história de naufrágio — uma saga sobre a qual pensar, quem sabe, no calor de uma cama bem aquecida, enquanto a chuva fria sacode as vidraças, as árvores se dobram e nós elevamos uma prece silenciosa pelos navegantes que enfrentam os elementos numa noite assim. Tomei conhecimento de minha história de naufrágio num livro que li certa vez. Era exatamente uma dessas noites, gelada e de excepcional violência, em que pensamos nos pobres marujos. Eu estava hospedado numa fazenda isolada no sul da Patagônia, bem agasalhado e junto de uma lareira de dimensões palacianas, tendo à mão um copo de uísque aquecido. Lia, à luz da lâmpada fraca da biblioteca, uma história extraordinária de naufrágio e tragédia, ocorrida meio século antes do outro lado do oceano Atlântico, a 8 mil quilômetros dali.

Era a história de um salvamento heroico que ocorrera numa praia atlântica distante, onde, segundo relatos seculares, o resgate de marinheiros cujo navio ali houvesse naufragado era de todo inimaginável: um canto do Sudoeste Africano, hoje Namíbia, chamado Costa dos Esqueletos, uma paisagem rude de rochedos, recifes e desertos de areia, sem sombra de água.

O primeiro navio a naufragar nesse episódio, e que foi a causa maior do drama que se desenrolou naquele verão de 1942, foi o MV *Dunedin Star* — um cargueiro refrigerado, de 13 mil toneladas, belo sem ser gracioso, construído em Liverpool. Seguia para o sul, levando 64 tripulantes e 21 passageiros, na maioria londrinos que fugiam das bombas alemãs.

Numa noite de domingo, 29 de novembro, navegando imprudentemente cosido com a terra para evitar os submarinos alemães, o *Dunedin Star* colidiu com um banco de areia que nas cartas da época aparecia marcado com as sinistras letras PD — *position doubtful* [localização duvidosa]. A colisão rasgou seu casco abaixo da linha-d'água, e o comandante não teve escolha senão encalhar o navio. A lancha de bordo transportou 42 pessoas, entre tripulantes e passageiros, vencendo a perigosa arrebentação até a praia, absolutamente inóspita. Depois disso o motor enguiçou e os restantes tiveram de permanecer no navio.

No decorrer dos dias seguintes, quatro navios chegaram ao local para ajudar no salvamento. Um deles, o rebocador *Sir Charles Elliott*, de Walvis Bay, também encalhou, e dois de seus tripulantes se afogaram tentando nadar até a praia. Um deles era o imediato, um escocês chamado Angus Macintyre. Seu corpo nunca foi encontrado. O outro era um namíbio, Matthias Koraseb, que está sepultado em terra: seu espectro, segundo dizem, assombra aquele ermo, e os ventos uivantes são seus gritos.

Os outros três navios tentaram por todos os meios ajudar as pessoas que se achavam na praia. Ali, enquanto os homens procuravam restos de madeira e tentavam em vão pescar, as mulheres e crianças abrigavam-se do sol sob um abrigo improvisado. Dos navios, os tripulantes se esfalfavam para fazer chegar à praia jangadas com comida e bebida, mas a maior parte das remessas se perdeu, carregada para o norte pela forte correnteza, ou revirada e desaparecida na furiosa arrebentação. Um a um, os navios de resgate partiram, eles próprios já quase sem víveres e água, com os angustiados comandantes enviando mensagens de boa sorte por heliógrafo.

A seguir, aviões da Força Aérea tentaram ajudar, de início lançando alimentos e água, mas todos os primeiros pacotes arrebentaram, para desespero dos sobreviventes que viam a água, tão preciosa, infiltrar-se na areia. Depois, dois desses aviões, pesados bombardeiros Ventura, carregados de suprimentos, pousaram perto do grupo, e ambos atolaram nas dunas. Depois de quatro dias de escavação, um deles conseguiu sair do lugar e decolar, mas caiu no mar meia hora depois. Seus tripulantes sobreviveram, conseguiram nadar até a praia, e também eles tiveram de ser resgatados.

Sem que ninguém soubesse, outro grupo de salvamento, formado por militares e policiais, estava abrindo caminho por terra, com dificuldade, vindo de Windhoek, oitocentos quilômetros ao sul. As condições eram espantosas, e havia dias em que a areia e as salinas, com suas crostas frágeis, não permitiam que o comboio de oito veículos percorresse mais que três quilômetros. Mas devagar, com todo cuidado, os socorristas avançavam para o norte — até conseguir chegar aos sobreviventes, salvos depois de 26 dias de sofrimento indizível, no calor sufocante e sem água. Todos eles se salvaram, até mesmo um bebê que tinha ficado meio cego, e chegaram a um hospital militar, no sul, na noite de Natal.

O caso foi abafado durante o resto da guerra. As autoridades coloniais não queriam que a Marinha alemã tomasse conhecimento da existência de instalações militares aliadas na costa da África Ocidental. O drama só veio a público em 1958, quando um historiador naval sul-africano, John Marsh, encontrou os documentos oficiais e escreveu o livro *Skeleton Coast*, que tanto me seduziria na Patagônia muito anos depois.

Foi então que decidi, de um momento para outro, que um dia viajaria à Costa dos Esqueletos — o lugar tem esse nome por causa dos esqueletos, de homens e dos navios em que navegavam — a fim de tentar encontrar algum vestígio do *Dunedin Star*. Anos depois achei um navio comercial que me levou da Patagônia, através das ilhas Falkland, Geórgia do Sul e Tristão da Cunha, até a Cidade do Cabo. Dali peguei um avião para Windhoek, na Namíbia, e por fim um bimotor Cessna me conduziu a um pequeno acampamento no meio do deserto do norte da Namíbia, perto da fronteira com Angola.

As ondas da Costa dos Esqueletos rugiam à distância. Disseram-me que o lugar era inteiramente deserto: só havia ali um punhado de colônias de focas, matilhas de chacais predadores, quilômetros e quilômetros infindáveis de dunas, névoas matutinas que vinham do oceano, a eterna arrebentação gelada. Armado de mapas e coordenadas de GPS do local do naufrágio, parti no dia seguinte com dois guias locais. Viajamos num grande Land Rover, velho e bastante maltratado, um quatro por quatro equipado com diferencial bloqueante, recursos para encher seus próprios pneus e atender a todas as demais necessidades de quem viaja pelo deserto. Saímos numa noite que seria preta como carvão se não fosse um dossel de estrelas brilhantes sobre nós. A noite era também fria e, até chegarmos ao mar, completamente silenciosa. Os únicos sons eram o leve gemido do vento e o ribombar muito distante do oceano.

Depois de uma viagem tortuosa e de inúmeros solavancos pelas areias, subindo e descendo cristas durante horas, por vezes seguindo trilhas meio imaginadas deixadas por outros aventureiros, mas de modo geral rodando sobre areias virgens, lavadas pelo mar, ou trechos de granito bruto, chegamos a um lugar que reconheci. Era um promontório chamado Ponta Fria, com uma imensa colônia de focas, malcheirosas e barulhentas, cercadas por um cordão de chacais de olhos amarelos ocupados em carregar dali os filhotes mais débeis. Essa ponta se tornara um ponto de referência terrestre, mencionado no livro, desde que o *Dunedin Star* encalhara a não mais que 24 quilômetros dali. Mas os sobreviventes em seu abrigo, sem rádio, não tinham como saber que estavam perto dela e, portanto, de uma possível fonte de alimento, pois é facílimo caçar focas, cuja carne é muito nutritiva. Provavelmente foi uma felicidade não saberem: no calor abrasador, e sem água, jamais teriam conseguido chegar andando ao promontório. Saber que as focas estavam ali perto, mas fora de seu alcance, teria feito muito mal aos náufragos.

Ondas de calor começavam agora a subir do deserto. Fazia mais de 30 °C, e o ar de verão era seco. A névoa matutina sobre o oceano frio tinha se dissipado, e o sol, subindo rápido, era um disco de cobre num céu quase branco. Passávamos sobre milhares de marias-farinha, que fugiam em grandes batalhões para a água. Havia bandos de aves marinhas, vintenas de esqueletos de baleias encalhadas, um ou outro tambor de madeira para cabos elétricos, garrafões de produtos químicos e vergas de navios. E então, meia hora depois de deixarmos a Ponta Fria, alguns quilômetros depois de uma longa e reluzente salina branca pela qual passamos do lado norte, avistei alguma coisa: dois objetos que começaram a se agigantar em nosso campo de visão.

Um deles, descobrimos, era um cilindro de metal meio enterrado, muito oxidado, com cerca de doze metros de comprimento, com a parte superior corroída, e uma haste metálica projetando-se de sua área central para o céu. De um lado e outro desse enorme objeto viam-se filas de caixotes de madeira muito carcomidos, algumas coisas que pareciam tampas de escotilhas, caixinhas de lâmpadas elétricas com montagem de baioneta (modelo que no passado foi típico da Grã-Bretanha) e garrafas espalhadas por toda parte. Ao todo, o local teria uns noventa metros de extensão.

O outro objeto, a cerca de trezentos metros do primeiro, era uma pequena floresta de mais ou menos cinquenta vergas ou mastaréus de madeira, metidos fundo na areia, formando o que parecia ser uma série de quartos improvisados. Se cobertos de tecido — de lona para velas, digamos, ou lona alcatroada usada em navios —, aquilo poderia ser os rudimentos de alguma espécie de santuário. Foi esse pensamento que de repente me levou a achar que provavelmente tínhamos encontrado o que eu procurava.

Eu dispunha de algumas coordenadas geográficas, passadas por um homem em Windhoek que sempre fora fascinado pela história do *Star*. Levantei o papel que ele me dera e liguei meu receptor de GPS. O aparelho demorou um pouquinho a captar os sinais de sua rede de satélites, e de repente uma informação se fixou na tela — 18º 28' Sul, 12º 0' Leste.

Era o número rabiscado em meu pedaço de papel. O abrigo, o cilindro (provavelmente uma caldeira ou um tanque de combustível transportado como carga), além de dezenas de lâmpadas ainda intactas, era tudo o que restava do naufrágio. O navio achava-se a pelo menos uns duzentos metros da arrebentação, mas no mesmo ponto onde tinha encalhado — um lembrete de como a costa ocidental da África está se deslocando lentamente em direção ao mar, da mesma forma como o mar, do outro lado do oceano, nas Carolinas, em Cape Cod, está, com a mesma inexorabilidade, invadindo a terra.

Passamos algumas horas naquele lugar, parados, como que hipnotizados. O vento aumentava sem parar durante a manhã, e, embora eu tivesse registrado num gravador algumas considerações que me pareceram muito profundas, mais tarde, quando tentei escutá-las, o uivo da ventania e o silvo da areia contra o microfone tornavam quase impossível entender alguma coisa. Mas eu podia ouvir minha voz dizendo o que sinto até hoje: que era muitíssimo comovente estar num lugar onde tantas pessoas, depois de tantas privações, por pouco não conseguiam se salvar — mas se salvaram.

Espera-se que uma pessoa não retire nada de lugares como aquele. Contudo, fiz isso porque achei que tinha uma boa razão para assim proceder. Achei entre aos destroços na areia um vidrinho, o tipo da coisa que imagino que uma passageira idosa do *Dunedin Star* levasse em sua bolsa, com *sal volatile*, para o caso de um dia ela ter um desmaio. O vidrinho agora estava vazio, é claro, mas tinha uma elegante superfície fosca, e a tampa de rosca ainda funcionava. E eu tinha um uso a lhe dar, se completasse a expedição como desejava, desde que descobrisse só mais uma coisa.

Quase nos metemos numa encrenca séria. Meu guia estava tão exultante por ter descoberto os restos do naufrágio que saiu dirigindo como um louco de volta pela praia. Não existe estrada. A areia dura de uma parte da praia, cuidadosamente escolhida, é um sucedâneo ideal. Entretanto, "cuidadosamente escolhida" é uma ressalva importante. Perto demais da terra, a areia se torna funda e seca, as rodas do carro patinam em vão e é preciso cavar para sair. Perto demais da água, a areia vira xarope, as rodas do carro se voltam para o mar e ele pode ficar encalhado ali, sendo talvez engolido pela maré cheia, como aconteceu com milhares de navios.

E foi exatamente isso que aconteceu. O motorista vinha dirigindo depressa pela praia, mas a faixa de areia dura, cuidadosamente escolhida, estreitou-se de repente quando um rochedo baixo surgiu de nosso lado esquerdo, o lado do continente. A maré subia do lado direito, faminta. Paramos no exato instante em que a pista acabou, e respingos das ondas começaram a bater na janela do lado direito.

O motorista soltou um sonoro palavrão. Já sabíamos que o rádio não funcionava, de modo que se ficássemos presos não poderíamos pedir socorro. Ele engatou uma ré e gritou para que todos rezássemos. Uma catarata de água cinzenta e suja se ergueu como uma imensa cortina diante do carro, enquanto as rodas se cravavam inutilmente no mingau embaixo dele, até que de repente uma das rodas, talvez uma das traseiras, firmou-se num pedacinho de areia dura — e o carro deu um salto para trás.

Agora o carro estava andando, mas o motorista não podia deixar que ele parasse, tinha de manter o carro andando de ré, em linha reta e muito, muito rápido. A água estava vindo depressa agora, cobrindo a areia comprimida — mas parecendo, por um momento precioso, não ter se misturado com os grãos, não ter rompido a tensão superficial, não ter começado a modificar sua consistência e viscosidade. E assim o jipão disparou de ré por cima da água, como se navegasse nela, quase miraculosamente, e depois de cinco minutos desse movimento em marcha a ré chegamos ao montinho de areia que havia causado o problema, espalhamos para os lados uma chuvinha de marias-farinha — e respiramos fundo, nos sentindo salvos.

Com as mãos trêmulas, o motorista enxugou o suor da testa. Ficamos em silêncio no calor, com as janelas abertas para a brisa oceânica, olhando o mar. Além da arrebentação, o Atlântico verde rugia, inquieto e eterno. Exibia uma arrogância serena, comentou alguém. Uma arrogância com a qual ele parecia dizer que, certo, tínhamos escapado de suas garras, mas ele sabia que pegaria outra vítima, era só questão de tempo. E depois outra, e mais outra. De uma coisa se podia ter certeza absoluta: sempre haveria muitos e muitos homens dispostos a descer ao mar em navios, mercadejando em suas grandes águas, profundas ou rasas.

Chegamos, por fim, a Rocky Point. Fora ali, a quase cem quilômetros de onde o *Dunedin Star* naufragara, que o rebocador *Sir Charles Elliott* também encalhara, e onde dois de seus tripulantes tinham se afogado. Ouvi dizer que havia ali uma sepultura, pouco conhecida e raramente avistada.

Os restos do rebocador ainda podem ser vistos, mesmo que com dificuldade. Agitadas pelas ondas que quebram, as águas formam um incessante turbilhão branco, mas em certos momentos é possível divisar dois delgados pináculos negros que se alteiam, desafiantes, sobre o mar. É só isso: dois pontaletes corroídos, ou antenas, ou partes da superestrutura, que se livram do Atlântico por um segundo ou dois entre uma onda e outra. Há vinte anos ainda se podiam ver o passadiço e partes da chaminé. Mas agora essas coisas sumiram, e as pobres relíquias que restam provavelmente durarão não mais que um ano.

A sepultura fica na praia e à vista do rebocador, num cordão arenoso que uma laguna rasa protege da selvageria do mar. Esse deve ser um dos túmulos mais remotos e menos visitados do mundo, e lamento dizer que é irremediavelmente feio: um paralelepípedo de quatro fileiras de tijolo vermelho, com uma grande placa de bronze meio virada para norte. Sua desolada feiura é um tanto amenizada pelo monte de ossos de baleia que o cobrem, alguns levados até ali pelo mar, a maioria depositados pelos visitantes ocasionais.

O túmulo é, acima de tudo, uma homenagem a Matthias Koraseb, natural do Sudoeste Africano, enterrado ali, nas areias do país em que nasceu. Mas a placa menciona também Angus Campbell Macintyre, cujo corpo nunca foi achado: ele era o imediato do *Elliott*. Dentro da antiga tradição escocesa de acrescentar uma pedra a um *cairn*, ou montículo sepulcral, fazia muito tempo que eu desejava deixar alguma coisa nesse túmulo, se um dia pudesse visitá-lo.

Aqui, nesta praia inóspita da famosa Costa dos Esqueletos, na Namíbia, ficam a sepultura de Matthias Koraseb e o memorial de Angus Macintyre, mortos numa tentativa fracassada de resgate dos sobreviventes do ss Dunedin Star, *em 1942. Este livro é dedicado a Angus Macintyre, cujo corpo nunca foi encontrado.*

Não me envergonho de dizer que fiquei muito comovido, de pé no vento atlântico, escutando o rugido da arrebentação, ao lado daquela pequena tumba solitária. Mesmo sabendo, na hora, que isso seria um gesto sentimental, escrevi um bilhete. Dizia apenas: "Obrigado por tentar. Agora descanse em paz". Datei e assinei, depois dobrei-o até onde foi possível e o meti no estreito gargalo do vidrinho de sais aromáticos que havia retirado do naufrágio. Apertei bem a tampa e coloquei a garrafinha debaixo das pedras, dos velhos ossos de baleia e dos pedaços de madeira que cobriam o túmulo, e deixei-a ali. Uma mensagem numa garrafa. Espero que resista por muitos anos.

Angus Campbell Macintyre era escocês. Nasceu junto do Atlântico Norte e morreu, fazendo um gesto de muita bondade, no Atlântico Sul, bem longe de sua casa. Que cruel simetria, pensei. Debruçado sobre o túmulo, fitando o mar, lembrei-me daquela manhã, quase meio século antes, quando o navio em que eu atravessava pela primeira vez o mesmo oceano — e que seguia para o Novo

Mundo, tendo partido de um porto escocês — parou para desempenhar um pequeno papel numa missão semelhante, de assistência a alguém que também estava em perigo no mar. Naquela ocasião, a sorte nos sorriu: o encontro no meio do oceano se fez com segurança, o perigo foi evitado.

Mas nessa outra ocasião, como tantas vezes acontece, a vantagem coubera ao mar: as fortes correntes oceânicas tinham tragado um homem como se ele não fosse mais do que névoa e espuma. O homem desapareceu; seu navio já quase desapareceu; com o tempo, o túmulo será coberto pela elevação das águas do mar e toda recordação material do pequeno acontecimento terá sido varrida da terra. Espero que a dedicatória deste livro à memória desse homem sirva de alguma coisa a alguém.

Qualquer que tenha sido o destino do marinheiro de primeira classe Macintyre, o oceano em que ele jaz durará muito tempo. De uma maneira ou de outra, em uma forma ou outra, e talvez conhecido por outros nomes que não sejam uma lembrança de Atlas, suas águas sempre existirão, enquanto o planeta existir. Sempre estarão presentes, cinzentas e ondulantes, turbulentas ou serenas, estendendo-se até as profundezas, alongando-se até o horizonte distante e mais, mais ainda. Os homens podem entrar e sair de cena, mas sempre haverá um oceano Atlântico de algum tipo, ele estará sempre à beira da praia ou ao pé dos penedos. Estará sempre em movimento. Estará sempre presente. Visto ou invisível, ouvido ou inaudível, continuará ali, imperturbável e irresistível, e, como escreveu o poeta, simplesmente *estará ali*, sempre apenas cuidando de sua vida, sempre apenas *levando a vida*.

Agradecimentos

Não preciso dizer quanto foi instrutivo e prazeroso fazer as pesquisas para este livro, o que me levou a lugares muito distantes e variados, como Marrocos, Brasil, Argentina, Terra Nova, Monte Carlo, Namíbia e Noruega, bem como às ilhas de Santa Helena, Groenlândia, Tristão da Cunha, Bermudas, Mucke Flugga e muitas outras. No entanto, esse trabalho tornou-se bem mais gratificante graças à gentileza e à ajuda de uma multidão de pessoas, tanto Lá Fora quanto Aqui Mesmo. E, muito embora eu continue assombrado pelo receio de ter deixado de mencionar alguém que me recebeu em sua casa de praia durante um longo fim de semana, ou pôs à minha disposição toda a sua biblioteca de obras antigas sobre história marítima, espero agradecer, nas poucas linhas que se seguem, pelo menos à maior parte daquelas pessoas sem cujo auxílio a elaboração deste livro teria sido impossível.

Na verdade, a ideia de escrever um livro sobre o Atlântico nasceu à beira de outro oceano, o Índico. Certa noite, no terraço do Galle Face Hotel, em Colombo, contemplávamos o pôr do sol e comentávamos a relativa riqueza das associações históricas dos grande mares do mundo. Nosso grupo era formado pelo escritor e diplomata britânico Tom Owen Edmunds, pela organizadora do Festival Literário Galle, Libby Souhwell, pela minha mulher, Setsuko, e eu. À medida que transcorria a noite, ficou claro que, por mais dinâmicos que fossem os oceanos Índico e Pacífico, em termos da construção do mundo moderno o Atlântico podia reivindicar para si a glória de ter exercido um papel infinitamente mais destacado. Por isso, agradeço a Tom e a Libby — hoje casados e radicados em Islamabad — por terem me ajudado na inspiração; e expresso minha gratidão também a Setsuko por encarar as coisas desse ponto de vista, e também por seu discernimento, paciência e infindável apoio no dia a dia.

Logo descobri que não estava sozinho em meu fascínio pelo Atlântico. Na época, Anne-Flore Laloe, da Universidade de Exeter, estava escrevendo uma tese sobre a história das conexões intelectuais europeias e americanas com o oceano, e acolheu com entusiasmo a oportunidade de me ajudar. Encontramo-nos pela primeira vez no Museu Marítimo Nacional em Greenwich, na companhia de dois curadores-pesquisadores do museu, Claire Warrior e John McAleer. Esses três especialistas traçaram para mim o esboço de uma trilha, sugerindo linhas de pesquisas, livros, bibliotecas e todos os demais apetrechos de que eu precisaria na jornada que iria realizar, e não tenho palavras para lhes agradecer. Anne-Flore, hoje dra. Laloe, manteve seu apoio entusiástico durante todo o meu trabalho, partilhando suas ideias e descobertas à medida que construía sua própria obra monumental.

Tanto Deborah Cramer, em Boston, quanto Richard Ellis, em Nova York, escreveram vários livros, bem recebidos pela crítica, especificamente sobre esse oceano e também sobre os mares de modo geral e a fauna marinha. Ambos contribuíram generosamente com tempo e conselhos, e reconheço com prazer o espírito desinteressado de ambos, bem como a profundidade e amplitude de seus conhecimentos marítimos.

Ted Nield, um velho amigo da Sociedade Geológica de Londres e autor de diversas obras sobre a formação e a breve existência dos supercontinentes, conduziu-me pelo labirinto de galerias sinuosas que se estendem pelos milhões de anos entre Ur e a Pangeia e chega até o presente. John Dewey, ex-professor de geologia em Oxford e hoje professor emérito da Universidade da Califórnia em Davis, prestou-me informações sobre zircônios e a origem da Terra. Suas observações foram complementadas pelas considerações de Stephen Moorbath, ainda em Oxford; de Bruce Watson, do Rensselaer Polytechnic Institute, em Troy, estado de Nova York; de John Rogers, da Universidade da Carolina do Norte em Chapel Hill, e também pelas vigorosas refutações propostas por Joe McCall, respeitado crítico britânico da tectônica de placas.

Chris Scotese, conhecido por criar impressionantes visões tectônicas em seu Projeto PALEOMAP, na Universidade do Texas em Arlington, também contribuiu com seu tempo e seus conhecimentos; usamos nas páginas 47 e 376 suas impecáveis imagens da superfície do mundo como ele poderá vir a ser.

Entre outras pessoas que se dispuseram a me ajudar, dedicando-me tempo e atenção, menciono, agradecido: Amir Aczel, de Cambridge, Massachusetts; David Agnew e Martin Collins, que, de seus escritórios em Londres e nas ilhas Falkland, respectivamente, proporcionaram informações abalizadas sobre o estado dos pesqueiros no Atlântico Sul; Lesley Bellus e o pessoal da Wilderness Safaris, em Windhoek, Namíbia, que me foram de valia no tocante a acomodação e logística na Costa dos Esqueletos; Renée Braden, arquivista da National Geographic Society, que me forneceu copiosas informações sobre cartografia antiga; Kent Brooks, da Universidade de Copenhague, que me falou a respeito das condições do gelo na costa do leste da Groenlândia; Penny Chisholm, do MIT, a quem fui apresentado por Amir Aczel e que me passou informações recentes sobre suas descobertas na área do fitoplâncton; Charles Clover, de Londres, que escreve a respeito do impacto ambiental da pesca oceânica; Simon Day e Bill McGuire, de Londres, peritos na questão do possível desmoronamento iminente do vulcão Cumbre Vieja, nas ilhas Canárias; Susan Eaton, de Calgary, e Gregory McHone, da ilha Grand Manan, New Brunswick, que juntos me ajudaram a entender a ideia das margens congruentes — o "encaixe" geológico em torno da costa da América do Norte; Chris Ehret, da Universidade da Califórnia em Los Angeles, Curtis Marean, da Universidade Estadual do Arizona, e Sarah Tishkoff, da Universidade da Pensilvânia, que me forneceram uma série de mapas muito especializados do fundo do Atlântico; Dennis Feltgen e Chris Landsea, do National Hurricane Center, em Miami; Ed Hill, diretor do National Oceanographic Center, em Southampton, Inglaterra; Ian Hogg, de Tsawwassen, Colúmbia Britânica, com quem tive o prazer de estar no Atlântico Sul e leu o capítulo 4, e que, como ex-oficial da Royal Navy, com apurados conhecimentos bélicos, fez comentários críticos; Susana Lopez Lallana, de Córdoba, Argentina, que fez úteis contatos para mim com relação à Isla de los Estados; Paul Marston e Richard Goodfellow, da British Airways em Londres, que providenciaram para mim uma detalhada exposição prévia sobre o voo do Speedbird 113 entre os aeroportos Heathrow e Kennedy; o capitão Christopher Melhuish, USN (Ref.), ex-comandante do USS *Constitution* e hoje planejador civil de políticas no quartel-general das Forças da Marinha dos Estados Unidos em Norfolk, Virgínia; Eyda Merediz, da Universidade de Maryland, que escreveu um livro sobre as ilhas Canárias; David Morley, administrador colonial do território britânico de Tristão da Cunha; Iain Orr, ex-diplomata britânico e hoje paladino da biodiversidade em Londres; Alex Roland, da Universidade Duke, perito na história da navegação comercial no Atlântico Norte; Jenny e Murray Sayle, agora em Sydney, Austrália, cujo casamento teve origem, na verdade, quando Murray atravessou sozinho a maior parte do oceano num pequeno iate, sendo tranquilizado, durante as tempestades, pelas mensagens que Jenny lhe enviava, por rádio, de Newport, Rhode Island; Patricia Seed, da Universidade da Califórnia em Irvine, que foi muito prestimosa com relação aos antigos navegadores portugueses no Atlântico Sul, principalmente Gil Eanes e as tentativas de passagem além do cabo Bojador; Kirsten Shepherd-Barr, da Universidade de Oxford, que me introduziu nos meandros da literatura faroense; Athena Trakadas, do National Oceanographic Center, em Southampton, que me explicou com detalhes impressionantes como se extraía o corante púrpura do *Murex* de Essaouira; o capitão Robert Ward, um dos diretores da Organização Hidrográfica Internacional, em Mônaco; e Mary Wills, da Universidade de Hull, cuja área é a supressão do tráfico negreiro.

Devo agradecer a sir Richard Gozney, governador das Bermudas, por sua amabilidade, bem como pela hospitalidade com que ele e lady Gozney me receberam em minha visita à colônia da Coroa por ocasião do quadricentésimo aniversário da colonização europeia da ilha.

Carol Zall, do programa *The World*, da BBC/WGBH, foi incansável durante minhas viagens. Cybele Tom, que na época trabalhava na Oxford University Press, em Nova York, deu-me muitas indicações úteis quando imaginei este livro, e sua estrutura reflete, em grau considerável, a correção de suas palavras. E, como sempre, meu filho mais velho, Rupert Winchester, em Londres, esteve pronto a me ajudar toda vez que precisei pesquisar uma data, verificar um dado ou confiar-lhe alguma outra missão. É imensa minha dívida para com ele, por sua ajuda em todos os meus trabalhos recentes.

Se este livro vier a merecer alguma atenção favorável — e é claro que quaisquer erros ou imprecisões são de minha inteira responsabilidade —, isso se deverá em grande parte às qualidades insubstituíveis de meu editor em Nova York, Henry Ferris. Este é o terceiro livro em que trabalhamos juntos, e, embora ele seja um editor positivamente exigente, sua sagacidade e cortesia se aliaram para transformar esse processo, absolutamente essencial, em algo muito mais do que suportável. Tradicionalmente, na criação de um livro, as partes agradáveis são a pesquisa e a redação, sendo a editoração o momento penoso. Com Henry isso não acontece. Percebo atualmente que espero com ansiedade receber suas anotações, por mais enfáticas e numerosas que sejam. Seus esforços infatigáveis têm como resultado um livro muito melhor, e por isso, leitor, se você gostar do que leu, deve saber quem realmente merece o crédito.

Ferris também é um gênio para escolher assistentes. Peter Hubbard, agora merecidamente promovido na HarperCollins, continua fazendo comentários pertinentes e úteis; seu sucessor, Danny Goldstein, mostrou-se inteiramente à altura da situação e enfrentou todas as dificuldades de produzir um livro como este com galhardia, eficiência e inesgotável bom humor. Em Londres tive também muito prazer em trabalhar com Martin Redfern, que conduziu com muita habilidade a produção da versão britânica do livro.

Por fim, ergo um ou dois brindes a minhas agentes na William Morris Endeavour — em Nova York, Suzanne Gluck, incrivelmente ativa, assistida de início por Sarah Ceglarski e Elizabeth Tingue, e mais recentemente por Caroline Donofrio e Mina Shaghaghi; e em Londres, Eugenie Furniss, de uma competência que só pode ser qualificada como mágica. Que Deus abençoe todas vocês, e obrigado.

S. W.
Sandisfield, Massachusetts
Julho de 2010

Glossário de termos talvez pouco conhecidos

AGULHA — Pico pontiagudo de montanha ou cordilheira submarina.

ALMEDINA — Parte amuralhada das cidades do norte da África. Também chamada medina.

ARQUEAÇÃO — Capacidade de transporte de carga de uma embarcação. A tonelada de arqueação é a tonelada de cem pés cúbicos (2,830 metros cúbicos). Por extensão, o mesmo que capacidade, tonelagem bruta ou porte bruto.

ASA DO PASSADIÇO — Extensão lateral do passadiço, aberta, de onde os oficiais podem ver o navio em toda a sua extensão e dar as ordens de comando à tripulação.

BARLAVENTO — Direção de onde sopra o vento; lado da embarcação onde bate o vento favorável à navegação.

BÊNTICO — Animal ou planta que vive no fundo do mar. O mesmo que bentônico.

BERBERES — Povo indígena do norte da África, a oeste do Nilo. Os marroquinos são majoritariamente árabe-berberes.

BOMBORDO — Lado esquerdo da embarcação, para quem está de frente para a proa.

BORDA LIVRE — Distância entre a superfície da água e a parte mais baixa do costado de uma embarcação. Um barco de borda livre muito pequena corre o risco de ser inundado.

BORDADA — Um veleiro não avança diretamente contra o vento, mas em zigue-zague, alterando o rumo para um bordo e para outro. Cada uma dessas quebras de rumo é uma bordada.

BORESTE — Lado direito da embarcação, para quem está de frente para a proa. (O mesmo que "estibordo", termo que a Marinha do Brasil deixou de usar em 1884, mas ainda utilizado em Portugal.)

BRIGUE — Embarcação a vela, com dois mastros e velas redondas e, por vezes, um terceiro mastro de ré com vela latina.

BRAÇA — Medida de comprimento, usada principalmente para sondagens marinhas. A braça atual corresponde a duas jardas ou 1,82 metro.

BRULOTE — Na guerra marítima antiga, embarcação carregada de material inflamável ou explosivo destinada a incendiar ou destruir navios; balsa de fogo, navio de fogo.

CABEÇO DE AMARRAÇÃO — Poste robusto chumbado ao cais ao qual se prende uma embarcação. O mesmo que estaca de amarração.

CABOTAGEM — Navegação próxima à costa, por baías, estreitos e estuários, em que a tripulação não perde de vista a terra.

CAPEAR — Pôr embarcação à capa, ou seja, manobrá-la de modo a protegê--la do mar revolto.

CARENAR — Virar uma embarcação de lado ou de borco, em terra, para limpar ou reparar seu casco.

CARREIRA — Superfície inclinada pela qual os barcos deslizam da terra para a água e vice-versa, e onde podem ser lançados, limpos ou reparados.

CHALUPA — Pequena embarcação de construção sólida, muitas vezes arma-da, com gurupés e dois mastros com velas latinas.

CIANOBACTÉRIAS — Seres vivos, conhecidos como algas verde-azuladas, que são capazes de realizar fotossíntese, embora não sejam vegetais. O mesmo que cianofíceas.

COCA — Pequena embarcação a vela, normalmente com um único mastro, usada no mar Báltico para comércio de curta distância.

COMPLETAS — Última hora canônica do ofício religioso católico romano.

CORIOLIS, FORÇA DE — Efeito da rotação da Terra sobre os ventos e as correntes oceânicas. Seu nome homenageia Gaspar Gustave de Coriolis, matemático francês do século XIX.

COSTA DE SOTAVENTO — Litoral em direção ao qual normalmente sopra o vento. Uma costa de sotavento exige muita atenção do piloto de um veleiro, que pode ser impelido para a praia.

CROQUE — Peça metálica em forma de gancho, presa à ponta de uma vara, que facilita a atracação ou desatracação de pequenas embarcações.

CURRAGH — Pequeno barco irlandês, feito originalmente de couro e caules de caniço d'água, ainda usado em regiões rurais da Irlanda.

CWM — (Pronuncia-se *cum*) Palavra galesa, designa vale ou depressão na parte superior de uma encosta. O Cwm Ocidental, no Everest, é o exemplo mais conhecido fora do País de Gales.

DÓRI — Bote a remo, com proa e popa elevadas e pequena borda livre, muito usado pelos baleeiros do século XIX.

ENROCAMENTO — Estrutura de blocos de rocha compactados usada como barragem ou como fundação na construção de um cais.

EPIBÊNTICO — Que vive na superfície do fundo do mar.

ERG — Nome berbere para as grandes áreas de dunas encontradas no Saara central ("saara" em berbere significa deserto).

ESPARRELA — Remo lançado pela popa de um barco para servir de leme. É usado em embarcações que navegam em águas rasas ou que pretendem encalhar na praia.

ESPIA — Cabo grosso e muito forte usado para prender os navios ao cais ou para reboque.

ESPICHA — Ferramenta de metal afunilada com extremidade em ponta usada originariamente para separar os cabos de um encordoamento. Tem inúmeros outros usos para um marinheiro, de arma a abridor de ostras.

ESPRINGUE — Espia de atracação lançado para o través em terra ou para outro navio.

ESTROMATÓLITO — Estrutura laminada formada de restos fósseis de cianobactérias, solidificados pela absorção de material calcário. Assume formas diversas: colunar, nodular, cupulada etc.

FIGUEIRA-DE-BENGALA — Árvore sagrada de hindus e budistas, também chamada bô, encontrada no subcontinente indiano. Muitas vezes uma dessas árvores serve como ponto de encontro nos vilarejos indianos.

FYNBOS — Bioma de grande diversidade vegetal — mais de 6 mil espécies endêmicas — encontrado numa pequena área de clima mediterrâneo na província do Cabo Ocidental, na África do Sul.

GIRO — Sistema de marítimas rotatórias de ventos ou correntes oceânicas, causado pelo efeito Coriolis.

GRINALDA DE POPA — Corrimão situado no extremo da popa para onde os passageiros acorrem para despedir-se dos que ficam em terra.

GURUPÉS — Mastro semi-horizontal, apontado para a frente e assentado na proa dos veleiros.

HAMADA — Planalto ou afloramento, nos desertos africanos, de onde o vento carregou toda a areia, deixando apenas grandes lajes rochosas e mato ralo.

HARMATÃO — Vento quente e seco, carregado de poeira, que sopra de nordeste para leste na África Ocidental durante o inverno.

HENGE — Formação neolítica, normalmente circular, demarcada por pedras que circundam estruturas cerimoniais ou câmaras mortuárias. O exemplo mais conhecido é Stonehenge, no sul da Inglaterra.

INUÍTE — Povo do tronco linguístico esquimó-aleúte, distribuído pela região que vai do Alasca à Groenlândia.

JOANETE — Cada um dos mastaréus, vergas ou velas aparelhados sobre o mastaréu da gávea, recebendo a denominação do mastro correspondente (joanete do traquete ou de proa, do grande etc.).

KELP — Alga parda aquática, flutuante, que cresce em formações espessas a ponto de enredar pequenas embarcações.

KRILL — Pequeno crustáceo, semelhante ao camarão, que faz parte da dieta habitual das baleias de barbatana ou misticetos.

LEVANTE — Conjunto de países do leste do Mediterrâneo, assim chamado porque para os navegantes o sol parece levantar-se a partir desse lugar.

LÓ — Lado de onde sopra o vento, barlavento.

LONGO CURSO, DE — Deslocamentos prolongados, de um continente a outro, durante os quais o navio quase nunca avista terra, exceto no começo e no fim da viagem.

LOXODRÔMICA, LINHA — Linha que faz um ângulo constante com todos os meridianos da superfície terrestre. É o trajeto marítimo mais simples, embora não o mais curto, entre dois pontos.

LUTEFISK — Prato popular na Noruega, feito de peixe de água doce mergulhado durante alguns dias em soda cáustica. O peixe gelatinoso é comido com pão ázimo e almôndegas.

MACHAIR — Palavra galesa que designa o ecossistema composto de uma relva baixa que brota normalmente num leito arenoso de conchas, encontrado principalmente no litoral ocidental da Escócia.

NAVIO REDONDO — Navio a vela com predomínio de panos (velas) redondos, ou seja, retangulares.

NÓ — Unidade de velocidade, equivalente a uma milha náutica (1852 metros) por hora, usada para medir a velocidade de embarcações.

NUNATAK — Palavra inuíte que designa uma montanha única que se ergue através de uma calota glacial ou ao lado de uma geleira.

PELÁGICO — Designa a região de alto-mar, perto da superfície e distante da terra. Contrapõe-se a bêntico (próprio do fundo do mar) e a nerítico (costeiro).

PEMMICAN — Bolo de carne-seca pulverizada e gordura, usado como ração de emergência por índios algonquinos e, mais tarde, por viajantes.

PINAÇA — Pequeno barco a vela ou a remo, empregado para assistir veleiros maiores e atender a suas necessidades, no porto ou em viagens curtas.

PIQUE DE VANTE — Compartimento na proa de uma embarcação miúda, usado como depósito.

PIROGA — Canoa cavada em tronco de árvore.

PLÂNCTON — Conjunto dos organismos vegetais (fitoplâncton) ou animais (zooplâncton) que vivem em suspensão em águas doces, salobras ou marinhas.

PLANETESIMAL — Pequeno corpo sólido hipotético que teria surgido quando a nebulosa protossolar se fragmentou.

QUAHOG — Espécie de amêijoa encontrada exclusivamente nas costas atlânticas da América do Norte.

QUINQUERREME — Possante galera romana com três ordens de remos, as superiores com dois homens e a de baixo com um.

RIZES — Cabos delgados que, enfiados nos ilhoses da forra apropriada, eram usados para expor menos quantidade de pano ao vento mais forte.

SCRIMSHAW — Palavra inglesa que designa qualquer objeto artesanal executado por marinheiros como passatempo. Na origem, referia-se ao entalhe e pintura de objetos feitos com marfim de cachalote.

SOBRECARGA — Antigamente, oficial do navio encarregado de supervisionar o embarque, a armazenagem e o desembarque da carga.

SOLEIRA — Elevação alongada no leito oceânico. No Atlântico, as soleiras orientais são montanhosas (Cabo Verde e Guiné), enquanto as ocidentais são planas.

SOTAVENTO — Direção para onde sopra o vento; lado da embarcação oposto àquele de onde sopra o vento.

SUBDUÇÃO — Processo da tectônica de placas em que uma placa oceânica pesada colide com outra placa continental mais leve e desliza para baixo desta.

TALHA — Aparelho de bordo destinado a suspender ou movimentar pesos. Pode ser singela (um cadernal de dois gornes e um moitão) ou dobrada (dois cadernais de dois gornes).

TOA — Cabo de reboque.

TRAPA — Estrutura geológica que impede o deslocamento ascendente do petróleo ou do gás natural, o que leva à acumulação de hidrocarbonetos.

TRIGO EINKORN — Espécie de trigo selvagem, provavelmente a primeira planta cultivada sistematicamente pelos antigos agricultores do Crescente Fértil.

TRINCADO — Sistema de construção do casco de uma embarcação em que as tábuas do costado são parcialmente sobrepostas.

TUAREGUES — Povo nômade do Saara, subgrupo dos berberes. Costumam usar túnicas azuis.

VARA — Medida arcaica de comprimento, baseada no comprimento do antebraço. Na Inglaterra, corresponde a 45 polegadas [1,14 metro].

VELETA — Dispositivo mecânico de formatos diversos que informa a direção dos ventos.

ZIRCÃO — Silicato de zircônio, mineral de estrutura cristalina tetragonal encontrado nas rochas mais antigas do mundo.

Lista de mapas e ilustrações

Mapa político do oceano Atlântico, 8
Mapa físico do oceano Atlântico, 9
O *Empress of Britain*, 15
O farol de Fastnet, 18
Roosevelt e Churchill a bordo do HMS *Prince of Wales*, 27
Mykines, 38
Pangeia, há 195 milhões de anos, 47
Murex brandaris e cédula de 200 dirrãs, 56
Gruta de Pinnacle Point, 61
Knarr dos vikings, 72
Choças escandinavas em L'Anse aux Meadows, Terra Nova, 81
Américo Vespúcio, 90
Mapa das rotas de exploradores e colonizadores, 104
Mapa da corrente do Golfo, de Benjamin Franklin, 108
Matthew Fontaine Maury, 118
O *Livro de Exeter*, 139
Portos de Cádiz, Liverpool, Nova York e Jamestown, Santa Helena, 156
O naufrágio do Minotauro, de J. M. W. Turner, 174
Navio pirata, xilogravura, 195

Castelo de Cape Coast, Gana, 199

John Kimber aplica castigo físico, 201

Horatio Nelson e *A batalha de Trafalgar*, de J. M. W. Turner, 213

A batalha da Jutlândia, 220

O *Graf Spee*, 225

Armazéns da Liga Hanseática, Bergen, Noruega, 240

Um baleeiro de Nantucket, 252

O clíper *Challenge*, 257

O cabo transatlântico, gravura da revista *Harper's Weekly*, 263

Mapa de comércio e comunicação, 272

O *Andrea Doria* adernado, 276

O naufrágio do *Torrey Canyon*, 278

Os aviadores Jack Alcock e Arthur Whitten Brown, 286

Rotas aéreas transoceânicas, 288

Malcom McLean, 299

Rachel Carson, 301

Bacalhau, 313

Merluza-negra-da-patagônia, 326

Mapa da retração do gelo ártico feito pela NASA, 337

Furacão em Cabo Verde, 355

Cianobactéria *Prochlorococcus*, 360

Tristão da Cunha, 367

A morte do Atlântico, dentro de 250 milhões de anos, 376

Lápide de Koraseb e memorial de Macintyre, 385

Bibliografia

ADAMS, Captain John. *Remarks on the country extending from Cape Palmas to the river Congo.* Londres: Whittaker, 1823.

ADKINS, Roy. *Trafalgar: the biography of a battle.* Londres: Little, Brown, 2005.

ADKINS, Roy e Lesley Adkins. *The war for all the oceans: from Nelson at the Nile to Napoleon at Waterloo.* Londres: Penguin, 2006.

AGNEW, David. *Fishing south: the history and management of the South Georgia fisheries.* St. Albans: Penna Press, 2004.

AIR MINISTRY. *Atlantic bridge: the official account of RAF Transport Command's ocean ferry.* Londres: HMSO, 1945.

AMOS, William H. e Stephen H. Amos. *Atlantic and Gulf coasts.* National Audubon Society Nature Guides. Nova York: Knopf, 1985.

ANSTEY, Roger. *The Atlantic slave trade and British abolition, 1760-1810.* Londres: Macmillan, 1975.

ARCHIBALD, Malcolm. *Across the pond: chapters from the Atlantic.* Latheronwheel, Caithness, Reino Unido: Whittles Publishing, 2001.

ARMITAGE, David e Michael J. Braddick, orgs. *The British Atlantic world, 1500-1800.* Basingstoke, Reino Unido: Palgrave Macmillan, 2002.

ARMSTRONG, Warren. *Atlantic bridge: from sail to steam to wings.* Londres: Frederick Muller, 1956.

BAILYN, Bernard. *Atlantic history: concept and contours.* Cambridge, Mass.: Harvard University Press, 2005.

_____. *Voyagers to the West: a passage in the peopling of America on the eve of the revolution.* New York: Knopf, 1986.

BARTY-KING, Hugh. *Girdle round the Earth: the story of cable and wireless.* Londres: Heinemann, 1979.

BATHURST, Bella. *The lighthouse Stevensons*. Nova York: Harper Collins, 1999.

BAUMANN, Elwood D. *The Devil's Triangle*. Nova York: Franklin Watts, 1976.

BELLOC, Hilaire. *The cruise of the* Nona. Londres: Penguin, 1958.

BLUM, Hester. *The view from the masthead: maritime imagination and antebellum American sea narratives*. Chapel Hill: University of North Carolina Press, 2008.

BONSOR, N. R. P. *North Atlantic seaway: an illustrated history of the passenger services linking the Old World with the New*. Prescot, Lancashire, Reino Unido: T. Stephenson, 1955.

BONTURI, Orlando. *Brazil and the vital South Atlantic*. Washington, D. C.: National Defense University, 1988.

BOOKER, Christopher. *The real global warming disaster*. Londres: Continuum, 2009.

BORGSTROM, Georg e Arthur Heighway, orgs. *Atlantic ocean fisheries*. Londres: Fishing News (Books) Ltd., 1961.

BRAUDEL, Fernand. *The Mediterranean and the Mediterranean world in the age of Philip II*. Nova York: Harper and Row, 1973.

BREVERTON, Terry. *Admiral sir Henry Morgan: king of the buccaneers*. Gretna, La.: Pelican, 2005.

BRIDGES, E. Lucas. *Uttermost part of the Earth*. Londres: Hodder and Stoughton, 1951.

BRINNIN, John Malcolm. *The sway of the grand saloon: a social history of the North Atlantic*. Nova York: Delacourt, 1971.

BUCKLEY, William F., Jr. *Atlantic High: a celebration*. Nova York: Doubleday, 1982.

BUTEL, Paul. *The Atlantic*. Tradução de Iain Grant. Londres: Routledge, 1999.

BUTTRESS, Rob e Andy duPort. *Reeds Nautical Almanac*. Londres: A and C Black, 2009.

CARR, J. Revell. *All brave sailors: the sinking of the* Anglo-Saxon, *August 21, 1940*. Nova York: Simon & Schuster, 2004.

CARSON, Rachel. *The sea around us*. Nova York: Oxford University Press, 1951 [*O mar que nos cerca*. São Paulo: Gaia Editora, 2010].

CHAPIN, Miriam. *Atlantic Canada*. Toronto: Ryerson Press, 1956.

CLOVER, Charles. *The end of the line: how overfishing is changing the world and what we eat*. Berkeley: University of California Press, 2006.

COOTE, John, org. *The Faber book of the sea*. Londres: Faber, 1989.

CORDINGLY, David. *Under the black flag: the romance and reality of life among the pirates*. New York: Random House, 1996.

CRAMER, Deborah. *Great waters: an Atlantic passage*. Nova York: W. W. Norton, 2001.

———. *Ocean: our water, our world*. Washington, D. C.: Smithsonian Books, 2008.

CULLEN, Vicky. *Down to the sea for science*. Woods Hole, Mass.: Woods Hole Oceanographic Institution, 2005.

CUNLIFFE, Barry. *Facing the ocean: the Atlantic and its peoples, 8000 BC-AD 1500*. Oxford: Oxford University Press, 2001.

CUNY, Paul J. *Lloyds Nautical Year Book*. Londres: Lloyds of London Press, 1991.

DANSON, Edwin. *Weighing the world: the quest to measure the Earth*. Nova York: Oxford University Press, 2005.

DAVIES, David Twiston, org. *The Daily Telegraph Book of Naval Obituaries*. Londres: Grub Street, 2004.

DAVIES, Hunter. *A walk around the West Indies*. Londres: Weidenfeld and Nicolson, 2000.

DAWSON, Jeff. *The* Dunedin Star *disaster*. Londres: Weidenfeld, 2005.

DEPAOLO, Donald J. et al. *Origin and evolution of Earth: research questions for a changing planet*. Washington, D. C.: National Academies Press, 2008.

DOLIN, Eric Jay. *Leviathan: the history of whaling in America*. Nova York: W. W. Norton, 2007.

DONNELLY, Ignatius. *Atlantis: the antediluvian world*. Nova York: Harper and Brothers, 1949.

DURSCHMIED, Erik. *The weather factor: how nature has changed history*. Londres: Hodder, 2000.

EARLE, Sylvia e Linda Glover, orgs. *Ocean: an illustrated atlas*. Washington, D. C.: National Geographic Society, 2009.

EDDY, Paul e Magnus Linklater. *War in the Falklands*. Nova York: Harper and Row, 1982.

ELLIS, Richard. Deep Atlantic: *Life, death e exploration in the abyss*. Knopf, 1996.

_____. *Encyclopedia of the sea*. Nova York: Knopf, 2006.

_____. *Men and whales*. Nova York: Knopf, 1991.

_____. *Tuna: a love story*. Nova York: Knopf, 2008.

EMANUEL, Kerry. *Divine wind: the history and science of hurricanes*. Nova York: Oxford University Press, 2005.

EMMONS, Frederick. *The Atlantic liners, 1925-70*. Nova York: Bonanza, 1972.

FANNING, A. E. *Steady as she goes: a history of the Compass Department of the Admiralty*. Londres: HMSO, 1986.

FERNÁNDEZ-ARMESTO, Felipe. *The Americas: a hemispheric history*. Nova York: Modern Library, 2003.

_____. *Amerigo: the man who gave his name to America*. Londres: Weidenfeld and Nicolson, 2006.

_____. *Columbus and the conquest of the impossible*. Londres: Weidenfeld, 1974.

_____. *Ideas that changed the world*. Nova York: DK Publishing, 2003.

_____. *Pathfinders: a global history of exploration*. Toronto: Viking Canada, 2006 [*Desbravadores: uma história mundial da exploração da Terra*. São Paulo: Companhia das Letras, 2009].

_____. org. *The Times atlas of world exploration*. Londres: Harper Collins, 1991.

FINAMORE, Daniel, org. *Maritime history as world history*. Salem, Mass.: Peabody Essex Museum, 2004.

FORBES, Jack D. *The American discovery of Europe*. Urbana: University of Illinois Press, 2007.

FOX, Robert. *Antarctica and the South Atlantic: discovery, development and dispute*. Londres: BBC Books, 1985.

FOX, Stephen. *Transatlantic: Samuel Cunard, Isambard Brunel, and the great Atlantic steamships*. Nova York: Harper Collins, 2003.

FRANCK, Irene M. e David M. Brownstone. *To the ends of the Earth: the great travel and trade routes of human history*. Nova York: Facts on File, 1984.

FULLER, General J. F. C. *Decisive battles of the western world and their influence upon history*. 3 volumes. Londres: Cassell, 1951.

GASKELL, T. F. *The Gulf stream*. Nova York: John Day, 1973.

GILLIS, John R. *Islands of the mind: how the human imagination created the Atlantic world*. Nova York: Palgrave Macmillan, 2004.

GILROY, Paul. *The black Atlantic: modernity and double consciousness*. Cambridge, Mass.: Harvard University Press, 1993.

GIMLETTE, John. *The theatre of fish: travels through Newfoundland and Labrador.* Londres: Hutchinson, 2005.

GORDON, John Steele. *A thread across the ocean: the heroic story of the transatlantic cable.* Nova York: Walker, 2002.

GRAHAM, Gerald S. *Empire of the North Atlantic: the maritime struggle for North America.* Toronto: University of Toronto Press, 1950.

GRUBER, Ruth. *Haven: the dramatic story of 1,000 World War II refugees and how they came to America.* Nova York: Three Rivers, 1983.

GUTHRIE, John. *Bizarre ships of the nineteenth century.* Londres: Hutchinson, 1970.

HALL, Contra-Almirante G. P. D. (hidrógrafo da Marinha). *Ocean passages for the world.* Taunton, Reino Unido: Ministry of Defence, 1973.

HAMILTON-PATERSON, James. *The great deep: the sea and its thresholds.* Nova York: Random House, 1992.

HARRIS, Michael. *Lament for an ocean: the collapse of the Atlantic cod fishery.* Toronto: McClelland and Stewart, 1998.

_____. *Rare ambition: the Crosbies of Newfoundland.* Toronto: Penguin, 1992.

HASTINGS, Max e Simon Jenkins. *The battle for the Falklands.* Londres: Michael Joseph, 1983.

HATTENDORF, John B., org. *The Oxford encyclopedia of maritime history.* 4 volumes. Nova York: Oxford University Press, 2007.

HATTERSLEY, Roy. *Nelson.* Nova York: Saturday Review Press, 1974.

HEARN, Chester G. *Tracks in the sea: Matthew Fontaine Maury and the mapping of the oceans.* Camden, Maine: International Marine, 2002.

HENDRICKSON, Robert. *The Ocean almanac.* Londres: Hutchinson, 1992.

HEYERDAHL, Thor. *The Ra expeditions.* Nova York: Signet, 1972.

HIGGINS, Jack. *Storm warning.* Nova York: Holt, Rinehart and Winston, 1976.

HOARE, Philip. *Leviathan; or, The whale.* Londres, Fourth Estate, 2008.

HOBHOUSE, Henry. *Seeds of change: five plants that transformed mankind.* Londres: Macmillan, 1992.

HUGHES, Richard. *In hazard: a sea story.* Londres: Penguin, 1938.

INTERNATIONAL HYDROGRAPHIC ORGANIZATION. *Names and limits of oceans and seas.* Monaco: International Hydrographic Organization, 2002.

JABLONSKI, Edward. *Atlantic fever.* Nova York: Macmillan, 1972.

JACKSON, E. L. *St. Helena: the historic island from its discovery to the present date.* Londres: Ward, Lock, 1903.

JACOBSEN, Jørgen-Frantz. *Barbara.* Norwich, Reino Unido: Norvik Press, 1993.

JOHNSON, Donald S. *Phantom islands of the Atlantic: the legends of seven lands that never were.* Nova York: Walker, 1996.

KAY, F. George. *The Atlantic ocean: bridge between two worlds.* Londres: Museum Press, 1954.

KEEGAN, John. *A history of warfare.* Nova York: Knopf, 1993.

_____. *The price of Admiralty: war at sea, from man of war to submarine.* Londres: Hutchinson, 1988.

KEMP, Peter, org. *The Oxford companion to ships and the sea.* Oxford: Oxford University Press, 1976.

KENNEDY, Sr. Jean de Chantal. *Biography of a colonial town: Hamilton, Bermuda, 1790-1897*. Hamilton: Bermuda Book Stores, 1961.

KENNEDY, Ludovic, org. *A Book of sea journeys*. Nova York: Rawson Wade, 1981.

KENT, Rockwell. *Voyaging southward from the strait of Magellan*. Hanover, N. H.: University Press of New England, 1951.

KIRK, Stephen. *First in flight: the Wright brothers in North Carolina*. Winston-Salem, N. C.: John F. Blair Publishers, 1995.

KLEIN, Bernhard e Gesa Mackenthun. *Sea changes: historicizing the ocean*. Nova York: Routledge, 2004.

KNECHT, G. Bruce. *Hooked: pirates, poaching, and the perfect fish*. Nova York: Rodale, 2006.

KNIGHT, Franklin W. e Peggy K. Liss, orgs. *Atlantic port cities: economy, culture, and society in the Atlantic world, 1650-1850*. Knoxville: University of Tennessee Press, 1991.

KOPPER, Philip. *The wild edge: life and lore of the great Atlantic beaches*. Chester, Conn.: Globe Pequot Press, 1991.

KRAUS, Michael. *The Atlantic civilization: eighteenth-century origins*. Ithaca, N. Y.: Cornell University Press, 1949.

KUNZIG, Robert. *Mapping the deep: the extraordinary story of ocean science*. Nova York: W. W. Norton, 2000.

KURLANSKY, Mark. *The big oyster: New York on the half shell*. Nova York: Ballantine, 2006.

_____. *Cod: a biography of the fish that changed the world*. Nova York: Walker, 1997.

_____. *The last fish tale: the fate of the Atlantic and survival in Gloucester, America's oldest fishing port and most original town*. Nova York: Ballantine, 2008.

_____. *Salt: a world history*. Nova York: Walker, 2002.

LABAREE, Benjamin W., org. *The Atlantic world of Robert G. Albion*. Middletown, Conn.: Wesleyan University Press, 1975.

LAMBERT, Frank. *The Barbary wars: American independence in the Atlantic world*. Nova York: Hill and Wang, 2005.

LANDES, David S. *The wealth and poverty of nations: why some are so rich e some so poor*. Nova York: W. W. Norton, 1998.

LEONARD, Jonathan Norton. *Atlantic beaches*. Nova York: Time-Life Books, 1972.

LESTER, Toby. *The fourth part of the world: the race to the ends of the Earth, and the epic story of the map that gave America its name*. Nova York: Simon & Schuster, 2009.

LINEBAUGH, Peter e Marcus Rediker. *The many-headed hydra: sailors, slaves, commoners, and the hidden history of the revolutionary Atlantic*. Boston: Beacon Press, 2000.

LODWICK, John. *The forbidden coast: a journey through the Rio de Oro*. Londres: Travel Book Club, 1956.

LONGSTRETH, T. Morris. *To Nova Scotia: the sunrise province*. Toronto: Ryerson Press, 1935.

LUNDY, Derek. *Godforsaken sea: the true story of a race through the world's most dangerous waters*. Nova York: Random House, 1998.

MACDONALD, Laura. *Curse of the narrows*. Nova York: Walker Books, 2005.

MACLEAN, Rory. *The oatmeal ark: from the Scottish isles to a promised land*. Londres: Harper-Collins, 1997.

MADDOCKS, Melvin. *The Atlantic crossing*. Alexandria, Va.: Time-Life Books, 1981.

MANCHESTER GUARDIAN. *C. P. Scott, 1846-1932: the making of the* Manchester Guardian. Londres: Frederick Muller, 1946.

MANN, Charles C. *1491: new revelations of the Americas before Columbus.* Nova York: Vintage, 2005.

MARCUS, G. J. *The conquest of the North Atlantic.* Woodbridge, Suffolk, Reino Unido: Boydell Press, 1980.

MARSH, John e Lyman Anson. *Skeleton Coast.* Londres: Hodder and Stoughton, 1958.

MASSELMAN, George. *The Atlantic: sea of darkness.* Nova York: McGraw-Hill, 1969.

MATTHIESSEN, Peter. *Men's lives.* Nova York: Vintage, 1986.

MAURY, Matthew Fontaine. *The physical geography of the sea and its meteorology.* Mineola, N. Y.: Dover, 2003.

MCCALMAN, Iain. *Darwin's armada: how four voyages to Australasia won the battle for evolution and changed the world.* Melbourne: Viking, 2009.

MCEWEN, W. A. e A. H. Lewis. *Encyclopedia of nautical knowledge.* Cambridge, Md.: Cornell Maritime Press, 1953.

MCGRAIL, Seán. *Boats of the world: from the Stone Age to medieval times.* Oxford: Oxford University Press, 2001.

MCKEE, Alexander. *Against the odds: battles at sea, 1591-1949.* Annapolis, Md.: Naval Institute Press, 1991.

MEREDIZ, Eyda M. *Refracted images: the Canary islands through a new world lens.* Tempe: Arizona Center for Medieval and Renaissance Studies, 2004.

MIDDLEBROOK, Martin. *Convoy.* Nova York: Morrow, 1976.

MILES, Jonathan. *The wreck of the* Medusa: *the most famous sea disaster of the nineteenth century.* Nova York: Atlantic Monthly Press, 2007.

MONSARRAT, Nicholas. *The cruel sea.* Londres: Penguin, 1951.

MOONEY, Chris. *Storm world: hurricanes, politics, and the battle over global warming.* Orlando, Fla.: Harcourt, 2007.

MOOREHEAD, Alan. *Darwin and the* Beagle. Nova York: Harper and Row, 1969.

MORISON, Samuel Eliot. *Admiral of the ocean sea: a life of Christopher Columbus.* Boston: Little, Brown, 1942.

————. *The European discovery of America.* 2 volumes. Nova York: Oxford University Press, 1971.

MORRIS, J. *The Pax Britannica series.* 3 volumes. Londres: Faber, 1978.

MORRIS, Robert D. *The blue death: disease, disaster, and the water we drink.* Nova York: Harper Collins, 2007.

MORRISON, H. Robert e Christine E. Lee. *America's Atlantic isles.* Washington, D. C.: National Geographic, 1981.

MURPHY, Dallas. *To follow the water: exploring the ocean to discover climate, from the Gulf stream to the blue beyond.* Nova York: Basic Books, 2007.

MURPHY, Hugh e Derek J. Oddy. *The mirror of the seas. A centenary history of the Society for Nautical Research.* Greenwich, Reino Unido: Society for Nautical Research, 2010.

NEILL, Peter, org. *American sea writing: a literary anthology.* Nova York: Library of America, 2000.

NICHOLS, Peter. *Sea change: alone across the Atlantic in a wooden boat.* Nova York: Penguin, 1997.

NICOLSON, Adam. Seamanship: *A voyage along the wild coasts of the British Isles.* Nova York: Harper Collins, 2004.

NICOLSON, Adam. *Sea room: an island life.* Londres: Harper Collins, 2001.

NIELD, Torg. *Supercontinent: ten billion years in the life of our planet.* Londres: Granta Books, 2007.

O'HANLON, Redmond. *Trawler: a journey through the North Atlantic.* Londres: Hamish Hamilton, 2003.

OLIVER, Mary. *Why I wake early.* Boston: Beacon Press, 2004.

O'SIOCHAIN, P. A. *Aran: islands of legend.* Dublin: Foilsiuchain Eireann, 1962.

OUTHWAITE, Leonard. *The Atlantic: a history of the ocean.* Nova York: Coward-McCann, 1957.

_____. *Atlantic Circle: around the ocean with the winds and tides.* Nova York: Scribner's, 1931.

OWEN, David, org. *Seven ages: poetry for a lifetime.* Londres: Penguin, 1992.

PARKER, Bruce. *The power of the sea.* Nova York: Palgrave Macmillan, 2010.

PATTERSON, Kevin. *The water in between: a journey at sea.* Toronto: Vintage, 2000.

PAULY, Daniel e Jay Maclean. *In a perfect ocean: the state of fisheries and ecosystems in the North Atlantic ocean.* Washington, D. C.: Island Press, 2003.

PEARSON, Michael. *The Indian ocean.* Londres: Routledge, 2003.

PERRY, Richard. *Lundy: isle of puffins.* Londres: Lindsay Drummond, 1940.

PESTANA, Carla Gardina. *The English Atlantic in an age of revolution, 1640-1661.* Cambridge, Mass.: Harvard University Press, 2004.

PHILBRICK, Nathaniel. *Sea of glory: America's voyage of discovery; The U. S. exploring expedition, 1838-1842.* Nova York: Viking, 2003.

PIKE, Dag. *The challenge of the Atlantic: man's battle with the world's toughest ocean.* Wellingrough, Reino Unido: P. Stephens, 1988.

POHL, Frederick J. *Atlantic crossings before Columbus.* Nova York: W. W. Norton, 1961.

PRESTON, Diana. *Lusitania: an epic tragedy.* Nova York: Berkley Books, 2002.

PRICE, Jacob M. *The Atlantic frontier of the thirteen American colonies and states.* Aldershot, Reino Unido: Variorum, 1996.

PRITCHARD, H. Hesketh. *Through the heart of Patagonia.* Londres: Heinemann, 1902.

PROCTOR, Noble S. e Patrick J. Lynch. *A field guide to North Atlantic wildlife.* New Haven, Conn.: Yale University Press, 2005.

PROSSER DE GOODALL, Rae Natalie. *Tierra del Fuego.* Ushuaia, Argentina: Ediciones Shanamaiim, 1970.

RABAN, Jonathan. *Coasting.* Londres: Harvill, 1986.

_____, org. *The Oxford book of the sea.* Oxford: Oxford University Press, 1992.

RILEY, Captain James. *Sufferings in Africa: the incredible true story of a shipwreck, enslavement, and survival on the Sahara.* Nova York: Skyhorse, 2007.

ROBERTS, Alice. *The incredible human journey: the story of how we colonised the planet.* Londres: Bloomsbury, 2009.

ROBERTS, Callum. *The unnatural history of the sea.* Washington, D. C.: Island Press, 2007.

ROBINSON, Adrian e Roy Millward. *The shell book of the British coast.* Newton Abbott: David and Charles, 1983.

RODGERS, Daniel T. *Atlantic crossings: social politics in a progressive age.* Cambridge, Mass.: Harvard University Press, 1998.

ROGERS, John J. W. e M. Santosh. *Continents and supercontinents.* Nova York: Oxford University Press, 2004.

ROLAND, Alex, W. Jeffrey Bolster e Alexander Keyssar. *The way of the ship: America's maritime history reenvisioned, 1600-2000*. Hoboken, N. J.: John Wiley and Sons, 2008.

ROZWADOWSKI, Helen M. *Fathoming the ocean: the discovery and exploration of the deep sea*. Cambridge, Mass.: Harvard University Press, 2005.

SAFINA, Carl. *Eye of the albatross: visions of hope and survival*. Nova York: Henry Holt, 2002.

_____. *Song for the blue ocean*. Nova York: Henry Holt, 1997.

SANDERSON, Michael, org. *Catalogue of the Library of the National Maritime Museum*. 7 volumes. Londres: HMSO, 1968.

SANDLER, Martin. *Atlantic ocean: an illustrated history of the ocean that changed the world*. Nova York: Sterling, 2008.

SCHEI, Liv K. e Gunnie Moberg. *The Faroe islands*. Edimburgo: Birlinn, 2003.

SCHLEE, Susan. *On almost any wind: the saga of the oceanographic research vessel Atlantis*. Ithaca, N. Y.: Cornell University Press, 1978.

SCHOEMAN, Amy. *Skeleton Coast*. Johannesburgo: Southern Book Publishers, 1984.

SCHWARTZ, Stuart, org. *Tropical Babylons: sugar and the making of the Atlantic world, 1450-1680*. Chapel Hill: University of North Carolina Press, 2004.

SCIENTIFIC AMERICAN. *Oceans: a Scientific American reader*. Chicago: University of Chicago Press, 2007.

SCOTT, R. Bruce. *Gentleman on imperial service: a story of the Transpacific Telecommunications Cable*. Victoria, BC: Sono Nis Press, 1994.

SEED, Patricia. *Ceremonies of possession in Europe's conquest of the New World, 1492-1640*. Nova York: Cambridge University Press, 1995.

SEGAL, Aaron. *An atlas of international migration*. Londres: Hans Zell, 1993.

SEVERIN, Tim. *The Brendan voyage: a leather boat tracks the discovery of America by the Irish sailor saints*. Nova York: McGraw-Hill, 1978.

SEWELL, Kenneth e Jerome Preisler. *All hands down: the true story of the Soviet attack on the USS Scorpion*. Nova York: Simon & Schuster, 2008.

SHACKLETON, Keith e Ted Stokes. *Birds of the Atlantic ocean*. Feltham, Reino Unido: Country Life Books, 1968.

SHAW, David W. *Daring the sea: the dramatic true story of the first men to cross the Atlantic in a rowboat*. Nova York: Kensington Books, 1998.

SHERRY, Frank. *Raiders and rebels: a history of the golden age of piracy*. Nova York: Morrow, 1986.

SIMPSON, Colin. *The Lusitania*. Londres: Little, Brown, 1972.

SLOCUM, Joshua. *Sailing alone around the world*. Teddington, Reino Unido: Echo, 2006.

SNOW, Edward Rowe. *Great Atlantic adventures*. Nova York: Dodd, Mead, 1970.

SNOW, Richard. *A measureless peril: America in the fight for the Atlantic*. Nova York: Scribner, 2010.

SOLOMON, Susan, et al., orgs. *Climate change 2007: the physical science basis*. Nova York: Cambridge University Press, 2007.

SOUTH, Mark. *The cure for anything is salt water: how I threw my life overboard and found happiness at sea*. Nova York: Harper Collins, 2007.

SPRINGER, Haskell, org. *America and the sea: a literary history*. Athens: University of Georgia Press, 1995.

408

ST. CLAIR, William. *The grand slave emporium: cape Coast Castle and the British slave trade.* Londres: Profile Books, 2006.

STEELE, Ian K. *The English Atlantic, 1675-1740: an exploration of communication and community.* Nova York: Oxford University Press, 1986.

STICK, David. *Graveyard of the Atlantic: shipwrecks of the North Carolina coast.* Chapel Hill: University of North Carolina Press, 1952.

STONE, Roger D. *The voyage of the* Sanderling. Nova York: Knopf, 1989.

STUDNICKI-GIZBERT, Daviken. *A nation upon the sea: Portugal's Atlantic diaspora and the crisis of the Spanish empire, 1492-1640.* Nova York: Oxford University Press, 2007.

THOREAU, Henry David. *Cape Cod.* Nova York: Crowell, 1961.

TOMALIN, Nicholas e Ron Hall. *The strange last voyage of Donald Crowhurst.* Camden, Maine: International Marine, 1995.

ULANSKI, Stan. *The Gulf stream: tiny plankton, giant bluefin, and the amazing story of the powerful river in the Atlantic.* Chapel Hill: University of North Carolina Press, 2008.

VERNE, Jules. *Lighthouse at the end of the world.* Tradução de William Butcher. Lincoln: University of Nebraska Press, 2007 [*O farol no fim do mundo.* São Paulo: Hemus, 2005].

WEIGHTMAN, Gavin. *The frozen water trade: how ice from New England lakes kept the world cool.* Londres: Harper Collins, 2001.

WELLS, H. G. *The outline of history: being a plain history of life and mankind.* Londres: Cassell, 1920.

WERTENBAKER, William. *The floor of the sea: Maurice Ewing and the search to understand the Earth.* Boston: Little, Brown, 1974.

WESTALL, Dorris, org. *Maine: WPA guide.* Boston: Houghton Mifflin, 1937.

WHITE, David Fairbank. *Bitter ocean: the battle of the Atlantic, 1939-1945.* Nova York: Simon & Schuster, 2006.

WILLIAMSON, Kenneth. *The Atlantic islands: a study of the Faeroe life and scene.* Londres: Collins, 1948.

Créditos das ilustrações

Os mapas político, físico, de explorações e de comércio, que aparecem nas páginas 8, 9, 104 e 272, foram criados por Nick Springer/Springer Cartographics LLC.

Os mapas da Pangeia e da Pangeia Última, que aparecem nas páginas 47 e 376, foram criados por C. R. Scotese, projeto PALEOMAP (www.scotese.com).

Todas as fotos, salvo indicação, pertencem à coleção particular do autor. Pelas demais, ele agradece às seguintes pessoas e instituições: p. 15: arquivos da Canadian Pacific; p. 18: foto de Richard Webb; p. 38: U. S. Naval and Heritage Command; p. 61: foto de Curis Marean, Institute of Human Origins; p. 72: Andrew Vaughan/Associated Press; p. 81: foto de Gregory Howard; pp. 90, 108, 118 e 156 (Nova York), 201, 257, 263: cortesia da Divisão de Impressos e Fotografias da Biblioteca do Congresso dos Estados Unidos; p. 109: foto de Kim Wilkins; p. 156 (Liverpool): foto de Chris Howells; p. 156 (Cádiz): foto de Daniel Sancho; p. 156 (Jamestown): cortesia da Wikitravel; p. 195: The Granger Collection, Nova York; p. 199: Clement N'Taye/Associated Press; p. 220: Associated Press; p. 225: STR/Getty Images; p. 240: George F. Mobley/Getty Images; p. 252: coleção Kean/Getty Images; p. 276 (*Andrea Doria*): Guarda Costeira dos Estados Unidos/Associated Press; p. 276 (*Stockholm*): Yale Joel/Getty Images; p. 278: Keystone/Getty; p. 286: Hulton Archive/Getty Images; p. 288: Jani Patokallio/OpenFlights.org; p. 299: Alfred Eisenstaedt/Getty Images; p. 313: Haywood Magee/Getty Images; p. 326: Reuters/Corbis; pp. 337, 355: cortesia da NASA; p. 360 : foto de William K. Li e Frederic Partensky, Bedford Institute of Oceanography.

Agradecimentos a Charles Tomlinson pela transcrição do poema na p. 180.

Índice remissivo

Os números de páginas em *itálico* referem-se a ilustrações

Abismo Atlântico, 303

Ação de 18 de setembro de 1639, 209

Acetona, 232, 234

Acidentes, 274, 275, 276, 277, 278, 279, 378, 379, 380, 381, 382, 383

Acidez do oceano, 331

Aço, 222

Admiral Graf Spee (navio), *225*

África: arte, 146; assentamento humano à beira do Atlântico, 31, 57; avistada de Gibraltar, 154; cabo Bojador como barreira à exploração da costa atlântica africana, 97; circum-navegação por fenícios, 68; Etiópia como nome da, 92; naufrágio na Costa dos Esqueletos, 378; tráfico de escravos, 193, 197, 198, 199, 200, 201, 202, 203, 204, 205, 206, 207

África do Sul, 44, 59, 162, 165, 329

África Ocidental, 98, 163, 196, 198, 199, 202, 205, 206, 296, 380

Agamemnon (navio), 120, 262, 263

Agassiz, lago, 346, 347, 365

Agência Internacional de Energia Atômica, 302

Água, 42, 43, 131

Alaska Oceans Foundation, 307

Albert I, príncipe, 94, 127, 128, 129

Albuquerque, Afonso de, 105

Alcock, Jack, 285, *286*, 287, 377

Alemanha, 113, 223, 224, 225, 238, 240, 270, 314; Liga Hanseática, 238, 239, 240; mapa de Vinlândia e nazista, 77; navios-fábricas da Alemanha Oriental, 325; Primeira Guerra Mundial, 219, 220, 221; Segunda Guerra Mundial, 222, 223, 224, 225, 226, 227, 228, 229, 230, 231, 232

Alfred, príncipe, 162

Algodão, 202, 251, 252, 253, 254, 297

Alguada, farol do recife de, 169

Alimentação humana, 59, 238; *ver também* Pesca

Alísios, 84, 110, 111, 357

Allingham, Henry, 221

Althing, 236, 237

Altitudes, viagens aéreas, 290

Amateur Emigrant, The (livro), 273

Amazonas, rio, 52, 90, 132

Âmbar-gris, 248

Ambientalistas, 293, 306, 325, 338, 340, 342

América do Norte, 25, 26, 45, 47, 49, 63, 75, 76, 78, 80, 85, 87, 107, 110, 176, 177, 192, 223, 244, 275, 281, 290, 291, 309, 326, 355, 373

América do Sul, 49, 51, 52, 85, 92, 105, 130, 275, 281, 282, 288, 344, 345, 371, 373

Américas, 41, 87, 88, 119, 147, 153, 155, 244, 249, 265, 270, 372, 375

Ameríndios, 87

Andrea Doria (navio), *276*

Andulo (navio), 275

Anglo-Saxônica, poesia, 139

Antártica, 44, 124, 126, 163, 308, 338, 341, 344, 345, 368, 371, 372, 373

Antártico, oceano, 51, 344, 368

Aon Benfield, corretora de resseguros, 366

Aquecimento global: bactérias fotossintéticas, 360, 361, 362, 363; elevação do nível do mar e consequências do, 343, 344, 345, 346, 347, 348, 349, 350, 351; escândalo de e-mails, 343; furacões e mudanças meteorológicas, 351, 352, 353, 354, 355, 356, 357, 358, 359; impactos da ação humana, 339, 340, 341, 342; mudanças em congelamento na Groenlândia, 333, 334, 335, 336, 337, 338; períodos anteriores de, 346; textos de Rachel Carson, 300, 301; transporte aéreo, 294, 295; transporte de cargas, 295, 296, 297, 299, 300

Árabes, 70, 71, 97, 100, 102

Areia, 100

Argentia, Terra Nova, 27

Argentina, 52, 117, 125, 170, 185, 224, 230, 231, 248, 265, 271, 322, 325, 329, 344, 375, 377

Argo Merchant (navio), 275

Aristóteles, 200

Arpão, 245, 246

Arquitetura, 34, 156, 163, 170

Artes: arquitetura de cidades litorâneas, 153;

artes visuais europeias, 146, 147, 148, 149; imagística africana, 146; imagística pré-colombiana na América do Norte, 145, 146; imagística visual europeia em tapeçarias e mapas, 140, 141, 142, 143, 144; literatura, 176, 177, 178, 179, 180, 181; música, 170, 171, 172, 173; pinturas europeias e americanas, 174, 175; poesia europeia, 149, 150, 151; primeiros poemas e epopeias irlandesas e nórdicas, 137, 138, 139, 140, 141, 142; *Tempestade, A* (peça de Shakespeare), 134, 135, 136

Ártico, oceano, 130, 133, 341

Artilharia naval, 209

Ascensão, ilha de, *104*, 114, 167, 323, 366, 368

Assentamentos humanos no litoral, 31, 32, 59, 60, 61, 62

Astecas, 185, 191, 192

Ataques terroristas de 11 de setembro, 292

Atividade sísmica, 364

Atividade sísmica *ver também* Tectônica de placas, 13

Atlantic Creek, 133

Atlantic Deep, 303

Atlantic Highlands, 159

Atlantic Telegraph Company, 120, 260, 266, 267

Atlântico Norte: aquecimento global e mudanças no padrões dos gelos, 333, 334, 335, 336, 337, 338, 345; centros de controle de tráfego aéreo, 287, 291; colapso do pesqueiro de bacalhaus dos Grandes Bancos, 309, 310, 311, 312, 313, 314, 315, 316, 317, 318, 319, 320; delineamento, 130, 131; explorações, 71, 73; literatura, 134, 135, 136, 137, 138, 139, 140, 141, 142, 143, 144; pesca comercial, 240

Atlântico Sul, 23, 59, 92, 130, 131, 182, 183, 184, 222, 223, 224, 230, 282, 308, 320, 323, 324, 325, 326, 332, 345, 346, 367, 385

Atlântico, oceano: comércio *ver* Comércio; comparação de outras massas d'água, 30, 41; degradações *ver* Degradações; evolução

412

da percepção pelo homem com o, 23, 24, 28, 29; explorações *ver* Explorações; guerra *ver* Guerra marítima; história do, 378; investigação científica *ver* Investigações científicas; mudança climática, aquecimento global e *ver* Mudança climática; Aquecimento global; na arte *ver* Artes; nascimento, morte e expectativa de vida, 30, 42, 339, 363, 364, 365, 366, 367, 371, 372, 373, 374, 375, 377; *ver também* Tectônica de placas; Atividade sísmica; nomes alternativos, 29, 42, 53, 72, 78, 91, 92; primeira travessia do Atlântico pelo autor, 13, 14, 15, 16, 17, 19, 20, 21, 22, 23, 25, 26, 28, 309; sobre a dedicatória deste livro, 378, 379, 380, 381, 382, 383; sobre os temas deste livro, 23, 24, 28, 29, 30, 31, 32, 33, 34; tamanho, 29, 97, 131, 315

Atlantis (navio), 115

Atlas, montes, 48, 49, 98, 154

Atômicas, armas, 302, 303

Atum, 169, 242, 308

Atum-azul, 242, 308

Austrália, 42, 44, 96, 105, 344

Authentic Narrative of the Loss of the American Brig Commerce, An (livro), 207

Aves marinhas, 40, 53, 61, 73, 111, 126, 140, 158, 304, 327, 381

Bacalhau do Atlântico, 19, 20, 241, 242, 243, 308, 309, 310, 311, 312, *313*, 314, 315, 316, 317, 318, 319, 320

Bacon, sir Francis, 69

Bahamas, 84, 353, 357

Baía de Biscaia, 128, 130, 169, 244, 245, 266, 291

Baía de Fundy, 48, 49, 131, 177

Baked Alaska, 109

Baleia, caça à: Atlântico Sul, 324, 325; capturas totais por russos e japoneses, 247; Estados Unidos, 116; ilhas Faroe, 38; início da caça comercial, 245, 246, 247, 248

Baleia-branca (baleia-da-groenlândia), 245

Baleias de barbatana, 325

Baleias-francas, 245, 246, 247, 252, 323, 324

Baleias-jubarte, 325

Balfour, Arthur, 233

Báltico, mar, 70, 187, 219, 237, 238, 239, 299

Bandeiras negras, 194, 231

Bangladesh, 347

Banshee (navio), 214, 215

Bar Light Vessel, 16

Barbanegra, 196

Barcas, 103, 149, 202

Barracões de escravos, 199

Barreira do Tâmisa, 349

Barreiras contra inundações, 349, 350, 351, 352

Basalto, 17, 37, 39, 40, 48, 49, 52, 73, 120, 166, 236, 366

Bascos, 241, 242, 243, 244, 245, 246, 270, 312, 314

Batalha da Jutlândia, 217, *220*, 221, 227

Batalha de Hampton Roads, 216

Batalha de Trafalgar, 211

Batalha do Atlântico, 228, 229

Batalha do Nilo, 212

Bathybius haeckelii, 123

Beagle (navio), 114

Beaufort, escala de força dos ventos, 114

Beaux Arts Custom House, 160

Bedloe's Island, 160

Beethoven, Ludwig van, 171

Beluga SkySails (navio), 300

Beowulf (poema épico), 139

Bergen, Noruega, 75, 83, 144, 161, 239

Berlioz, Hector, 93

Bermudas, 32, 107, 111, 122, 124, 135, 136, 214, 218, 251, 361

bifenilos policlorados (PCBS), 304

Billy Budd (livro), 172

Biocombustíveis, 294, 295

Biologia oceânica, 124, 125, 126, 127, 129

Birmânia, 95, 169, 322, 323

Birremes, 185

Black Ball Line, 253, 255, 256, 377

Black Bart, 196, 197
Blériot, Louis, 285
Blue Ocean Institute, 179, 307
Boa Esperança, cabo da, 119, 161, 324
Boeing 787 Dreamliner, 294
Bojador, cabo, 100, 101, 102, 106, 107, 132
Bonnie, furacão, 355
Bonny, Anne, 196, 197
Boorstin, Daniel, 87
Borges, Jorge Luis, 183
Botânica, 111
Bouvet, ilha de, 51
Boyle, Robert, 111
Brandão, são, 72, 73, 74
Brasil, 29, 52, 82, 90, 92, 97, 101, 105, 114, 122, 126, 130, 146, 169, 206, 213, 248, 249, 258, 265, 271, 368, 369, 377
Braudel, Fernand, 190
British Admiralty pilots (livros), 179
British Airways, 32, 280, 284, 288, 289
British Petroleum, 218
Britten, Benjamin, 172
Bronner, André, 374, 375
Brown, Arthur Whitten, 285, *286*, 287
Brueghel, Peter, o Velho, 148
Bruxa velha, turbilhão, 144
Bryggen, *240*
Bucaneiros, 196; *ver também* Piratas
Buchanan, James, 261, 352
Buchanan, Libéria, 352
Buchanan, Thomas, 352
Buenos Aires, *104*, 114, 164, 184, *272*, 275, 282, 362
Burton, Jemmy, 114, 115
Bússola, 103, 130

Cabo Ocidental, África do Sul, 59
Cabo Verde, 89, *104*, 114, 124, 164, 166, 202, 207, 223, *355*, 369
Cabos submarinos, 120, 164, 259, 260, 261, 262, 263, 264
Caboto, João, 88, 89, *104*, 106, 243, 244, 259, 309, 312, 314, 319, 330

Cabral, Pedro Álvares, 105
Cachalotes, 245, 247, 248, 324
Cádiz, Espanha, 67, *104*, 154, 155, *156*, 157, 158
Caedmon, 141
Cailleach, 144
Calico Jack, 196
Calmarias, 111, 171, 175, 176
Camada de ozônio, 368
Cambriano, período, 45
Canadá, 14, 16, 17, 19, 23, 29, 49, 50, 79, 82, 97, 124, 130, 133, 153, 241, 243, 246, 270, 292, 317, 318, 346, 377; *ver também* Terra Nova
Canadian Pacific, 13, 14
Canal da Mancha, 95, 113, 130, 131, 185, 186, 188, 210, 266, 275, 282, 285, 303
Canaletto, 149
Canárias, ilhas, 52, 84, 99, 103, 124, 166, 189, 191, 202, 207, 365
Canoas, 64, 71, 145
Canuto, o Grande, 187
Capitão Coragem (livro e filme), 310
Caravelas, 103
Carbono, 294, 295, 297, 342, 359
Carbúnculo, 330
Cargas de profundidade, 227, 228
Cargas, transporte marítimo de, 244, 249, 250, 251, 252, 253, 254, 255, 256, 257, 295, 296, 297, 298, 299, 300
"Cargas" (poema), 66
Caribe, 22, 106, 107, 153, 190, 196, 199, 204, 249, 250, 275, 283, 355, 356, 365, 366, 368, 369
Carneiros, 38, 73, 133, 144, 162, 172, 373
Carson, Rachel, 179, 300, *301*, 302, 303, 304, 377
Carta do Atlântico, 27, 377
Carta Marina (mapa), 144
Carta Soderini, 89, 91
Cartagineses, 155
Cartas náuticas, 94, 95, 110, 118, 129, 160; *ver também* Mapas
Cartier, Jacques, 243
Cartografia, 77, 95, 110, 118, 297; M. F. Maury

414

e cartas marítimas americanas, 117, 119, 120, 121; mapa de Benjamin Franklin e oceanografia, 110; Organização Hidrográfica Internacional, 94, 95, 96, 97, 129; *ver também* Mapas

Cártulas, 145

Castanhas-da-índia, 232

Castelo de Cape Coast, 198, *199*, 200

Castelos de escravos, 199, 202, 203

Cataratas do Iguaçu, 52

Catarina, a Grande, 149

Cavernas de Pinnacle Point, 132

Celmins, Vija, 174

Celta, mar, 131

Centro de Controle Oceânico de Gander, 291

Centro de Controle Oceânico de Shanwick, 291

Centro Nacional de Oceanografia (Grã-Bretanha), 112, 127

Centros de controle do tráfego aéreo, 287, 291

César *ver* Júlio César

Cetáceos, 245, 325

Chabotto, Zuan *ver* Caboto, João

Challenge (clíper), *257*

Challenger (navio), *104*, 115, 123, 125, 126

Cheiro do mar, 159, 361

Chichester, Francis, 179

Chisholm, Penny, 361, 362

Churchill, Winston, *27*, 214, 226, 228, 239

Cianetos, 304

Cianobactérias, 43, 53, 360

Ciclo de Wilson, 372

Ciclogenéticas, regiões, 356, 357

Ciclones, 111, 356, 357, 358; *ver também* Furacões

Cidade do Cabo, África do Sul, 153, 161, 162, 163, 164, 167, 198, *272*, 275, 281, 282, 308, 352, 362, 380

Cidade do México, 191

Cidades à beira-mar, 153, 154, 155, 157, 158, 159, 160, 161, 162, 163, 164, 165, 166, 167, 168, 169, 170, 347, 348, 349, 350, 351, 358, 359

Ciência *ver* Investigações científicas

Circulação oceânica, 113; *ver também* Correntes

Circulação termoalina, 358

Citômetros de fluxo, 361

Civilização ocidental, 28

Clarke, Arthur C., 41

Clephan, James, 212, 213

Clíperes, 268, 269, 298, 373, 374

Clorofila, 360, 361

Coca, 82, 87

Cocas (barcos), 239

Códice Nowell, 139

Colam Cille, 137

Colombo, Bartolomeu, 157

Colombo, Cristóvão, 53, 75, 76, 78, 81, 82, 83, 84, 85, 86, 87, 88, 89, 91, 97, *104*, 106, 137, 147, 189, 243, 244, 264, 330, 377

Columba, são, 73, 137

Columbia (navio), 86, 115, 255

Colunas de Hércules, 42, 57, 65, 69, 92

Comboios, 67, 210, 228, 229, 377, 380

Combustíveis verdes, 295

Combustível: aviação, 294, 295; fóssil e aquecimento global, 342; navio cargueiro, 300; óleo como, 218

Comércio: ataques alemães a navios comerciais, 222, 223, 224, 225, 226, 227, 228; como motivação para expedições americanas, 113, 116; degradações do *ver* Degradações; Liga Hanseática e regras comerciais, 238, 239, 240; mortes e acidentes no mar, 274, 275, 276, 277, 278, 279; paquetes e transporte de cargas, 249, 250, 251, 252, 253, 254, 255, 256, 257; pesca e baleação comerciais do século XIII ao XVIII, 241, 242, 243, 244, 245, 246, 247, 248; rotas comerciais, *272*; surgimento da democracia parlamentar na Islândia, 235, 236; transporte aéreo comercial, 280; transporte de passageiros, 268, 269, 270, 271, 273

Como gostais (peça), 33

Companhia da Moscóvia, 246

415

Comunicação transatlântica, 258, 259, 260, 261, 262, 263, 264, 265, 266, 267

Comunidade Atlântica, 28, 132

Congo, rio, 52

Conqueror (navio), 231

Conquistadores espanhóis, 190, 191, 192

Conrad, Joseph, 180

Consenso, política de, 348

Conservantes de peixes, 242

Constitution (navio), 211, 213, 214

Contêineres, 158, 238, 297, 298, 299, 349, 377; *ver também* Cargas, transporte marítimo de

Continentes, 43, 44, 45, 46, 160

Convenção de Londres (1972), 304

Cook, James, 112, 115, 324

Cooper, Peter, 260

Coral, mar de, 29

Coreia, 129, 314

Coriolis, força de, 357

Correio britânico, 249, 253, 256

Correio transatlântico, 249, 250, 251

Corrente da Guiné, 101

Corrente das Canárias, 101

Corrente de jato, 290

Corrente do Golfo: colisão com a corrente do Labrador, 20, 243; descoberta e mapeamento, 106, 107, 108, 109, 110; furacões, 357; investigação, 113; mapa feito por Benjamin Franklin, 107, 250; mapeamento pelo príncipe Alberto, 128; Vazamento das Agulhas, 368; viagem hipotética de ameríndios à Irlanda, 88

Corrente do Golfo, Vento favorável (quadro), 175

Corrente do Labrador, 20, 243

Corrente do Norte do Brasil, 368

Corrente Equatorial Norte, 101, 106

Correntes de turbidez, 365

Correntes marítimas, 106, 113, 338, 365

Correnteza (quadro), 175

Corryvreckan, turbilhão, 144

Corsários, 135, 196, 254; *ver também* Piratas

Corte-Real, Miguel e Gaspar, 89

Cortés, Hernán, 191, 192

Cortina de ferro, 239

Costa dos Esqueletos, 164, 378, 380, *385*

Costas, 113, 275; *ver também* Cidades à beira--mar

Courier (navio), 253, 254

Cretáceo, período, 49, 51

Cristianismo, 73, 114, 264

Crow, Hugh, 202

Crowhurst, Donald, 179, 181, 279

Culliney, John, 320

Cumbre Vieja, vulcão, 366

Cunard (empresa), 159, 227, 264

Cunard, Samuel, 269

Cunha, Tristão da, *104*, 105

Cynewulf, 141, 142

Dana, Richard Henry, 177

Darling, Grace, 278

Darwin, Charles, 114, 115

De la Cosa, Juan, 89

Debussy, Claude, 173, 377

Decker, George, 79

Declaração Balfour, 233

Deepwater Horizon, 340

Defoe, Daniel, 196, 348

Degradações: causada por transporte aéreo, 293, 294, 295; causada por transporte de cargas, 296, 297, 298, 299, 300; consequências das degradações na Escócia, 330, 331; derrames de petróleo, 340; desrespeito do homem pelo Atlântico, 281, 282, 283, 284; evolução das atitudes do homem e, 331, 332; iniciativas britânicas de combate às degradações no Atlântico Sul, 321; poluição, 303, 304; sobrepesca, 305; textos de Rachel Carson, 300, 301, 302; *ver também* Aquecimento global

Delius, Frederick, 172

Demersal, peixe, 241

Democracia parlamentar, 236, 377

Densidade do oceano, 121, 261

Depois do furacão, Bahamas (quadro), 175

416

Depósito de Cartas e Instrumentos (EUA), 119

Deriva do Atlântico Norte, 113, 128

Descartes, René, 152

Descobertas *ver* Explorações; Investigações Científicas

Detritos marinhos (música), 173

Dia de Colombo, 76, 86

Dia de Leif Eriksson, 86

Dia Marítimo Nacional (EUA), 257

Dião Cássio, 70

Dias, Bartolomeu, 105

Dickens, Charles, 176, 256, 260

Dinamarca, 37, 39, 75, 139, 187, 198, 219, 236, 334, 336, 352

Dinheiro: espanhol, 84; marroquino, 55, 56

Dióxido de carbono, 294, 295, 296, 331, 342, 361, 362, 363

Direito *ver* Leis

Discovery (navio), 115

"Do berço infindamente embalando" (poema), 172

Dobrar (termo), 102

Dolphin Rise, 119

Dönitz, Karl, 228, 229

Donne, John, 151

Dorada (navio), 329

Dóris (botes), *252*, 310

Dorset, 82, 83, 135, 136, 233

Dragas, 124

Drake, Francis, 192, 330

Drake, passagem de, 346

Drakkars (navios), 71, *72*, 186, 187, 188

Dreadnoughts (navios), 219

Dumas, Alexandre, 242

Dummer, Edmund, 250

Dunedin Star, 379, 380, 381, 382, 384, *385*

Duque de York (marcas em escravos), 203

Dürer, Albrecht, 147

Eanes, Gil, 101, 102, 103, *104*, 105, 106, 107, 207

Ecologia, 123

Edison, Thomas, 266, 267

Eduardo VII, rei da Inglaterra, 268

Efeito estufa, gases de, 294, 295, 342, 363

Egito, 66, 72

Elgar, Edward, 172

Elizabeth II, rainha da Inglaterra, 15

Ellis Island, 17, 154, 160, 377

Emiliania huxleyi (alga), 361

Emma Maersk (navio), 298

Empress of Britain (navio), 13, *15*, 16, 22, 177, 309

Encouraçado, 27, 214, 215, 222, 223, 225, 377

Encouraçados, 214, 219, 220

Endeavour (navio), 115

Ensaios, 142

Entalik (barco), 334, 335, 336

Envisat, satélite, 296

Enxofre, 296, 299

Epopeias, 139, 142, 150

Eriksson, Leif, 76, 79, 80, 82, 83, 86, 87, 91, 291, 377

Escandinavos, 71, 72, 79, 80, 81, 83, 86, 113, 143, 187, 246, 271; *ver também* Noruega; Vikings

Escócia, 81, 106, 130, 137, 144, 209, 230, 231, 256, 259, 275, 291, 292, 303, 313, 330, 331, 365

Escunas, 310, 314

Espanha, 66, 67, 85, 89, 97, 105, 107, 154, 187, 188, 189, 190, 191, 192, 193, 209, 210, 212, 213, 271, 289, 329; *ver também* Cádiz

Espécies ameaçadas, 305, 306, 307, 308; *ver também* Sobrepesca

Espermacete, 247, 250

Espinhel, 308, 311, 312

Essaouira, Marrocos, 49, 69, 98, 100, 207

Estados Unidos: cabo transatlântico, 260, 261, 262, 263, 264; caça de baleias, 246, 247, 248; Guerra de, 213; Guerra de Secessão, 214, 215, 216; literatura, 177, 178; motivações para exploração do Atlântico, 112, 113; navios de aço, 222; Observatório Naval, 119; rios como fontes do oceano Atlântico, 132, 133; serviço do correio britânico, 249, 250,

417

251; tráfico de escravos, 193, 200; transporte aéreo, 281, 282

Estanho, 26, 66, 67, 331

Estátua da Liberdade, 158, 160, 270

Esterlino (termo), 239

Estreito de Davis, 246, 345

Estreito de Gibraltar, 94, 100, 249, 275

Estreito de Magalhães, 373

Estreito de Malaca, 296, 375

Estufa de Franklin, 109

Etendeka, trapas de, 52

Etíope, Oceano, 92

Europa: arte, 146, 147, 148, 149; ataque de vikings, 186, 187, 188; explorações do Novo Mundo originadas da ver Explorações; literatura, 149, 150, 151; migração para o Novo Mundo, 270, 271, 273; música, 170, 171, 172, 173; transporte aéreo, 281, 282

Everest, monte, 284, 288, 347

Expansão do leito marinho, 50

Expansão térmica, 343

Expedição Exploradora dos Estados Unidos, 115

Explorações: árabes, 71; científicas ver Investigações científicas; comércio fenício de corante púrpura (Murex), 64, 65, 66, 67, 68, 69, 70; Cristóvão Colombo e a descoberta do Novo Mundo pela Espanha, 83, 84, 85, 86, 87; descoberta e colonização do Novo Mundo por vikings, 75, 76, 77, 78, 79, 80, 81, 82, 83; explorações hipotéticas por ameríndios pré-colombianos, 87; fenícias, 56; irlandesas, 71, 73, 74; minoicas, 64, 65; povoamento do litoral atlântico da África, 31, 32, 57, 58, 59, 60, 61, 62; primeiras culturas e XE "Navios: primeiros barcos e navegações" primeiros barcos, 63, 62, 64; primeiro mapeamento e nominação do Novo Mundo e do oceano Atlântico, 88, 89, 90, 91, 92; romanas, 70, 71; vikings e escandinavos, 71; ver também Navios

Extinções, 46, 49; ver também Espécies ameaçadas

Extroversão, 372

Eyjafjoll, vulcão, 51, 367, 369

Eyring, Veronika, 296, 297

Faerie Queen, The (epopeia), 150

Fairtry (navio), 313, 314

Falkland, ilhas, 104, 114, 124, 169, 181, 183, 184, 218, 230, 231, 248, 321, 322, 323, 324, 325, 327, 329, 346, 380

Falmouth, Inglaterra, 108, 109, 249, 250, 265, 272

Faroe, ilhas, 24, 37, 38, 39, 73, 74, 75, 78, 132, 169, 223, 236

Faróis, 94, 98, 169, 178, 206, 240, 373, 374, 375

Farol no fim do mundo, O (livro), 117, 371, 374

Fastnet Rock, 17, 18

Fenícios, 56, 57, 64, 65, 66, 67, 68, 69, 70, 71, 154, 155, 238, 297

Fermor, Patrick Leigh, 366

Fernández, Alejo, 147

Ferrovias, 96, 112, 163, 240, 252, 298, 299

Field, Cyrus W., 120, 263, 265, 266

Fischer, Josef, 77

Fisher, Jacky, 218, 219, 226

Fitzroy, Robert, 112, 114

Fixos, 291

Flemish Cap, 13, 20, 26, 27, 32, 243, 309, 314, 316

Flórida, 50, 106, 107, 172, 192, 206, 254, 340, 355, 359

Flutuantes, prédios, 349

Focas, 116, 163, 320, 324, 325, 338, 380, 381

Fogo de santelmo, 111, 136

Folhas de Relva (livro), 172

Folin, marquês Léopold de, 128

Fontes hidrotermais, 360

Forfarshire (navio), 278

França, 29, 49, 64, 91, 113, 127, 143, 159, 163, 185, 187, 188, 193, 210, 211, 243, 250, 256, 259, 285

Franklin, Benjamin, 108, 109, 110, 113, 250

French, Daniel Chester, 160

Friends of the Earth, 295

Frobisher, Martin, 122

Frutos do mar, 61, 113, 304, 305, 306, 330; *ver também* Pesca; Sobrepesca

Fuerteventura, ilha, 99

Fumo, 39, 87, 156, 192, 202, 206, 299

Furacões, 53, 111, 340, 342, 354, *355*, 356, 358, 359, 369; padrões cíclicos de, 358

Future Is Wild, The (grupo), 372

Gaia, teoria de, 363

Galloi (navios), 66

Gama, Vasco da, 105

Gana, 146, 170, 198, 199, 200, 202, 329

Gander, Terra Nova, 22, 23, *272*, 291, 292

Gases de efeito estufa *ver* Efeito estufa, gases de

Geleiras, 48, 143, 301, 338, 341, 343, 344, 345, 350

Gelo: lençóis de gelo e calotas glaciais, 333, 334, 335, 336, *337*, 338, 341, 342, 343, 344, 345, 346

General Belgrano (navio), 231

Genoveses, 70, 71, 93

Geografia, 26, 28, 92, 102, 110, 111, 118, 242

Geographica (livro), 72

Geológicos, registros, 44

George, David Lloyd, 232, 233

Geórgia do Sul, ilha, 32, 169, 248, 307, 321, 323, 324, 325, 326, 327, 328, 329, 332, 346, 380

Gibraltar, 42, 67, 69, 154, 156, 211, 218, 229, 279

Gilbert, W. S., 172

Giros oceânicos, 53, 128, 368

Goethe, Johann Wolfgang von, 171

Golfo da Guiné, 130, 131

Golfo do México, 130, 131, 132, 133, 275, 339, 340, 357, 359

Gore, Al, 345

Gough, ilha, 368, 369

Governors Island, 160

Grã-Bretanha: arte, 149; Bermudas como colônia, 136; cabo transatlântico, 260, 261, 262, 263, 264; caça de baleias, 245, 246, 324;

circum-navegação da, 70; gestão do pesqueiro das ilhas Geórgia do Sul e Sandwich do Sul, 320, 321, 322, 323, 324, 325, 326, 327, 328, 329; guerra contra a pirataria, 197, 198, 199; Guerra das Falkland, 183, 184, 185, 230, 231, 325; Guerra de 1812, 213; guerra marítima e batalha de Trafalgar, 211, 212; invasão romana, 185, 186; literatura, 32, 33, 34, 134, 135, 136, 138, 139, 140, 141, 150, 176, 177; motivação para exploração do Atlântico, 112, 113; navios de passageiros, 165; Primeira Guerra Mundial, 217, 218, 219, 220, 221; rejeitos radioativos, 303; Segunda Guerra Mundial, 222, 223, 224, 225, 226, 227, 228, 229, 230, 231, 232, 233; tráfico de escravos, 193, 200, 201, 202, 203, 204, 205, 206, 207

Graf Spee (navio), 222, 223, 224

Grand Manan, New Brunswick, 49

Grande Afogamento de Homens, 348

Grande Guerra *ver* Primeira Guerra Mundial

Grande Mar do Ocidente, 29

Grande Mar Exterior, 42

Grande Tempestade (1703), 348

Grandes Bancos, 13, 26, 128, 243, 309, 310, 312, 313, 314, 316, 317, 319, 320, 324, 327, 329, 365, 369

Greenpeace, 295, 307, 308

Groenlândia, 24, 29, 40, 45, 50, 72, 76, 78, 82, 83, 124, 130, 143, 144, 187, 246, 259, 292, 308, 333, 335, 337, 338, 341, 345, 350, 369, 377

Guerra das Falkland, 325

Guerra de 1812, 213

Guerra de Secessão (EUA), 258

Guerra marítima: batalha do *Graf Spee* e a Segunda Guerra Mundial, 222, 223, 224; esforço britânico antissubmarinos e a criação de Israel, 232, 233; Guerra das Falkland, 183, 184, 185, 230, 231; Guerra de 1812, 213; Guerra de Secessão e encouraçados de madeira com blindagem de ferro, 214, 215, 216; invasão da Inglaterra pelos normandos, 188; navios de aço e a batalha da Jutlândia (Primeira Guerra Mundial), 217, 218, 219, 220, 221, 222; Novo Mundo, 188, 189, 190, 191, 192, 193, 194; pirataria, 193, 194, 195, 196, 197, 198, 199, 200; romana, 185, 186; submarinos e Primeira Guerra Mundial, 225, 226, 227, 228, 229; táticas e batalha de Trafalgar, 211, 212; vikings, 186, 187, 188; *ver também* Navios

Guinard, ilha, 330

Guiné, 49, 51, 98, 105, 124, 163, 248

Halifax, Nova Escócia, *104*, 124, 153, 164, 229, 250, 259, 270, *272*, 294, 365, 373

Hamilton, Bermudas, 135

Harmatão, 103, 111

Harold, rei da Inglaterra, 188

Hawker, Harry, 286, 287

Heathrow, aeroporto de, 22, 24, 280, 289

Henrique VII, rei da Inglaterra, 243

Henrique, o Navegador, 102, 103

Heródoto, 68, 92

Heroísmo, 142, 229, 231, 278, 279, 378, 379, 380, 381, 382, 383

Hidrografia, 110, 124

Himilco, o Cartaginês, 70

Hippoi (barcos), 68

Hirondelle (navio), 128

Hispaniola, 84, 157, 190

História (livro de Heródoto), 92

História Atlântica, 378

HMS Pinafore (opereta), 172

Holanda *ver* Países Baixos

Homem: assentamento no litoral atlântico da África, 31, 32, 57, 58, 59, 60, 61, 62; desrespeito do homem pelo Atlântico, 281, 282, 283, 284, 293, 300, 329, 330, 331, 339, 340; *ver também* Degradações; evolução das atitudes em relação ao Atlântico, 23, 24, 28, 29; genoma humano e registros genéticos, 63; gestão do Atlântico, 320, 321, 322, 323, 324, 325, 326, 327, 328, 329, 331, 332; limitação do conhecimento do Atlântico, 359,

360; primeiras culturas e primeiros barcos, 62, 63, 64, 359; *ver também* Explorações; relacionamento do homem com o Atlântico, 375, 377; sete fases da vida, 33, 34

Homer, Winslow, 32, 174, 175, 377

Homero, 42, 138

Homeward Bound (xilogravura), 174

Honduras, 85, 89, 106

Hooke, Robert, 111

Horn, cabo, 52, 114, 115, 117, 118, 130, 132, 177, 184, 248, 268, 288, 324, 346, 373, 374

Horsford, Eben, 79

Howe (navio), 214

Howe, Richard, 210

Hughes, Richard, 180

Hurd Deep, 303

HURDAT, projeto, 358

Huxley, T. H., 122, 123

Icebergs, 20, 53, 80, 83, 111, 120, 344, 345, 346

Igreja Católica, 77, 84; *ver também* Cristianismo

Iguaçu, cataratas do, 52

Îles Purpuraires, Les, 69

Ilhas: fantasmas, 122; formação de, 51

Ilhéu das Rolas, 131

Imagens marinhas (música), 172

Imigração, 14, 91, 271

Imigrante (termo), 270

Impressionismo, 173, 174

In Hazard (livro), 180

Incas, 145, 146, 192

Índias, 28, 84, 85, 103, 114, 118, 124, 148, 168, 179, 189, 190, 191, 192, 196, 197, 202

Índico, oceano, 41, 59, 100, 118, 132, 181, 218, 281, 344, 347, 356, 364, 365, 368, 369, *376*

Inglaterra *ver* Grã-Bretanha

Ingstad, Helge, 79, 80

Inishtrahull, ilha de, 19

Instituições oceanográficas, 127, 128, 129, 130, 131

Instituto de Física Atmosférica (Alemanha), 296

Introversão, 373

Inundação de Todos os Santos (1170), 348

Inundação, elevação do nível do mar e, 347, 348, 349, 350, 351

Invencível Armada, 194, 209, 210

Investigações científicas: americanas *versus* britânicas, 112, 113; cabo Bojador e desenvolvimento de navegação celeste e por correntes, 97, 98, 99, 100, 101, 102, 103, 105; Charles Darwin e a expedição do HMS Beagle, 114, 115; desenvolvimento da oceanografia, 110, 111, 112; *ver também* Oceanografia; Expedição Exploradora dos Estados Unidos, 115, 116; expedição hidrográfica britânica do *Challenger*, 123, 124, 125, 126, 127; falsas concepções, 120, 121, 122; hidrografia e cartografia da Organização Hidrográfica Internacional, 93, 94, 95, 96, 97, 128, 129, 130, 131; instituições oceanográficas e, 127, 128, 129, 130, 131; M. F. Maury e a cartografia e oceanografia nos Estados Unidos, 117, 119, 120, 121; mapeamento das correntes atlânticas e da Corrente do Golfo, 105, 106, 107, 108, 109, 110; rios como fontes do oceano Atlântico, 132, 133; *ver também* Mudança climática; Aquecimento global

Irlanda, 17, 18, 19, 23, 26, 29, 51, 63, 73, 87, 88, 106, 120, 122, 132, 137, 172, 187, 209, 219, 221, 227, 259, 260, 262, 263, 265, 286, 287, 290, 291, 294

Islã, 186

Isla de Los Estados, 116, 117, 132, 374, 375

Islândia, 24, 29, 32, 50, 51, 72, 73, 75, 78, 122, 130, 179, 187, 235, 236, 245, 259, 274, 281, 291, 292, 335, 345, 364, 367, 369

Israel, 65, 233, 234

Itália, 70, 75, 135, 149, 271; *ver também* Romanos

Ittoqqortoormiit, fiorde de, 336, 338, 341

J. Sheekey, restaurante, 305, 306

James Monroe (navio), 254, 255, 256

Jamestown, Santa Helena, 165, 166, 167, 168, 169, 170

Jamestown, Virgínia, 136

Jan Mayen, ilhas, 51, 246, *272*

Japan Airlines, 295

Japão, 28, 29, 84, 129, 189, 314, 364

Jápeto, oceano, 45, 48

Jericó, 63

John F. Kennedy, aeroporto, 22, 24, 289, 290

Johnson, Amy, 287

Jörmundgandr, 144

Jornais de navegação, 160

Juby, cabo, 99

Julgamento dos Homens de Black Bart, 197

Júlio César, 113, 155

Jura, ilha de, 144

Jurássico, período, 49, 50

Jutlândia, 194, 221, 222, 230

Katrina, furacão, 340, 353, 354, 355, 357, 358

Kattegat, 96, 131

Kendall, Edward Augustus, 270

Kennedy, aeroporto, 22, 24, 289, 290

Kidd, Capitão, 196, 197

Kimber, John, 201

Kingsley, Charles, 122

Kipling, Rudyard, 19, 310, 311

Knarrer (navios), 71, 80, 82, 83, 143

Knox-Johnston, Robin, 181

Koraseb, Matthias, 379, 384, *385*

Krill, 243, 323, 325

Kunene, rio, 132

L'Anse aux Meadows, Terra Nova, 79, 80, 81, 82, 96, *104*

Laboratório de Datação Radiológica, 80

Labrador, mar do, 82, 83, 96, 345, 365

Lagoa, o oceano Atlântico como uma, 25, 283

Lágrima da Irlanda, 17, 18

Lamentação de Cristo (quadro), 147

Lamont-Doherty, 127

Lançadeiras espaciais, 115

Langsdorff, Hans, 223, 224

Lazarus, Emma, 158, 270

Le Roy, Alphonsus, 109

Leis: acidentes e leis marítimas, 277; Lei das Presas de Guerra, 226; Lei do Mar das Nações Unidas, 316; naufrágio do *Titanic* e leis marítimas, 273; poluição e leis internacionais, 304; primeira democracia parlamentar na Islândia, 235, 236

Leito marinho, 53, 128

Leofric, 138

León, Ponce de, 107

Lewis, Cudjoe, 206

Líbano, 65

Libéria, 29, 32, 49, 50, 92, 130, 146, 207, 208, 352

Liga Hanseática, 238, *240*, 241, 377

"Limites dos Oceanos e Mares", publicação da OHI, 95

Lincoln, Abraham, 96, 160, 207, 259

Lindbergh, Charles, 287, 377

Linha de batalha, 209, 210

Linhas de navegação, 113

Lippmann, Walter, 28

"Lista vermelha" (Greenpeace), 307, 308

Literatura, 176, 177, 178, 179, 180, 181; *ver também* Poesia

Liverpool, Inglaterra, 13, 14, 15, 16, 17, 153, *156*, 161, 201, 204, 214, 252, 253, 254, 255, 256, 261, 268, 269, 271, 379

Livro de Exeter, *139*

Lloyd's, companhia de seguros, 274

Lofoten, ilhas, 144, 241, *272*, 313

Loire, rio, 132, 187

Londres, Inglaterra, 349, 350

Loop Current, 357

Lorrain, Claude, 149

Lothbrok, Ragnar, 187

Louisiana, 353, 359

Lovelock, James, 363

Lufthansa, 238

Lusitania (navio), 227, 377

Macintyre, Angus Campbell, 379, 384, *385*, 386

Maelstrom, ilhas Lofoten, 144

Magalhães, Fernão de, 105

Magnus, Olaus, 144

Maias, 145, 185, 192, 351

Malaia, península, 371

Maldivas, ilhas, 347

Malvinas, ilhas *ver* Falkland, ilhas

Mandela, Nelson, 162

Manhattan, 148, 159, 160, 161, 175, 250, 251, 256, 257, 269, 366

Mapa de Skálholt, 78, 79

Mapas: Carta Marina, 144; da corrente do Golfo, 108; de assentamentos vikings na Terra Nova, 76, 77, 78; de M. F. Maury, 117, 119, 120, 121; de Ptolomeu, 72; ilhas-fantasmas em, 122; Organização Hidrográfica Internacional, 94, 95, 96, 97, 129; primeiros mapas do Novo Mundo e do oceano Atlântico, 53, 88, 89, 90, 91, 92; quadrados de Marsden em, 274

Mar calmo e próspera viagem (cantata), 171

Mar da Irlanda, 17, 130, 255, 303

Mar do Caribe, 130, 131

Mar do Japão, 29, 129

Mar do Norte, 130, 131, 132, 175, 186, 219, 238, 295, 299, 348

Mar do Oriente, 129

Mar Oceano (nome), 82, 92, 190

Mar que nos cerca, O (livro), 179, 300, 301

Marconi, Guglielmo, 265, 266, 267

Mare Atlanticus (nome), 53

Mare Glaciale (nome), 73, 78, 92

Marean, Curtis, 60, 61

Marés, 44, 48, 53, 61, 62, 97, 103, 106, 111, 119, 144, 164, 197, 253, 298, 301, 348, 349, 350

Maria Celeste (navio), 278, 279

Marias, rio, 133

Marine Stewardship Council (MSC), 307, 308

Marinhas militares *ver* Guerra marítima

Markham, Beryl, 287, 377

Marrocos, 48, 49, 55, 56, 57, 70, 98, 100, 101, 154

Marsden, quadrados de, 274

422

Marsden, William, 274, 275
Marsh, John, 380
Marshall, Benjamin, 251
Marshall, Thomas, 204
Martinica, 281, 365, 366
Mártir, Pedro, 106
Masefield, John, 66
Massas terrestres, 43, 45, 78, 377; *ver também* Continentes; Tectônica de placas
Maury, Matthew Fontaine, 116, 117, *118*, 119, 120, 121, 260
McKay, Donald, 268
McLean, Malcom, 297, 298, *299*
Mediterrâneo, mar, 28, 50, 56, 57, 64, 65, 66, 69, 94, 130, 133, 135, 137, 149, 154, 172, 186, 187, 188, 189, 190, 194, 236, 249, 373
Meinig, D. W., 28
Mellon, Paul, 76
Melville, Herman, 172, 176, 247, 248
Mendelssohn, Félix, 171, 172, 173
Mer, La (música), 173
Mercator, 92, 274
Mercúrio, 304
Merluza-negra-da-patagônia (perca chilena), 307, 308, *326*
Merrimack (navio), 79, 215, 217
Meteorologia marítima, 111; *ver também* Padrões meteorológicos
Midgard, serpente, 144
Migrantes, 62, 270, 271, 274
1984 (livro), 144
Milton, John, 152
Minoicos, 64, 65, 68
Miquelon, ilha, 316
Mississippi, rio, 132, 133
Missouri, rio, 132, 133
Moby Dick (livro), 247
Modelo Pôlder, 348
Moeda *ver* Dinheiro
Moitessier, Bernard, 180, 181
Mônaco, 93, 94, 95, 96, 127, 129, 130, 339, 344
Monet, Claude, 173, 174, 377
Monitor (navio), 215, 216

Monroe, James, 208, 352
Monróvia, Libéria, 208, 352
Monstro marinho, O (quadro), 147
Monstros marinhos, 144
Mont Blanc (navio), 229
Mont Pelée, 366
Montanhas Atlânticas, 159
Monterey Bay Aquarium, 307
Montevidéu, 114, 164, 222, 223, 224, 225, 258
Montezuma, 192
Montserrat, 250, 366, 369
Mooney, Chris, 356
Morgan, Edward, 196
Morse, código, 21, 264, 267
Morse, Samuel, 260
Mortes no mar, 274, 275, 276, 277, 278, 279
Motores de avião, 294
Mouros, 122, 155, 188, 189
Mudança climática, 295, 338, 358; aquecimento global *ver* Aquecimento global; destruição da camada de ozônio, 368, 369; efeitos da ação humana, 339, 340, 341, 342; escândalo de e-mails, 343
Mulheres piratas, 196
Mundus Novus (livro), 89, 90, 91
Murex brandaris, molusco, *56*, 67, 238
Museu Britânico, 76, 77
Música, 170, 171, 172, 173, 374
Mykines, ilhas, *38*, 43, 73

Nações Unidas, 157, 316
Naglfar (barco fabuloso), 143
Namíbia, 32, 52, 164, 378, 380, 385
Napalm, 277
Napoleão, 112, 165, 168, 211, 213, 219
Nares, George, 124, 125
National Audubon Society, 307
National Environmental Trust (NET), 307
National Weather Service, 353, 357
Natural Resources Defense Council, 307
"Natureza da sereia, A" (poema), 142
Naufrágio do Minotauro, O (quadro), *174*
Naufrágios, 59, 99, 113, 134, 135, 136, 151, 174,

175, 176, 183, 185, 194, 207, 209, 220, 222, 273, 274, 275, 304, 378, 380, 382, 383, 385

Naus (navios), 67, 103, 142, 149

Navegação celeste, 102

Navegação por correntes, 102

"Navegante, O" (poema), 139, 140, 141

Navigatio Sancti Brendanis Abbatis (livro), 73

Navio fantasma, O (ópera), 172

Navios: ameríndios, 88; aumento de dimensões, 103; contêineres, 297, 298, 299; de Cristóvão Colombo, 84; de madeira com blindagem de ferro, 214, 215, 216, 217; de passageiros, 21, 22; *ver também* Transporte de passageiros; encouraçados de aço movidos a vapor, 219, 220, 221, 222; irlandeses, 71; na pintura, 148; navios de guerra, 210; navios-fábricas, 247, 312, 313, 315, 316, 317, 320, 325; navios negreiros, 176, 200, *201*, 206; *ver também* Tráfico de escravos; nomes de navios dados às lançadeiras espaciais, 115; paquetes e transporte de passageiros, 249; *ver também* Cargas, transporte marítimo de; primeiros barcos e navegações, 63, 64; romanos, 185; vikings e escandinavos, 71

Necho II, faraó, 68

Negro, mar, 29, 187, 275, 347, 365

Nelson, Horatio, 211, 212, *213*, 230, 274

Neolítico, período, 63

Nepal, 347

New Brunswick, 48, 80, 81

New York, Newfoundland, and London Telegraph Company, 260, 261, 262, 263, 264

Newton, Isaac, 111, 152

Newton, John, 201

Niagara (navio), 120, 262, 263

Nicolson, Harold, 224

Nicotina, 82

Níger, rio, 132

Nightingale, ilha, 367

Nível do mar, 60, 340, 343, 346, 347, 348, 349, 350, 351, 365, 369

Normandos, 188

Normas de fogos, 226

Northcliffe, lorde, 285, 286

Northumberland (navio), 169, 328

Noruega, 50, 51, 70, 74, 75, 76, 78, 82, 144, 153, 161, 188, 219, 236, 237, 239, 240, 241, 275, 313, 365; *ver também* Escandinavos; Vikings

Nova Escócia, 48, 177, 229, 251, 260, 267, 291, 294

Nova Orleans, Louisiana, 131, 133, 252, 353

Nova York, 153, 154, 155, *156*, 157, 158, 159, 160, 161, 250, 350

Novo Mundo: assentamento liderado por Leif Eriksson, 75, 76, 77, 78, 79, 80, 81, 82, 83; conquista espanhola, 188, 189, 190, 191, 192, 193, 194; descoberta por Cristóvão Colombo, 83, 84, 85, 86, 87; guerra antipirataria, 193, 194, 195, 196, 197, 198, 199; primeiro mapeamento e nominação como América, 88, 89, 90, 91, 92

Nuvens, rotas de cargueiros e, 296

O'Connor, Frank, 138

O'Higgins, Bernardo, 155

Obama, Barack, 198, 199

Observatório Naval dos Estados Unidos, 119

Ocean passages for the world (livro), 17

Oceano Africano (nome), 92

Oceano Ocidental (nome), 92

Oceanografia: botânica, 111; instituições oceanográficas, 127, 128, 129, 130, 131; M. F. Maury e a oceanografia americana, 116, 117, 119, 120, 121; surgimento, 110, 111, 112; *ver também* Investigações científicas

Oceanologia, 111

Oceanos, limites dos, 94, 95, 96, 97

Oceanus Occidentalis (nome), 73, 92

Odontocetos, 245

Okeanos Aethiopikos (nome), 92

Old Ironsides (navio), 214

Óleo de baleia, 245

Olsen, Rob, 361

Omã, 64

424

Omai (menino taitiano), 114
Omeros (epopeia), 41
11 de Setembro, ataques de *ver* Ataques terroristas de 11 de setembro
Óperas, 172
Oppenheimer, Robert, 229
Orange, rio, 132
Órcadas, ilhas, 78, 179, 180, 219, 221
Ordoviciano, período, 45
Organização Hidrográfica Internacional, 94, 96, 129, 344
Ortelius, 122
Orwell, George, 144
Oscilação Multidecenal do Atlântico, 358
Otelo (ópera), 172
Outhwaite, Leonard, 29
Ovando, Nicolás de, 190, 191
Överhogdal, tapeçaria, 143
Owen, David, 33
Oxigênio, 116, 360, 361, 362, 363, 369
Ozônio, 294, 368, 369

Pacífico, oceano, 41, 85, 100, 112, 114, 116, 132, 133, 145, 180, 181, 218, 231, 247, 248, 268, 269, 281, 284, 302, 308, 344, 346, 347, 356, 364, 372
Padrões meteorológicos, 369
Painel Intergovernamental sobre Mudança Climática, 341
Países Baixos, 64, 148, 193, 209, 259, 270, 340, 347, 348
Paleogeografia, 371
Paleotempestologistas, 356
Palestina, 65, 66, 233, 321
Palsson, Bjorn, 335
Pan-Atlantic Steamships Company, 299
Pangeia, 46, *47*, 48, 52, 372, *376*
Pangeia Última, 372, 373
Pantalassa, 46, *47*, 48
Papagaios-do-mar, 40, 74
Paquetes (navios), 108, 109, 113, 249, 250, 251, 253, 255, 256, 265, 268, 269, *272*
Paraíso perdido (livro), 152

Parker, Isaac, 204, 205
Passagem do Meio, 193, 194, 199, 202
Passagem do Noroeste, 338
Patagônia, 52, 90, 184, 270, 352, 373, 378, 380
Peças de teatro, 33, 34, 134, 135, 136, 150
Pedro Mártir, 106
Peixe seco, 242
Pelágicos, peixes, 241
Perca chilena (merluza-negra-da-patagônia), 308, *326*
Permiano, período, 46
Pesca: bacalhau do Atlântico, 241, 242, 243; ilegal no Atlântico Sul, 327, 328, 329; Liga Hanseática e, 238, 239, 240; piscicultura, 331; *ver também* Sobrepesca
Pesqueiro Meridional de Baleias, 247
Pesqueiros: certificação de pesqueiros como sustentáveis, 307; colapso dos Grandes Bancos, 309, 310, 311, 312, 313, 314, 315, 316, 317, 318, 319, 320; gestão de pesqueiros nas ilhas Geórgia do Sul e Sandwich do Sul, 321, 322, 323, 324, 325, 326, 327, 328, 329; sobrepesca em, 305, 306, 307, 308
Pessoa, Fernando, 99
Peter Grimes (ópera), 172
Petróleo, 131, 163, 275, 277, 340
Pettersson, Otto, 301
Physical geography of the sea and its meteorology, The (livro), 118
Pierce, Franklin, 261
pinguins, 53, 59, 323, 324, 325, 352, 359, 374
Pinguins-de-magalhães, 352, 374
Pinnacle Point, 59, 60, 92, 132
Pinturas, 174, 175
Piper Alpha, 340
Piratas: ações armadas contra a pesca pirata no Atlântico Sul, 327, 328, 329; guerra contra o Novo Mundo, 193, 194, *195*, 196, 197, 198, 199
Piratas de Penzance, Os (opereta), 172
Pirogas, 64
Píteas, 70
Pó, Fernando, 105, 124, 146

Pocahontas, 192

Poesia, 33, 34, 137, 138, 139, 141, 142, 144, 150, 169

Pôlderes, 340, 347, 348, 377

Política de consenso, 348

Poluição, 218, 275, 299, 302, 303, 304, 340

Pompeia, 87, 155

Ponta Fria, 381

Portsmouth Point (música), 172

Portugal, 29, 89, 97, 105, 126, 163, 271, 286, 364

Postal, serviço, 165

Pound, Ezra, 140, 141

Pré-colombianos, povos, 87

Prestwick, Escócia, 291

Primavera silenciosa (livro), 300, 301, 303

Primeira Guerra Mundial, 95, 218, 222, 225, 228, 229, 233, 271, 285

Primeiro de Junho Glorioso, 210

Prince of Wales (navio), 27

Princesa Alice (navio), 128

Principado de Mônaco *ver* Mônaco

Prochlorococcus, 360, 361, 362, 363, 369, 377

Professor Baranov (navio), 314

Protocontinentes, 43

Ptolomeu, 72, 91

Púrpura, corante, 55, 56, 68, 69, 92, 238, 297

Quacres, 248, 251, 253, 255

Quadrados de Marsden, 274

Quarenta Rugidores, 53, 126, 248, 368

Querosene Jet-A, 294

Race, cabo, 19, 132

Radar, 216, 275, 276, 282

Rádio, 15, 21, 27, 164, 221, 265, 266, 267, 268, 286, 287, 290, 291, 292, 321, 323, 328, 334, 377, 381, 383

Radioatividade, 222, 302, 303

Radiômetro Avançado de Varredura de Rastros, 296

Raffles, farol, 375

Raleigh, sir Walter, 150, 192

Ransome, Arthur, 179

Read, Albert Cushing, 286

Read, Mary, 196, 197

Redes verticais, 312

Remando para casa (quadro), 175

Rennell, James, 112, 113

Reno, rio, 132, 185, 349

Revistas, 251

Riley, James, 207, 208

Ringmann, Matthias, 89

Rio de Janeiro, 153, 164, 270, 275, 281, 282, 352, 373

Robben, ilha, 132, 162, 164, 166

Roberts, Bartholomew, 196, 199, 200

Rocky Point, 384

Rolas, ilhéu das, 131

Romanos, 68, 70, 82, 87, 138, 139, 154, 155, 156, 185, 186, 230

Roosevelt, Franklin D., *27*, 48, 86, 223, 268

Royal African Company of England, 198

Royal Mail Ship (RMS), designação, 165, 166, 169, 227, 273

Ruddigore (opereta), 172

Rumann, 138

Ruskin, John, 174

Rússia, 96, 187, 236, 338, 344

Safina, Carl, 179

Saga da Groenlândia (ensaio), 142

Saga de Erik, o Ruivo (ensaio), 142

Saint-Exupéry, Antoine de, 98

Saint-Pierre, ilha de, 316, 366

Sakhalin, ilha, 302

Salinidade, 111, 358, 368

Salva-vidas, 175, 226, 273

San Salvador, 82, 84, 244

Sandwich do Sul, ilha, 323, 324, 346

Santa Helena, ilha de, 52, *104*, 112, 119, *156*, 164, 167, 169, 219, 368, 377

Santo Domingo, *104*, 157

São Lourenço, rio, 17, 19, 22, 81, 96, 122, 130, 131, 132, 259, 275, 310, 365

Sargaços, mar de, 177, 361

Satélites, 100, 292, 296, 329, 341, 343, 382
Savannah (navio), 250, 256, 257
Scania, Suécia, 241
Scapa Flow, 219
Scarba, ilha de, 144
SCIAMACHY (Espectrômetro de absorção de imagens digitalizadas para cartografia atmosférica), 297
Scoresby, William, 336
Scoresbysund, fiorde de, 333, 335, 336, 337
Scotese, Christopher, 371, 375
Scott, C. P., 232, 234
Scripps Institution of Oceanography, 127
Sea Shepherd Conservation Society, 307
Sea Venture (navio), 135, 136
SeaKLIM, 296
SeaWeb, 307
Segunda Guerra Mundial, 183, 221, 222, 228, 229, 230, 242, 269, 316
Seguros, 204, 274, 366
Sena, rio, 132, 187
Serpente Midgard, 144
Serviço Nacional de Meteorologia (EUA), 353
Seven Ages (antologia), 32
Severin, Tim, 72, 74
Severn, rio, 132
Shakespeare, William, 32, 33, 34, 134, 135, 136, 150
Shannon, rio, 23, 132, 294
Shanwick, *272*, 291, 292
Sheffield (navio), 183, 184, 185, 231
Shetland, ilhas, 78, 130, 179
Simão Bocanegra (ópera), 172
Sinfonia marinha (música), 172
Sinfonia no fim do mundo, 374
Sionismo, 233
Sir Charles Elliott, rebocador, 379, 384
Sismologia, 364
Skaggerak, 131, 144, 219
Skálholt, Mapa de, 78, 79
Skeleton Coast (livro), 380
Skidbladnir (navio fabuloso), 143
Slocum, Joshua, *104*, 177, 178, 179

Snoek (peixe), 242
Snows (navios), 202
Sobrepesca: ambientalistas e, 306, 307, 308; colapso do pesqueiro de bacalhaus dos Grandes Bancos, 309, 310, 311, 312, 313, 314, 315, 316, 317, 318, 319, 320; consequências, 329, 330, 331; gestão do pesqueiro do Atlântico Sul, 320, 321, 322, 323, 324, 325, 326, 327, 328, 329; *ver também* Pesca
Soderini, carta, 89, 91
Soleira Golfinho, 119
Somers, George, sir, 135, 136
Sonar, 169, 216
South Africa Pilot (livro), 59
Sozinho ao redor do mundo (livro), 177
Spenser, Edmund, 150
Squid-jiggers (navios), 329
St. Helena (navio), 165, 166
Staten Island, 351
Statue of Liberty (navio), 275
Stefansson, Sigurd, 78
Sterling (termo), 239
Stevenson, Robert Louis, 169, 196, 273
Stockholm (navio), 275, 276
Submarinos, 26, 34, 51, 53, 106, 113, 217, 221, 225, 226, 228, 229, 230, 231, 232, 302, 316, 365, 379
Sufferings in Africa (livro), 207
Sugimoto, Hiroshi, 174
Sulfeto de dimetila, 361
Sullivan, Arthur, 172
Sumatra, 189, 363, 364, 375
"Sundry circumstances relating to the Gulph stream" (carta), 108
Supergiro do oceano Antártico, 368
Surtsey, ilha de, 51, 364, 369
Sykes, Mark, 233
Szczecin, Polônia, 239

Tábuas para navegação astronômica, 103
Tâmisa, rio, 132, 197
Tânger, Marrocos, 68, 94
Tapeçaria de Bayeux, 143

Tapeçaria Överhogdal, 143

Teach, Edward, 196

Tecidos, 251, 252

Tectônica de placas, 50, 372, 377; *ver também* Atividade sísmica

Telégrafo, 120, 258, 259, 260, 267

Temperaturas do mar, 358; *ver também* Aquecimento global

"Tempestade no mar" (poema), 138

Tempestade, A (peça de Shakespeare), 135, 136

"Tempestade, A" (poema de Donne), 151

Terceira classe, viagens em, 14, 271, 273, 274

Terra, 41, 42, 43; *ver também* Continentes; Tectônica de placas

Terra do Fogo, *104*, 114, 117, 231, 308, 316, 373

Terra Nova: assentamento viking, 75, 76, 77, 78, 79, 80, 81, 82; centro de controle de tráfego aéreo, 291; colapso do pesqueiro de bacalhaus nos Grandes Bancos, 309, 310, 311, 312, 313, 314, 315, 316, 317, 318, 319, 320; comunicação sem fio, 265, 266, 267; desembarque de João Caboto, 88; pesca comercial nas proximidades da, 243, 244, 245, 246, 247, 248; terremoto, 365; Virgin Rocks, 19

Terremotos, 46, 48, 53, 101, 363, 364, 365; *ver também* Atividade sísmica

Thackeray, William Makepeace, 260

Thompson, Jeremiah, 251

Thomson, C. Wyville, 124

Thoreau, Henry David, 79, 176, 261, 264

Thorfinsson, Snorri, 82

Times atlas of the oceans, 277

Titanic (navio), 20, 220, 227, 273, 274, 275, 277, 345, 377

Tomlinson, Charles, 180

Topografia, 43, 45, 107, 111, 260, 363

Tor Rocks, 19

Torrey Canyon (navio), 277, *278*, 377

Tráfico de escravos, 193, 197, 198, 199, 200, 201, 202, 203, 204, 205, 206, 207

Tramp ships, 253

Transporte aéreo: aerovias, 288; desenvolvimento, 280; economia vs. transporte marítimo de passageiros, 22, 23; guerra, 229; poluição, 294, 295; primeira travessia do Atlântico pelo autor, 24, 25, 26; vulcão Eyjafjoll, 291, 367

Transporte de passageiros: acidentes e mortes, 274, 275, 276, 277, 278, 279; desenvolvimento, 268, 269, 270, 271, 273; navios de passageiros, 22, 165, 253, 254, 255, 256, 257; submarinos e navios de passageiros, 225, 226

Transporte intermodal, 298; *ver também* Cargas, transporte marítimo de

Tratado de Paris, 310

Tratado de Tordesilhas, 89

Travailleur (navio), 128

Trenós, 124

Triana, Rodrigo de, 84

"Trilhas de navios", 296

Triple Divide Peak, 133

Trirremes, 185

Tristão da Cunha, ilha de, 52, 161, 162, *367*, 368, 380

Tristão e Isolda (ópera), 172

Trombas-d'água, 111, 144

Tsunami de Sumatra (2004), 364

Tsunamis, 363, 365, 366; *ver também* Atividade sísmica

Tufões, 111

Turbidez, correntes de, 365

Turcos otomanos, 83, 188, 189

Turner, J. M. W., *174*, 175

Tuvalu, ilhas, 347

Uluburun, 66

Undertow (quadro), 175

União Soviética *ver* Rússia, 13

Union Castle, 165, 166

Ur (supercontinente), 44

Uruguai, 29, 91, 95, 223, 225

Vagina, cabo, 96

Van de Velde, Willem, 148

Vaz de Torres, Luís, 105

Vazamento das Agulhas, 368

Velas, 248

Veleiros, 57, 99, 176, 178, 209, 210, 214, 216, 217, 218, 226, 257, 268, 269

Venezuela, 50, 85, 89, 94, 106, 275, 300

Ventos, 111, 352, 357, 368, 369

Verdi, Giuseppe, 172

Vermelho, mar, 29, 64

Verne, Júlio, 117, 374

Vernet, Claude, 149

Vespúcio, Américo, 53, 89, *90*, 91, 97, 101, 105, 137, 147, 190, 244, 330, 377

Viarsa (navio), 329

Victory (navio), 211

Vikings, 37, 71, 72, 79, 83, 87, 100, 143, 186, 187, 188, 241, 242, 243, 244; *ver também* Escandinavos; Noruega

Vincennes (navio), 116, 118, 119

Vinlândia, 76, 77, 78, 79, 80, 81, 82, 377

Violins of Saint-Jacques, The (livro), 366

Virgem dos navegadores, A (quadro), 147

Virgin Atlantic, 295

Virgin Rocks, 19

Virginia (navio), 215, 216

Viscosidade, 121, 122, 383

Vitória, cataratas, 52

Vitória, rainha, 162, 261, 264, 265, 266

Voltando para casa (xilogravura), 174

Vroom, Hendrick Cornelisz, 148

Vulcanologia, 364

Vulcões, 43, 46, 48, 49, 50, 51, 53, 364, 366, 369, 372, 373; *ver também* Atividade sísmica

Wagner, Richard, 172

Walcott, Derek, 41, 147

Waldseemüller, Martin, 53, 89

Walton, William, 172

Warrior (navio), 214

Watkinson, James, 254

Watling, ilha, 84

Wegener, Alfred, 52

Weizmann, Chaim, 232, 233, 234

White Empresses (navios), 13

Whitman, Walt, 172, 173

Wilberforce, William, 201

Williams, Ralph Vaughan, 172

Willshire, Ohio, 208

Willshire, William, 207, 208

Wilson, ciclo de, 372

Wilson, J. Tuzo, 372

Windsor Castle (navio), 165

Witten, Laurence, 75, 76

Woods Hole Oceanographic Institute, 115, 127, 361

World Wildlife Fund, 307

Wright, irmãos, 285, 377

Wright, Isaac, 253, 254, 255

Yale, Universidade, 75, 76, 77, 78

Zona morta, 293

Zonas Econômicas Exclusivas (ZEES), 316

Zoológica, oceanografia, 111, 124, 125, 126, 127

ESTA OBRA FOI COMPOSTA PELA SPRESS EM MINION E IMPRESSA EM OFSETE
PELA RR DONNELLEY SOBRE PAPEL PÓLEN SOFT DA SUZANO PAPEL E CELULOSE
PARA A EDITORA SCHWARCZ EM ABRIL DE 2012